Noires fureurs, blancs menteurs

Rwanda 1990-1994

DU MÊME AUTEUR

Pétrole, la 3ᵉ guerre mondiale, Calmann-Lévy, 1974.
Après Mao, les managers, Fayolle, 1977.
Bokassa Iᵉʳ, Alain Moreau, 1977.
Les Émirs de la République,
en collaboration avec Jean-Pierre Séréni, Seuil, 1982.
Les Deux Bombes, Fayard, 1982 ; nouvelle édition, 1991.
Affaires africaines, Fayard, 1983.
V, l'affaire des « avions renifleurs », Fayard, 1984.
Les Chapellières, récit, Albin Michel, 1987.
La Menace, Fayard, 1988.
L'Argent noir, Fayard, 1988.
L'Homme de l'ombre, Fayard, 1990.
Vol UT 772, Stock, 1992.
Le Mystérieux Docteur Martin, Fayard, 1993.
Une jeunesse française, François Mitterrand, 1934-1947, Fayard, 1994.
L'Extrémiste, François Genoud, de Hitler à Carlos, Fayard, 1996.
TF1, un pouvoir,
en collaboration avec Christophe Nick, Fayard, 1997.
Vies et morts de Jean Moulin, Fayard, 1998.
La Diabolique de Caluire, Fayard, 1999.
Bethléem en Palestine,
en collaboration avec Richard Labévière, Fayard, 1999.
Manipulations africaines, Plon, 2001.
Dernières volontés, derniers combats, dernières souffrances, Plon, 2002.
Marcel Dassault ou les aîles du pouvoir,
en collaboration avec Guy Vadepied, Fayard, 2003.
La Face cachée du Monde. Du contre-pouvoir aux abus de pouvoir,
en collaboration avec Philippe Cohen, Mille et une nuits, 2003.
Main basse sur Alger : enquête sur un pillage, juillet 1830, Plon, 2004.

Pierre Péan

Noires fureurs, blancs menteurs

Rwanda 1990-1994

MILLE ET UNE NUITS

Photographies de couverture :

Le président Paul Kagame s'adresse aux troupes rwandaises dans le camp Kanombé à Kigali, le 14 août 2004, avant de s'envoler vers la région du Darfour occidental au Soudan.

La gardienne du mémorial dédié aux victimes du génocide, Danielle Nyrabazungu, devant les crânes des personnes tuées en 1994 dans l'église Ntamara à Nyamata.

ISBN : 2-842-05929-8

PRÉAMBULE

« *Target is hit*[1] »

Qui a tué Juvénal Habyarimana, l'ex-président du Rwanda, et pourquoi est-il mort ? Le 6 avril 1994, l'avion présidentiel est abattu à l'approche de l'aéroport de Kigali. Cet attentat est le point de départ des massacres de Tutsis. La cible visée, deux Présidents hutus en exercice, accusait presque « naturellement » le camp d'en face : les Tutsis. Et pourtant, le monde entier crut dès le lendemain que le crime avait été commis par les extrémistes hutus qui, après l'attentat, se déchaînèrent contre les Tutsis. Pendant trois mois, les massacres systématiques qui s'en sont suivis ont effaré le monde entier : un tel déchaînement de fureur, de brutalité, de bestialité, difficilement intelligible dans la confusion qui régnait alors, comme venu de nulle part, puisque le grand public n'avait guère entendu parler jusqu'alors de cette région du monde.

Après la prise de pouvoir du Front patriotique rwandais (FPR) en juillet 1994, quand il devint président du Rwanda, Paul Kagame put se draper dans sa tunique de sage, chef de file tutsi de l'opposition réfugiée en Ouganda et poser au représentant des centaines de milliers de victimes et au « réconciliateur » national. Le récit des événements légitimait sa position.

Mais la vérité n'a que faire des apparences et des fausses évidences. Et il est grand temps de chercher à connaître les

1. « Objectif atteint ».

circonstances de l'attentat contre le président Habyarimana, ses auteurs et leurs motivations, telles que l'on peut aujourd'hui les reconstituer, notamment à partir de l'instruction conduite en France par le juge Bruguière[2].

Kigali, capitale du Rwanda, 6 avril 1994. La nuit est tombée depuis plus de deux heures sur la clairière qui surplombe la colline de Massaka. Franck et Éric sont aux aguets. Non loin d'eux, deux lance-missiles armés chacun d'un SAM 16, de fabrication soviétique, est pointé vers le ciel, dans l'axe de la seule piste ouverte de l'aéroport. L'atmosphère est tendue. Les deux hommes scrutent le ciel et tendent l'oreille. Pas un bruit. On entend grésiller les insectes. Ils sont membres du *Network Commando*. Ils craignent d'être surpris par des militaires des Forces armées révolutionnaires (FAR) installés dans le camp tout proche de Kanombe. À côté des deux tireurs embusqués, un certain Patiano, chargé de leur garde rapprochée, est lui aussi sur le qui-vive. À une vingtaine de mètres du premier groupe, arme au poing et grenades à la ceinture, Vénuste surveille les deux sentiers qui débouchent dans la clairière. Trois autres hommes sont eux aussi dissimulés dans la pénombre et gardent les sens en alerte, avec une vigilance plus grande encore que les autres membres du commando. Leur mission : prévenir toute irruption inopinée.

Les sept hommes savent que l'opération n'est désormais plus qu'une question de minutes. Le Falcon 50 du président Juvénal Habyarimana est attendu d'un moment à l'autre. Le président du Rwanda revient de Dar es-Salam, capitale de la Tanzanie, où s'est déroulée une conférence importante. Son objet : débloquer la situation politique de la région des Grands Lacs. Dans l'appareil, aux côtés d'Habyarimana, se tient le président du Burundi voisin, lui aussi Hutu, ainsi que

2. La description qui suit est reconstituée à partir du récit fait par les deux principaux témoins de l'instruction du juge Bruguière, Aloys Ruyenzi et Abdul Ruzibiza, tous les deux membres du *Network Commando*.

quelques-uns de leurs collaborateurs dont le chef d'état-major de l'armée rwandaise.

Franck et Éric, les deux « moniteurs » des deux lance-missiles n'ont bénéficié que d'un « briefing » minimal. Ils disposent d'une seule information : le Falcon 50 vole vers l'aéroport de Kigali. Il leur revient – lourde responsabilité – d'identifier l'avion attendu au bruit de ses réacteurs et à sa manœuvre d'approche, très particulière, compte tenu de sa vitesse.

La décision de tendre cette terrible embuscade a été prise six jours plus tôt dans une ancienne usine de thé située à Mulindi, en territoire rwandais, à la frontière avec l'Ouganda, où est installé le QG de l'état-major de l'Armée patriotique rwandaise (APR). L'APR est le volet militaire du Front patriotique rwandais qui a déjà « libéré » une partie au nord du territoire rwandais. Paul Kagame, l'homme fort de la rébellion initiée en octobre 1990, refuse d'attendre plus longtemps son destin national. Pas question de partager le pouvoir avec le régime abhorré, à dominante hutue, d'Habyarimana, au pouvoir depuis juillet 1973. Kagame sait pertinemment qu'il n'a aucune chance d'accéder au pouvoir par la voie des urnes. Simple question d'arithmétique : la communauté tutsie sur laquelle il entend s'appuyer ne représente au mieux que 15 % de la population du Rwanda. Il a d'ailleurs été très irrité par les résultats des élections municipales organisées à l'automne précédent dans la zone démilitarisée : elles ont été facilement remportées par le parti d'Habyarimana, le Mouvement républicain national pour la démocratie et le développement (MRND).

Paul Kagame et ses quelques fidèles ont imaginé une nouvelle technique de coup d'État que Curzio Malaparte n'a pas pu répertorier dans son fameux livre publié en 1931 : l'attentat contre l'avion du président auquel on entend succéder. Un coup d'État bien plus sophistiqué qu'il y paraît à première vue. L'opération projetée a nécessité en effet une préparation très minutieuse. Non seulement l'attentat lui-même devait être tenu secret, mais il fallait aussi que l'opinion internationale l'impute au camp adverse.

Deuxième objectif de Kagame : la disparition brutale du chef de l'État rwandais devait servir d'étincelle, jetée sur une plaine rendue très inflammable par les assassinats politiques qui avaient eu lieu moins de deux mois plus tôt, en février 1994[3]. Les extrémistes hutus étaient prêts à en découdre avec tous ceux qu'ils considéraient comme proches des rebelles tutsis, Tutsis « infiltrés » ou « Hutus modérés ». Ils attisaient la haine contre eux sur les ondes de la Radio-télévision des Mille Collines.

Kagame, qui connaît parfaitement ce contexte inflammable, décide néanmoins d'abattre l'avion. Il ne peut bien entendu ignorer que la mort d'Habyarimana va provoquer un massacre de la population tutsie. En réalité, le chef rebelle nourrit un profond mépris pour les Tutsis de l'intérieur qu'il appelle d'ailleurs « *Vipingamizi* », un mot swahili qui signifie obstacle et, dans son acception militaire, « collaborateur ». Pour Kagame, les Tutsis restés au pays après la révolution de 1959 qui a donné le pouvoir aux Hutus, ne sont que de vulgaires « collabos », qui ne valent guère mieux que les Hutus eux-mêmes.

Pour organiser ce coup d'État, Kagame n'a rien laissé au hasard. Il a constitué un véritable réseau auquel appartient le commando de sept hommes qui s'apprête à parachever le travail. La mission du réseau *Network*? Enlever et assassiner des personnalités politiques de telle manière que ces assassinats soient attribués au régime d'Habyarimana et à ses milices extrémistes. *Network* a parfaitement rempli ses missions, il a relancé les affrontements ethniques à la fin du mois de février. Son commando chargé de l'attentat a effectué des reconnaissances opérationnelles dans la région de Kigali. Ainsi, Vénuste

3. Voir les chapitres 10, 11 et 19.

a-t-il été chargé d'opérer des repérages clandestins dans les environs de l'aéroport, camouflé en agent agronome...

Comment se procurer puis acheminer les missiles et les lance-missiles jusqu'à la clairière de la Ferme ? On ne trouve pas ce genre de matériel dans le bazar local. L'armée ougandaise avait acheté un lot de missiles à l'URSS en 1987. Or les Rwandais exilés en Ouganda, au premier rang desquels Kagame, l'avaient aidée à prendre le pouvoir en 1986. Ils avaient même organisé et dirigé l'armée levée pour fomenter le coup d'État. Le président ougandais Yoweri Museveni se devait de renvoyer l'ascenseur : il fournit donc à ses frères tutsis hommes, argent et armes pour attaquer le Rwanda voisin. Voilà comment l'armée rebelle rwandaise reçut quelques missiles en dotation, dont deux supplémentaires au début de l'année 1994. Une section « Missiles », dirigée par Alphonse Kayumba, est alors créée avec des tireurs formés par des spécialistes de l'armée ougandaise, d'abord au quartier général de Bombo, puis à l'école d'infanterie de Jinja. Les deux SAM 16 utilisés par le commando du Falcon 50 sont prélevés sur le stock entreposé à Bombo et expédiés à Mbabara le 6 ou le 7 janvier, avant d'être un peu plus tard acheminés à Mulindi, au QG de Kagame.

En février, les caporaux John, Moses et Stanley, ainsi que le sergent Seromba, chargent les deux missiles sur un camion Mercedes et les dissimulent sous un tas de bois de chauffage. Karakonje, le chauffeur du Mercedes, prend la route de Kigali. Il n'est guère inquiet car seuls les militaires de la MINUAR[4] (les soldats de l'ONU) auraient pu vérifier la cargaison. Or, leur chef, le général canadien Roméo Dallaire, ne manifeste aucune curiosité particulière pour les agissements de Kagame, et pour

4. Installés au Rwanda pour faire respecter les accords d'Arusha conclu, sous la pression de la France, de la Belgique, de la Grande-Bretagne et des États-Unis, entre le FPR, divers mouvements d'opposition et le gouvernement rwandais en août 1993. Le président Habyarimana avait accepté de partager le pouvoir avec le FPR et les différents partis d'opposition.

cause il manifeste ouvertement de la sympathie pour le chef de la rébellion. Et si d'aventure des soldats onusiens avaient tenté un contrôle, les militaires de l'APR avaient reçu l'ordre de s'y opposer.

Le chauffeur Karakonje et sa cargaison, encadrés par une équipe de quelques militaires dirigée par Charles Kayonga, arrivent donc sans encombre au Conseil national pour le développement (CND), le parlement de Kigali. Y sont basés les 600 militaires de l'APR, en application des accords d'Arusha[5]. Les deux missiles sont déposés dans la pièce dévolue au major Jacob Tumwine.

Deux jours après la réunion de Mulindi au cours de laquelle le FPR a décidé de faire abattre l'avion du président rwandais, il est recommandé à tous les membres du *Network Commando* d'être de la plus grande prudence avant le jour J, imminent. Chacun reçoit un pistolet automatique, des grenades et un portable Motorola, avec instruction d'utiliser le seul canal 7 pour l'opération contre l'avion. Désormais, tout est suspendu à l'agenda d'Habyarimana et de ses déplacements en Falcon. Le 4 avril, le *Network Commando* est mis une première fois en alerte, sur la foi d'une information transmise par des agents du FPR annonçant une rencontre du Président avec Mobutu Sese Seko, à Gbadolite, le village natal du président zaïrois. Las ! L'horaire transmis – en temps universel – n'est pas le bon, et il faut annuler l'opération. Le président rwandais rentre donc au pays sans encombre.

Le surlendemain 6 avril, le commando apprend en fin de matinée qu'Habyarimana va être conduit à Dar es-Salam en Falcon 50. Les deux missiles sont aussitôt chargés sur un Toyota Stoud 2200 blanc et dissimulés sous des cartons vides de cannettes de bière. Didier, le chauffeur, quitte seul le CND au volant de la camionnette. Un peu plus tard, il s'arrête sur la

5. En vertu des accords d'Arusha qui ouvraient l'armée rwandaise aux combattants du FPR, 600 militaires avaient été installés au CND.

route de Remera pour prendre à son bord les membres du commando. Franck et Éric montent à l'avant tandis que Patiano s'installe à l'arrière pour assurer la sécurité du convoi... Une fois les lances-missiles et les missiles installés dans la clairière repérée, chacun se place au poste qui lui a été assigné. Franck, le tireur le plus expérimenté, et Éric attendent maintenant les instructions de Charles Kayonga, chef de la section «Missiles». Au dernier étage de l'immeuble du CND, Kayonga est en liaison par téléphone satellitaire avec Paul Kagame, basé à Kampala, capitale de l'Ouganda. Aux côtés de Kagame, le président du FPR, Alexis Kanyarengwe.

Après avoir été probablement informé par le président ougandais lui-même du départ du Falcon 50 de l'aéroport de Dar es-Salam, Kagame prévient Kayonga de son atterrissage prochain à Kigali. Lequel avertit Franck Nziza, toujours par téléphone, de l'arrivée de l'avion entre 19 h 30 et 20 h 30. On sait même qu'il lui recommande à ce moment-là de ne pas rater sa cible.

Vers 20 h 20, les deux tireurs perçoivent les premiers bruits de réacteurs. Ils identifient aussitôt le Falcon 50. L'avion approche à basse altitude. Éric Hakizimana tire le premier missile, manque sa cible, mais déséquilibre l'avion. Quatre ou cinq secondes plus tard, Franck Nziza, lui, tire et fait mouche. À 20 h 23, le Falcon explose. Les présidents du Rwanda et du Burundi, Juvénal Habyarimana et Cyprien Ntaryamira, les membres des deux délégations, dont le chef d'état-major des Forces armées rwandaises (FAR), ainsi que les trois pilotes militaires français, Jacky Héraud, Jean-Pierre Minaberry et Jean-Michel Perrine, sont tués sur le coup.

Vingt minutes avant que les débris de l'avion ne s'écrasent au sol, le bataillon du FPR basé au CND avait été mis en «*Stand by Class One*», en alerte maximum[6]. Preuve supplémentaire qui désigne Kagame et ses hommes.

6. Audition du général Christian Quesnot devant la Mission d'information sur le Rwanda menée par l'Assemblée nationale en 1998.

Dès l'explosion du deuxième missile, les sept hommes du commando s'éclipsent. Les deux tireurs abandonnent sur place les deux tubes lance-missiles : ils n'ont pris que le temps de les pousser dans les buissons, au bord du sentier. Franck, Éric et Patiano courent vers la route de la Ferme où Didier les attend au volant de la Toyota blanche. Le véhicule fonce vers l'immeuble du CND. Vénuste récupère sa moto et arrive à son tour au CND. À 21 h 15, tous les membres du commando sont déjà à l'abri.

« *Target is hit.* » Tel est le message réceptionné et authentifié par un officier togolais de la MINUAR sur le canal utilisé par les militaires de l'APR. La cible est effectivement touchée, sa destruction est la première étape d'un processus programmé par Kagame depuis la fin mars. Ce dernier met immédiatement en alerte tous les officiers supérieurs de l'armée rebelle par l'intermédiaire de James Kabarebe, son principal adjoint. L'offensive générale sera déclenchée quelques heures plus tard. Elle sera suivie, comme Kagame le prévoyait, par des massacres.

Carnage, boucherie, abattoir… En vain aura-t-on cherché des mots assez éloquents pour dire l'horreur survenue au Rwanda. Rony Brauman, un des fondateurs de Médecins sans frontières, a su décrire l'indescriptible[7] : « Ne se cachant même pas aux yeux des MSF tétanisés de rage impuissante, les SS tropicaux, ivres d'alcool et de fureur purificatrice, accomplissaient leur besogne, découpant adultes et enfants à la machette, sectionnant les tendons d'Achille, tranchant les doigts ou les mains de bébés, incendiant ou pulvérisant à la grenade les lieux de refuge, pourchassant les fuyards jusqu'à la frontière où ils les abattaient au gourdin, à la lance et à la mitraillette. »

L'intense charge émotionnelle de ces images de charniers a fait resurgir celles de la libération des camps de la mort, à la fin de la dernière guerre mondiale. Ainsi l'humanité avait de

7. MSF, « Devant le mal », juillet 1994.

nouveau abdiqué devant l'horreur. La communauté internationale qui avait laissé, une fois encore, se perpétrer ces massacres crut se rattraper en qualifiant, toutes affaires cessantes, la tragédie rwandaise de génocide. Oui, il s'agissait bien d'un génocide, d'une entreprise d'extermination par des meurtres de masse.

De son côté Paul Kagame pouvait passer pour le représentant de tous les rescapés, asseyant sa respectabilité sur les montagnes de corps suppliciés, sur la mort de ceux qu'il disait être ses frères de sang, accédant au pouvoir grâce à la crédulité de l'opinion internationale. Comment et pourquoi celle-ci a-t-elle été mystifiée ?

Quelques heures après l'attentat contre le Falcon 50 présidentiel, l'Histoire avec une majuscule s'est mise en marche – celle qui départage les camps du Bien et du Mal dans un récit simpliste. Cette Histoire implacable qui va s'imposer d'emblée et devenir officielle est limpide, si limpide qu'elle ressemble à un conte pour enfants : d'un côté, des méchants et des « presque méchants » qui les aident ; de l'autre, des « gentils » et des « presque gentils » qui les soutiennent. Ce récit a été déroulé maintes et maintes fois depuis 1994, avec toutes les apparences d'évidence et la fluidité requises.

D'abord, les « méchants ». Listes de noms et machettes à la main, les miliciens extrémistes hutus ont commencé la traque des Tutsis. Le génocide avait été préparé minutieusement et depuis longtemps par Habyarimana et son entourage. Désormais, tous les reportages et les images diffusées accréditeront une vérité à une seule clef. Et comment la contester lorsque nous parviennent ces récits apeurés de frères, de sœurs et de mères des Tutsis suppliciés ? Comment résister à l'indignation qui s'empare de chacun devant l'horreur, au désir de désigner un coupable ici et maintenant ?

Ces méchants ont par ailleurs des « alliés », des complices

même. Au premier rang desquels, la France, bien entendu. Les extrémistes, nous dit-on, « travaillaient » avec d'autant plus d'efficacité qu'ils avaient été formés à bien manier machettes et couteaux, et même à entraver leurs futures victimes, par des militaires français. Hier l'armée française torturait le fellouze dans le djebel et en jetait certains d'hélicoptère de temps en temps ; au Rwanda, elle a formé les tortionnaires hutus et jeté aussi de leurs victimes du haut d'hélicoptères… Elle n'a pas rompu avec ses sinistres pratiques d'un passé colonial toujours prêt à remonter à la surface…

Viennent alors les victimes. Ce sont les Tutsis et celui qui les représente, le chef rebelle Kagame, devenu président du Rwanda. Ses hommes – poursuit le mythe en ébullition – ont joué le même rôle que les GI's à la fin de la Seconde Guerre mondiale en sauvant les derniers Tutsis des machettes des monstres hutus. Incarnation de la vertu, pur et juste, on prête à Kagame, dans les contes journalistiques et livresques, la stature d'un grand parmi tous les leaders libérateurs de leur peuple. Il épouse le profil d'un Mandela. Il nous est présenté comme un des chevaliers de l'Afrique nouvelle pourchassant les marionnettes du néocolonialisme franco-belge, tels ses fantoches d'Habyarimana et de Mobutu, et n'hésite pas à défier frontalement l'Église catholique et la France auxquels ceux-ci sont asservis.

Combattant intrépide de l'ethnicisme importé par les missionnaires et les colons, le régime Kagame, insiste-t-on, ne reconnaît plus le clivage Hutus-Tutsis. Comme jadis les Américains en Allemagne, le libérateur a entrepris avec détermination une véritable « dénazification », s'attelant à la tâche de délester les Hutus de leur mentalité « génocidaire », de leur inculquer une nouvelle histoire de leur propre pays, de leur imposer un « devoir de mémoire », de dénoncer et de pourchasser les « génocidaires » partout dans le monde.

Enfin, gardons le meilleur pour la fin du conte, voici ceux qui aident les victimes, animés par les seuls sentiments de compassion pour elles et de honte vis à vis de leur pays. On aura reconnu les associations tiers-mondistes et humanitaires et les reporters « de terrain » partis chercher cette vérité que l'on voudrait tant cacher aux citoyens. Leur mission essentielle : mobiliser l'opinion et culpabiliser la communauté internationale. La repentance doit être immédiate et générale !

Tel est le récit mythique avalisé par la Fédération internationale des droits de l'homme (FIDH), par des associations comme Survie, CIMADE, Agir Ici et bien d'autres qui tentent par leurs actions, de soulager la misère du monde et particulièrement l'Afrique, mais aussi des intellectuels, comme Jean-Pierre Chrétien, André Glucksmann et BHL, le réseau Voltaire, Golias, une grande partie de la gauche française (le PCF, la LCR, les Verts et une fraction du PS), les institutions protestantes et la plupart des médias. Peu à peu, ce récit est devenu histoire, une histoire « élucidée », évidente, incontestable. Une histoire, enfin, qui transforme ceux qui osent la contester en révisionnistes.

« La France a une responsabilité qui est semblable à celle des Allemands dans la Shoah », n'a pas hésité à déclarer François-Xavier Verschave[8], l'ex-président de Survie. En un mot, Mitterrand aurait été une sorte de nouvel Hitler. « Faut-il juger les Mitterrand ? » s'est à son tour interrogé gravement Pascal Krop en couverture de son livre intitulé *Le Génocide franco-africain.* Des centaines de milliers de Tutsis ont ainsi été abattus au Rwanda, comme hier le furent les Juifs en Europe, par les sinistres exécutants d'un régime « nazi tropical » qui bénéficiait non seulement du soutien de Paris, mais aussi de l'Église catholique.

Meurtrie de n'avoir rien fait pour empêcher les massacres de masse, la communauté internationale a donné à Kagame, nouveau chevalier blanc, minoritaire en son pays, l'onction de la légitimité démocratique pour diriger son pays sans

8. Conférence à Grenoble, le 29 avril 2004. Lire *Journalpes*, mardi 25 mai 2004.

contrainte. Pour lui on a jeté aux orties le sacro-principe d'« un homme, une voix ». La Belgique et les États-Unis font même acte de repentance devant lui. Oui mais voilà, un pays boude la cérémonie de contrition générale. La France refuse en effet de demander pardon. Pour les auteurs du conte médiatique, c'est la preuve absolue de sa culpabilité ! Lors de la dixième commémoration du génocide, en avril 2004, le président Paul Kagame, excédé, accuse les Français d'avoir « sciemment entraîné et armé les troupes gouvernementales et les milices qui allaient commettre un génocide ». Il dénonce la France qui a « l'audace de rester là sans s'excuser ». Renaud Muselier, secrétaire d'État, qui représente la France, quitte Kigali sur le champ.

À part le mauvais élève français, tout le monde trouvait donc Paul Kagame très fréquentable. Mais le juge Bruguière pourrait changer la donne. Son instruction – à la suite des plaintes déposées par les familles des pilotes français tués dans l'attentat – désigne, selon l'article du *Monde* paru en mars 2004, Paul Kagame comme l'auteur de l'attentat contre le Falcon 50 qui a coûté la vie à deux présidents de la région des Grands Lacs.

« S'il s'avérait que c'est le FPR qui a abattu l'avion, l'histoire du génocide devra être réécrite. Bien que cette situation n'atténue en rien la responsabilité des extrémistes Hutus dans la mort de centaines de milliers de personnes, elle ferait apparaître le FPR sous un jour nouveau. Le FPR a été jusque-là considéré en Occident comme victime et comme celui qui a mis fin au génocide. » Qui parle ainsi ? Carla del Ponte, encore dans sa fonction de procureur du Tribunal pénal international pour le Rwanda (TPIR), qui fut contrainte de démissionner parce qu'elle avait justement eu l'outrecuidance de vouloir enquêter sur les crimes de Kagame[9]. Une attitude de simple bon sens qui s'appuyait sur le rapport du 28 juin 1994 du

9. Le procureur du TPIR Carla del Ponte dans *Aktuelt* du 17 avril 2000.

rapporteur spécial des Nations unies et de la Commission d'experts mise en place en vertu de la Résolution 935 de 1994, René Degni Segui, l'homme qui a été à l'origine du TPIR et plus généralement à la source de la vérité officielle sur la tragédie rwandaise. Lequel écrit en effet : « L'accident survenu le 6 avril 1994 et qui a coûté la vie au président de la République rwandaise, Juvénal Habyarimana, semble bien être la cause immédiate des événements douloureux et dramatiques que connaît actuellement ce pays [...]. L'attaque contre l'avion présidentiel doit être examinée par le rapporteur spécial dans la mesure où il peut y avoir des liens entre ceux qui l'ont commanditée et les responsables des massacres. »

Ainsi les premières conclusions du juge Bruguière obligent-elles tout observateur impartial à une relecture approfondie de l'histoire du Rwanda depuis 1990, date de l'attaque militaire lancée par Kagame contre le pays des Mille Collines. Elles suggèrent une réévaluation complète du rôle de son acteur principal, mais aussi de ceux qu'il a désignés comme complices du génocide, à savoir l'Église catholique et la France.

Il apparaît d'abord que dans la phase ultime de sa stratégie de conquête du pouvoir, Kagame a planifié l'attentat, donc planifié aussi sa conséquence directe : le génocide des Tutsis perpétré en représailles.

Le président actuel du Rwanda porte en effet la très lourde responsabilité de la mort de millions d'Africains et d'incroyables souffrances pour des millions d'autres. Il s'agit bien entendu d'abord, sur la période qui court entre 1990 et 1994, du massacre d'environ un million de Rwandais – toutes ethnies confondues – et du déplacement de quelque deux millions d'autres. Mais le martyre des Hutus ne s'est pas arrêté avec l'installation du FPR à Kigali, le 17 juillet 1994. À l'intérieur du Rwanda, le régime de Kagame a persécuté, tué, humilié, rééduqué, enfermé les Hutus réduits au statut d'*Untermenschen.* Et il a considéré ceux qui s'étaient réfugiés au Zaïre – devenu depuis République démocratique du Congo –

comme des « génocidaires » à éradiquer. Il a ordonné le massacre de centaines de milliers de Hutus sans défense parqués dans des camps, puis, sous le fallacieux prétexte de traquer des « génocidaires » qui menaçaient son régime, il a instrumentalisé Laurent-Désiré Kabila pour renverser Mobutu, mais surtout mettre la main sur les richesses du Kivu et du Katanga et augmenter sa zone d'influence, tout en provoquant la mort de quelques centaines de milliers de personnes supplémentaires.

Depuis le passage de ces nouveaux barbares, la République démocratique du Congo hoquette. Peut-on encore ne parler que du génocide des Tutsis alors que, depuis 1990, le nombre des Hutus assassinés par les policiers ou les militaires obéissant aux ordres de Kagame est bien supérieur à celui des Tutsis tués par les miliciens et les militaires gouvernementaux ?

Ainsi celui qui est en réalité le plus grand criminel de guerre vivant et en exercice est-il salué comme un chef d'État respectable par la communauté internationale. L'apprenti dictateur n'a donc pas hésité à abattre l'avion du chef de l'État qu'il voulait remplacer, sachant pertinemment qu'il allait ainsi déclencher de terribles tueries visant notamment les gens de sa propre ethnie. Hitler ? Staline ? Pol Pot ? Non, Kagame, tout simplement, qu'un jour l'Histoire, lorsqu'elle aura déchiré le voile des manipulations, rangera parmi la catégorie des monstres sanguinaires. Un monstre capable d'exploiter à son profit la tentative de génocide qu'il a sciemment déclenchée. En somme, un Führer qui serait devenu directeur de Yad Vashem, le musée de la Shoah... Du haut de « sa » montagne d'ossements, le voici qui dispense verdicts et leçons de morale à la planète entière.

Kagame a bénéficié d'une cécité collective qu'il a suscitée grâce à d'efficaces relais. Pendant que tous les veilleurs occidentaux des droits de l'homme diabolisaient un Habyarimana censé organiser le massacre des Tutsis, les soldats de Kagame commettaient des exactions plus importantes encore, mais loin des journalistes et des caméras. Quand des universitaires et des et journalistes droits-de-l'hommistes installaient dans l'opinion publique l'existence de prétendus « escadrons de la mort » dirigés par Habyarimana, le FPR montait des attentats terroristes que tout le monde attribuait aux « escadrons de la mort ». Les messieurs Bons sentiments ne voyaient pas que leur idole recherchait à tout prix la guerre civile, essayant de provoquer des massacres pour prendre le pouvoir... Paul Kagame a été le grand ordonnateur de cette tragédie.

Après l'attentat, le régime Kagame a laissé volontairement les miliciens hutus « nettoyer » le pays. Plus incroyable encore, il a fait croire que les Hutus qu'il a fait massacrer en grand nombre étaient des Tutsis, avant, une fois au pouvoir, de pourchasser les survivants, installés dans des camps. C'est enfin le même Kagame qui a fait ériger des fours crématoires pour faire disparaître les cadavres... La vérité qui aurait dû s'imposer est à la fois sinistre et simple : le régime de Kagame est beaucoup plus ethniciste que ne l'a été celui d'Habyarimana.

On comprend mieux aujourd'hui pourquoi ceux qui ont accepté de jouer le jeu de ce personnage n'ont guère assuré une grande publicité à l'avancement de l'enquête du juge Bruguière qui est en train de faire la lumière sur cet attentat. Les découvertes du juge bousculent en effet l'histoire « politiquement correcte » que Kagame et ses supporters ont réussi à imposer. Car en même temps qu'ils faisaient parler les armes autour de Kigali, le chef de l'État et ses stratèges se sont déployés sur un autre front de la guerre moderne : l'information. Les guerres se gagnent aujourd'hui autant au missile et au bazooka que sur l'écran médiatique. La guerre de conquête de Kagame passait par la séduction d'humanitaires et de militants de gauche. Convaincus de son intégrité, ils sont restés silencieux lorsque le juge Bruguière a fini par démonter la mécanique de l'attentat du 6 avril 1994, tout comme ces staliniens restés incrédules au moment de la publication du rapport Krouchtchev.

La vérité sur le crash du Falcon 50 dérange, perturbe tous

les Messieurs Bons sentiments habitués à pourfendre la « Françafrique », concept aussi dépassé qu'il est abondamment utilisé pour fustiger la prétendue politique néocoloniale de la France. Sous les préaux d'école, dans les maisons de la Culture, l'association Survie, qui rassemble plusieurs regroupements, inculquent à des assistances crédules moult contre-vérités sur la France, ses autorités, son armée et François Mitterrand.

Non content d'avoir aidé les milices à accomplir leur « sale besogne », ce dernier est vilipendé pour avoir imposé l'opération Turquoise : des soldats français auraient ainsi honteusement protégé les miliciens aux machettes encore dégoulinantes du sang des Tutsis – ceci pour dissimuler les preuves de l'engagement de Paris aux côtés d'un tyran nazi noir nommé Habyarimana.

Pour rendre leur thèse inexpugnable, les défenseurs inconditionnels de Kagame ont déployé un « plan com » redoutable : assimiler ceux qui contestaient leurs thèses aux révisionnistes qui nient la réalité des chambres à gaz ou le nombre de victimes de la Shoah. Pour disqualifier ceux qui doutent de la moralité de l'actuel président rwandais, le président de Survie n'a pas hésité à parler de « négrophobie ». Ainsi s'est peu à peu développé un redoutable usage rhétorique du vocabulaire et du corpus d'analyses engendrés par la Shoah. En somme, puisqu'il y a eu génocide, il y avait forcément des nazis, des tortionnaires… et, dans la foulée, un lot de révisionnistes. Quiconque émettait quelques doutes sur la version « kagamiste » des événements s'exposait à être à son tour rangé dans le camp des néofaurissonniens.

L'aveuglement de ces militants pro-FPR va les conduire encore beaucoup plus loin. Les voici regroupés : ils se sentent investis de la mission de traquer de prétendus « génocidaires », de trouver des faux témoins pour les faire comparaître en justice, en tout cas, leur faire perdre leur réputation, leur travail ou leur visa… Ils constituent une génération d'« idiots utiles » dont le comportement finit par ressembler à celui d'agents d'une puissance extérieure. À leur côté, des dizaines de journalistes et de représentants des médias qui ont gobé la désinformation distillée par Kagame. En fin de compte, le dossier rwandais a engendré la création d'un réseau de manipulation de l'opinion, allant du staff de Kagame jusqu'aux militants locaux en passant par les ONG et les journalistes. Un petit monde, redoutablement efficace grâce à Internet, a instauré une sorte d'imposture humanitaire d'autant plus efficace qu'elle utilise les carburants du cœur et de la compassion pour se frayer un chemin dans les consciences. Sous l'œil bienveillant des stratèges de l'Empire pour lesquels l'affaiblissement de la France en Afrique reste un objectif prioritaire…

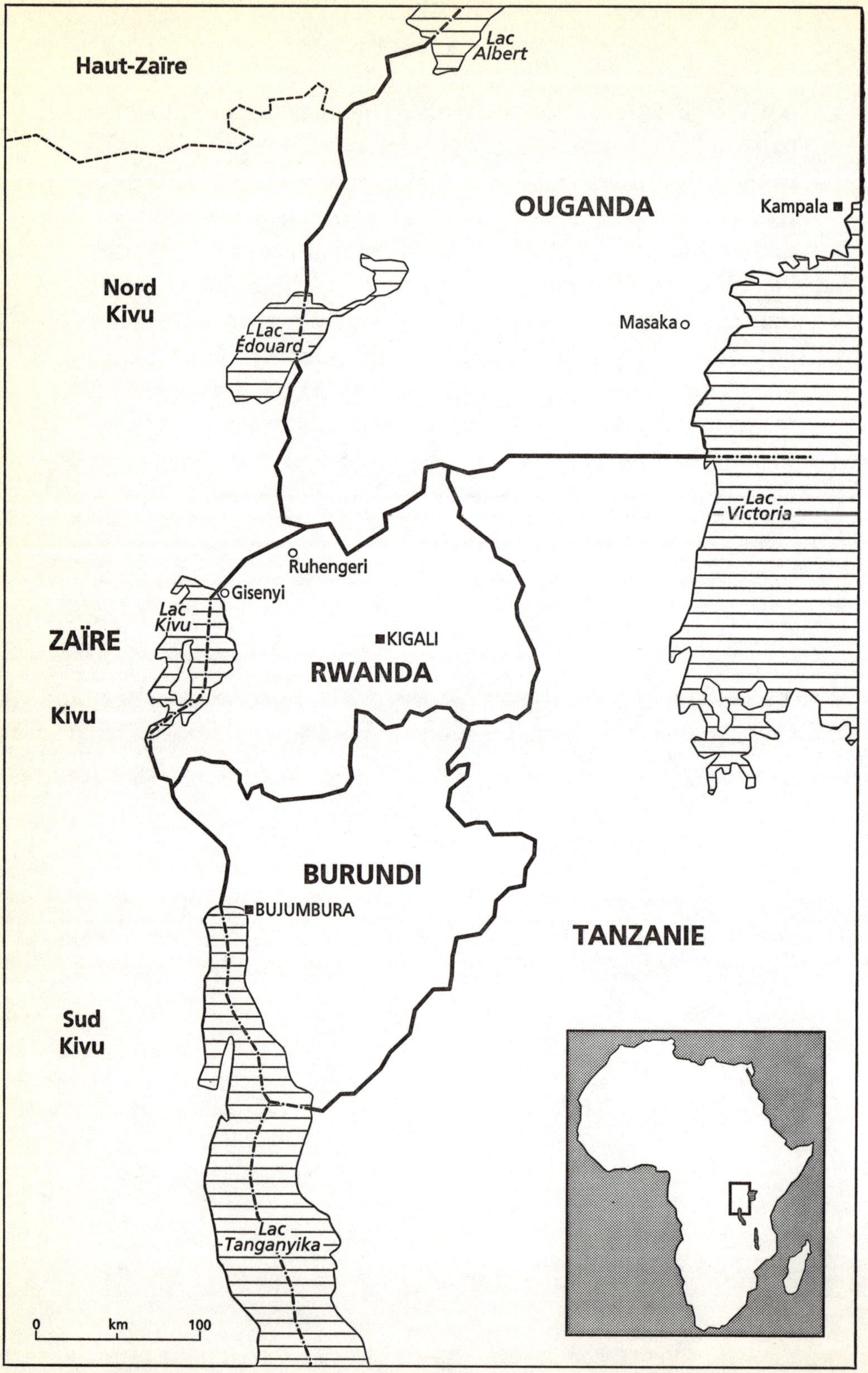
Lac
Albert
Haut-Zaïre
OUGANDA
Kampala
Nord
Kivu
Lac
Édouard
Masaka
Lac
Victoria
Ruhengeri
Gisenyi
Lac
Kivu
ZAÏRE
KIGALI
RWANDA
Kivu
BURUNDI
BUJUMBURA
TANZANIE
Sud
Kivu
Lac
Tanganyika
0
km
100

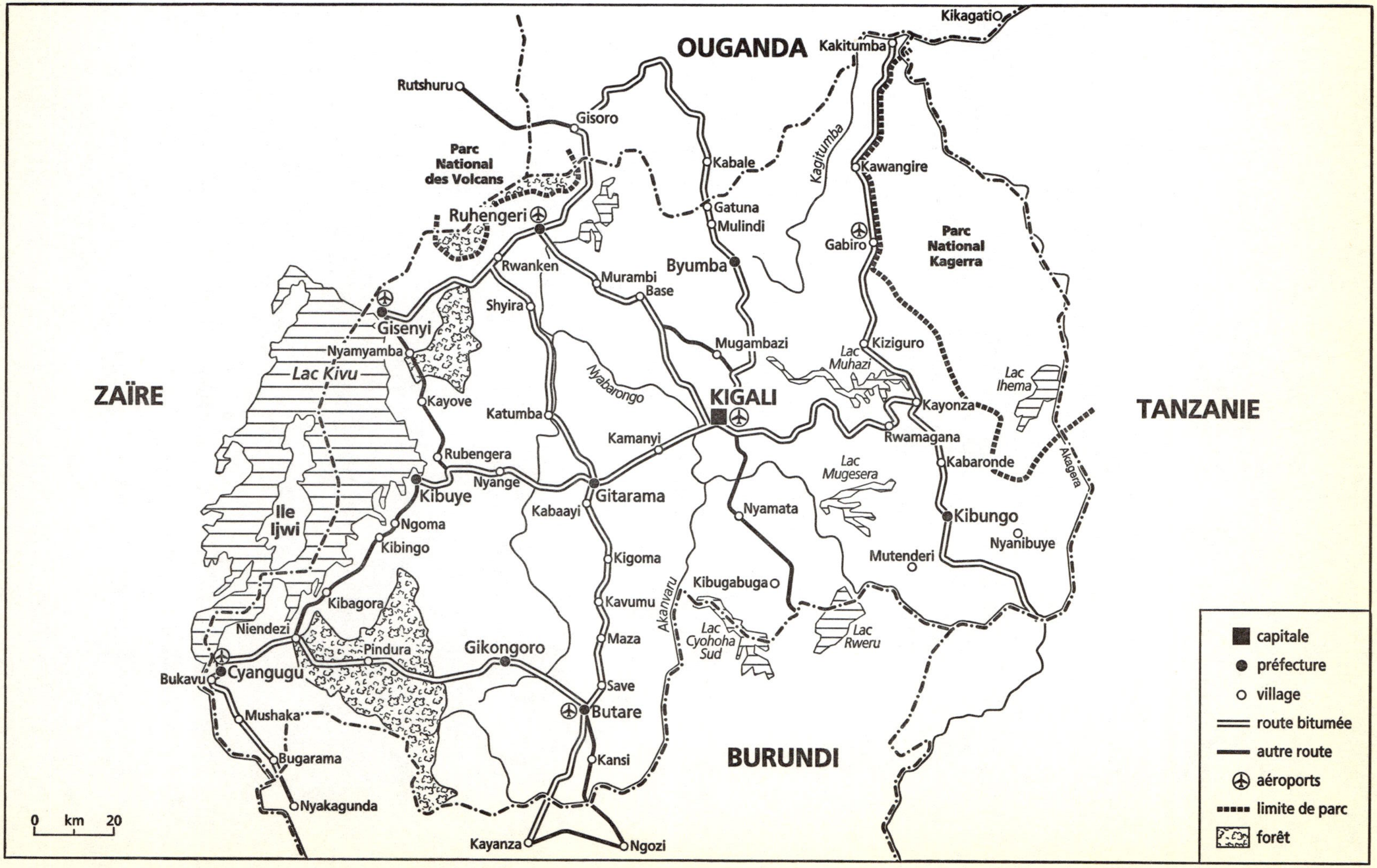
OUGANDA
TANZANIE
ZAÏRE
BURUNDI
KIGALI
Kikagati
Kakitumba
Rutshuru
Gisoro
Kabale
Gatuna
Mulindi
Byumba
Kawangire
Gabiro
Parc National Kagerra
Parc National des Volcans
Ruhengeri
Rwanken
Murambi
Base
Shyira
Mugambazi
Kiziguro
Lac Muhazi
Lac Ihema
Kayonza
Rwamagana
Kabaronde
Akagera
Kagitumba
Gisenyi
Nyamyamba
Lac Kivu
Kayove
Katumba
Nyabarongo
Kamanyi
Rubengera
Nyange
Kibuye
Gitarama
Kabaayi
Ile Ijwi
Ngoma
Kibingo
Kigoma
Nyamata
Lac Mugesera
Kibungo
Nyanibuye
Mutenderi
Kibugabuga
Kavumu
Akanyaru
Lac Cyohoha Sud
Lac Rweru
Kibagora
Niendezi
Pindura
Gikongoro
Maza
Save
Butare
Bukavu
Cyangugu
Mushaka
Bugarama
Kansi
Nyakagunda
Kayanza
Ngozi
0 km 20
capitale
préfecture
village
route bitumée
autre route
aéroports
limite de parc
forêt

Partie I

Le début de la guerre octobre 1990-fin 1993

Les bérets rouges empêchent les rebelles tutsis du FPR de reprendre le pouvoir à la majorité hutue… Les voies diplomatiques et politiques ne règlent aucun problème

CHAPITRE 1

Hutus-Tutsis
Une brève histoire des rivalités, stratégies et ruses politiques au pays des Mille Collines

La série d'images a manifestement été prise avec un téléobjectif puissant à travers les feuilles d'un arbre. Le photographe devait surplomber la scène que ses yeux voyaient à peine. Sur une route de latérite, un homme frappe à plusieurs reprises de sa machette un homme à terre. Avec celles des cadavres gonflés dans la rivière Akagera, des monceaux de crânes, de tibias et de fémurs, ce sont ces images qui reviennent immédiatement en mémoire lorsqu'est évoqué le Rwanda. Surgissent presque aussitôt les deux termes associés : « Hutus » et « Tutsis », deux noms dont la signification exacte échappe à la plupart... Ces quelques images et éléments ne suffisent guère à appréhender une tragédie qui concerne l'humanité entière. Impossible, donc, de faire l'économie d'un peu de géographie, de ne pas rappeler quelques faits de l'histoire rwandaise ancienne et récente, alors même que cette dernière est l'objet d'ignorances, de méconnaissances et aussi de grandes manipulations...

Le Rwanda est situé dans la région des Grands Lacs africains : à l'ouest du lac Victoria, à l'est du lac Kivu, au nord du lac Tanganyika, entre l'Afrique centrale et l'Afrique orientale. Un petit peu moins grand que la Belgique – sa superficie est de 26 338 km^2 –, le pays est dominé par de hautes montagnes, des volcans et des hauts plateaux. La partie centrale, la plus peuplée, se trouve à une altitude comprise entre 1 500 et 2 000 mètres au-dessus du niveau de la mer. Les collines aux flancs escarpés sont recouvertes d'un sol pauvre, fin et fragile qui nourrit à grand-peine toute la population. La densité réelle – nombre d'habitants par rapport à la surface cultivable – est de plus de 400 personnes au kilomètre carré. Pour de nombreux auteurs, la rareté des terres est la principale explication des tragédies à répétition qui frappent le pays des Mille Collines. Avant les événements de 1994, on estimait que la population se composait de 85 à 90 % de Hutus, de 8 à 14 % de Tutsis et de 0,4 à 1 % de Twas.

Parcourir à grands traits l'histoire du pays est un exercice bien plus périlleux. Pour écrire les lignes qui suivent, je me suis appuyé sur le travail d'Antoine-Théophile Nyetera, historien[1] que les dirigeants actuels du Rwanda et leurs nombreux amis occidentaux ne sauraient qualifier de « génocidaire », puisqu'il est non seulement tutsi, mais aussi un rescapé des massacres du printemps 1994. Nyetera, descendant en ligne directe du *mwami* (roi) Kigeri III Ndabarasa, a présenté un rapport intitulé *La vérité sur le conflit Hutu-Tutsi* devant le Tribunal pénal international pour le Rwanda à Arusha (2001-2002) d'où a été tiré un extrait dans lequel j'ai abondamment puisé.

« Selon les Tutsis, écrit-il, l'Église catholique et les agents coloniaux sont les premiers à condamner pour avoir été à l'origine du "génocide". Celui-ci aurait commencé avec la révolte de novembre 1959, pour connaître son paroxysme en 1994. [...] Le FPR a conçu et diffusé un tissu de mensonges et de contradictions pour cacher les faits réels afin de réécrire l'histoire du Rwanda au profit de sa reconquête du pouvoir oligarchique. À titre d'exemple, selon le FPR, les termes Twa, Tutsi et Hutu seraient l'œuvre des missionnaires et des autorités

1. Il fut le secrétaire particulier et le collaborateur de Mgr Alexis Kagame. Ce dernier, docteur en philosophie, est le premier historien rwandais, membre correspondant de l'Académie royale des Sciences coloniales (Bruxelles), membre associé de l'Institut de la Recherche Scientifique en Afrique centrale (IRSAC), spécialiste de l'histoire et de l'anthropologie culturelle rwandaise.

mandataires. Mais aussi, pour lui [le FPR] les Hutus seraient prédisposés à tuer et porteraient des gènes du génocide depuis des générations, alors que pour s'installer dans la région, ces derniers n'ont jamais tué personne ni attaqué les pays voisins. Les Tutsis, par contre, n'ont fait que tuer les chefs de groupes voisins pour agrandir leur territoire jusqu'au-delà des frontières. »

Antoine Nyetera explique d'abord longuement comment la monarchie tutsie s'est installée, puis s'est maintenue jusqu'à la fin des années 1950. Elle a eu « recours à toutes sortes de subterfuges, d'alliances et de stratagèmes pour asseoir son autorité et subjuguer le reste des composantes sociales considérées [dès lors] comme des sujets corvéables à merci. Un système d'éducation et de socialisation fut alors instauré : le mythe de l'intelligence supérieure de la composante tutsie et de sa prédestination à régner sur les autres est inculquée à la population. C'est le système que trouvent les Allemands qui sont les premiers à coloniser l'ensemble que constituent aujourd'hui le Rwanda et le Burundi[2] ». Administrateurs et missionnaires allemands s'appuient sur la monarchie tutsie pour diriger le pays. Les Belges qui reçoivent mandat de la communauté internationale, après la Première Guerre mondiale, pour diriger le Ruanda-Urundi[3], continuent le système instauré par les Allemands. Les Tutsis sont confortés dans leur pratique d'asservissement des Hutus. C'est le ministre belge des Colonies lui-même qui, dans son rapport à la Société des Nations (1938), a exprimé son désir de « maintenir et de consolider le cadre traditionnel de la classe dirigeante des Batutsi à cause des grandes qualités de celle-ci, son indéniable supériorité intellectuelle et son potentiel de commandement ».

2. C'est en 1891 que l'Allemagne annexe le Rwanda à sa colonie d'Afrique orientale et y installe une administration. Ce sont les Pères Blancs qui entreprennent l'évangélisation du pays.

3. Après l'invasion en 1916 de la colonie allemande par des forces anglo-belges, l'administration du Ruanda-Urundi est confiée en 1923 par la SDN à la Belgique.

Dans les années 1950, l'Église catholique participe à l'émancipation des Hutus. « Dans son message de Noël 1954, le pape Pie XII appelait les prêtres et les laïcs à s'élever contre l'injustice sociale ; le journal missionnaire rwandais *Kinyamateka* publia fidèlement la doctrine sociale de l'Église entre 1956 et 1958, notamment les encycliques sociales papales [...]. Cependant, dans le contexte du Rwanda, la déclaration de l'Église sur le droit et le devoir de parler des questions sociales a été interprétée comme une trahison par la classe dirigeante et par le roi lui-même... ».

En mars 1957, les Hutus préparent un mémorandum sur leurs revendications appelé « manifeste des Bahutu », qu'ils adressent notamment au ministre belge des Colonies et au Conseil de tutelle de l'ONU. Que dit ce manifeste ? Il exige : le partage des terres ; la suppression des latifundia, dits *ibikingi*, qui étaient propriétés et pâturages des seuls chefs, sous-chefs et notables tutsis ; et la participation des Hutus à l'administration territoriale... puisque, sur 540 sous-chefferies, seules deux d'entre elles étaient dirigées par des Hutus ; les 45 chefs dirigeant les chefferies étaient tous tutsis ; parmi les 50 juges de tribunal de chefferies, pas un seul Hutu ; sur les 10 juges de tribunal de territoire, pas un seul Hutu. Le manifeste présentait le problème Hutus-Tutsis en ces termes : « La question Hutus-Tutsis constitue le problème n° 1 au Ruanda, parce qu'il met en cause la coexistence même du groupe numériquement supérieur, d'une part, et du groupe politiquement et économiquement supérieur, d'autre part. C'est la vie même du peuple rwandais qui est en jeu ici. (*Tutsis* : 14 % – *Hutus* : 85 % – *Twas* : 1 %). » Et il réclamait une égalité de fait de tous les citoyens du pays par l'instauration d'un régime démocratique de nature à mettre au premier rang le mérite et à garantir au maximum, à tous les citoyens, une égalité de fait devant les droits, les obligations, les honneurs ou les charges ; une structure politique et administrative où les privilèges de caste soient bannis de façon à assurer à tous les citoyens, indistinctement, l'égalité de chances devant l'accession à tous les emplois publics et notamment aux postes de direction...

L'écho de l'agitation des Hutus parvient jusqu'à New York. L'ONU, qui a reçu les pétitions des Hutus, s'inquiète de la situation inégalitaire du Ruanda-Urundi. Et c'est ainsi que le rapport de la Mission de 1957 aborde de front, pour la première fois, le problème Hutus-Tutsis, jusqu'alors systématiquement nié par les dirigeants tutsis et minimisé par la Tutelle belge. Il critique les fondements mêmes de la politique belge dans le territoire, qui consiste avant tout à favoriser le développement économique et à repousser toujours dans l'avenir la question d'un développement politique et social. Il insiste sur l'urgence d'une évolution en ce sens : la Tutelle doit faire tout son possible pour hâter l'émancipation des Hutus afin d'accélérer sans danger le processus démocratique.

Au paragraphe 45 de son rapport, l'ONU écrit : « ... Ceci marquera dans une large mesure la fin du danger de l'exploitation des cultivateurs *bantous* par les pasteurs *hamites*, mais posera d'autres problèmes tout aussi angoissants. Les Bamis [rois] sauront-ils transformer assez rapidement leur régime – pour reprendre une image naïve, inexacte mais suggestive, empruntée à d'autres civilisations – d'une monarchie de droit divin en monarchie constitutionnelle ? Les chefs et autres aristocrates tutsis de la vieille génération sauront-ils faire en temps opportun leur nuit du 4 août ? Questions auxquelles il est difficile de répondre avec assurance, mais le pronostic n'est pas défavorable, car une certaine compréhension des nécessités de l'évolution semble déjà pénétrer les couches dirigeantes de la population du Ruanda-Urundi. La "mise au point" du Conseil supérieur du Ruanda pourrait indiquer au moins autant la conscience de l'inéluctabilité d'une modification profonde de la société du pays, qu'un désir de provoquer une course de vitesse pour affermir par une autonomie prématurée les prérogatives chancelantes d'une classe dominante. » L'ONU apporte ainsi aux auteurs du Manifeste hutu une aide politique et une publicité exceptionnelles.

Les notables de la Cour du *mwami* furent les premiers à protester contre les revendications des Hutus. Ils déclarèrent sans détours qu'ils n'avaient pas à partager le pouvoir avec les Hutus, que ces derniers n'étaient pas leurs frères, mais plutôt leurs esclaves. L'opinion de ces notables fut résumée dans un document signé par onze serviteurs du roi, « *Abagaragu cumi na babili b'Ibwami* », dans lequel ils retracèrent l'histoire de la formation de l'État rwandais et son évolution depuis des millénaires. « Ils rappelèrent d'abord, poursuit Antoine Nyetera, qu'ils étaient des descendants du Ciel ("*ibimanuka*"), et qu'ils n'avaient donc pas de fraternité avec les terrestres. Ils recommandèrent au roi de ne pas permettre le partage de leurs *latifundia* avec les Hutus, et proposèrent que les Hutus aillent plutôt habiter à Gishari et à Mokoto, au Kivu [aujourd'hui en République démocratique du Congo], au cas où ils auraient besoin de terres. »

Les pétitionnaires hutus furent bientôt condamnés pour leur « séparatisme » et traités de « divisionnistes », d'« *inyangarwanda* » – d'« ennemis du Rwanda ». On leur fit entendre que les problèmes du pays étaient dus à l'ingérence européenne dans les affaires nationales et que, s'ils voulaient avoir des juges et des chefs hutus dans l'avenir, ils devaient tous travailler plus durement.

Le Conseil supérieur du pays du 9 au 12 juin 1958 qui s'était saisi de la Question sociale Hutus-Tutsis, se termina par un rejet méprisant des revendications des Hutus : « Il n'y a pas de problème Hutus-Tutsis, le Rwanda est un peuple uni, sans différence de castes ou d'ethnies, le reste est une machination du colonisateur qui veut diviser pour régner ! »

Avant de se rendre à Bruxelles où il était invité à visiter l'Exposition internationale de 1958, le *mwami* Mutara III Rudahigwa proféra une menace à peine voilée à destination des pétitionnaires : « Je ne crois pas me tromper en déclarant que c'est pour la première fois depuis toute l'existence du Ruanda que l'on entend parler de ce problème, récemment débattu ici au Conseil, de l'opposition, des Hutus et des Tutsis, mais j'espère que c'est pour la dernière fois, car la division et l'opposition au sein d'un peuple sont tout ce qu'il y a de funeste à son progrès. Personne ne m'empêchera de traiter de criminels ceux qui sèment, entretiennent ou nourrissent d'aussi basses intentions... » Puis de poursuivre : « Je vous recommande à tous avant mon départ de vous ranimer mutuellement pour vous rallier et colmater les brèches [...]. Tous les auteurs de cette désunion méritent l'opprobre public et une sérieuse condamnation. Les promoteurs de pareils méfaits ne sauraient se cacher, et si la chose se répète, l'arbre qui produit ces fruits, je l'extirperai. Il en coûtera cher à quiconque s'insurge contre le Ruanda ou cherche sa désunion. Quant à celui qui lui tend des pièges, il se verra lui-même pris dans ses propres filets. »

Malgré la tentative d'intimidation du roi contre toute contestation de son autorité, l'ONU veille à ce que le Ruanda-Urundi se dote d'institutions démocratiques, d'un pouvoir issu d'élections libres et de partis politiques – organisations à travers lesquelles le peuple pourrait s'exprimer et influencer le pouvoir. L'évolution politique était inéluctable. Mutara III Rudahigwa eut alors l'idée de créer un parti politique, l'Union nationale rwandaise (UNaR), destiné à soutenir les chefs, les sous-chefs et les grands fonctionnaires, tous tutsis. L'UNaR visait à rassembler tous les Rwandais autour d'un programme dont les objectifs apparaissaient légitimes à l'époque, tels que la mise en place d'une monarchie constitutionnelle, la séparation des pouvoirs, l'autonomie interne – acquise en 1960 –, puis l'indépendance – déclarée en 1962. Il considérait le problème Hutus-Tutsis comme une invention des Belges destinée, on l'a vu, à « diviser pour régner ». En fait, l'UNaR devait servir à préserver le monopole du pouvoir tutsi. Parce que les Hutus contestaient l'indépendance immédiate sous un régime dominant tutsi, parce qu'ils réclamaient au préalable un partage du pouvoir équitable entre les composantes de la société rwandaise, ils étaient désignés comme « ennemis », tenus pour des hommes achetés par les Blancs, et diabolisés, comme c'est le cas aujourd'hui encore depuis l'avènement du FPR.

De leur côté, des Hutus lancent l'Association pour la Promotion sociale de la masse (APROSOMA) dont la mission consiste à populariser le Manifeste des Bahutus ; pour autant, celle-ci ne s'oppose pas, au début tout au moins, au principe monarchique. Des Hutus radicaux créent de leur côté le Parti du Mouvement de l'émancipation hutue (PARMEHUTU).

C'est dans ce contexte, en novembre 1959, que surviennent les événements qui resteront dans l'histoire rwandaise sous le nom de « Révolution sociale ». Cet épisode est la clé permettant de comprendre les événements qui déboucheront sur la tragédie rwandaise. Pour les Hutus, la « Révolution sociale » est une nuit du 4 août, alors que les Tutsis non seulement rejettent l'appellation même, mais y voient une fuite en Égypte. Que s'est-il donc passé ?

Début novembre 1959, à l'instigation de l'UNaR qui entend conserver le pouvoir, des troubles agitent le pays : les Tutsis s'en prennent à l'administration belge à qui ils reprochent de n'avoir pas empêché les Hutus de revendiquer leurs droits, mais aussi à l'évêque de Kabgayi, Mgr André Perraudin, et à tout le clergé catholique, pour les avoir encouragés à le faire. Ils dénigrent le culte, détruisent des objets religieux… L'UNaR déclenche aussi une politique de déstabilisation des opposants. Elle envoie une lettre circulaire à tous les chefs et sous-chefs visant à mettre fin aux activités des partis hutus, déclarés ennemis de l'unité nationale. Des Hutus sont traqués et molestés sur les places publiques et les marchés. C'est ainsi que le 1er novembre 1959, Dominique Mbonyumutwa, sous-chef hutu depuis sept ans, est attaqué et malmené à Byimana, à la sortie de l'office de la Toussaint. Pendant toute cette période, l'UNaR diffuse des tracts anonymes incitant au meurtre. À la lecture de l'un de ces tracts, rédigé par les

Unaristes, on se rend compte du climat de violence qui prévaut :

« Avis à tous les Rwandais, Enfants du Rwanda, de la royauté et de Karinga[4]. [Suivent les noms de dix « ennemis » parmi lesquels celui de Grégoire Kayibanda, qui deviendra le premier président de la République à l'indépendance.]

« Banyarwanda, tous ceux-là sont les traîtres du Rwanda, ce sont eux qui veulent nous maintenir dans l'esclavage des Belges, ce sont eux qui se sont réunis à Kabgayi, en présence de Mgr Perraudin, pour machiner la mort de S. M. Kigeri V Ndahindurwa, la suppression de la royauté au Rwanda afin de nous rendre des esclaves. Ils parcourent le pays en disant aux gens de signer un document comme quoi ils ne veulent pas de Kigeri V, et celui qui ne veut pas signer ils lui donnent de l'argent. Nous vous ferons connaître les autres.

« Banyarwanda, unissons nos forces, recherchons coûte que coûte ces ennemis du Rwanda et leur progéniture et exterminons au Rwanda tout ce mauvais grain. En avant, Banyarwanda, faites attention, exterminons ces serpents, ennemis du Rwanda !

« Tous ces gens ont tenu leur réunion à Kabgayi en vue de supprimer du Rwanda le Karinga ; leur président était Perraudin. Même les agents du Gouvernement assistaient à cette réunion pour la fortifier et la faire respecter. Sachez donc, vous les véritables Banyarwanda, que ces Banyarwanda ne sont que les moyens employés pour nous maintenir dans l'esclavage des étrangers. Banyarwanda fidèles à la nation, maintenons plutôt ces ennemis du Rwanda dans la servitude, eux et leurs enfants !

« Banyarwanda, quand vous voulez ligoter le Rwanda, c'est avec ces liens que le Rwanda vous ligotera à son tour.

4. Tambour, emblème de la monarchie ; la tradition nous apprend que sur ce tambour royal on tendait les organes génitaux des roitelets hutus tués par les milices des Bami.

« Qui veut éplucher le Rwanda n'en portera pas la peau. À force de temps, la perdrix cherche tranquillement sa pitance là d'où on la chassait.

« Le mauvais flair conduit le chien jusqu'au repaire du léopard.

« Vous les véritables Banyarwanda, levez-vous contre ces hommes qui veulent nous maintenir dans l'esclavage, finalement la nuit cède le pas au jour ! »

Cet appel fut immédiatement suivi d'agressions visant des leaders des partis hutus par les Unaristes, provoquant une violente riposte des Hutus. L'administration belge ferma les yeux sur les rapports accablants qui accusaient Kigeri V Ndahindurwa d'avoir laissé ses conseillers mener ces opérations contre les Hutus. Toutefois, à partir du 12 novembre 1959, elle fit appel à deux compagnies de para-commandos dont la mission était d'assurer la garde et la protection de Kigeri V Ndahindurwa. Le colonel G. Logiest est alors nommé Résident spécial ; il doit mettre un terme aux troubles. Kigeri V Ndahindurwa et ses partisans accueillent mal ces initiatives. Efficace, Logiest arrête rapidement les coupables, aussi bien tutsis que hutus, qui ont fomenté troubles et assassinats. Certains chefs et sous-chefs qui avaient mené les attaques massives sont arrêtés, d'autres prennent le chemin de l'exil vers l'Ouganda où ils reçoivent l'accueil et le soutien du Kabaka, roi du Buganda ; d'autres encore s'exilent au Congo, au Burundi et en Tanzanie. Plusieurs émigrent au Caire où ils créeront un bureau politique très influent qui organisera le boycott des élections communales et législatives envisagées par les Nations unies.

Quel fut le coût en vies humaines de la « Révolution sociale » ? Le rapport de la commission d'enquête dépêchée par le gouvernement belge estima à « environ 150 » le nombre de « personnes [qui] ont perdu la vie au cours des événements, Hutus et Tutsis confondus. Il est certain que le chiffre exact des morts doit être un peu supérieur, toutes les victimes n'ayant pas été portées à la connaissance des autorités. Certaines ont dû être inhumées sans témoin. » Environ 700 personnes, Hutus et Tutsis, furent incarcérées pour incendies, pillages, assassinats, etc. Ce qui n'empêche pas l'UNAR, puis le FPR – son successeur –, d'affirmer aujourd'hui que des milliers de Tutsis ont été tués durant cette période et que le génocide a véritablement débuté à cette époque. Les différentes agressions du parti UNaR contre les Hutus ne sont jamais prises en considération.

En mars 1960, le Conseil de sécurité envoya une commission au Ruanda-Urundi. Cette visite était attendue par les deux parties en conflit. La mission, qui séjourna deux semaines dans le pays, estima que la meilleure façon de régler le litige entre Hutus et Tutsis était la voie démocratique, puisque le problème rwandais était d'ordre politique. Seules des élections pouvaient trancher le litige. Kigeri V et ses proches collaborateurs quittèrent le pays dès juin 1960, avant même les élections communales (à la fin de ce même mois). Le 28 janvier 1961, les Hutus proclamèrent la République. La campagne électorale fut gravement perturbée par des confrontations violentes entre les deux principaux camps. L'UNaR fit tout pour boycotter les élections législatives et le référendum, afin que l'ONU invalide et annule le processus. On recensa 150 morts du côté tutsi et 78 morts du côté Hutu. Mais cela n'empêcha pas, le 25 septembre 1961, sous le contrôle étroit des observateurs de l'ONU, la tenue du référendum sur la monarchie (abolie à près de 80 % des suffrages) et des élections législatives consacrant la victoire écrasante du MDR-PARMEHUTU de Grégoire Kayibanda.

Le 26 octobre 1961, l'Assemblée législative nouvellement élue fut installée, et, en présence du Résident général, elle désigna Grégoire Kayibanda comme président de la République. Les urnes n'apportèrent pas pour autant la paix entre les deux groupes. La quatrième commission de l'Assemblée générale de l'ONU créa alors un groupe de conciliation composé de représentants de la Guinée, du Libéria et du

Sénégal, qui rencontra le 8 février 1962 des représentants du gouvernement rwandais et de l'UNaR. Pour se concilier les bonnes grâces de l'organisation internationale, le gouvernement accepta d'offrir à l'UNaR un nombre de postes correspondant à la proportion des sièges qu'il avait obtenus à l'Assemblée, soit deux ministères, deux postes de secrétaire d'État, deux postes de préfets et deux de sous-préfets. Les parties s'engagèrent en outre à accélérer le rapatriement des réfugiés dans les meilleures conditions possibles.

C'est ainsi qu'un membre de l'UnaR, un Tutsi dénommé Thaddée Gatsimbanyi, l'un des anciens secrétaires au cabinet du roi, prit la responsabilité du Commissariat aux réfugiés créé par le gouvernement rwandais. Lorsqu'il se rendit au Burundi pour persuader les exilés tutsis de rentrer au pays, il fut grièvement blessé par des Unaristes et dut être évacué vers l'Europe pour y recevoir des soins[5].

Tous les efforts faits en direction des Tutsis ne servirent à rien : députés, ministres et cadres – assistants médicaux, vétérinaires, agronomes et certains enseignants – démissionnèrent. D'autres gardèrent leur poste jusqu'à ce que le gouvernement exige qu'ils lui prêtent serment. La plupart d'entre eux refusèrent de témoigner leur allégeance, et furent alors révoqués. Se sentant menacés, ils prirent à leur tour le chemin de l'exil. Dans le même temps, des Tutsis de l'intérieur se livrèrent à des actes de sabotage et à des chasses aux Hutus du PARMEHUTU et de l'APROSOMA. Des Unaristes de l'extérieur faisaient des incursions en territoire rwandais et n'hésitèrent pas à assassiner des bourgmestres, des députés, des policiers communaux, des comptables, voire même de simples citoyens. Ces rebelles se baptisèrent eux-mêmes « *Inyenzi* », abréviation d'*Ingangurarugo Ziyemeje kuba Ingenzi* – « *Ingangurarugo* » désignant une milice du roi Kigeri IV Rwabugiri, « *Ziyemeje* » voulant dire déter-

5. Très handicapé, le gouvernement lui confia ensuite et jusqu'à sa retraite, un poste de secrétaire dans un Ministère.

minés, « *kuba* », être, et « *Ingenzi* » signifiant les meilleurs. Or, le mot « *inyenzi* » désigne un cafard, un insecte nuisible, qui grouille, se reproduit très vite, attaque la nuit, court vite et se cache habilement. « Ce ne sont donc pas les Hutus qui leur ont donné ce nom, contrairement à la campagne d'intoxication entretenue par les milieux tutsis à ce sujet, souligne Antoine Nyetera. De la même manière, ce sont les militaires du FPR qui ont pris le nom d'"*Inkotanyi*" qui signifie lutteurs acharnés. »

Les deux attaques les plus meurtrières lancées de l'extérieur par les Unaristes furent commises en décembre 1963 au Bugesera, et en juillet 1966 dans la commune de Nciri – les deux fois en provenance du Burundi. Au cours de ces incursions, les *Inyenzi* n'épargnèrent ni les femmes ni les enfants, pas plus que les vieillards qui se trouvèrent sur leur chemin – il en sera de même lors de l'attaque perpétrée le 1er octobre 1990. Depuis 1959, chaque tentative de reconquête lancée par les *Inyenzi* a déclenché des massacres de Tutsis restés à l'intérieur, provoquant chaque fois un nouvel exode...

À ces rudiments d'histoire et de géographie, il est important d'ajouter et de garder en tête que le Rwanda est aussi le pays des mille leurres, tant la culture du mensonge et de la dissimulation domine toutes les autres chez les Tutsis et, dans une moindre part, par imprégnation, chez les Hutus.

Nyetera raconte que dès leur plus tendre enfance, les jeunes Tutsis étaient initiés à la réserve, au mensonge, à la violence et à la médisance. Pour s'assurer de leur bonne éducation, on leur posera la question suivante : « *Petit, qu'as-tu mangé ou bien qu'avez-vous mangé à la maison* ? » L'enfant mal éduqué répondra : « *Nous avons mangé ceci ou cela.* » Le bien éduqué se contentera d'un : « *Je ne sais pas* ». L'enfant ne devait jamais prononcer son nom devant un inconnu car, disait-on, celui qui le prononce ne grandit plus.

Le pli est ensuite pris jusqu'à l'âge adulte. Quand deux

voyageurs se rencontrent sur le chemin, ils se saluent sans jamais prononcer leurs noms. Si l'un se risque à demander le nom à l'autre, ce dernier répondra par une autre question « *Pourquoi me posez-vous cette question ?* »

Le mensonge est en quelque sorte une protection de soi ou du groupe auquel on appartient. À chaque question, le Tutsi dévisage son interlocuteur, scrute ses pensées et donne une réponse vague, imprécise : on ne sait jamais... Parce que les Rwandais ont toujours vécu dans la crainte et dans cette culture de la méfiance secrétée par la cour des Bami, ils s'attendent toujours à un malheur émanant de l'autorité ou d'une autre personne qui chercherait à leur faire du tort.

Cette formation au mensonge a été observée par les premiers Européens qui ont eu un contact prolongé avec les Tutsis : « Les Tutsis se distinguent par un vif souci de la tenue apparente. "Représenter", faire belle et noble figure à travers tout, voilà la grande affaire pour ces aristocrates. Cette disposition a certainement ses bons côtés : elle développe la maîtrise de soi, et le Tutsi se doit de savoir se dominer dans la colère. Mais elle favorise aussi la duplicité et c'est ce qui fait de cette race l'une des plus menteuses qui soit sous le soleil...[6] »

« Il résulte de ces aperçus que les Tutsis sont des diplomates-nés. Ils seront circonspects dans leurs paroles au point que, si vous interrogez l'un d'eux sur un fait qu'il connaît parfaitement, vous le verrez peut-être transmettre la question à son voisin pour mieux se donner le loisir de préparer sa réponse. Toutefois, l'art de tromper n'est pas chose purement verbale. Le visage, la contenance entière doivent seconder le bel artifice du discours. C'est pourquoi les Tutsis sont des maîtres comédiens, habiles à se composer la physionomie de circonstance, et cela instantanément. »

6. Paul Dresse, ancien agent territorial, utilise le langage colonial de l'époque. In *Le Ruanda d'aujourd'hui*, ouvrage tiré en quelques exemplaires en 1940, Éditions, Bruxelles.

Richard Kandt, alors administrateur de la colonie allemande, sous le titre de Résident, avait fait la même observation et noté dans son livre *Caput Nili*, publié en 1907 : « S'il [l'étranger, spécialement l'Européen] demande montagne, disaient les chefs à leurs sujets, indiquez-lui les champs qu'elle porte sur ses pentes ; s'il demande rivières, montrez-lui les bœufs qui s'y abreuvent ; s'il demande huttes, regardez les bananiers qui les ombragent. Mentez, mentez, mentez. C'est votre force. »

C. M. Overdule, quant à lui, considère le mensonge des Rwandais comme une culture : « L'Européen interprète la communication avec les Rwandais innocemment, dans sa propre culture euro-américaine. Par contre, le Rwandais sait interpréter la communication aussi bien dans la culture euro-américaine que dans la culture rwandaise. Celui-ci, toutefois, fait l'innocent, et il est hautement étonné de la consternation de l'Européen ou, ce qui est possible aussi, il rit sous cape et se sent supérieur, ce qu'il est en fait… »

« Le jeune Tutsi est éduqué dans l'idée très prégnante qu'il est supérieur aux Hutus et aux Twas. On lui apprend également l'importance de son clan, en quoi il se distingue des autres. Les mérites de ses ancêtres devront être siens, car il doit s'identifier à eux. On lui apprendra aussi que seul le métier d'éleveur est le meilleur, que l'agriculture est pour les gens qui n'ont pas de vaches, que l'artisanat est pour les gens pauvres n'ayant ni vaches ni champs. Au fil du temps, cette culture a gagné toutes les couches de la population rwandaise… »

S'agissant d'un témoignage, le mensonge va jouer à plein : on mentira soit pour enfoncer son ennemi ou l'ennemi de ses amis, soit pour protéger ses amis, soit aussi pour ne pas se créer d'ennemis. S'agissant d'un étranger qui pose des questions, on doit d'abord savoir d'où il vient et pourquoi il pose des questions. On est sur ses gardes. On ne peut pas ne pas lui répondre, mais on lui trouvera une réponse conforme à ses présumées inclinations ou attentes. « Les Tutsis acceptent facilement de faire des faux témoignages, raconte ainsi Antoine Nyetera, par lucre et/ou pour accabler un étranger ou un ennemi de son groupe. C'est hélas souvent ce type de faux témoins qui sont envoyés au Tribunal Pénal International pour le Rwanda, à Arusha. »

Cette culture du mensonge s'est particulièrement développée dans la diaspora tutsie. Pour revenir « l'an prochain à Kigali », celle-ci a pratiqué avec efficacité mensonges et manipulations. Les associations de Tutsis hors du Rwanda ont fait ainsi un très efficace lobbying pour convaincre les acteurs politiques du monde entier de la justesse de leur cause. Elles ont infiltré les principales organisations internationales, et d'aucuns, parmi leurs membres, ont su garder de très belles femmes tutsies vers des lits appropriés... Leur brillante intelligence a su parfaitement se jouer de nombreux milieux intellectuels. Ils ont parfaitement assimilé, comme nous le verrons ultérieurement en détail, le poids des opinions publiques en séduisant nombre d'organisations des droits de l'homme et de milieux associatifs.

Les militaires utilisent souvent des leurres – avions, tanks, camions en carton ou en bois – pour que l'ennemi croie à une attaque imminente ou gâche ses munitions sur de fausses cibles... Les rebelles tutsis ont fait beaucoup mieux. Ils ont réussi jusqu'à maintenant à falsifier complètement la réalité rwandaise, à attribuer à d'autres leurs propres crimes et actes de terrorisme, à diaboliser leurs ennemis. Enquêter sur le Rwanda relève du pari impossible tant le mensonge et la dissimulation ont été élevés par les vainqueurs au rang des arts majeurs. Ce qu'on y voit n'a rien de commun avec la réalité, mais avec les faux-semblants créés par Kagame et ses stratèges. Les masques sont partout. Kagame et ses collaborateurs tutsis ont, jusqu'à présent, réussi à ce que l'opinion publique internationale prenne des vessies pour des lanternes.

Quelle était donc la situation du Rwanda à la fin de la décennie 1980, avant l'attaque lancée par les rebelles tutsis?

Après 1990, les médias ont tellement diabolisé Habyarimana et son régime en parlant de « nazisme tropical », de dictature fasciste, etc., qu'il est important de rappeler que, jusque-là, le Rwanda était considéré par la Banque mondiale et d'autres organismes internationaux comme un des « bons élèves » africains. Dernier en 1976, il a en 1990 le plus important PNB par habitant dans la région des Grands Lacs (Burundi, Zaïre, Ouganda et Tanzanie). Mais il a aussi de très bonnes infrastructures, avec notamment un système routier qui peut être considéré comme l'un des meilleurs d'Afrique, une poste et un système de télécommunications sûrs, un approvisionnement adéquat, un réseau électrique en extension et une organisation des centres de santé accessibles à toute la population.

Depuis l'accession au pouvoir du général Habyarimana en 1973, jusqu'à la guerre d'octobre 1990, aucune violation majeure à caractère ethnique n'a eu lieu. Le président Habyarimana était même plutôt populaire parmi les Tutsis de l'intérieur au point d'avoir été accusé par certains Hutus de les favoriser[7]. Même dans le domaine délicat des réfugiés tutsis, Habyarimana avait déployé de gros efforts. Les discussions supervisées par le Haut-Commissariat aux réfugiés et l'OUA avaient conduit à un troisième accord ministériel entre le Rwanda et l'Ouganda, deux mois seulement avant le déclenchement de la guerre[8].

Il n'empêche que la famine subie dans le sud du pays en 1989, la chute des cours du café, une inégalité sociale croissante, un très fort clivage entre les régions du Nord et du Sud, et une corruption de plus en plus visible dans les cercles du

---

7. Il est vrai que la présence des Tutsis était largement prépondérante dans les professions libérales, le commerce, l'économie, les entreprises, les ambassades et pour les prêtres de l'église catholique, elle atteignait 67 %.
8. Éléments pris dans le Rapport de la Commission d'enquête parlementaire concernant les événements du Rwanda. Session de 1997-1998 (1-611/7 à 15).

pouvoir avaient fragilisé le régime. Habyarimana était parfaitement conscient qu'un aggiornamento de son régime était nécessaire s'il voulait rester en place, d'autant plus que la chute du Mur de Berlin changeait complètement la donne internationale. Il ne pouvait plus compter sur le soutien aveugle d'un Occident devenu plus regardant sur les violations des droits de l'homme, sur la corruption et sur le déficit démocratique... Paris pouvait peut-être l'aider à franchir ce cap délicat.

Habyarimana entendait profiter de sa visite officielle en France, les 2, 3 et 4 avril 1990, pour redorer son image, pour obtenir le soutien de Paris dans les négociations que le Rwanda devait mener avec la Banque mondiale et le FMI, et surtout pour l'aider à faire face à « la menace que constituent pour lui les émigrés tutsis et leurs frères *bahimas* du sud de l'Ouganda », comme l'expliquait l'ambassadeur de France au Rwanda dans un télégramme daté du 13 mars 1990 : « Ce sont [...] les affaires militaires qui seront au centre des préoccupations du président Habyarimana. [...] Il parlera donc non seulement du remplacement de sa Caravelle par un avion plus moderne, mais aussi de son souci d'assurer la sécurité de l'aéroport de Kigali en même temps que celle du camp militaire et de la résidence présidentielle qui le jouxtent. Il demandera donc la mise en place d'une surveillance efficace par radar et d'une artillerie anti-aérienne adéquate. » Moins de deux heures plus tard, un autre télégramme précisait les craintes de l'entourage présidentiel, décrites par le colonel Léonidas Rusatira, secrétaire général du ministère de la Défense nationale : « La moitié des personnels de l'armée ougandaise est d'origine rwandaise et soutient les réfugiés ; c'est le cas du général, sous-chef d'état-major de cette armée, le major-général Rwigema, qui vient d'être écarté et pourrait mettre à profit son retrait pour organiser cette force, sans compromettre le gouvernement ougandais. Actuellement, les réfugiés rwandais de l'Ouganda achètent des armes, en Italie en particulier. »

Une menace bien identifiée mais qui, dans un premier

temps, laisse François Mitterrand de marbre. Il reçoit donc Habyarimana le 2 avril et s'il accepte de remplacer sa vieille Caravelle par un Falcon 50, et se dit prêt à financer l'installation de la télévision, il rejette toutes ses demandes militaires... Le président français revoit le président rwandais deux mois et demi plus tard au sommet africain de La Baule. Le 20 juin 1990, Habyarimana écoute avec attention le fameux discours de François Mitterrand dans lequel il lie l'aide française au progrès de la démocratie. Pragmatique, Habyarimana veut se montrer bon élève : il annonce le 5 juillet suivant la création d'une commission nationale de synthèse chargée d'organiser un dialogue national tous azimuts, avec toutes les forces du pays. Le moment de rappeler à ceux qui ont écouté et répercuté les attaques du FPR sur la « tyrannie » Habyarimana qu'en 1990, la démocratie était encore l'exception en Afrique et que vivre à Kigali, à Butare ou à Ruhengeri était plus agréable que dans la plupart des autres villes d'Afrique. La commission chargée de promouvoir un dialogue national fut effectivement mise en place le 24 septembre 1990.

Bref, même si la diaspora tutsie installée en Belgique disait déjà pis que pendre du régime Habyarimana, le Rwanda était alors loin d'être un goulag. Même les deux grandes spécialistes belges de la région des Grands Lacs, Marie-France Cros, dans *La Libre Belgique*, et Colette Braeckman, dans *Le Soir*, qui deviendront plus tard des thuriféraires du FPR, n'étaient pas loin de délivrer un satisfecit au régime en place. Dans *La Libre Belgique* du 25 mai 1990, Marie-France Cros écrit : « La vieille opposition Hutus-Tutsis d'antan, qui entraîna en 1959 la révolte des premiers, majoritaires, contre les seconds, minoritaires et détenteurs du pouvoir, n'est plus aujourd'hui le premier élément de tension politique au Rwanda. [...] Le nouveau président, Juvénal Habyarimana, mit le holà aux persécutions anti-Tutsis. » Et dans *Le Soir* daté des 6 et 7 octobre 1990, Colette Braeckman écrit de son côté : « Apparemment, cependant, à l'échelle africaine en tout cas, le

Rwanda est longtemps apparu comme un modèle où la Belgique innovait d'ailleurs un système de cogestion de la coopération, compte tenu du sérieux de ses partenaires... Routes impeccablement entretenues, maisons couvertes de toits de tuiles ou de tôles, dispersées sur les collines, réseau téléphonique efficace, banques, coopératives et caisses d'épargne, densité exceptionnelle d'organisations non gouvernementales, le petit Rwanda apparaissait tout entier tourné vers un objectif exclusif : le développement. Mais l'effort de ces paysans opiniâtres cachés derrière leurs bananiers était annulé, au fil des années, par la croissance de la population. [...] Alors que voici deux ans, le pays avait fièrement proclamé son autosuffisance alimentaire, une famine est survenue l'an dernier, d'abord niée par les autorités, puis finalement très meurtrière. » Colette Braeckman soulignait néanmoins que Habyarimana devait régler par surcroît le problème des réfugiés tutsis...

CHAPITRE 2

Octobre 1990

Les rebelles tutsis entrent au Rwanda, les paras français aussi…

Le 1er octobre 1990, les rebelles du FPR franchissent la frontière qui sépare l'Ouganda du Rwanda. L'effet de surprise aidant, ils entrent dans Gabiro, à 90 kilomètres de Kigali. Pourquoi le FPR a-t-il attaqué alors que le régime d'Habyarimana s'ouvrait et que le problème des réfugiés était en cours de règlement? «Il est prouvé que le FPR a attaqué à ce moment-là car une éventuelle percée dans les domaines de la démocratisation, des droits de l'homme et du rapatriement des réfugiés aurait réduit la légitimité d'une attaque», affirme le rapport de la commission d'enquête parlementaire belge concernant les événements du Rwanda[1]. Dans la nuit du 3 au 4 octobre, Habyarimana, rentré d'urgence de New York, demande aide et assistance à ses alliés étrangers, notamment à la France. Des messages de l'ambassade de France font état de risques graves d'exactions à Kigali, mettant en danger les ressortissants français et étrangers. Ils sont répercutés en Arabie Saoudite où François Mitterrand, accompagné de Jean-Pierre Chevènement, de Roland Dumas, de Hubert Védrine, de l'amiral Lanxade et du général Maurice Schmitt, chef d'état-major des armées, s'apprête à déjeuner avec le roi Fahd. Un

1. Sénat de Belgique, session de 1997-1998, 6 décembre 1997. Rapport fait au nom de la commission d'enquête animée par les deux rapporteurs, MM. Mahoux et Verhofstadt.

conseil de Défense restreint a lieu sur le champ et décide d'envoyer au plus vite deux compagnies à Kigali, avec mission de protéger les Européens, les installations françaises et de contrôler l'aérodrome afin d'assurer l'évacuation éventuelle des Français et des étrangers qui le demanderaient.

Ce 4 octobre, Georges Martres, ambassadeur de France en poste à Kigali depuis 1989[2], se rend à la présidence rwandaise à 16 h 30 pour prévenir Habyarimana de la décision française. Le Rwandais a une réaction mitigée. S'il remercie le gouvernement français d'avoir répondu si rapidement à sa demande d'assistance, il regrette toutefois que l'appui aérien ne lui ait pas été accordé. Mon armée, dit-il en substance, doit faire face à des masses d'assaillants dont beaucoup sont drogués... Habyarimana réitère à cette occasion sa demande d'un appui aérien[3].

Dans la nuit du 4 ou 5 octobre, des coups de feu sont entendus dans la capitale. L'ambassadeur de France croit à une violente attaque du FPR, alors que celui-ci proteste et crie à la manipulation du gouvernement rwandais. Le colonel rwandais Venant Musonera[4] pense qu'il y a bien eu manipulation, mais estime qu'elle émanait du FPR : « Quelques éléments FPR s'étaient infiltrés jusque dans Kigali pour simuler une attaque sur la capitale dans le but d'amener l'état-major des Forces armées rwandaises (FAR) à dégarnir le secteur Mutara et à gaspiller le peu de munitions dont on disposait. L'information qui avait été donnée par l'ambassadeur des États-Unis a eu les résultats escomptés car, après le retrait des unités de la région frontalière du Mutara, les rebelles ont gagné du terrain et des positions stratégiques sur l'axe Kagitumba-Kayonza, sans se battre ; par la suite, les FAR ont eu d'énormes difficultés pour les en déloger. »

2. Il occupera cette fonction jusqu'en 1993.
3. Télégramme diplomatique daté du 4 octobre 1990, à 17 h 30.
4. Venant Musonera a été un interlocuteur précieux pendant mon enquête. Avec distance sur les événements, il a toujours répondu avec précision à mes questions. Qu'il en soit remercié.

Trois jours plus tard, Habyarimana insiste une nouvelle fois auprès de l'ambassadeur Martres. Il dit n'être pas capable de maîtriser seul la situation. L'agression à laquelle il est confronté peut d'ailleurs être considérée comme étrangère, puisque les attaquants viennent d'un pays voisin qui les a armés et aidés. L'ambassadeur transmet au Quai d'Orsay la demande du chef de l'État rwandais : il parle, avec une très grande lucidité, de « choix politique crucial pour les puissances occidentales qui aident le Rwanda, et notamment la Belgique[5] et la France. Ou bien, elles considèrent avant tout l'aspect extérieur de l'agression et un engagement accru de leur part est nécessaire sur le plan militaire pour y faire face. Ou bien, elles prennent en compte l'appui intérieur dont bénéficie ce mouvement, même s'il n'a pu se développer qu'avec le concours de l'Ouganda, et même s'il convient de prévoir qu'après la phase apparente de l'union nationale, il aboutira vraisemblablement à la prise du pouvoir par les Tutsis [...]. Si ce deuxième choix était retenu, une négociation délicate assortie de pressions militaires s'imposerait pour garantir la sécurité de la population européenne, avec la perspective de substituer aux difficultés provenant des assaillants celles qui résulteraient alors d'une armée nationale rwandaise qui se sentirait abandonnée. »

Habyarimana s'agite beaucoup pour obtenir satisfaction de la France. Il téléphone à deux reprises à l'amiral Lanxade, mais le chef d'état-major particulier de François Mitterrand n'est pas du tout va-t'en guerre. Le contingent de l'opération Noroît a évacué les ressortissants français ; l'opération réussie, la France pourrait s'en tenir là. Il ne pousse pas le président à accéder à toutes les demandes rwandaises. Le 8 octobre, il lui suggère de limiter l'action de la France à la fourniture d'un petit lot de roquettes, et d'intervenir auprès du président ougandais Museveni pour qu'il calme ses protégés. François Mitterrand accepte le principe de ce soutien *a minima.* Trois jours plus tard,

5. La Belgique a, comme la France, envoyé ses parachutistes.

Lanxade estime que la stabilisation de la situation va permettre le retrait rapide d'une des deux compagnies. « Ce retrait nous permettrait également de ne pas paraître trop impliqués dans le soutien aux forces rwandaises si des exactions graves envers la population étaient mises en évidence dans les opérations en cours[6]. » Le 12 octobre, l'attaché militaire de défense français à Kigali dresse un tableau plus sombre de la situation : « Il est à craindre, écrit-il, que ce conflit finisse par dégénérer en guerre ethnique. » Il évoque les arrestations de suspects – 10 000 au minimum – et la violence des interrogatoires. « La fouille dans la capitale donne des résultats importants et probants, plusieurs centaines d'armes individuelles ont été découvertes. » En province, l'attaque des *Inkotanyi,* les « lutteurs acharnés » du FPR, a réveillé les vieux démons. À la suite d'appels lancés à chasser les « infiltrés », relayés par les autorités locales, quelque 360 Tutsis sont massacrés dans la commune de Kibilira entre les 11 et 13 octobre. Dans la commune de Mikingo, des Hutus sont mobilisés par le bourgmestre pour aller tuer des Tutsis…

Le 16 octobre, à 8 h 45, Habyarimana téléphone une nouvelle fois à l'ambassadeur de France pour lui demander de venir le voir de toute urgence. Martres fonce à la Présidence. Il trouve un homme très inquiet, voire affolé :

– Monsieur l'ambassadeur, il faut nous aider…

Et de lui demander de manière pressante le moyen de prendre contact téléphonique le plus rapidement possible avec le président Mitterrand. Les nouvelles qu'il a reçues le matin même du front sont en effet mauvaises. Il veut que la France lui envoie davantage d'armes et de munitions et lui apporte un appui aérien direct. Pour justifier sa demande, il fait état de la présence de trois avions libyens à Kampala. Autre signe : le président Museveni a ajourné la rencontre qu'il devait avoir avec lui.

6. Archives de la Présidence de la République.

– Est-ce que la France continue à voir dans cette attaque un soulèvement populaire ? s'enquiert-il.

– Selon les informations dont nous disposons, les Tutsis de l'extérieur jouent dans cette attaque un rôle déterminant, admet Martres.

De retour à l'ambassade, dès 9 h 26, il envoie un télégramme chiffré qui arrive sur le bureau de Jean-Louis Bianco, secrétaire général de l'Élysée, lequel le signale au Président[7]. Après lecture du même télégramme dont il a reçu copie en tant que chef de la cellule Afrique, Jean-Christophe Mitterrand intervient le 16 octobre dans le dossier – avec une extrême prudence qui n'a rien à voir avec l'activisme qu'on lui a prêté[8] : après avoir rappelé les dernières demandes des Rwandais, il évoque les possibilités « d'intervenir militairement directement et de favoriser leur approvisionnement en munitions et en armes ». « Si le premier point est impossible, écrit le fils du Président, le niveau du second (munitions et armes) pose une question politique :

– des livraisons minimum [permettront] à l'armée de garder un statu quo sur le terrain avec un risque d'effondrement si cette guerre dure trop longtemps (armée peu nombreuse, matériel lourd – hélicoptères, véhicules blindés légers, AML – se fatiguant rapidement).

– un flux logistique sérieux permettra à Habyarimana de marquer des points militaires décisifs afin qu'il puisse négocier en position confortable. *Cette aide permettrait à la France de demander avec force le respect des droits de l'homme et une ouverture démocratique rapide, une fois le calme revenu*[9]. »

Une fois la note imprimée, elle est transmise au président par la voie hiérarchique normale, c'est-à-dire par Jean-Louis Bianco. Pendant toute cette affaire, Jean-Christophe Mitterrand fera entendre sa « petite musique » qui n'est ni martiale,

---

7. Archives de la Présidence de la République.
8. Voir chapitre 18.
9. Souligné par l'auteur.

ni prépondérante. Le lendemain, François Mitterrand précise lors du Conseil des ministres que l'intervention des soldats français n'avait pas d'autre objet que d'assurer la protection des ressortissants français : « La France, déclare-t-il, n'a pas à se mêler des combats d'origine ethnique, même si, objectivement, il n'y a pas d'intérêt à ce qu'une petite minorité tutsie qui se révolte l'emporte sur la majorité de la population hutue. Si, en effet, la rébellion devait l'emporter, les Hutus du Rwanda et des États voisins chercheraient immédiatement à organiser un coup d'État en sens inverse. Nous entretenons des relations amicales avec le gouvernement du Rwanda qui s'est rapproché de la France après voir constaté la relative indifférence de la Belgique à l'égard de son ancienne colonie. »

Toujours inquiet, Habyarimana a décidé de se rendre à Paris pour convaincre François Mitterrand de lui accorder une aide militaire nouvelle alors que la France, on l'a vu, a déjà envoyé deux compagnies et des munitions. Les deux hommes se rencontrent à l'Élysée le 18 octobre. Le président français l'encourage à trouver une solution au problème des réfugiés et à accepter un cessez-le-feu avec les rebelles ; il l'assure de l'amitié de la France, mais ne prend aucun engagement d'augmenter l'aide militaire française. Il lui promet toutefois de ne pas abandonner le Rwanda…

Le lendemain 19 octobre, Jean-Christophe Mitterrand adresse à son père une nouvelle note, toujours par la voie hiérarchique. Il estime que la situation ne pourra être stabilisée que dans le cadre d'une concertation régionale entre les différents pays de la zone. « Notre présence militaire au Rwanda risque donc de perdurer aussi longtemps qu'une solution politique n'aura pu être trouvée. » François Mitterrand jette en marge de ce passage un *non*, souligné. Jean-Christophe suggère en outre d'envoyer une mission, dirigée par le ministre de la Coopération Jacques Pelletier, dans les pays de la région, « afin de marquer notre appui à l'ouverture d'un dialogue régional permettant de dégager une solution "à l'africaine" du conflit». Le président note « *à voir*».

En ce mois d'octobre 1990, les médias ne s'intéressent guère à l'expédition française au Rwanda et, à l'exception notable de Jean-François Dupaquier[10], la presse ne met pas en cause l'intervention de la France. Dupaquier écrit pour sa part, dès le 11 octobre, dans *L'Évènement du jeudi* : « Le président Juvénal Habyarimana entend profiter de l'échec des rebelles pour se débarrasser définitivement à la fois de l'élite tutsie et des opposants hutus. Depuis les appels à la délation de la radio gouvernementale, les rafles et les exécutions sommaires se succèdent sous les yeux des militaires français et belges. » La semaine suivante, le journaliste poursuit : « L'arrivée des militaires européens a coïncidé avec une série d'opérations punitives lancées par l'armée rwandaise, exclusivement composée de Hutus, contre les notables tutsis, par définition suspects. La dictature du président Juvénal Habyarimana [...] a retrouvé ses vieux réflexes d'extermination tribale. » Aux yeux d'un lecteur averti, l'article, tout en relevant des abus incontestables mêlés à des contre-vérités, a des allures de propagande en faveur des rebelles tutsis.

Le cessez-le-feu encouragé par Museveni et accepté par les rebelles n'est pas appliqué sur le terrain. Un avion de reconnaissance et un hélicoptère Gazelle des Forces armées rwandaises ont été abattus par des missiles sol-air, ce qui prouve, s'il en était encore besoin, que les rebelles ont amplement accès aux arsenaux de la National Resistance Army (NRA), l'armée ougandaise. « La recrudescence des combats montre au contraire que la lutte se radicalise et que les clivages idéologiques et claniques sont gommés par l'opposition traditionnelle entre les deux ethnies du Rwanda : d'un côté les Tutsis qui cherchent à reconquérir par la force armée le pouvoir perdu depuis trente ans, de l'autre les Hutus qui se battent

10. Voir chapitres 17 et 22.

pour conserver leur liberté », écrit le 24 octobre l'ambassadeur de France à Kigali. Il rédige alors un long développement sur la manipulation des médias occidentaux par la diaspora rwandaise dominée par les Tutsis : « Un exemple frappant de cette manipulation vient d'être donné ce matin. Alors que la mission de la Fédération internationale des droits de l'homme a donné hier, contrairement à la sévérité de ses premières appréciations, un quitus qui est finalement favorable au gouvernement rwandais, RFI n'en a retenu ce matin que l'aspect négatif en déclarant que cette mission avait dénoncé le système carcéral rwandais et l'arbitraire de la répression. »

Le 30 octobre, le poste de Kagitumba est repris par les FAR qui ont repoussé les rebelles jusqu'en Ouganda. Ceux-ci laissent 600 morts sur le terrain ainsi que les débris de 7 missiles SAM. La première offensive a donc échoué. Museveni, alors président de l'Organisation de l'Unité africaine (OUA), nie énergiquement toute aide aux rebelles. Il clame même que des sanctions très sévères attendent les guérilleros qui ont déserté la NRA...

CHAPITRE 3

Un chef inattendu pour les rebelles exilés en Ouganda : Paul Kagame

En octobre 1990, quand les rebelles du FPR lancent leur attaque contre le Rwanda, on ne sait presque rien d'eux, sinon qu'ils portent l'uniforme de l'armée ougandaise dont ils occupent les postes-clés. Le seul nom connu des spécialistes est le major général Fred Rwigema : il a été chef d'état-major, puis vice-ministre de la Défense de Museveni. Même s'ils ont obtenu la nationalité ougandaise, ils se sentent perçus comme des intrus en Ouganda et pensent à regagner la patrie de leurs parents...

Les quelques milliers de Tutsis qui prirent le chemin de l'Ouganda dans les années 1960 s'étaient tout d'abord rassemblés dans les camps du Haut-Commissariat des Nations unies pour les réfugiés (HCR) ; au fil des ans, ils s'intégrèrent assez facilement à la population, grâce notamment à l'importante communauté tutsie – Hima – déjà installée dans le pays. Si des Tutsis font partie de l'armée d'Idi Amin Dada[1], d'autres, plus intéressants pour notre histoire, participent au coup d'État qui le renverse en 1979. Fred Rwigema, l'aîné d'un an de Paul Kagame, est l'un d'eux. En 1976, avec quelques autres exilés rwandais, il intègre des groupes révolutionnaires en Tanzanie,

1. Ancien protégé du président Milton Apollo Obote qui l'avait nommé chef de l'armée ougandaise, Idi Amin Dada avait renversé celui-ci en 1971 pour accéder au pouvoir. Il est à son tour renversé en 1979. Idi Amin Dada s'exile alors en Libye.

puis il se bat aux côtés du FRELIMO[2] au Mozambique. De retour en Tanzanie, il rejoint Yoweri Museveni pour abattre Idi Amine Dada. Milton Obote remporte les élections en décembre 1980. Museveni, lui aussi candidat, qui a obtenu un nombre de suffrages insignifiants, conteste bientôt sa présidence. Fred Rwigema participe alors à la création de l'Alliance rwandaise pour l'Unité nationale, connue sous le sigle RANU – ancêtre du FPR. En 1981, avec cette fois Paul Kagame, il suit Museveni dans le maquis. De nombreux Tutsis rwandais les rallient au sein de l'Armée nationale de résistance (NRA). Fred Rwigema devient le combattant le plus proche de Museveni. Tous les maquisards de la NRA combattent Obote avec acharnement, jusqu'à la victoire finale de Museveni : le régime ougandais est renversé en 1985 par le général Itto Okello ; Museveni accède à la tête de l'Ouganda l'année suivante.

Des associations d'exilés rwandais tutsis du Burundi, de Tanzanie, du Zaïre et d'Ouganda fondent le FPR à la fin de 1987. Dès cette époque, les Tutsis obtiennent un soutien important de Roger Winter, directeur du Comité américain des Réfugiés, financé à 75 % par le gouvernement américain, partisan dès le début de Museveni. Winter organise en août 1988 à Washington une conférence des associations tutsies de la diaspora rwandaise. Au terme de cette réunion, le FPR considère qu'il a obtenu un blanc-seing américain pour entreprendre par les armes la conquête du pouvoir au Rwanda...

Museveni accélère le mouvement. Comme il doit faire face à une grogne importante contre les Rwandais qui occupent une position dominante dans l'armée ougandaise, il écarte Fred Rwigema, encourage ses « boys » à rentrer dans leur pays et leur en donne les moyens. Les principaux responsables militaires du FPR souhaitent aussi, de leur côté, lancer rapidement leur attaque, car les réformes engagées par Habyarimana menacent de saper la légitimité de leur cause. Mais ils ne sont pas d'ac-

2. Front de libération du Mozambique.

cord sur la stratégie à suivre. Plusieurs versions de cet épisode existent. J'ai choisi de donner la parole à Abdul Ruzibiza[3], témoin-clé de la conquête du pouvoir par le FPR, puisqu'il a rejoint l'APR, l'armée du FPR, en 1990. Selon lui, Fred Rwigema, leur chef charismatique, qui n'était pas sans rappeler le « Che », avait élaboré un plan économe en vies humaines. « Par humanité, Rwigema voulait écarter toutes les raisons qui pouvaient occasionner les massacres de populations dès lors qu'il pouvait l'éviter. » Rwigema impose sa façon de voir. C'est lui qui franchit le 1er octobre la frontière avec 7 000 hommes. Paul Kagame, patron du renseignement militaire ougandais, est alors en stage aux États-Unis, à l'école de guerre de Fort Leavensworth.

Le deuxième jour de l'attaque, Rwigema est tué. « Par ses propres hommes », affirme avec d'autres Abdul Ruzibiza. « Mais ceux qui ont commandité son assassinat n'ont pas eu le courage de prendre immédiatement la direction du FPR, pour éviter tout soupçon. » Le président Museveni fait revenir Paul Kagame des États-Unis le 14 octobre. Mais « à son arrivée sur place, les soldats lui ont signifié qu'ils ne voulaient pas de "Pilate", surnom donné à Kagame. »

Après la mort de Fred Rwigema, ce sont Bayingana et Bunyenyezi qui assurent la direction de l'armée rebelle. Toujours selon Abdul Ruzibiza, Bayingana conteste toute autorité à Paul Kagame et n'hésite pas à l'interpeller : « *You are physically and mentally unfit, how can you lead people*? » [Tu es physiquement et mentalement inapte, comment peux-tu diriger les hommes ?] Et il enjoint à Paul Kagame de retourner à Kampala et de dire à Museveni d'envoyer un Ougandais prendre le commandement de l'APR s'il n'a pas confiance dans les hommes qui sont au front. « Pour s'emparer du comman-

3. Témoin n° 1 de l'instruction du juge Bruguière, Abdul Ruzibiza est né Vénuste avant de prendre le nom de code d'Abdul en entrant dans l'armée. Tutsi dont toute la famille a péri dans le génocide, il a fait paraître en novembre 2005 un livre intitulé *Rwanda : l'histoire secrète*, aux éditions Panorama.

dement de l'armée, Paul Kagame revint, accompagné de plus de dix jeeps, en compagnie du général Salim Saleh [le chef d'état-major ougandais] ainsi que des soldats du PPU3, gardes du corps de Museveni. Le jour-même, Bayingana et Bunyenyezi étaient tués. Ainsi, quelques semaines après le début de l'offensive, le trio de tête de l'offensive militaire était éliminé. Depuis lors, Kagame s'est employé à mettre en place un long programme, toujours en vigueur, destiné à diriger le pays par la terreur et la répression, car il savait très bien qu'il n'était pas aimé par ses troupes. Cela a eu des conséquences néfastes parce que l'armée est dirigée par un homme qui n'a confiance en personne, quelqu'un qui contrôle tout lui-même. Il a divisé l'armée en factions, il l'a transformée en un corps d'espions, tenus par la terreur, où celui qui dit le moindre mot est exécuté à la douille d'une houe usagée comme s'il était un cochon. »

Kagame n'apparaîtra pour la première fois sur la scène publique que le 13 juin 1991, à la une de *La Libre Belgique,* sous le titre « Le chef des rebelles rwandais s'explique ». Marie-France Cros a obtenu une interview du « mystérieux Paul Kagame ». Son article va contribuer à forger l'image du personnage. « Il a sa légende : lorsque, à une réception, en Ouganda, on indique que Paul Kagame est présent, les invités mesurent leurs paroles, surveillent leurs gestes. Si on évoque cette réputation devant lui, il se contente de sourire : "Peut-être sont-ils nombreux à craindre ceux qui ne transigent pas avec le devoir [...]." Apparemment, il n'a pourtant rien d'effrayant : long et maigre, un front large coupé du visage fin et osseux par des lunettes aux verres épais, la voix douce, une diction lente. Malgré son allure d'étudiant, l'homme que nous avons rencontré il y a quelques jours lors d'un séjour exceptionnel en Europe, est le numéro deux du Front patriotique rwandais (FPR). En réalité son véritable numéro un, estiment ceux pour qui le Hutu Alexis Kanyarengwe n'est président des rebelles rwandais que pour ménager une façade pluriethnique à un mouvement formé essentiellement de Tutsis. »

Le chef rebelle ment à chaque phrase de l'interview. Il affirme être *déserteur* de l'armée ougandaise et n'être pas aidé par l'Ouganda. Il réfute les rumeurs qui circulent sur la mort de Rwigema. Questionné sur les gestes d'ouverture d'Habyarimana en direction des réfugiés et sur l'autorisation du multipartisme au Rwanda, il répond que ces mesures ne sont pas sincères et sont faites « pour la galerie ». Mais, surtout, il tient à imposer l'idée que l'option militaire a été prise « en dernier lieu » par le FPR et qu'il ne combat que pour ses droits, non pour la suprématie. Il se déclare contre tout extrémisme.

Assuré de la bienveillance du *Soir* et des milieux libéraux de l'Université libre de Bruxelles[4], Kagame a ainsi réussi un beau coup médiatique auprès des milieux catholiques, dont certains intellectuels issus de l'Université catholique de Louvain (UCL) par *Libre Belgique* interposée.

Après ce numéro, tout le monde a compris en tout cas que c'est lui le patron de la rébellion. Au fil du temps, il continue à peaufiner son image de chef austère et redouté, dans la lignée des Lumumba, Samora Michel ou Amilcar Cabral. Il présente une image qui tranche singulièrement avec celle des dictateurs d'avant la chute du Mur de Berlin et la fin des idéologies. Il a un profil qui n'est pas pour déplaire aux anticolonialistes et anti-impérialistes qui peuvent projeter sur cet inconnu leurs fantasmes et leurs utopies perdues. Aujourd'hui encore, il demeure une énigme.

Né en 1957 dans la région de Gitarama, il appartient au clan Bega et est un neveu de le reine-mère Rosalie Gicanda. En 1959, avec la « Révolution sociale », comme beaucoup de notables et cadres tutsis il quitte le Rwanda avec ses parents. Il passe son enfance dans le camp de M'Barara, poursuit des études secondaires à Ntare-School et à la Old Kampala School où il acquiert le surnom de « *Kagome* », c'est-à-dire « le

4. Voir chapitre suivant.

méchant». Son curriculum vitæ n'est plus ensuite d'une grande clarté. A-t-il été renvoyé de l'école et est-il devenu un enfant de la rue se livrant à de petits trafics ? Un ancien directeur de cabinet du ministre de l'Information du premier gouvernement FPR évoque ses «prouesses de délinquant dans les milieux du vol et du crime organisé de Kampala et de Nairobi[5]». Pour d'autres, il fréquente les révolutionnaires anti-impérialistes à Dar es-Salam et fait un stage avec le FRELIMO, le Mouvement de libération marxiste du Mozambique. Ce qui est sûr, c'est qu'il s'engage, avec vingt-six autres exilés rwandais, dont Fred Rwigema, sorti lui aussi du camp de M'Barara, aux côtés du chef rebelle ougandais Yori Museveni. Après la victoire de Museveni, Paul Kagame devient le patron du renseignement militaire, installé à Basima House, à Kampala. Il traque les opposants avec cruauté :

«Pendant près de quatre ans, Paul Kagame a commandé Basima House où il a torturé et massacré des Ougandais innocents à une fréquence journalière. C'est Kagame qui a introduit les formes suivantes de torture : étouffer la victime en lui couvrant la tête d'un sac plastique fortement serré autour du cou jusqu'à mourir par suffocation; chocs électriques à travers les testicules; attacher de lourdes roches aux testicules, conduisant ainsi à la mort et aux dommages physiologiques et psychologiques permanents. Cependant, la forme la plus redoutée est *Akandooya*, qui consiste à ligoter ensemble les bras et les pieds par-derrière le dos, la personne formant un cercle. Cette méthode a été appliquée à des milliers de victimes mortes ou laissées les membres endommagés pour toujours. Faire couler du caoutchouc ou du plastique brûlant sur les prisonniers; faire exploser des coups de pistolet contre l'oreille du prisonnier, entraînant sa surdité instantanée; forcer le prisonnier à boire de l'urine, du mazout, de l'eau savonneuse;

5. Eugène Ndahayo, *Rwanda. Le dessous des cartes*, Paris, L'Harmattan, 2000.

battre les prisonniers avec un câble métallique[6]. » Cette méchanceté lui a valu le surnom de *Pilato*.

Pour analyser la situation du Rwanda et plus généralement celle qui prévaut dans la région des Grands Lacs depuis octobre 1990, il ne faut jamais oublier que Kagame est d'abord et avant tout un homme du renseignement. Pour lui, la guerre psychologique précède, puis accompagne le combat militaire. Ses agents et ses réseaux sont plus choyés que ses soldats. La désinformation est ainsi consubstantielle à l'action du FPR. Si Paul Kagame déteste les journalistes, il sait parfaitement qu'ils sont importants dans la formation de l'opinion publique : il dépensera donc toujours beaucoup d'énergie pour les manipuler et éviter qu'ils voient ce qui ne doit pas être vu.

Colette Braeckman, la très influente journaliste du *Soir* sur la question du Rwanda, a souvent rencontré Paul Kagame[7]. Malgré l'admiration qu'elle lui a longtemps portée, elle a dressé de lui – sur le tard – un très intéressant portrait[8] :

« Il arrivait que, soumis à des questions trop directes, l'homme affable éteigne son sourire aussi brusquement que s'il coupait le courant. Tour à coup, ses longues mains faites pour expliquer, avancer des arguments, se serraient, ou battaient l'air comme des pales, ses fines lunettes dorées semblaient lancer des éclairs. La voix elle-même changeait, se faisait plus basse, plus contenue, et niait l'évidence avec une rage retenue [...]. Avec aplomb, sans que rien ne révèle un trouble éventuel, à part les mains qui s'agitent et de longues jambes qui se croisent ou se déplient, Kagame peut nier les évidences, mentir en vous regardant droit dans les yeux. On devine alors que Mr Hyde n'a pas peur de la mort. Qu'il peut l'affronter en face ou l'ordonner à distance, et puis faire ses comptes et nier le tout [...]. Kagame est donc un homme qui avance masqué. »

---

6. Lettre d'information de la Coalition ougandaise pour la Démocratie (COD), vol. 3, n° 1, janvier 1993.
7. Colette Braeckman et Marie-France Cros ont façonné l'opinion publique belge sur le sujet et dans une large mesure l'opinion française.
8. *Les Nouveaux Prédateurs*, Paris, Fayard, 2003.

Même si Colette Braeckman a, au moment où elle a écrit ces lignes, ôté ses lunettes d'inconditionnelle du FPR, elle a du mal à arracher complètement le masque de son ancien héros. Seuls les gens qui l'ont côtoyé pendant la conquête du pouvoir peuvent compléter le portrait sanglant de Kagame. Abdul Ruzibiza et Aloys Ruyenzi, deux membres du *Network commando,* sont de ceux-là. Emmanuel Habyarimana, qui occupait encore en 2002 le poste de ministre de la Défense de Paul Kagame, aussi.

Aloys Ruyenzi a fait partie des gardes du corps de Paul Kagame. À ce titre, il connaît bien l'homme. Son témoignage est implacable :

« J'ai eu le malheur de travailler au sein de l'escorte de M. Kagame où le climat est abominable : un climat permanent de terreur et de méfiance, où tout le monde regarde et se méfie de tout le monde. Ici, les officiers de renseignement ne font pas les travaux habituels du renseignement militaire pour lesquels ils sont payés, ils forment en fait un peloton de criminels installé par Kagame pour servir ses propres desseins, et leur unique mission est de consolider son régime meurtrier. Il est donc très difficile de travailler avec lui en tant qu'officier de renseignement militaire sans adhérer à ses politiques criminelles. Mon but est maintenant, avant d'être éliminé, de rendre publique la liste des assassinats commandés personnellement par Kagame, liste très longue ! [...] S'opposer aux atrocités programmées et commandées par Kagame relevait évidemment de la trahison. »

Discret, timide, l'ancien garde du corps de Kagame est installé devant un verre d'eau dans un café de Bobigny. Il est difficile aujourd'hui d'imaginer ce jeune homme en activité parmi le « peloton de tueurs » de Kagame. Il vit en France depuis qu'il a témoigné devant le juge Bruguière. Il ne peut plus retourner en Afrique de l'Est : s'il a réussi à échapper par trois fois à un attentat destiné à le supprimer, il n'est pas écrit que les tueurs le manqueraient la quatrième fois. Aloys

Ruyenzi parle doucement et aucune émotion ne transparaît sur son visage lorsqu'il énonce les pires horreurs. Il brosse tranquillement le portrait de son ancien patron : « Le général Kagame a un caractère exécrable. Il est extrêmement nerveux. Il ne tolère aucune voix discordante et ce qu'il dit vaut parole d'Évangile. Il n'accepte aucun conseil et a la gâchette facile. Il peut passer tout un mois sans sourire… C'est une personne sanguinaire. Quand je travaillais avec lui, il commençait très tôt le matin, visitant les lieux de détention du DMI [la direction du Renseignement militaire] et, d'autres fois, dirigeant un massacre. Je me rappelle qu'une fois, dans Mutara, alors que nous combattions pour prendre la ville de Kigali, il est allé personnellement chercher un 12,7 mm AAC, est monté à bord d'une Jeep de son escorte, a tiré sur une foule paisible de paysans rassemblés sur un marché. Il a alors commandé à ses soldats d'utiliser toutes les armes disponibles pour anéantir le marché. C'est attristant de voir un chef, participer ainsi en ricanant au massacre de personnes sur un marché… »

Aloys Ruyenzi est intarissable sur Kagame. Il insiste pour dire que l'homme dirige l'armée jusque dans le moindre détail. « Il suit même les conversations des soldats sur leurs talkies-walkies… Rien ne peut se faire dans l'APR sans qu'il le sache. Il contrôle l'armée comme si elle était composée de ses propres miliciens. Tout le monde épie tout le monde. Kagame est très prudent. Il dispose d'un réseau de criminels prêts à perpétrer toutes ses sales besognes. Ces criminels sont intouchables et craints de tous. Kagame, quant à lui, ne craint personne et ne s'inquiète même pas de sa santé. Il se couche à 2 h 30 du matin et se réveille à 4 heures. Il est très têtu et arrogant. Il n'hésite pas à s'entourer de personnes stupides, parce qu'il se croit le plus intelligent. Il ne fait confiance à personne et est très imprévisible. »

Terrifiant également ce qu'Aloys raconte de la cruauté que Kagame exerçait sur ceux de ses soldats qui le rejoignirent à la fin 1990. Suspectant tous ceux qui n'étaient pas des exilés de l'Ouganda, il tuait ou faisait tuer des jeunes recrues. Les Tutsis venant de pays francophones étaient particulièrement mal traités. « Aucune faute n'était considérée comme mineure, surtout lorsqu'elle était commise par quelqu'un venant d'un pays francophone. La punition était d'être exécuté à la douille d'une houe usagée ou être transpercé à la baïonnette jusqu'à ce que mort s'ensuive. Ceux qui étaient suspectés d'une minime erreur, ceux qui étaient pris de fatigue à cause de la marche, ceux qui souffrirent d'une diarrhée sanguinolente à cause des mauvaises conditions de vie, étaient accusés d'être trop habitués à la vie douce. On disait : "Tuez ces chiens, ils ne sont pas utiles". »

Personne ne savait ce qui se passait dans les zones attaquées par les forces rebelles, puisque Paul Kagame ne laissait aucun journaliste faire normalement son travail ; il chassait ou faisait chasser tous les témoins. Aloys Ruyenzi raconte ainsi des bribes de l'histoire du premier épisode de la guerre, du 1er octobre 1990 à juillet 1991 : « C'est la période des attaques de diversion, par-ci, par-là, afin de disperser les forces gouvernementales le long de la frontière en sorte que les *Inkotanyi* ne rencontrent pas beaucoup de résistance à l'endroit où ils choisiraient d'attaquer. C'était une très bonne idée sur le plan de la stratégie militaire, mais cela s'est accompagné de violences inouïes… Les attaques qui ont eu lieu dans les localités de Muvumba, Kiyombe, Nkana, Rushashi, Kaniga-Gatuna et les environs se sont accompagnées de terribles exactions : regroupements et massacres sans discernement de populations civiles, viols et exécutions des victimes sous prétexte d'éviter qu'elles ne leur portent la guigne, main basse sur le bétail et les autres denrées alimentaires des populations avant de les chasser vers des endroits où elles allaient périr de faim, destruction des maisons pour en vendre les tôles en Ouganda, ou afin de dissuader leurs propriétaires de revenir… »

Il poursuit : « Du côté de Cyumba, Kivuye, Butaro, Nkumba, Kinigi, Mukingo et les environs, les exactions étaient semblables à celles de la région du Mutara que je viens de décrire. Il importe de souligner ici qu'une seule personne, Kagame, était responsable de toute la stratégie et de la conduite des opérations. C'était lui qui, jusque dans les moindres détails, planifiait tout et suivait tout. Les forces gouvernementales avaient érigé de fortes positions, de sorte qu'il était très difficile de pénétrer dans le pays. »

L'ancien soldat de l'APR raconte comment et où ils furent obligés de contourner les places fortifiées de l'armée gouvernementale : « Chaque fois que nous tentions d'attaquer ces positions, nous étions repoussés et mis en déroute. Toute notre frustration se retournait contre la population des alentours. Certaines des mesures de représailles contre ces populations consistaient à les forcer à évacuer nos blessés nos morts, à creuser des fosses dans lesquelles elles allaient être ensevelies, accompagner le bétail qui leur avait été razzié ; on les obligeait à s'entre-tuer jusqu'à ce qu'il ne reste plus qu'un seul individu qui était tué par un élément du FPR. Autrement, ils étaient enchaînés, pieds et poings liés, et achevés, la tête fracassée par la douille d'une houe usagée, ou alors ils étaient transpercés de coups de baïonnette entre les côtes jusqu'à ce que mort s'ensuive. Tous les prétextes étaient bons, jusqu'à leur demander le "secret du MRND" [Mouvement républicain national pour la démocratie et le développement, le parti du président Habyarimana], les secrets de l'armée, et d'autres questions dont ils ne savaient évidemment rien. Après tous ces crimes, on retournait dans nos bases arrière en Ouganda. Le mensonge du FPR a commencé à prendre racine en ce temps-là. Le FPR n'a jamais reconnu ses exactions. Nous allions jusqu'à nier l'évidence même de nos opérations à partir de l'Ouganda… »

Au-delà de la volonté de terroriser, Ruyenzi explique ainsi la tactique de Kagame envers les populations civiles rwandaises :

« Les *Inkotanyi* du FPR prenaient plaisir à massacrer la population parce c'était l'ordre de leur chef, Kagame. Ici, je dois rappeler que Kagame a décidé de donner cet ordre à la suite de rapports venus des champs de bataille qui confirmaient notre incapacité à conquérir les zones habitées. En effet, la population donnait l'alerte, signalait notre présence et effectuait des rondes de nuit pour nous traquer. Elle était en outre encouragée à dresser des chiens qui aboyaient dès que nous nous trouvions non loin : les militaires du gouvernement et la population qui sortait des maisons pour se cacher étaient ainsi prévenus de l'imminence de nos actions. »

Et de conclure provisoirement : « L'APR a massacré des populations civiles, toutes ethnies confondues, avec pour objectif de désorganiser le pays afin de justifier la prise de pouvoir par les armes, même si cela devait conduire à l'extermination d'une population entière. »

Emmanuel Habyarimana, qui a côtoyé Paul Kagame pendant plusieurs années, a une vision de l'homme quelque peu différente. Il ne le prend pas pour quelqu'un d'intelligent. Il affirme que Museveni lui a montré ses mauvais résultats scolaires : « C'est un garçon de la rue qui faisait du trafic de drogue et que les Ougandais utilisaient pour exécuter des assassinats. Ce n'est qu'un instrument, un type d'homme au faible potentiel. Les Américains aiment bien ce type de profil... Kagame déteste les intellectuels. Il est prêt à dépenser beaucoup pour corrompre, persuadé qu'il est que tout le monde est corruptible. C'est un tueur qui utilise des jeunes pour exécuter tous ceux qui lui déplaisent. Il ignore complètement la notion même de loi. La fin pour lui justifie tous les moyens. Ce n'est pas la peine de lui apporter des dossiers, il ne les lit pas. Kagame n'a aucun sens humain, aucun sentiment... C'est un tueur... » Et d'évoquer à son tour les massacres commis par Kagame et ses lieutenants.

CHAPITRE 4

Bruxelles, plaque tournante des actions de désinformation du FPR

La guerre lancée par le FPR s'est jouée autant à Bruxelles que dans les collines rwandaises. C'est en effet dans la capitale belge qu'ont été installés l'état-major de la propagande et un bureau du FPR dans les mois qui ont précédé l'attaque militaire. L'équipe dirigeante du FPR, et en particulier Fred Rwigema, ont chargé des gens efficaces de répandre la « bonne parole » auprès des médias et de l'opinion publique. Disposant de relais en Allemagne, en France et en Suisse, ceux-ci ont constitué une véritable plaque tournante des actions de désinformation. Ils se sont d'abord appuyés sur une diaspora tutsie très active, mais ils ont également cherché des Hutus qui, seuls, pouvaient rendre crédible un discours universaliste sur le « mouvement de libération » lancé au nom de tous les Rwandais contre le régime tyrannique qui voulait exterminer les Tutsis. Ces Hutus ne faisaient que de la figuration et ne disposaient d'aucun pouvoir. Jean Barahinyura a ainsi été recruté avec le titre pompeux de « Commissaire à l'information et à la documentation ». Fred Rwigema en personne s'est efforcé de le convaincre que le FPR était un mouvement démocratique et que les jeunes Tutsis désiraient ardemment se solidariser avec les Hutus. « Nous n'étions que des paravents », déclare aujourd'hui Jean Barahinyura qui comprit l'imposture dès le milieu de l'année 1991 et quitta alors le FPR avec fracas.

Du côté tutsi, c'est autour de l'association des exilés Isangano et de fonctionnaires du Marché commun européen d'origine tutsie que les actions de lobbying commencent à être menées. Les plus actifs, à la fin des années 80, sont Servillien Sebasoni, Jean-Baptiste Ndahumba, Immaculée Mugarewicyeza, Nyonga Kaligirwa, James Rego et surtout Jacques Bihozagara, nommé directeur des relations internationales en Europe, et Gasana Ndoba qui créera le Comité pour le respect des droits de l'homme et de la démocratie au Rwanda (CRDDR).

En 1985, c'est ainsi que Nyonga Kaligirwa, proche de Fred Rwigema, et dont le père était mort en prison au Rwanda, rencontre Christian Bavastro, un publiciste belge qui épousera à la fois Nyonga et la cause du FPR. Bavastro va se démener auprès des journalistes et hommes politiques pour populariser ce « mouvement de libération » et leur faire rencontrer discrètement des responsables du mouvement rebelle.

Gasana Ndoba, qui a fini ses études à Bruxelles et pris la nationalité belge jouera, comme on le verra plus tard, un rôle déterminant pour diaboliser le régime d'Habyarimana en amplifiant toutes les violations des droits de l'homme et en ignorant celles commises par le FPR. Il réussira avec habileté à masquer sa casquette du FPR sous celle de défenseur des droits de l'homme. Cette utilisation des organisations de défense des droits de l'homme à partir de deux organisations créées par le FPR, l'une à Bruxelles, le CRDDR, l'autre à Londres, par Rakiya Omar, African Rights[1], a été essentielle dans la stratégie du FPR.

Mais le plus beau coup des militants FPR de Bruxelles a alors été d'amener Jean Gol, président du Parti libéral, à soutenir leur cause avec vigueur, entraînant également divers

---

1. Pour Jean-Baptiste Mberabahizi, un ancien du FPR, cette dame a d'abord été liée au médecin personnel de Paul Kagame avant d'être très proche de l'un des dirigeants des renseignements extérieurs rwandais. Voir *La Vraie Nature du FPR/APR d'Ouganda en Rwanda,* de Gaspard Musabyimana, Paris, L'Harmattan, 2003.

milieux qui gravitaient autour de lui : les libéraux francophones, les francs-maçons, l'Université Libre de Bruxelles et les membres du Centre communautaire laïc juif. Jean Gol est un homme politique atypique qui a commencé sa carrière très à gauche ; proche du mouvement trotskiste, il a rejoint ensuite le mouvement régionaliste wallon avant de rallier le courant libéral, c'est-à-dire la droite laïque, et finir à droite. Mais ce déplacement sur l'échiquier politique belge ne reflétait pas la permanence d'engagements plus profonds. Très marqué par la Shoah – ses parents s'étaient exilés en Grande-Bretagne pendant la Seconde Guerre mondiale et ses grands-parents avaient été tués –, Jean Gol a milité toute sa vie pour Israël et la cause sioniste. Après avoir été représentant des étudiants juifs de Belgique, milité à Hashomer-Hatzaïr, il participe plus tard aux assemblées du Congrès juif mondial, est animateur du Centre Communautaire laïque juif, s'intéresse au sort des juifs d'URSS, rencontre Ben Gourion, Shimon Peres, mais aussi Yasser Arafat et rêve de paix au Proche-Orient. Cet engagement l'a conduit à devenir un atlantiste convaincu.

Son deuxième engagement profond est humaniste. Il est initié le 26 novembre 1966 à la loge Delta, à l'Orient de Liège, rattaché au Grand Orient de Belgique. Quatre ans plus tard, il devient maître. En rejoignant le parti libéral, il côtoie beaucoup de « frères » qui accompagneront son ascension politique, et notamment Hervé Hasquin qui est alors président de l'ULB – émanation de la maçonnerie – et vice-président du Parti Réformateur Libéral

Je ne sais quand s'est produit chez lui le déclic de son engagement rwandais. Toujours est-il que plusieurs personnes sont allées vers lui à la fin des années 80, pour le convaincre de la justesse de leur cause, parmi lesquelles Immaculée Mugarewicye, Christian Bavastro et Gasana Ndoba... Tous ont insisté sur le parallélisme entre les Tutsis menacés de génocide et les Juifs qui en furent victimes : les Tutsis devaient être considérés comme les « Juifs d'Afrique », toujours persécutés, toujours menacés par les Hutus racistes. Jean Gol était très sensible au « plus jamais ça ». Mais le franc-maçon n'avait nul besoin d'être poussé très fort pour tomber du côté tutsi, car la maçonnerie belge penchait depuis longtemps de ce côté. Bref, avant même que les Tutsis rwandais ne lui exposent leur cause, Jean Gol a déjà rallié le camp pro-Tutsi, entretenant même des liens étroits avec quelques leaders tutsis du Burundi. Il s'était fait remarquer en 1987 en visitant le Burundi dans le cadre d'un jumelage entre l'ULB et l'Université de Bujumbura, alors que Bagaza, ancien de l'ULB, avait pris des mesures brutales contre l'Église catholique, les missionnaires et leurs écoles, mesures dont les premières victimes étaient des Hutus. Il avait tressé des louanges à son frère Bagaza après que celui-ci eut tenu de violents discours contre la Belgique néocoloniale… Ses oreilles entendirent donc sans déplaisir les Tutsis rwandais lui parler du régime d'Habyarimana comme d'une « dictature cléricale » et d'un régime néocolonial aidé par les démocrates chrétiens belges…

Pour comprendre ce que va devenir le rôle de Jean Gol, des libéraux, de l'ULB, des Centres de Libre examen et des loges belges dans la guerre rwandaise, il faut avoir en tête le clivage qui existe en Belgique entre laïcs et catholiques, aussi profond que celui qui sépare wallons et flamands. Comme en France au début du XXe siècle, quand se préparaient les lois sur la séparation de l'Église et de l'État, les libéraux maçons belges sont viscéralement anticléricaux et donc fortement opposés aux démocrates chrétiens qui soutenaient alors Habyarimana. Jamais exprimé publiquement, l'anticléricalisme va être un des moteurs importants dans le traitement du dossier du Rwanda par ces milieux-là. Entre eux, maçons et libéraux parlaient du Rwanda comme d'une « terre perdue » ou d'une « province CVP » – du nom du Christelijke Volkspartij, ou parti chrétien-démocrate flamand –, ainsi que des Hutus comme des catholiques, et des Tutsis comme des laïcs.

Mais, depuis longtemps, les maîtres de ce courant de pensée avaient manié avec dextérité l'équerre et le compas pour composer un trompe-l'œil sur le Burundi et le Rwanda. Ils n'avaient jamais admis la « Révolution sociale » des Hutus ni que ceux-ci, aidés par l'administration coloniale et l'Église, eussent supplanté les Tutsis à la tête du Rwanda indépendant. Ils n'avaient pas de mots assez durs pour vitupérer un pouvoir « raciste », soutenu par leurs ennemis de la démocratie chrétienne et par les missionnaires catholiques. Les libéraux avaient reporté leur affection sur le Burundi qui était resté entre les mains des Tutsis. La loge « Action et Progrès à l'Orient » de Bujumbura était le symbole de cette harmonie entre l'élite tutsie et les libéraux-maçons belges. Ceux-ci avaient épousé leur thèse de légitimation de leur pouvoir par une idéologie dont le fondement était la négation absolue de l'existence même des ethnies. Par de multiples voies, ils aidèrent les dirigeants burundais à peaufiner leurs théories visant à « habiller » le monopole qu'ils exerçaient sur le pouvoir politique, économique et culturel. À première vue – de profane –, il était surprenant de voir des intégristes de la démocratie, avec pour règle sacrée la souveraineté du peuple s'exprimant sur la base « un homme, une voix », soutenir des politiciens tutsis qui rejetaient ce principe. Dès le début de la guerre, il était en effet évident que les exilés tutsis voulaient prendre le pouvoir par la force et l'imposer à la majorité hutue...

À ces raisons profondes d'adhésion de Jean Gol et de sa famille de pensée à la cause du FPR, il faut ajouter des motifs plus conjoncturels. Après une période de gloire où les libéraux, grâce à de bons scores électoraux, étaient devenus des partenaires essentiels des sociaux-chrétiens dirigés par Wilfried Martens, Jean Gol accédant au poste de vice-Premier ministre, ils étaient, depuis mai 1988, retombés dans l'opposition. À ce reflux général s'ajoutait un « ras-le-Gol[2] » à l'intérieur du PRL. Jean Gol, le boulimique d'actions politiques, était en pleine

2. Pour reprendre l'expression de Joseph Tordoir, auteur de *Jean Gol, vingt ans de combat libéral*, publié aux éditions Labor. Une biographie qui m'a permis de compléter le portrait de Jean Gol.

traversée du désert, donc à la recherche d'un beau dossier grâce auquel il pourrait se refaire une santé politique et attaquer les sociaux-chrétiens qui l'avaient évincé du gouvernement.

Du 16 au 23 septembre 1990, soit quelques jours avant l'attaque des rebelles tutsis, Jean Gol visite le Rwanda à la tête d'une mission parlementaire. Les thèmes ne sont pas choisis au hasard : démocratisation du pays, problème des réfugiés, questions des droits de l'homme et du multipartisme. À la sortie de sa rencontre avec le président Habyarimana, Jean Gol déclare à l'Agence rwandaise de presse que les Belges encouragent les projets du président en ce qui concerne le développement des structures politiques nouvelles, fondées sur un «multipartisme raisonnable», et que la coopération bilatérale pourrait être renforcée. Mais, en marge de ce voyage officiel, il planche à la *Fraternelle rencontre,* à l'Orient de Kigali, et essaie de faire dire à ses «frères» combien les Tutsis sont maltraités au Rwanda. Sans succès. Il contacte également le représentant du syndicat des travailleurs – marié à une Tutsie – et essaie de lui faire cautionner son thème sur la discrimination frappant les Tutsis… Jean Gol donne l'impression de rechercher des alliés pour une prochaine bataille.

Wilfried Martens, alors Premier ministre, et Mark Eyskens, ministre des Affaires étrangères, tous deux démocrates chrétiens, avaient envoyé, comme la France, des soldats belges en mission humanitaire au Rwanda après l'attaque des rebelles du FPR, en octobre 1990. Dès le 6 octobre, devant la Commission des Affaires étrangères qui s'est saisie des événements au Rwanda, Jean Gol, qui la préside, sort de la réserve qu'impose sa fonction à la suite d'une accusation lancée par le ministre de la Coopération et du Développement qui reproche à Colette Braeckman, la journaliste du *Soir*, spécialiste de la région des Grands Lacs, sa désinformation à travers les articles qu'elle a rédigés sur les quotas dans les écoles et les administrations. S'appuyant sur sa récente mission au Rwanda, il vole au secours de la journaliste qui laisse déjà apparaître sa sympathie pour les rebelles, affirmant que « le régime du Rwanda est caractérisé par l'établissement de quotas ethniques, c'est-à-dire de numerus clausus de type racial et ethnique ».

Le jeudi 11 octobre, Jean Gol, président de la Commission des Affaires étrangères du Sénat, cède cette fois la présidence, car il a décidé d'interpeller le Premier ministre et le ministre des Affaires étrangères sur le « non-respect des droits de l'homme au Rwanda et l'attitude du gouvernement ». Le premier intervenant, André Kempinaire, commence par citer longuement un article du *Soir* daté du 9 octobre, et signé par Véronique Kiesel : « Depuis quelques jours, on parlait beaucoup du stade de Kigali... Lundi matin, je suis allée jusque-là. Devant l'entrée principale, des centaines de femmes et d'hommes attendent. Ils sont venus prendre des nouvelles de leurs proches. Ils sont très inquiets, car ils sont sans nouvelles. Et ce ne sont pas les cris et les clameurs qui s'échappent du stade qui vont les rassurer. Ses prisonniers ont faim et soif. Certains sont là depuis vendredi et ils n'auraient reçu aucune nourriture. [...] D'après un habitant des environs, trois prisonniers déjà seraient morts de déshydratation. Selon un coopérant travaillant pour les Nations unies, il y aurait bel et bien eu des exécutions sommaires, ce dont se défend le gouvernement. Les témoignages en ce sens se multiplient cependant. Par exemple, cette Rwandaise qui a couru, affolée, à l'ambassade de France : des soldats étaient rentrés chez elle et avaient tué sa famille. Un militaire français s'est rendu sur place et a en effet découvert deux cadavres. »

Le décor de la réunion est planté avec cette description du *Soir* et l'évocation d'exécutions sommaires. Jean Gol prend alors la parole et s'appuie sur les propos de Kempinaire qui le « dispensent d'entrer dans les détails ». « En vrac, personne ne conteste les ratissages en cours depuis la fin de la semaine dernière, les multiples arrestations – le président du Rwanda[3]

3. Jean Gol essaie d'éviter le plus possible de citer le nom d'Habyarimana parce qu'il trébuche à chaque fois sur ce nom.

reconnaît qu'elles sont de l'ordre de 3 000 –, l'existence d'exécutions sommaires. [...] Hier, au cours de la discussion budgétaire, j'ai fait état d'échos qui m'étaient parvenus selon lesquels on armait à l'arme blanche une partie de la population afin qu'elle exécute les basses œuvres. Aujourd'hui, la presse est pleine des récits de réfugiés qui ont réussi à gagner les pays voisins. L'on évoque des massacres pouvant atteindre 1 000 personnes. » Et, pour parachever sa description apocalyptique du Rwanda, il se sert du journal *La Wallonie* qui, dans un article récent, parlait à propos de son régime de « dictature cléricale », thème qu'il avait déjà développé les jours précédents.

Jean Gol s'insurge contre la politique belge menée depuis trente ans par les démocrates chrétiens du PSC-CVP au Rwanda. Pour les libéraux, les parachutistes sont au Rwanda pour protéger les missionnaires.

Dès que le mot « missionnaire » est prononcé, l'atmosphère s'électrise. Jean Gol est obligé de se défendre d'avoir attaqué l'action individuelle des missionnaires et tente de résumer sa pensée : « Je dis et je répète qu'il s'agit d'un État dans lequel les droits de l'homme ne sont pas respectés, où existe une dictature qui a le soutien de forces cléricales. » De nouveau interpellé, il appelle Colette Braeckman à la rescousse : « Colette Braeckman dans *Le Soir* dit – et je partage ce point de vue-là : "Il est évident que la présence de nos hommes là-bas aura conforté le régime rwandais et pas seulement de manière symbolique. Ici non plus il n'y a rien d'étonnant, le monde politique belge, plus particulièrement du côté catholique..." – elle aurait dû probablement dire "du côté social-chrétien", c'est l'appellation réservée – "a toujours soutenu le Rwanda, pour ne pas dire qu'il a longtemps parrainé ce bon élève africain" [...] »

Le Soir et les libéraux ont raconté n'importe quoi, ainsi que le reconnaîtra plus tard Colette Braeckman : « Grâce à la réaction rapide de plusieurs ambassadeurs [...], *in extremis* le régime renonce à exécuter ses prisonniers[4]. » Il n'y a pas eu de massacres, ni d'exécution d'un millier de personnes. À partir d'une description de la réalité totalement fausse, Jean Gol et ses amis auront demandé et obtenu rapidement le retrait des paracommandos du Rwanda... et assuré par là un soutien sans faille à Paul Kagame, jusqu'à la victoire finale.

Le 20 octobre, après une communication du gouvernement sur le Rwanda, Jean Gol laisse percer un peu plus son engagement aux côtés des rebelles tutsis en les désignant comme de simples « opposants », gommant ainsi le caractère armé de leur opposition. Il s'adresse au Premier ministre pour dénoncer l'accent polémique avec lequel on les désigne comme les « rebelles rwandais ». Dans une nouvelle interpellation du gouvernement, Jean Gol parle du FPR comme de la « principale force d'opposition ».

Quelques journalistes se sont aussi engagés totalement dans ce combat au lieu d'informer avec sérénité leurs lecteurs. Les discours de Jean Gol et les papiers de Colette Braeckman et Marie-France Cros, dans les deux principaux journaux belges francophones, *Le Soir* et *La Libre Belgique,* ont « recréé puis attisé la haine ethnique », affirme Chris de Beule, un ancien coopérant belge au Rwanda qui dirige aujourd'hui l'Association SOS Rwanda-Burundi. « Leurs papiers étaient photocopiés, lus et relus. L'influence de la presse belge était très forte. » James Gasana, ancien ministre de la Défense de 1992 à 1993, élargit le propos : « La population rwandaise s'étonnait de la caution morale apportée par les médias occidentaux à l'attaque du FPR. L'opinion internationale était trompée par le FPR, alors que l'opinion nationale était piégée dans l'équivoque et la peur suscitées par la confrontation politico-militaire [...]. Même ceux qui n'aimaient pas Habyarimana ne voulaient pas que son régime soit remplacé par celui du FPR dont il n'était pas difficile d'imaginer les conséquences socio-politiques. C'est

4. *Les Nouveaux Prédateurs,* Fayard, 2003.

ainsi qu'il y a eu une perception différente entre la majorité des Rwandais et la communauté internationale. Pour eux, la guerre du FPR n'était nullement une guerre de libération de qui que ce soit. En réalité, les populations des zones de combats demandaient plutôt, avec insistance, à l'État de les libérer des combattants du FPR. Il s'agissait purement et simplement d'une guerre pour le pouvoir [5]. »

Une anecdote concernant cette fois Marie-France Cros, permet d'illustrer le parti pris de maints journalistes belges, qui sera imité un peu plus tard par les journalistes du monde entier, français compris. Elle est racontée par Ferdinand Nahimana[6] : « Après les premières attaques armées de ce front, le 1er octobre 1990, un groupe de professeurs d'université et de cadres de l'administration centrale se mirent d'accord pour demander au gouvernement de Kigali de trouver des fonds devant permettre aux intellectuels rwandais de se rendre dans les capitales occidentales pour parler des problèmes causés par la guerre du FPR et pour proposer des solutions immédiates et à long terme. Je fus choisi parmi les conférenciers envoyés en Belgique, en France, en Suisse et en Allemagne. J'eus même le bénéfice d'être à la tête de la délégation comprenant le professeur Emmanuel Ntezimana, historien, et Augustin Maharangari, alors directeur général de la Banque rwandaise de développement (BRD).

« Sans être facile, le travail de cette équipe fut apprécié et connut beaucoup de succès, même si, très visiblement, le FPR avait sérieusement intoxiqué l'opinion publique occidentale et avait réussi à diaboliser déjà tous les Rwandais de l'intérieur. À ce sujet et comme exemple, je n'oublierai pas l'intervention de

5. *Rwanda : du parti-État à l'État-garnison*, Paris, L'Harmattan, 2002.
6. Personnage sulfureux, il a été condamné à la réclusion à perpétuité par le Tribunal pénal international du Rwanda (TPIR), principalement pour avoir fondé la société propriétaire de la Radio-télévision des Mille Collines qui a propagé et incité au génocide des Tutsis. Ferdinand Nahimana, universitaire brillant, salué par Jean-Pierre Chrétien, devait devenir dans les gouvernements de transition à base élargie, en janvier et mars 1994, ministre de l'Enseignement supérieur et de la Recherche.

Mme Marie-France Cros, de *La Libre Belgique*, qui affirma, lors de la conférence de presse donnée à l'I.P.C.-Bruxelles, que les Hutus avaient exterminé de rares cadres tutsis présents dans l'administration et dirigeant les grandes entreprises de l'État telle la BRD dont le directeur général, Augustin Maharangari, Tutsi, avait été assassiné.

« L'aveuglement subi de la part du FPR et l'acharnement qu'elle venait de concevoir contre les Hutus à la suite de son contact avec ce front, amenèrent Marie-France Cros à ne pas constater qu'elle avait devant elle... Monsieur Augustin Maharangari, bien vivant et plaidant avec Emmanuel Ntezimana et moi-même pour une solution pacifique au conflit entre le FPR et le peuple rwandais de l'intérieur. Quand elle constata qu'on avait découvert son parti pris en faveur du FPR et contre les Hutus, elle préféra sortir de la salle pour attendre les conférenciers dans le corridor.

« Par cet exemple de Marie-France Cros, on voit que dès les premières attaques du FPR, en 1990, avait déjà été arrêté le plan consistant à désigner par avance les Hutus comme les massacreurs des Tutsis. À Bruxelles, Emmanuel Ntezimana et moi étant hutus, nous étions considérés comme les assassins d'une personne pourtant vivante et marchant avec nous en faveur d'une même cause. Marie-France Cros et les autres comme elle, voilà les journalistes qui ont fait et défait à leur guise l'opinion que le public et même la communauté internationale ont cru devoir suivre à propos du Rwanda ! »

Tranquillement calés dans leurs fauteuils, quelques personnages commençaient ainsi à jouer avec le feu, oubliant que le Rwanda en crise se trouvait plongé dans une situation extrêmement inflammable...

CHAPITRE 5

1991-1992

Les vains efforts d'Habyarimana

L'entreprise de diabolisation du régime Habyarimana, nécessaire à la légitimation de l'action militaire de Kagame, a réussi à occulter les efforts réels du président rwandais pour ouvrir et démocratiser son pays. Seules les violations des droits de l'homme visant les Tutsis ont été prises en compte par l'opinion internationale, alors qu'elles étaient la conséquence directe et inéluctable des actions violentes du FPR contre les populations civiles, lesquelles étaient soigneusement ignorées. De la même façon sont systématiquement niées, voire complètement déformées les actions de la France pour faire évoluer le régime de Kigali et ramener la paix dans la région des Grands Lacs. Niées également les réactions négatives de nombreux cadres et fonctionnaires tutsis. Ainsi la lettre ouverte de seize fonctionnaires tutsis adressée au président Habyarimana en date du 31 octobre 1990 condamnait l'attaque du Front et exprimait leur soutien au président Habyarimana et aux FAR : « C'est très déplorable de chercher le pouvoir en trompant l'opinion internationale en proclamant qu'au Rwanda la démocratie est méconnue. [...] De plus, cette attaque a lieu au moment où la population rwandaise est appelée à donner ses idées sur la restructuration politique du pays. Il est déplorable de se cacher derrière l'ethnisme pour pouvoir accéder au pouvoir, pis encore, en utilisant la voie des armes. Comme déjà souligné, le problème ethnique avait été déraciné de l'esprit de tous les Rwandais depuis l'avènement de la IIe République[1]. [...] Le régime du président Habyarimana s'est préoccupé du problème des émigrés et plus particulièrement du problème des réfugiés [...]. L'attaque des envahisseurs venus d'Ouganda est à condamner par tout pays, tout homme soucieux de la vraie unité du peuple rwandais et ayant un esprit démocratique. Dans l'immédiat, luttons contre les mensonges utilisés par les rebelles pour salir le Rwanda et d'autres séries de tractations susceptibles de causer des mécontentements internes et des troubles sociaux parmi la population rwandaise qui, actuellement consacre ses efforts à s'entraider et à s'unir pour un meilleur développement du Rwanda... » Le 28 décembre, d'éminents responsables politiques et hommes d'affaires tutsis font la même démarche.

Dès cette époque, de nombreuses personnalités, aussi bien hutues que tutsies, ont pris conscience que le FPR a mis en marche une machine infernale en rallumant sciemment la guerre ethnique. Plus que les FAR, les rebelles semblent viser tout particulièrement les paysans hutus. L'attaque d'octobre et les incursions de novembre et décembre ont déjà entraîné des coûts humains exorbitants dont les médias internationaux ne parlent pas. Voici ce qu'écrit le bureau régional des Missionnaires d'Afrique du Rwanda, le 26 décembre 1990 : « Disons d'abord que le gros des personnes en fuite est accueilli par la population : telle famille de monitrice a accueilli 80 personnes dans son enclos. Le week-end du 16 décembre, il y avait 8 000 personnes déplacées près de la commune de Bwisige, une bonne centaine à Rukomo, une quarantaine à Nyarurema (surtout des malades et des handicapés), 4 000 à Nyagahita, centrale de Nyarurema, 4 700 au collège de Rushaki et près de 200 à la paroisse, plus de 8 000 à la commune de Kiyombe. La

1. Le 5 juillet 1973, le régime de Grégoire Kayibanda est renversé par un coup d'État. Débutent la IIe République et la présidence de Juvénal Habyarimana qui va être marquée par une volonté de pacification ethnique.

Croix-Rouge essaie de les approvisionner. Pour la seule commune de Kiyombe, on estime à 30 000 les personnes déplacées, dont certaines sont parties de chez elles depuis trois semaines. Certaines ont pu ramasser à la hâte leurs effets, la plupart n'ont rien pu emporter. Des enfants ont perdu leurs parents. Les champs sont abandonnés ; or c'est le moment de la récolte. Certains, en essayant d'y retourner, se sont fait tuer.

« Si le FPR a été repoussé fin octobre, il a ensuite changé de stratégie et fait de rapides incursions à partir d'un QG situé en territoire ougandais. Des attaques qui, à chaque fois, font de nombreuses victimes. Ainsi, le 22 novembre, les combattants du FPR attaquent le centre de Rukomo, sur la commune de Muvumba, et tuent à la baïonnette 40 civils devant leurs voisins qu'ils veulent obliger à leur indiquer les positions de l'armée rwandaise...[2] »

Fin octobre, alors même que le dernier rebelle n'a pas encore été repoussé hors du territoire rwandais – avant d'y faire de nouvelles incursions –, Paris prépare une action diplomatique d'importance. Jacques Pelletier, ministre de la Coopération, accompagné de Jean-Christophe Mitterrand, fait une visite dans la région et propose une conférence internationale sur les réfugiés ainsi que le placement d'observateurs neutres à la frontière ougando-rwandaise. Mi-décembre, Habyarimana réitère à la France sa demande d'une aide en matériel et en renseignements pour « évaluer l'implication de Museveni dans un projet d'annexion, et ensuite de casser ce projet ». Il sollicite une prolongation de deux mois de la présence des deux compagnies de parachutistes français.

La France n'est alors pas seule dans sa tentative de stabiliser la situation au Rwanda. Le 19 décembre, les ambassadeurs d'Allemagne, de Belgique et de France, ainsi que le Délégué de la Communauté européenne sont réunis à Kigali et constatent, pour s'en inquiéter, une reprise massive des incursions mili-

2. In James Gasana, *Rwanda : du parti-État à l'État-garnison*, L'Harmattan, Paris, 2002.

taires à partir du territoire ougandais, provoquant une « détérioration rapide des relations entre les deux ethnies, qui entraîne le risque imminent d'un dérapage avec des conséquences néfastes pour le Rwanda et toute la région », rapportent-ils. Les effets néfastes se font également sentir sur l'économie. Les Européens « se félicitent de la politique d'ouverture entamée par le gouvernement rwandais ainsi que de sa disposition à associer les forces politiques rwandaises tant à l'intérieur qu'à l'extérieur ». Mais ils sont préoccupés par la montée en puissance de l'extrémisme hutu qui trouve dans la crise et les nombreux troubles qui secouent le pays un terrain propice à ses discours de haine…

Les 23 et 24 janvier 1991, les *Inkotanyi* lancent une nouvelle attaque ; ils occupent le centre de Ruhengeri et libèrent 350 prisonniers, parmi lesquels Théoneste Lizinde, ancien chef de la Sûreté d'Habyarimana qui avait participé à une tentative de coup d'État contre lui en 1980. Lizinde rejoint les rangs du FPR. (Préfet de Byumba, puis député FPR avant d'être tué par le nouveau régime en 1996.) Les rebelles tentent aussi de s'infiltrer dans Gisenyi et massacrent au passage les populations hutues. Ces exactions laissent des traces et créeront dans les années à venir des réactions en chaîne. Immédiatement, elles provoquent des actes violents contre les Bagogwe, Tutsis habitant aux alentours des forêts naturelles, près des volcans, qui avaient jusque-là vécu en harmonie avec les Hutus et les Twas. Les extrémistes hutus les désignent à la vindicte populaire comme des « infiltrés » du FPR ou les suspectent de faire pour celui-ci du portage d'armes et de vivres. Ces conflits interethniques causent la mort d'environ deux cents personnes, en majorité des Bagogwe ; environ 170 personnes disparaissent, dont 116 pour la seule commune de Kinigi.

Ce même 23 janvier 1991, cette attaque s'invite à l'ordre du jour de la réunion quotidienne qui se tient à l'Élysée à 18 heures et qui a pour objet la guerre du Golfe. Après un rapport succinct sur la situation, où il est notamment question des Européens qui se sont réinstallés à Ruhengeri et qui se trouvent dans une situation critique, François Mitterrand, qui a reçu quelques heures plus tôt un coup de fil d'Habyarimana lui demandant l'intervention des troupes françaises et leur engagement direct, prend la parole :

– Les Tutsis ougandais se déplacent pour conquérir le Rwanda, c'est inquiétant. J'aimerais que nous fassions des représentations à l'Ouganda. On n'a pas intérêt à ce que le front du Rwanda cède. S'il s'agit de luttes tribales on ne dit rien ; s'il s'agit d'une agression, il faut s'interposer et délivrer les Français retenus par les Tutsis.

L'amiral Lanxade, chef d'état-major particulier du président, répond :

– Les Européens encerclés à Ruhengeri sont pour 40 d'entre eux des coopérants français présents sur ordre de leur administration.

François Mitterrand : – On est autorisé à intervenir pour les libérer.

Amiral Lanxade : – Il y a 100 militaires français engagés dans cette action. On laisse les Rwandais tenter de faire partir les rebelles et on récupère nos ressortissants.

François Mitterrand : – On ne peut pas limiter notre présence. Nous sommes à la limite du front anglophone. Il ne faut pas que l'Ouganda se permette tout et n'importe quoi. Il faut le dire au président Museveni : il n'est pas normal que la minorité tutsie veuille imposer sa loi à la majorité[3].

Ce discours ferme, traduit en langage militaire, va provoquer sur le terrain une réaction très ferme. Deux sections des forces spéciales interviennent pour libérer 300 personnes, dont 185 Français, et prennent quelques libertés avec les instructions pour sécuriser un vaste périmètre. Le compte rendu de l'ambassadeur de France ne laisse d'ailleurs aucun doute sur la nature de l'intervention française : « Le respect des instructions

3. Archives de la Présidence de la République.

n'a pas exclu une certaine audace dont les parachutistes français ont dû faire preuve dans les deux dernières heures précédant la tombée de la nuit. L'état de choc dans lequel se trouvaient *(sic)* la population expatriée ne permettait pas d'envisager de lui faire subir l'épreuve d'une nouvelle nuit d'affrontements. »

Dans l'après-midi du 24 janvier 1991, l'ambassadeur de France est longuement reçu par Juvénal Habyarimana qui développe ses arguments pour obtenir de la France un engagement plus important et direct. Immédiatement, Martres rend compte à Paris de son entrevue : « Il ne pouvait être question, pour des raisons tenant à la fois à l'opinion publique française et à nos relations diplomatiques avec les autres pays de la zone, d'engager directement nos troupes dans un combat d'infanterie comme le président l'aurait souhaité. » Et, dans le cours de cette communication, l'ambassadeur de France est amené à reconnaître que « c'est en grande partie la conquête du pouvoir par la majorité hutue en 1959 qui est remise en question par une ethnie rivale, minoritaire au Rwanda, mais puissante dans toute la zone ».

Lors de ces journées où la France s'implique davantage dans le conflit rwandais, Jean-Christophe Mitterrand interroge son père :

– Pourquoi on en fait tant au Rwanda ? Quel est l'intérêt de la France ?

– Dans ces zones, il n'y a pas de gentils, pas de méchants, mais des tueurs. Il faut gagner du temps. Si on ne leur donne pas la possibilité de discuter, cela se terminera par des massacres.

Cette réflexion du chef de l'État vient quelque trois semaines après la première rencontre secrète entre une délégation du FPR et un responsable français, en l'occurrence Jean-Christophe Mitterrand lui-même. Le 6 janvier 1991, celui-ci avait en effet rencontré Pasteur Bizimungu et quelques membres du FPR, au domicile parisien d'Édouard Mokolo, un

Zaïrois proche de Mobutu. Bizimungu cherchait à connaître les vraies raisons de l'implication militaire française au Rwanda.

À ce tournant de la guerre du Rwanda, François Mitterrand écrit le 30 janvier 1991 une lettre au président Habyarimana qui, en peu de lignes, résume la position française, qui restera inchangée jusqu'au retrait des troupes françaises à la fin de l'année 1993. Elle mérite à ce titre d'être publiée *in extenso* :

« Monsieur le Président,

Ainsi que je vous le rappelais lors de notre dernier entretien téléphonique, j'ai attentivement suivi l'évolution de la situation au Rwanda depuis le 1er octobre dernier. Je suis en effet profondément préoccupé par les conséquences néfastes que peut avoir pour la paix dans la région la poursuite d'actions militaires déstabilisatrices, encore récemment intervenues à Ruhengeri. Dans les épreuves que votre pays traverse, je tiens à vous assurer de nouveau du soutien de la France.

Mon pays n'a pas ménagé ses efforts afin qu'une solution pacifique puisse être trouvée. Dans cette perspective j'ai envoyé au début du mois de novembre mon ministre de la Coopération, M. Pelletier, en mission de bonne volonté dans votre pays et dans les États voisins concernés par le problème des réfugiés rwandais. Comme il vous l'a exposé et comme je vous l'ai dit moi-même, ce conflit ne peut trouver de solution durable que par un règlement négocié et une concertation générale dans un esprit de dialogue et d'ouverture.

À cet égard, trois conditions me paraissent devoir être remplies : la non-intervention d'États voisins en appui direct ou indirect à des actions dirigées contre le Rwanda ; l'ouverture d'un dialogue direct avec toutes les composantes de la nation dans un esprit de réconciliation et l'avènement d'un état de droit parfaitement respectueux des droits de l'homme ; le règlement le plus rapide possible de la question des réfugiés grâce notamment à la tenue d'une conférence régionale sur ce sujet, sous les auspices de l'OUA, avec la participation de tous les États concernés et du HCR.

Sensible aux arguments que vous m'avez fait valoir, j'ai décidé, dans cette période de mise en place de la politique d'ouverture que vous avez annoncée et de préparation de la conférence sur les réfugiés, de maintenir provisoirement et pour une durée liée aux développements de la situation, la compagnie militaire française envoyée en octobre dernier à Kigali et chargée d'assurer la sécurité et la protection des ressortissants français.

Je forme des vœux pour le succès de vos efforts en faveur de la démocratie et pour le retour de la paix.

Je vous prie d'agréer, Monsieur le Président, les assurances de ma haute considération et de mes sentiments les meilleurs et de mon amical souvenir.

François Mitterrand. »

Muni de ce nouveau viatique, Habyarimana fait feu de tous bois. Il remplace un ministre de la Justice intransigeant par un homme d'ouverture qui fait immédiatement libérer les milliers d'individus internés après l'attaque du 1er octobre. Il accélère les réformes politiques. Le 17 février, il rencontre Museveni, lequel nie, contre toute évidence, que les rebelles partent d'Ouganda, mais promet cependant d'intervenir auprès de Kagame pour qu'un cessez-le-feu intervienne le lendemain 18, à 10 heures. Mais les *Inkotanyi* lancent ce jour-là une attaque! Le 19, Habyarimana se rend à Dar es-Salam pour participer à la conférence qui a été préparée par Mobutu dans le but de régler le problème des réfugiés.

Pour soutenir les efforts d'Habyarimana et contre sa promesse formelle d'accélérer l'ouverture démocratique tout en évitant l'engagement direct qu'il réclame toujours, Mitterrand décide le 20 mars d'implanter à Ruhengeri un détachement d'assistance militaire et d'instruction (DAMI), directement placé sous les ordres de l'attaché de défense. Une trentaine d'hommes du 1er RPIMa arrivent sur place le 22 avril. Sous le nom de *Panda*, le détachement sera basé principalement à Mukamira où est localisé le bataillon Ruhengeri, à 22 km de Ruhengeri, à 35 de Gisenyi et à 12 du Centre d'Entraînement Commando (CEC) de Bigogwe. Sa mission principale est la formation et le recyclage des FAR, assurés soit sur place, soit sur des champs de tir à Nyakinama et Ruhengeri, soit au CEC de Bigogwe. Le camp de Bigogwe est la fierté de l'armée rwandaise. C'est là qu'est formée l'élite des paracommandos, sous la houlette des Belges qui n'apprécient pas du tout d'ouvrir leurs portes de temps en temps à leurs collègues français pour l'organisation de certains stages[4].

Habyarimana tient ses promesses : le 28 avril, le MRND n'est plus parti unique au Rwanda ; ce changement annonce le multipartisme, effectivement réalisé au plus tôt. Alors que le président rwandais se plie aux exigences de l'Occident, le FPR poursuit tranquillement sa marche vers le pouvoir. Il signe régulièrement des accords de cessez-le-feu et n'en respecte aucun. À la suite d'une de ses incursions dans le nord-est, les FAR récupèrent un missile sol-air SAM 16 d'origine soviétique et de conception récente, preuve, s'il en était encore besoin, que le FPR a accès à l'arsenal de l'armée ougandaise.

Le 10 juin, le Rwanda est doté d'une nouvelle Constitution qui ressemble à celle de la Ve République française. Quelques jours plus tard, le multipartisme est officiellement instauré : quatre partis d'opposition sont créés et s'allient dans une coalition qui prend le nom de Forces démocratiques pour le changement (FDC), contre le MRND, l'ancien parti unique. Cette ouverture s'opère dans une anarchie qui risque de faire exploser l'unité nationale face à la menace du FPR. Les milieux politiques ne sont pas à la hauteur des enjeux de la crise nationale.

---

4. Ils sont venus du 4 au 23 novembre 1991, avec 29 militaires rwandais, pour un stage de tireurs d'élite où 8 seulement ont été admis. Du 13 au 18 janvier 1992, pour un stage de servants de mortiers. En novembre 1992, pendant trois semaines pour de l'entraînement de paras. Nous reparlerons plus tard de ce camp : voir chapitre 8.

Avec frénésie, ils se lancent dans toutes les combinaisons qui pourraient aboutir à l'élimination d'Habyarimana, faisant ainsi le jeu du FPR. Chacun veut son journal pour « cogner » sur ses adversaires, mais en priorité pour fustiger Habyarimana et son entourage. La priorité n'est plus la lutte collective contre l'agression extérieure, mais, pour de nombreux hommes politiques, une lutte personnelle de pouvoir. Elle se résume à sortir le président du Rwanda du jeu : tel est le premier de leurs objectifs. Le FPR profite de la création des nouveaux partis et de leur faiblesse pour faire de l'entrisme tout en continuant d'exploiter les dissensions régionales et ethnistes.

Le général Quesnot, qui a succédé en mai à l'amiral Lanxade à la tête de l'état-major particulier, a pris la mesure de la nouvelle donne politique au Rwanda. Il manifeste son inquiétude au Président dans une note datée du 20 juin : « Dans ce contexte, la question se pose du maintien au Rwanda des éléments militaires français », avec une compagnie de 160 hommes basée à Kigali et un DAMI de 30 hommes. Il estime que la présence de la compagnie ne se justifie plus. François Mitterrand juge au contraire le moment mal choisi pour un retrait qui ferait la part belle à Kagame. Il inscrit dans la marge de la note du général : « Non. Ne pas encore retirer nos troupes. M'en parler. »

Le président français a compris que les *Inkotanyi* n'ont pas renoncé à prendre le pouvoir par la force et feront tout pour continuer de déstabiliser la région. Le FPR contrôle 25 kilomètres carrés du territoire rwandais, dans la poche de Shonga. À partir de cette enclave, il poursuit ses actions de grignotage de terrain. L'interdiction faite à l'armée rwandaise de neutraliser l'artillerie ougandaise – qui tire depuis le territoire ougandais – impose le retrait des forces armées rwandaises en deçà des portées de tir, créant *de facto* un territoire contrôlé par le FPR.

Les rebelles se livrent à chaque attaque à d'importants massacres de paysans hutus. Quelque 350 000 autres ont été chassés de leurs terres ; ils vivent dans des conditions déplorables et sont de surcroît l'objet de bombardements par les rebelles tutsis. Voici la description qu'en fit l'abbé G. Maindron : « Il faut avoir vu la situation dramatique de ces déplacés pour comprendre l'urgence et l'ampleur de l'action à entreprendre. Pour la seule commune de Muvumba (préfecture de Byumba), ils sont 21 000, soit le tiers de la population totale de cette commune. Le camp de Rwebare, que nous avons visité en novembre 1991, n'avait pas de tentes. Il compte 6 000 personnes entassées sur un petit espace sous des feuilles de bananiers ou de papyrus. Ces familles, dont chacune se recroqueville sur deux mètres carrés, sont mouillées jusqu'aux os par la pluie, transies de froid, tenaillées par la faim, décimées par la maladie, menacées par le désespoir. La cuisine se fait à l'extérieur, car le risque d'incendie est grand. Mais qu'un vent violent se lève et plusieurs de ces abris de fortune risquent de brûler à la chaîne. Mieux vaut donc être mouillé par la pluie. Le sort de ces gens est moins enviable que celui des prisonniers qui, au moins, ont un toit et de quoi manger. Il est plus dramatique que celui des réfugiés qui bénéficient d'une aide du Haut-Commissariat pour les réfugiés. Les déplacés de guerre ne peuvent y prétendre, puisqu'ils n'entrent pas dans cette catégorie[5]. »

Les actions du FPR provoquent, par des réflexes simplistes attisés par les extrémistes, de nouvelles violences contre les Tutsis, assimilés à des « infiltrés » du FPR, sans que l'opinion publique internationale s'émeuve de ces diaboliques enchaînements.

Au printemps 1991, la nomination du général Christian Quesnot à la tête de l'état-major particulier du président donne une nouvelle impulsion à la politique de la France au Rwanda. Il est assisté du colonel Huchon et va avoir Paul Dijoud, nouveau directeur des Affaires africaines et malgaches,

5. In Maindron G, « Jamais plus la guerre », *Dialogue*, n° 150, 1992.

lui-même assisté de Dominique de Villepin, comme interlocuteur principal. Appuyé par Roland Dumas, ministre d'État, Paul Dijoud va jouer un rôle déterminant dans cette (re)définition. En parfait accord avec l'état-major particulier et le président, conseillé par la cellule africaine de l'Élysée, il entreprend une double démarche, politique et militaire, résolument inscrite dans un cadre régional. Il rencontre tous les acteurs : Habyarimana et ses opposants, mais aussi Paul Kagame et évidemment Museveni.

Au terme de mon enquête, j'estime que le document le plus pertinent sur cette période est celui qui résulte de l'audition de cet acteur de premier plan devant la Commission d'information parlementaire, le 20 mai 1998, pièce complétée par des rencontres avec Paul Dijoud lui-même, et augmentée de quelques éclairages extérieurs.

Paul Dijoud porte un regard large sur le problème rwandais, le replaçant dans un contexte géopolitique où l'on voit Washington jouer d'abord un double jeu – le Département d'État appuyant les efforts de la France alors que le Pentagone commence à soutenir le FPR – avant de l'appuyer carrément.

Après un premier voyage à Kigali effectué avec le colonel Huchon, au cours duquel il rencontre beaucoup de monde, y compris Habyarimana, des opposants mais aussi l'archevêque de Kigali, le diplomate est dans le bain ; il pose un nouveau diagnostic et prend la mesure du défi à relever : « *Il était clair que des événements tragiques surviendraient si rien n'était fait pour les empêcher. C'est pour cette raison que la France s'était impliquée, bien qu'elle n'ait pas eu d'intérêts au Rwanda et qu'elle ne soit pas liée à ce pays de longue date*[6]. Le Rwanda était comme un accident dans le domaine des responsabilités de la France. Elle n'avait aucune vision hégémonique et il ne s'agissait pas de défendre les frontières de la francophonie. Il eût été absurde de prendre de tels risques pour un enjeu de ce type, aussi

6. C'est nous qui soulignons.

passionnant soit-il [...]. Il convenait de faire en sorte que le FPR n'écrase pas l'armée rwandaise. »

Quelques lignes qui ne sont que l'exacte traduction de la vérité et qui sont pourtant contestées par tous ceux qui croient ou feignent de croire que la vérité émane du FPR et que la France avait toujours, en Afrique, au début des années 1990, une politique souterraine guidée par des intérêts obscurs et malsains.

« Enfin, la France s'est efforcée de mobiliser ses partenaires pour éviter un embrasement de toute la région. La Belgique, ancienne puissance colonisatrice, la Grande-Bretagne, qui était impliquée en Ouganda, les États-Unis, très attentifs à l'évolution de la situation, manifestaient leur volonté d'apporter une contribution au règlement de la crise rwandaise.

À cette époque, les Américains reconnaissaient sans difficulté le rôle de la France, qu'ils appuyaient. M. Herman Cohen, Secrétaire d'État adjoint aux Affaires africaines du Gouvernement américain, suivait la ligne de conduite des États-Unis consistant à laisser la France agir dans cette zone qu'elle connaissait mieux que les autres et où elle savait ce qui pouvait être fait, tout en se déclarant prêts à intervenir à la demande de la France ou en l'absence de solutions. »

Pour évaluer la situation, Paul Dijoud dispose non seulement des analyses de l'appareil d'État français, mais aussi de celles des services de renseignement américains qui lui sont répercutées, en juillet 1991, par l'ambassade de France à Washington ; l'appréciation de la crise fournie par la DIA, le service d'espionnage du Pentagone, ne laisse planer aucune ambiguïté sur les vrais objectifs du FPR : « Les objectifs du FPR étaient, à long terme, la restauration de la domination tutsie, et les objectifs affichés comme la démocratisation à terme du Rwanda et l'ouverture d'un dialogue avec le gouvernement n'étaient mis en avant qu'à l'intention des opinions occidentales. La stratégie du FPR pouvait être analysée comme suit : à court terme, étrangler l'économie rwandaise, mener une guerre d'usure contre l'armée et conquérir le terrain ; à moyen terme, acculer le gouvernement rwandais à la négociation et s'insérer dans les structures gouvernementales ; à long terme, contrôler le gouvernement. »

Le rappel de la vision américaine de la stratégie du FPR permet de dérouler la toile de fond de la tragédie rwandaise. Les États-Unis, acteurs mineurs au début de la guerre, se sont de plus en plus impliqués, avant de soutenir complètement – mais secrètement – le FPR, déjà aidé massivement par une armée étrangère, la NRA, elle-même aidée par les Britanniques et les Américains.

« Bien évidemment, commente Paul Dijoud, le département d'État, après cet exposé, a émis des réserves et fait des commentaires. On voit apparaître une certaine dichotomie entre deux tendances de la politique américaine : ceux qui font confiance à la France et qui nous ont aidés jusqu'au bout, M. Cohen en particulier, le ministre compétent ; et ceux, au Pentagone ou à la CIA, qui avaient une vision plus dure, mais aussi plus pragmatique. Au départ, ces derniers ont été hostiles au FPR parce qu'ils ont vu une forte déstabilisation de la région alors qu'eux-mêmes soutenaient encore le maréchal Mobutu au Zaïre, principal point d'appui de leur présence économique dans la région. Ensuite, constatant que le FPR allait gagner, ils se sont retournés vers lui et l'ont vraisemblablement aidé. »

Devant les députés français, M. Paul Dijoud a rappelé que la situation régionale était particulièrement délicate. Le Burundi constituait un élément majeur des craintes françaises. Le Zaïre, vulnérable, actif dans cette affaire, craignait d'être déstabilisé – d'où les interventions du maréchal Mobutu. Les Américains portaient peu à peu attention à cette région en termes géopolitiques. Tous ces éléments conduisirent le Président de la République à susciter une remise à plat de la politique française et à relancer l'action diplomatique de la France dans la région. M. Paul Dijoud a indiqué qu'il a ainsi été amené à organiser et à présider une conférence des ambassadeurs des pays de la Région des Grands Lacs, du 18 au 20 juillet 1991, accompagné du général Jean-Pierre Huchon, membre de l'état-major particulier de la Présidence de la République. Et à rencontrer le Président Habyarimana à deux reprises.

Martres a rendu compte des deux entretiens dans un télégramme diplomatique : « Une première audience a été accordée par le Chef de l'État pendant près de deux heures, dans la matinée du 18. Elle a donné tout d'abord à celui-ci l'occasion de refaire l'historique détaillé de l'agression subie par son pays depuis le 1er octobre 1990, des origines politiques et ethniques de ce conflit, du rôle joué par l'Ouganda, des différentes tentatives de médiation faites à l'échelle régionale et, enfin, des appuis reçus par le Rwanda des pays amis, surtout de la France, qui ont eu un poids déterminant dans le redressement de la situation militaire.

« Le Président est convaincu que Museveni ne renonce toujours pas à appuyer une rébellion formée essentiellement par ses anciens compagnons et frères de race [N'oublions que Museveni est un Hima]. Il continue à leur fournir des armes, récemment des mortiers de 120 millimètres. Les Rwandais se demandent s'il ne va pas leur procurer des véhicules. De son côté, le groupe d'observateurs militaires créé par l'OUA apparaît tout à fait inefficace, et sa neutralité est douteuse en raison de sa composition ethnique. Ses membres ougandais sont suspects de collusion avec l'ennemi. Il en est de même des Burundais, même si le président Habyarimana fait personnellement confiance au président Buyoya.

« Le Chef de l'État et M. Dijoud sont convenus qu'il fallait donner une suite rapide au projet de mini-sommet entre États de la zone. M. Casimir Bizimungu, ministre des Affaires étrangères, était chargé d'une nouvelle tentative pour rencontrer le président Mobutu et obtenir son adhésion à ce projet et son accord sur la date du 27 juillet, déjà acceptée par le président Habyarimana.

« Par-delà cette action diplomatique à mener par le canal de l'OUA et avec l'appui des pays amis, M. Dijoud a insisté pour que se concrétisent les garanties promises pour favoriser le retour des réfugiés, en particulier l'engagement pris par le Président de permettre à tous de recevoir un passeport rwandais. Il a exprimé la conviction que le Front patriotique rwandais serait privé d'arguments lorsque tous les émigrés qui le souhaitaient pourraient jouir de la nationalité rwandaise sans aucune restriction et intervenir librement dans la vie politique du pays. »

Paul Dijoud a alors pris conscience de l'extrême difficulté, pour le régime rwandais, de mener à bien l'ouverture démocratique en temps de guerre.

« Il fallait, pour éviter cela, que le Chef de l'État prenne l'initiative, tant qu'il en est encore temps, de consulter les partis et de leur soumettre une loi électorale, de préférence fondée sur le scrutin proportionnel dont l'expérience a démontré qu'il permettait d'assurer l'équilibre le plus satisfaisant dans les pays comme le Rwanda où les facteurs ethniques et régionalistes avaient une grande importance. »

M. Paul Dijoud a rappelé ce qu'aujourd'hui beaucoup semblent avoir complètement oublié, à savoir le caractère insistant des démarches entreprises pour convaincre le Chef de l'État de la nécessité de conduire des réformes.

« Le Président Habyarimana semblait sensible à ce discours, rassuré quant à l'intention française de maintenir son appui aussi bien à l'intérieur qu'à l'extérieur, convaincu que la France entendait l'inciter à ne pas abandonner à ses opposants la conduite d'une évolution politique qui s'avérait irréversible. »

M. Paul Dijoud a cité à nouveau devant les parlementaires le télégramme rendant compte de sa visite au Rwanda :

« Le 19 juillet a été réservé à la conférence des ambassadeurs de France de la zone. Cette conférence a permis à M. Dijoud d'exposer comment le département comptait relancer notre politique en Afrique, substituer une stratégie d'initiatives et d'actions à une diplomatie trop longtemps limitée jusqu'ici à réagir devant les événements, et placer cette politique dans des cadres régionaux, la crise rwandaise fournissant l'exemple d'un problème qui ne pouvait être résolu sans concertation dans l'ensemble de la zone.

« La rencontre des ambassadeurs de Kampala, de Bujumbura, de Nairobi, de Kinshasa et de Kigali s'est poursuivie ensuite pour procéder à une évaluation de la situation au Rwanda. La présence militaire française au Rwanda reste nécessaire à la stabilité du pays et aussi à l'ensemble de la zone, et il est souhaitable que les gouvernements voisins soient convaincus que la paix est notre seul objectif. La solution du problème des réfugiés ne peut être que régionale. Nous ne pouvons qu'appuyer les efforts de l'OUA.

« *La présence militaire française au Rwanda doit avoir pour corollaire la poursuite harmonieuse du processus de libéralisation.* Celui-ci doit se réaliser dans le dialogue avec les partis et dans le renforcement de l'état de droit, en évitant un glissement catastrophique vers la conférence nationale.

« L'idéal serait que le Chef de l'État propose à ses opposants d'accepter une trêve qui pourrait être marquée par la formation d'un gouvernement d'union nationale, chargé d'assurer la conduite de la guerre et le rétablissement de la paix en même temps que la préparation des élections.

« *La réconciliation doit être notre objectif majeur. Elle passe inévitablement par une négociation avec le FPR. Si cette négociation, par-delà les efforts de l'OUA, doit recevoir l'appui des puissances occidentales, la conduite nous en revient et les initiatives américaines, en ce domaine, doivent être découragées.* Par ailleurs, si Paris devenait un jour le lieu d'une rencontre, le secret de ses conclusions devrait être rigoureusement préservé. »

M. Paul Dijoud a précisé qu'après avoir rencontré plusieurs membres du gouvernement rwandais, il s'était entretenu avec les principaux partis politiques rwandais : « Ceux-ci ont affirmé que la paix était possible avec le FPR, mais ils voulaient être partie à la négociation. Tous les partis affirmaient compter des Tutsis dans leurs rangs. On était loin d'un monde hutu bloqué et entièrement hostile à une situation en évolution. » Paul Dijoud a alors repris la lecture du télégramme :

« Dans la soirée du 19 juillet, le président Habyarimana a reçu une nouvelle fois M. Dijoud, l'ambassadeur ainsi que le général Huchon et les ambassadeurs de la zone que M. Dijoud avait tenu à lui présenter. Cette rencontre a eu lieu exceptionnellement, pendant près de deux heures, dans la petite résidence que le Chef de l'État possède dans le centre de la ville et qu'il occupait au début de sa carrière alors qu'il n'était encore que Chef de la Garde nationale rwandaise.

« Dans une ambiance particulièrement chaleureuse, Mme Habyarimana et ses filles ont offert des boissons. M. Dijoud a pu montrer au Président, par la présence de nos représentants dans les pays voisins, l'importance que nous accordions à une solution régionale des problèmes rwandais.

« En lui renouvelant l'assurance de notre appui, il a une seconde fois insisté sur le thème incontournable de la réconciliation intérieure et extérieure, et sur la nécessité de ne pas perdre l'initiative de cette réconciliation. »

Quatorze ans après ses rencontres avec Habyarimana, Paul Dijoud reste aujourd'hui convaincu qu'il était certes en face d'un homme dur, qui faisait la guerre, dont le pays était attaqué aux frontières et qui portait à bout de bras un pays pauvre, mais que ce même homme avait peu à peu pris conscience qu'il n'y avait pas d'autre solution possible que celle préconisée par la France, et qu'il l'a tentée.

« Après que l'armée rwandaise eut, au début du conflit avec le FPR, réussi à établir un certain équilibre à la frontière, la France s'est évertuée – et a pour partie réussi – à faire progresser un certain nombre de solutions aux problèmes profonds du pays : le problème des réfugiés avait été traité à la conférence de Dar Es-Salam en mobilisant les appuis financiers pour essayer de faire revenir, encadrer et protéger ces populations exilées ; des efforts avaient été accomplis pour faciliter les démarches de réconciliation, notamment la protection des Tutsis de l'intérieur qui faisaient souvent l'objet de graves exactions ; un consensus politique plus large sur les progrès de la démocratie avait été recherché... »

Après avoir bien cerné Habyarimana, il reste à Paul Dijoud à rencontrer Paul Kagame sans lequel ne sera jamais trouvée aucune solution à la crise rwandaise. Différents contacts avaient déjà été pris avec des membres de la direction politique du FPR, avec Pasteur Bizimungu et surtout avec M. Bihozagara, représentant du FPR en Europe, mais pas avec le personnage-clé, le patron des rebelles. « Pendant tout le temps où je me suis occupé du dossier Rwanda, j'ai rencontré de nombreux responsables du FPR. J'ai beaucoup discuté avec Bihozagara. Nous n'étions pas d'accord, mais nos discussions se déroulaient dans des conditions très agréables. Je recevais également des Tutsis qui étaient très inquiets de l'évolution de la situation... », raconte aujourd'hui Paul Dijoud[7].

Paul Kagame est venu à Paris du 17 au 23 septembre 1991. Il a alors une entrevue avec Paul Dijoud : « Je l'ai rencontré une fois en tête-à-tête dans mon bureau au Quai d'Orsay, poursuit le diplomate. Et il n'a pas caché sa satisfaction de discuter avec un représentant de la France. L'objet de cette visite était d'associer le FPR à un processus de règlement négocié de la crise et de le convaincre que nous n'avions aucune animosité à l'endroit du FPR, mais que tous les Rwandais étaient les amis de la France. »

Il refait le portrait du chef des rebelles qu'il avait brossé devant les députés : « Un personnage relativement visionnaire, d'une haute intelligence, d'une grande capacité à mener une démarche jusqu'à son terme, d'une grande ambition et profondément assuré de son succès, grâce en particulier aux réseaux dont il disposait dans le monde anglo-saxon, surtout aux États-

7. Rencontre avec l'auteur le 21 septembre 2005.

Unis. Il était donc sûr de son fait, tout en ayant la conviction que la géographie des Grands Lacs n'était pas viable, que les frontières de la colonisation avaient créé des États artificiels et qu'il convenait de les remodeler. Le Zaïre imposant une sorte d'immobilisme, il fallait provoquer des changements dans ses institutions et son régime politique, dont il estimait qu'il ne pourrait pas tenir à la longue. *Il avait aussi le sentiment que la terre était trop rare au Rwanda et qu'il fallait trouver de l'espace*[8]. Il y avait, chez le major Kagame, un mélange de réalisme et de vision qui n'a pas été sous-estimé et qu'il était difficile de contrer. Personne, dans la région, n'était à même de s'opposer à lui. En fait, au cœur de tout, il y avait la guerre. *Le fond du problème est que le major Kagame n'a jamais poursuivi d'autre objectif que la victoire totale. Il a de temps à autre négocié. Il a signé des accords mais, en toute objectivité, il n'a jamais poursuivi d'autre but que celui de gagner, par la paix ou par la guerre. Il en avait les moyens puisqu'il disposait d'une armée supérieure à toutes les autres.* Les événements survenus ensuite au Zaïre ont montré qu'il pouvait projeter efficacement cette armée, ou une partie de celle-ci, sous des formes différentes, à l'extérieur. Son armée avait des réserves considérables. Les jeunes réfugiés sans emploi et sans ressources étaient prêts à s'y engager. Fortement équipée par l'Ouganda et par d'autres, très bien encadrée, elle est d'une rare efficacité, notamment parce qu'y combattent des vétérans qui ont participé à la guerre civile ougandaise aux côtés de Museveni. »

Pour compléter ce portrait, Paul Dijoud revient sur une accusation portée contre lui par Kagame dans le film documentaire intitulé « *Tuez-les tous. Rwanda, histoire d'un génocide "sans importance"* », de Raphaël Glucksmann, David Hazan et Pierre Mezerette : « Je lui ai fait part de l'impasse de la lutte armée et lui ai dit en substance : "Vous pouvez gagner militairement, mais quand vous prendrez Kigali, vous déclencherez

---

8. C'est nous qui soulignons.

d'énormes massacres. Votre affaire est sans issue. Votre peuple représente 10 % de la population totale du Rwanda. Qui restera vivant ?" Kagame a repris mes propos, les a sortis du contexte pour les transformer en menaces, alors qu'ils n'étaient – malheureusement – qu'une analyse de ce qui se produirait si le FPR prenait le pouvoir par la force. Je dois reconnaître que je n'avais pas prévu l'ampleur des massacres qui ont eu lieu. Je n'ai pas prévu le génocide, mais la guerre civile, à cause de la terreur panique que le FPR inspirait aux masses... »

Et Paul Dijoud de revenir sur l'épisode malheureux qui est survenu à la fin de la visite secrète de Paul Kagame à Paris. Les accompagnateurs du major Kagame, qui circulaient avec des valises de billets, s'étaient fait repérer par la police et furent arrêtés sans que le Quai d'Orsay en eût été averti, puis libérés le soir même après intervention du ministre des Affaires étrangères. L'épisode n'empêcha pas la France d'organiser le mois suivant, les 22, 23 et 24 octobre 1991, des rencontres secrètes entre le FPR et le gouvernement rwandais...

« Ces réunions s'ouvraient dans un climat difficile, poursuit Paul Dijoud, les deux parties se détestant et manœuvrant. Le Rwanda voulait démontrer qu'il n'était pas possible de parler avec le FPR, et le FPR bloquait les discussions dès le départ avec des revendications inacceptables par l'autre partie. Après trois jours de débats houleux et brutaux au cours desquels les représentants français ont, par leur rôle d'arbitres, essayé de rapprocher les points de vue et de proposer des solutions, les rencontres se sont terminées sans grands résultats.

« Néanmoins, les médiateurs français, forçant le destin, avaient réussi à faire signer une sorte de procès-verbal succinct des travaux effectués, qui constituait déjà une ouverture, au moins sur les principes, les deux délégations reconnaissant l'aspiration du peuple rwandais à l'unité, au refus de la ségrégation et à la démocratie, le droit à la citoyenneté rwandaise et le droit au retour pour tous les réfugiés, l'égalité des chances pour tous les Rwandais – en renonçant à tout ce qui marquait l'ethnie –, l'accès libre aux moyens d'information et la nécessité du respect des droits de l'homme et de la paix. Les deux délégations constataient qu'un processus politique pour faire progresser la démocratie était en cours au Rwanda. D'accord sur le constat, elles convenaient qu'il serait souhaitable que le FPR y participât, mais reconnaissaient que la poursuite des combats empêchait cette participation, ce qui était le cœur du problème. Pour les deux délégations, la démocratisation impliquait la formation d'un gouvernement de transition sur une base élargie. Elles réaffirmaient que les accords déjà signés, notamment de N'Sele et de Gbadolite, restaient valables et qu'elles souhaitaient créer les conditions de leur mise en œuvre effective. »

À l'automne, la tension créée par l'ouverture démocratique fait rage. Le 20 novembre, en marge du Sommet franco-africain de Chaillot, Habyarimana lance un S.O.S. à François Mitterrand :

– Vous m'avez engagé dans la voie du multipartisme, aidez-moi à maîtriser ce processus qui a conduit mon pays au chaos. Et protégez-moi des tentatives de conquête du FPR![9]

Le mois suivant, en réponse à cet appel, François Mitterrand envoie Paul Dijoud à Kigali, rencontrer Habyarimana. Les instructions que le diplomate envoie à l'ambassadeur de France à Kigali pour préparer l'entretien ne laissant place à aucune ambiguïté sur la permanence de la politique menée par Paris : « Vous voudrez bien solliciter un entretien avec le président Habyarimana pour lui faire part de l'inquiétude de la France devant l'évolution de la situation dans son pays. Les derniers développements dont vous avez rendu compte, ainsi que l'utilisation de radio Kigali par le comité hutu de Bujumbura, ne correspondent pas aux vues échangées lors de l'entretien que le Président a eu avec M. Dijoud en marge du sommet de Chaillot.

9. Bernard Lugan, *François Mitterrand. L'armée française et le Rwanda,* Éditions du Rocher, mars 2005.

« Le sentiment de la France demeure inchangé : *seule une politique d'ouverture peut conduire au règlement des problèmes que connaît le Rwanda.* D'autre part, nous agissons auprès de l'Ouganda. La mission d'observateurs français a été mise en place à la frontière entre le Rwanda et l'Ouganda – le but était de démontrer que les tirs sur le Rwanda avaient pour origine l'Ouganda et que ce pays servait de point de départ aux offensives. Nous incitons le FPR à la retenue.

« *Notre action ne peut porter que si le Rwanda maintient la ligne qu'il s'est engagé à suivre : celle de l'ouverture et de la réconciliation nationale. Il faut, à cet égard, que soient prises vite les mesures visant à résoudre le problème des réfugiés, aide et amnistie, et que soit instauré un vrai dialogue avec l'opposition.* »

Paul Dijoud souligne ainsi que la France s'était efforcée, sans complaisance, de faire évoluer, à chaque occasion, la situation, y compris avec le relais de pays amis. Il était alors en parfaite harmonie avec le Président de la République et le général Quesnot, lesquels estimaient qu'il convenait d'aider l'armée rwandaise. Tous trois étaient en effet persuadés que les drames résulteraient de la déstabilisation militaire et que la guerre empêchait les réformes.

En mars 1992, Paul Dijoud constate que « l'évolution du Rwanda est bloquée par une contradiction évidente : seule l'ouverture politique intérieure permettra de trouver une solution durable à la guerre avec le FPR, mais cette ouverture politique est difficilement possible dans un pays que la guerre déstabilise et radicalise de plus en plus ». Pour sortir de cette spirale infernale, il propose de donner une nouvelle impulsion aux efforts de la France : celle-ci doit aider le Rwanda à sortir de la crise qui se manifeste notamment par des tensions interethniques de plus en plus fortes et qui menacent de plus en plus les Tutsis de l'intérieur. Paul Dijoud suggère un « renforcement de l'appui de la France à l'armée rwandaise [qui] permettrait d'inverser ces facteurs ». Pour ce qui est de l'appoint militaire, la fourniture de matériels permettant notamment d'opérer la nuit – comme les *Inkotanyi* – et le retour d'un conseiller militaire de haut niveau près l'état-major des FAR pourraient faire la différence. Sur le plan politique, Dijoud propose d'aider un Habyarimana isolé à trouver un Premier ministre, en accord avec son opposition, tout en continuant à nouer des relations positives avec le FPR dans la perspective de futures et inéluctables négociations.

Dans le même esprit, la France aide le Rwanda à monter un outil servant à prévenir et combattre les actes de terrorisme qui sont perpétrés sur tout le territoire et dont le nombre n'a cessé d'augmenter depuis le début de l'année 1992. L'idée en revient au lieutenant-colonel Robardey, un gendarme arrivé au Rwanda huit jours avant la première attaque du FPR. La création de son poste est la première conséquence du sommet de La Baule qui s'était tenu du 19 au 21 juin 1990. Robardey devait en effet adapter la gendarmerie rwandaise au futur état de droit. Parmi les principaux problèmes à régler figuraient les détentions préventives de longue durée, les tortures et autres pratiques plus que musclées. Mais les gendarmes ont quitté les brigades pour rejoindre le front. Robardey est alors devenu l'adjoint de l'attaché de défense. Début 1992, avec le multipartisme et l'ouverture démocratique, Robardey a proposé un plan destiné à refonder la gendarmerie. Il s'attache tout particulièrement à la création d'une Section de Recherches criminelles, encadrée par des officiers de police judiciaire (OPJ) français, qui serait particulièrement chargée d'enquêter sur les actes terroristes.

Avant même d'avoir fait aboutir son plan, Robardey avait décidé que la première enquête de ce nouvel outil serait consacrée aux massacres du Bugesera dont avaient été victimes des Tutsis, en mars 1992, parce qu'il avait été particulièrement sensibilisé à cette grave affaire. Le dimanche 8 mars, dès qu'il avait appris par la radio la nouvelle de ces violences ethniques, il était parti en voiture avec sa femme vers le Bugesera. Il avait eu du mal à franchir les barrages mis en place par les militaires du camp de Gako, avant d'arriver « dans la région où tout brûlait, où des bandes d'adolescents shootés au chanvre et à la bière de banane circulaient avec des casse-tête sans être inquiétés, parce qu'il n'y avait aucun militaire. J'ai réussi à entamer une conversation avec l'un de ces jeunes qui répétait : "On nous attaque, on se défend" », raconte le colonel Robardey. Après tout un tour dans la région, Robardey s'arrête à Nyamata et rencontre Antonia Locatelli, une Italienne, sorte de bonne sœur en civil, qui a monté une école ménagère pour les jeunes filles à Nyamata. Depuis le matin, Antonia est suspendue à son téléphone pour alerter tous les gens qu'elle connaît afin qu'ils fassent quelque chose pour enrayer les violences. Elle est très excitée et demande à l'officier français de faire venir du secours. Robardey promet de revenir le lendemain et rentre sur Kigali où il fait un compte rendu à l'attaché de défense et à l'ambassadeur. Pour montrer que la France désapprouve vigoureusement les violences ethniques, Robardey repart le lendemain vers le Bugesera, accompagné par le premier secrétaire de l'ambassade, c'est-à-dire par un représentant officiel de la France, pour – officiellement – faire le tour des ressortissants français, mais surtout montrer que la France s'intéresse de très près à ce qui se passe. Mais, juste avant de partir, Robardey a appris que Locatelli avait été assassinée dans la nuit... Le lendemain, il revient, cette fois avec le consul de France, pour assister aux obsèques de l'Italienne. « On voulait que ces massacres cessent... » Le 11 mars, il est revient, une nouvelle fois dans le Bugesera avec des militaires de Noroît pour acheminer de l'aide alimentaire à ceux qui ont eu leurs maisons brûlées et n'ont plus rien... Puis, le 12 mars, l'officier de gendarmerie revient encore une fois pour chercher l'épouse tutsie de son boy...

En juin 1992, Robardey a les mains libres pour renouveler tout le personnel du Centre de Recherches criminelles et de documentation, de mauvaise réputation, pour choisir le patron

– un officier qui avait refusé de tirer sur une manifestation à Butare – et 40 sergents qui seront répartis par équipes de dix, encadrées par un gendarme français. Dès que les nouvelles équipes sont en place, Robardey demande aux gendarmes de rassembler tous les éléments sur les attentats terroristes, notamment les huit commis dans le Bugesera, dont cinq entre les 15 et 19 février...

Au printemps 1992, Paris exerce aussi de très fortes pressions pour qu'Habyarimana nomme un Premier ministre issu de l'opposition et un véritable gouvernement d'ouverture. Après beaucoup d'hésitations, Habyarimana finit par céder et désigne Dismas Nsengiyaremye (MDR) comme Premier ministre. L'ancien parti unique n'obtient que neuf maroquins et est minoritaire dans ce gouvernement de transition. À partir du 16 avril, date d'installation du nouveau gouvernement, l'appellation « régime Habyarimana » n'a plus grand sens. Pourtant, c'est celle-ci qui a encore cours aujourd'hui ! Habyarimana a perdu en effet l'essentiel de ses pouvoirs au profit d'un gouvernement « parisien » qui a intégré trois membres du Parti libéral, considéré comme le bras politique du FPR, lesquels réclament le départ des troupes françaises. Laissons ici la parole à James Gasana qui a été ministre de la Défense dans ce nouveau gouvernement : « Dès la mise en place de ce cabinet, il y a des restructurations importantes dans les administrations. Il y a une répartition des services de sécurité entre tendances politiques, et Habyarimana n'en contrôle plus aucun. Tous les instruments dont il dispose pour son pouvoir lui sont repris [...]. Même dans l'Administration territoriale – Habyarimana a la compétence constitutionnelle de nommer les préfets –, l'opposition lui impose 4 préfets sortis de ses rangs. Il ne peut plus démettre ni nommer les bourgmestres des communes [...] ; il perd rapidement le contrôle des forces de sécurité. Il est donc faux, il me semble, de parler encore du « régime Habyarimana » après le 16 avril 1992. »

CHAPITRE 6

1992

« Talk and fight »
Le double jeu du FPR

Plus que jamais, après la mise en place d'un gouvernement de coalition, c'est le FPR qui mène le jeu : il participe aux discussions tandis que, parallèlement, il suscite attaques militaires et terroristes. Paul Kagame a bien appris de Museveni la stratégie du « *talk and fight* » ou alterne pourparlers et feu des armes, *et* que le président ougandais complète en privé par : « *If we don't succeed by ballots, we beat them by bullets*[1] ». Les actions de Kagame ont porté : Habyarimana a perdu l'essentiel de ses pouvoirs ; et c'est lui qui attire désormais, telle la lumière les papillons, les hommes politiques de l'opposition, c'est-à-dire la majorité du nouveau gouvernement. Lui encore qui a amené Paris à le choyer et finalement à le légitimer sur la scène internationale en le faisant passer d'un statut de rebelle à celui de principal interlocuteur d'un Habyarimana considérablement affaibli.

La situation intérieure se dégrade rapidement. Après les affrontements ethniques dans le Bugesera et l'apparition des milices constituant les bras armés des différents partis politiques, le terrorisme et le banditisme se répandent dans tout le pays. Les mutineries de militaires des FAR se multiplient. Le

1. « Si nous ne gagnons pas par les urnes, nous les battrons par les balles. »

chaos s'installe. Personne n'est en mesure de contrôler la situation.

Alors que des centaines de milliers de Rwandais sont dans un dénuement absolu, survivant dans les camps de déplacés, qu'assassinats et violences ethniques se banalisent, les leaders de trois grands partis d'opposition – le Mouvement démocratique républicain (MDR), le Parti libéral (PL) et le Parti social démocrate (PSD), réunis sous le vocable de Forces démocratiques pour le Changement (FDC) – décident d'apporter leur soutien à la stratégie du FPR à l'initiative de deux avocats bruxellois, Johan Scheers et Bernard Maingain. Ceux-ci ont-ils été des « courroies de transmission du département d'État et du gouvernement belge », autrement dit de Herman Cohen et de Willy Claes[2], pour déclencher le processus d'« expulsion d'Habyarimana du système », comme l'affirme aujourd'hui Colette Braeckman[3] ? Johan Scheers, en tout cas, le dément. Avides de pouvoir, les nouveaux leaders des partis rwandais n'ignorent pas qu'ils n'ont aucune certitude d'y accéder par les élections. Pour obtenir quelques maroquins, ces irresponsables vendent leur pays au FPR sur le marché de Bruxelles.

Faustin Twsagiramungu, représentant le MDR, déclare à la RTBF : « Il est évident que le président Habyarimana en tant que dictateur – en tant que dictateur puisque c'est le mot qu'il faut utiliser aujourd'hui – ne va pas du tout céder le pouvoir ni par la voie démocratique déjà entamée dans le pays, ni par une autre voie, puisqu'il faut constater que le peuple rwandais voudrait avoir la paix d'abord avant tout cela. [...] Donc je ne craindrais pas de dire et de vous indiquer clairement que le président Habyarimana constitue un obstacle majeur à la conclusion de la paix et à l'absence de la paix au Rwanda[4]... »

2. En mars 1992, lorsque Jean-Luc Dehaene devient Premier ministre, Claes est nommé ministre des Affaires étrangères de Belgique. En septembre 1994, il succédera à Manfred Wörner au poste de Secrétaire général de l'Otan.
3. Entretien du 19 avril 2005.
4. Conférence de presse donnée à l'issue de la rencontre et reprise par la RTBF.

Dans la nuit qui suit la signature du communiqué affirmant notamment la nécessité d'un cessez-le-feu effectif, les troupes du FPR investissent le centre de Byumba, provoquent la mort de très nombreux civils et « libèrent » une vingtaine de kilomètres de profondeur. Des centaines de milliers de paysans hutus vont grossir les camps des « déplacés de guerre »... Les FAR sont complètement dépassées et certaines unités se mutinent.

Le même Twagiramungu sème alors encore un peu plus le trouble en déclarant que « même si le FPR contrôlait tout Byumba, cela ne serait pas un problème, car ses combattants sont nos frères. »

Soucieux d'améliorer sa position en vue des futures négociations, Kagame a envoyé simultanément ses troupes prendre une ville d'importance, dans la zone de Butaro (nord-ouest), autour de la poche de Shonga, et sur Byumba. Ses effectifs sont estimés à dix mille hommes. Cette montée en puissance s'explique par un phénomène de vases communicants. L'Ouganda s'est lancé, sous l'égide du Fonds monétaire international (FMI), dans un vaste programme de démobilisation financé par les pays anglo-saxons : 50 000 hommes sur trois ans doivent en principe retrouver la vie civile. Le premier contingent a été démobilisé en avril. Plusieurs unités ougandaises « démobilisées » ont en fait été transférées au Rwanda sous commandement FPR. Indirectement, à son insu, le FMI finance ainsi les nouveaux bataillons du FPR. Pour la première fois, les *Inkotanyi* utilisent de l'artillerie lourde : LRM (lance-roquettes multiple) de 107 mm, bi-tubes de 37 mm, mortiers de 12 mm, matériel provenant des armureries de la NRA ougandaise.

Le général Quesnot et l'amiral Lanxade prennent la mesure de la menace et réagissent très rapidement. Les rebelles sont sur le point de franchir la limite que les Français se sont fixée[5].

---

5. « Nous découvrons en juin 1992 que la France a déterminé une ligne de front passant près de Byumba, qui fixe une position d'équilibre artificiel de force entre les FAR et le

Un renfort du 8e RPIMa arrive sur zone dans la nuit du 5 au 6 juin et, dans l'après-midi du 6, une section Noroît du 2e RIMa entre dans Byumba pour évacuer les expatriés. Puis une mission d'évaluation – composée des colonels Delort, Galinié et Rosier –, arrivée rapidement sur les lieux, conclut à l'insuffisance de puissance de feu de l'armée rwandaise. Celle-ci ne pourra pas stopper les offensives de l'APR. Décision est alors prise de doter les FAR d'une batterie de 105 de 8 pièces : elle est acheminée de Bangui à Kigali puis dans la zone de Byumba. Vingt-cinq hommes sont également envoyés pour assurer la formation théorique au camp de Kanombe. Dès le 8 juillet, la batterie de 105, doublée par des cadres français, effectue son premier tir[6]. « Cela a permis de taper fort », dit un officier qui, manifestement, sait manier l'*understatement*.

Avant même que cette batterie ne soit opérationnelle, le colonel Rosier, désigné pour commander les opérations au Rwanda, a monté avec les militaires rwandais, et grâce à leur financement, l'acquisition auprès de l'Égypte, dans des délais très brefs, d'une deuxième batterie, 122 D30. Un Antonov cargo atterrit ainsi à l'aéroport de Kigali, avec dans ses entrailles cette impressionnante batterie. Le lieutenant-colonel Maurin, adjoint de l'attaché de défense et chargé des relations avec les FAR, fait procéder à son débarquement le plus discrètement possible, pendant un week-end, à l'aide d'un équipement de levage peu adapté, avant qu'elle ne soit acheminée vers son site.

En même temps qu'il a rééquilibré la puissance de feu des FAR, le colonel Rosier a placé des officiers français dans chaque secteur afin de constituer une réserve de manœuvre pour contre-attaquer. Et une nouvelle impulsion a été donnée à la formation en mettant des instructeurs à la disposition des FAR pour améliorer la qualité de quelques bataillons existants.

FPR pour qu'il y ait plus de sérieux dans les négociations », écrit James Gasana, alors ministre de la Défense, dans son livre déjà cité.

6. In *François Mitterrand, l'armée française et le Rwanda*, de Bernard Lugan, Éditions du Rocher, Paris, 2005.

C'est ainsi que les bataillons Ruhengeri et Mutara ont été formés au combat de nuit et qu'un bataillon de paras a été formé à Kanombe par trois officiers français. « Les meilleures unités rwandaises ont été formées par les Français », se souvient un officier supérieur qui travaillait avec le colonel Rosier.

Pendant la formation des artilleurs rwandais au maniement de ces deux nouvelles batteries, quelques semaines en juillet, les techniciens français ont été fort près de l'engagement direct, puisqu'ils assuraient le réglage des pièces avant de laisser les Rwandais tirer… À partir de cette réalité, la polémique peut démarrer. Le FPR et ses supporters ne se sont pas privés de la lancer. James Gasana, alors ministre de la Défense, a volé au secours de la France :

« Le gouvernement de transition n'a jamais demandé que des troupes françaises interviennent directement dans la guerre, car il n'a jamais envisagé la victoire militaire comme objectif. Il faut souligner par ailleurs que les FAR étaient politiquement plurielles, même si elles étaient supposées non partisanes. Une présence française au front pouvait donc être dénoncée par l'opposition et aggraver la polarisation du gouvernement. Une intervention étrangère directe n'était plus réalisable après l'ouverture du gouvernement aux partis d'opposition dont certains étaient alliés au FPR. » Et de marteler avec force : « Les informations voulant impliquer les Français dans la formation des milices *Interahamwe* n'ont absolument aucun fondement. »

James Gasana, qui a du mal à comprendre les mises en cause de l'armée française, affirme n'avoir jamais demandé aux Français de participer aux combats, et ajoute : « Cela ne veut pas dire qu'il n'y a pas eu de situations dans lesquelles certaines gesticulations pouvaient donner une impression de belligérance à un observateur non avisé. Tel était le cas lors des opérations d'évacuation des expatriés dans Byumba et Ruhengeri où, lors des attaques des rebelles, les militaires français ont failli être encerclés. Pour éviter ce risque, des troupes de reconnaissance pouvaient s'approcher du front en cas de besoin, et d'autres couvraient les convois. Il n'y a jamais eu ni provocation ni affrontement. D'ailleurs, les services français informaient au préalable le commandement du FPR du plan de ces évacuations et de leurs durées. »

Les compromissions politiques de Bruxelles et l'attaque du FPR qui les ont suivies provoquent évidemment des réactions violentes chez les représentants de la majorité, et même à l'intérieur du MDR, le parti de Twagiramungu. Le FPR vient de marquer des points importants dans sa stratégie de déstabilisation du pays par l'exacerbation des tensions tout en commençant, le jour même de l'attaque de Byumba, ses négociations avec le gouvernement rwandais, à Paris, au Centre Kléber, sous la houlette du Quai d'Orsay, coprésidées par Paul Dijoud et Herman Cohen et avec la participation active de Willy Claes[7].

Reprenons le témoignage de Paul Dijoud, ordonnateur de ces rencontres qui se déroulaient alors que les bérets rouges contenaient l'avance des militaires du FPR :

« *Après de longs échanges houleux, M. Cohen montre son irritation et lance au FPR : "Allez-vous cesser ? Si vous ne faites pas un effort, les États-Unis cesseront de vous soutenir. C'est vrai, on vous aide, mais il faut y mettre du vôtre, sinon ce sera terminé."* »

Des propos qui, mieux qu'un long discours, démontraient l'équivoque de la position américaine, qui aidait la France mais qui se croyait obligée de ne pas abandonner l'Ouganda, tenu par le FPR beaucoup plus que ce pays ne le tenait. Pour Paul Dijoud, il était en effet clair que le président Museveni n'avait jamais été libre de s'accorder avec la France comme il l'aurait souhaité, car le pouvoir du FPR sur Kampala était considérable. C'était une partie de l'armée ougandaise qui pénétrait régulièrement au Rwanda, il ne faut pas se leurrer à ce sujet.

7. Preuve du jeu américain compliqué décrit par Paul Dijoud. Herman Cohen « observe » à Paris, alors qu'il vient d'encourager l'alliance des FDC et du FPR.

M. Paul Dijoud tient à appuyer sa démonstration par une note écrite par lui en date du 27 juillet 1992 et qui, une fois de plus, explique la politique de la France et fait le point de la situation :

« La France mène au Rwanda une politique visant à la démocratisation du régime et à la réconciliation nationale. Elle veille à ce que le Rwanda ne soit pas déstabilisé par l'action des rebelles du FPR qui bénéficient de l'aide de l'Ouganda. Des développements positifs ont été obtenus dans les derniers mois. Le président Habyarimana a fait fortement progresser l'ouverture politique. La nomination, en avril, au poste de Premier ministre, d'un membre de l'opposition, la formation d'un gouvernement de coalition qui regroupe les principales organisations politiques nationales, ont représenté des pas importants dans ce sens. Les chefs d'état-major des armées et de la gendarmerie, personnalités contestées, ont été remplacés. Le nouveau Premier ministre, M. Dismas Nsengiyaremye, s'est fixé pour première tâche de restaurer la paix et de régler le problème des réfugiés. Parallèlement, le gouvernement a montré sa volonté de rétablir un climat de confiance dans les relations entre le Burundi et le Rwanda, et une nette détente est intervenue.

« Des incertitudes et des motifs d'inquiétude demeurent cependant. L'ouverture politique, qui a marqué l'évolution intérieure au Rwanda, n'a pas reçu l'écho souhaité du côté du FPR qui se sait très minoritaire dans l'opinion publique. Sur le terrain, le Front a accentué son action militaire à partir de l'Ouganda et a pris le contrôle d'une portion de territoire rwandais. *Les négociations qui se sont engagées entre le gouvernement rwandais et le FPR ont conduit à la conclusion, le 12 juillet dernier, à Arusha, d'une trêve qui aurait dû être effective le 19 juillet, mais qui n'a pas été respectée.* »

Paul Dijoud avait pu constater personnellement que cette trêve n'était pas respectée puisqu'il était venu sur le terrain le 22 juillet.

La note continuait : « Elle [la trêve] doit être suivie d'un cessez-le-feu, à compter du 31 juillet, en application d'un accord conclu après des négociations difficiles et sous la pression des observateurs occidentaux (France, États-Unis, Belgique) et africains (Ouganda et Tanzanie). Cet accord prévoit, dans son principe, le partage du pouvoir dans le cadre d'un gouvernement de transition et l'intégration des rebelles du FPR dans l'armée rwandaise. Ces dispositions dont la mise en œuvre pourrait mettre en cause le pouvoir du président Habyarimana et compliquer les relations entre le président et le gouvernement de coalition, pourraient être discutées à partir du 10 août. »

Parlant en mai 1998, près de cinq ans après le désengagement des troupes françaises, Paul Dijoud s'était interrogé tout haut sur la pertinence de la politique française au Rwanda :

« Dès lors que l'un des partenaires est décidé à gagner à tout prix par la guerre et que l'autre en prend conscience, toutes les démarches sont d'emblée viciées s'il n'est pas possible de faire appliquer par la force les décisions prises par la négociation. Là se pose le grand problème des capacités d'intervention de la France en Afrique, et M. Paul Dijoud s'est demandé si notre pays aurait été en mesure de faire entendre plus fort sa voix, de s'engager au-delà de ce qu'il avait déjà fait, s'il avait existé une volonté politique de le faire et s'il aurait été bon de le faire. »

Un mémorandum du Département d'État daté du 15 juillet 1992 montre bien que la France a joué sa partition en accord total avec les deux principaux acteurs occidentaux. Le document demande en effet que Dijoud soit félicité pour son rôle dans l'accord de cessez-le-feu, mais s'inquiète de sa fragilité et requiert beaucoup de pressions supplémentaires sur Habyarimana : « Nous sommes spécialement inquiets du fait que l'exécutif rwandais, et spécialement le président Habyarimana, peut rejeter ce que ses négociateurs ont accordé au FPR, estimant que c'est beaucoup trop. »

L'accord est effectivement déséquilibré dans la mesure où

les négociateurs du gouvernement ont poursuivi les mêmes objectifs qu'à Bruxelles : sauver le dialogue privilégié avec le FPR et mettre fin à cette sale guerre, au prix d'un abaissement définitif d'Habyarimana et du MRND. Si un Groupe d'Observateurs militaires neutres est créé pour contrôler le respect de l'accord, les États-Unis, qui soutiennent de plus en plus le FPR, insistent pour qu'une équipe d'officiers de l'APR intègre ce groupe. Là encore, la France, par l'intermédiaire de Paul Dijoud, a dû accepter cette exigence exorbitante.

Cette équipe d'officiers du FPR dirigée par Karake Karenzi va devenir l'état-major des unités clandestines d'espionnage et de déstabilisation du régime d'Habyarimana, notamment par l'instigation de troubles ethniques. « Karake était un homme rompu à la recherche du renseignement et à la subversion. Il utilisa très adroitement le GOMN, qui était basé à Kigali et dont les membres pouvaient visiter n'importe quelle zone à l'intérieur du pays [...]. L'équipe du FPR [...] fut un véritable cheval de Troie pour toutes sortes de mouvements d'infiltrés du Front, car Karenzi et ses collègues jouissaient de l'immunité diplomatique », raconte James K. Gasana.

L'accord d'Arusha n'apporte ni l'armistice, ni paix civile. L'administration est transformée en un vaste champ de bataille entre le MRND et les partis favorables au FPR, ou au minimum à une alliance tactique avec le Front. Habyarimana et le MRND perdent l'accès à Radio Rwanda, « libérée » par l'opposition.

La veille de l'arrêt des combats, les troupes du FPR lancent encore de nouvelles attaques. Le 31 juillet, un cessez-le-feu « réel » est signé. Le FPR estime lui-même ses pertes à 2500 morts, mais il a pu agrandir la zone qu'il contrôle. La négociation internationale qui s'ouvre à Arusha va lui permettre de se voir reconnaître *de facto* cette emprise. Les accords dits « Arusha 2 » donnent lieu à la signature d'un protocole d'accord sur l'état de droit.

Le 20 août 1992, des affrontements ethniques éclatent dans la préfecture de Kibuye, dans les communes de Gishyita et Rwamatu, que le FPR et ses alliés des Forces démocratiques du changement (FDC) imputent au MRND. Une commission d'enquête est créée. Elle est dirigée par le directeur du service de renseignement, qui est du PSD, parti opposé à Habyarimana. Malgré tous ses efforts, la commission n'arrive pas à prouver l'implication du MRND, mais relève en revanche la forte implication du MDR. Rapidement, les ministères de l'Intérieur et de la Défense découvrent que la fraction du MDR dirigée par Faustin Twagiramungu est, en collaboration avec le FPR, à la base d'un plan de déstabilisation, le long du lac Kivu, entre Kibuye et Cyangugu, et cherche à en imputer la responsabilité au MRND : « Ne pouvant pas justifier autrement la reprise des combats alors que les négociations de paix se poursuivent, le FPR s'efforce de provoquer un événement qualifiable de génocide pour tenter de légitimer sa violation du cessez-le-feu. Il doit se présenter en sauveur des Tutsis, comme il le fera en février 1993 et en avril 1994 », explique James Gasana[8] qui a été un observateur privilégié de cette première grande incitation au génocide.

Gasana aurait pu nourrir son raisonnement par des faits concrets. Un groupe d'enquêteurs composé de huit sergents, officiers de police judiciaire du CRCD de Kigali, encadrés de deux gendarmes français (c'est-à-dire dix gendarmes de la brigade antiterroriste montée par le colonel Robardey) a, en effet, travaillé à deux reprises, du 15 au 18 septembre et du 19 au 21 octobre 1992, sur les attentats terroristes qui ont eu lieu dans la préfecture de Cyangugu, avant et après le début des violences ethniques, et notamment l'explosion d'un véhicule 4x4 sur la route de Kibuye, le 16 août, avant même le début de ces violences ethniques : « Il apparaît clairement qu'une infrastructure pro-FPR est installée dans la zone Bukavu et

8. *Rwanda, Du parti-État à l'État-garnison, op. cit.*

Cyangugu. [...] Outre le passage de personnels, il existe une activité commerciale intense qui permet aux commerçants pro-FPR locaux, installés de part et d'autre de la frontière zaïro-rwandaise, de faire transiter l'argent recueilli lors des collectes de fonds et d'introduire dans ce pays des mines, comme ce fut le cas en décembre 1991, ou des terroristes, comme ceux ayant échoué dans leur projet de détruire la centrale électrique en avril 1992 », lit-on sur la fiche de renseignement du DAMI datée du 20 septembre. Cette note met aussi en cause un commerçant de Cyangugu, Zacharie Serubyogo, affilié au MDR et en relation étroite avec des membres du FPR : il a été intercepté à la frontière du Zaïre avec quatre mines antichars ATK. Les attentats avaient tous été préparés avec ces mines ATK de fabrication belge. L'équipe du CRCD n'a pas voulu faire le lien entre cette activité terroriste et les violences ethniques alors même que ce lien relevait de l'évidence. « Nous voulions rester crédibles en nous limitant à une activité de techniciens. C'était aux hommes politiques de souligner ce lien. Nous faisions en sorte que nos enquêtes arrivent directement à James Gasana [alors ministre de la Défense, supervisant les forces de sécurité] », explique aujourd'hui le colonel Robardey.

Grâce à des informateurs en Ouganda et à l'intérieur même du GOMN, Gasana obtient un plan détaillé de l'attaque censée être finale. Le FPR entend prendre Kigali et le pouvoir, ou, à défaut, occuper un plus grand territoire comprenant des parties des préfectures de Gisenyi et de Kigali, et la totalité des préfectures de Ruhengeri, de Byumba et de Kibungo, le FPR voulant, à partir de ce territoire, mettre en place un gouvernement, une administration et légitimer une appellation de « mouvement de libération ». Ce plan sera également récupéré par les militaires français.

Le 11 septembre 1992, le ministre de la Défense fait un long rapport au Premier Ministre pour décrire les préparatifs du FPR.

« Plusieurs indices et informations indiquent que les *Inkotanyi* ne sont pas prêts à arrêter la guerre ; au contraire, ils s'y préparent d'arrache-pied, l'objectif étant de marcher sur Kigali. » Y sont décrites les concentrations ennemies près de la frontière : « Le lieutenant-colonel Kyakabale, homme de confiance de Museveni, correspondant du FPR et chef des opérations de la 7e Division de la NRA déployée face au nord de notre pays, suivait cette colonne. Il est à noter que c'est par l'intermédiaire de cet officier que les armes d'appui de la NRA sont prêtées et les munitions gratuitement fournies au FPR.

« De source ordinairement sûre, si le Rwanda n'accepte pas l'intégration des *Inkotanyi* au sein des FAR dans les proportions qu'ils veulent, soit 50 %, ils envisagent une attaque de grande envergure à partir du 20 septembre 1992 [...]. Dans un troisième temps, attaquer pour s'emparer de la ville de Kigali. Mais entre-temps, les *Inkotanyi* envisagent des infiltrations régulières dans la ville de Gisenyi, à partir de Goma pour sabotage, terrorisme et pillage. »

Gasana donne ces informations à Tony Marley, chef de la délégation du Département d'État qui suit les négociations d'Arusha. Il lui demande de dire à Kagame qu'il est au courant de ses préparatifs. Les Américains convainquent Museveni de faire pression sur ses *boys* rwandais. Kagame plie momentanément...

Les préparatifs de guerre du FPR et les tensions avivées par lui et ses alliés ont atteint une partie de leurs buts. Les extrémistes de l'entourage d'Habyarimana ont compris qu'ils sont « dans la seringue » et que leurs jours sont comptés s'ils ne réagissent pas. D'autant que les négociations pour le partage du pouvoir s'achèvent le 30 octobre 1992 et que le FPR et ses alliés intérieurs des Forces Démocratiques du Changement ont obtenu la grosse part du gâteau en réduisant considérablement le poids du MRND, principal parti du pays, et en éliminant la CDR, son alliée sur la droite.

Les pressions de Museveni sur Kagame n'ont porté que sur

son engagement militaire. Toutes les autres actions visant la conquête du pouvoir continuent. Dans son rapport du 11 septembre, James Gasana écrivit :

« Pour avoir un prétexte aux yeux de l'opinion internationale, le FPR continue de financer le chaos généralisé dans notre pays par l'intermédiaire de ses acolytes. Ainsi, actuellement, le FPR finance le banditisme armé, les assassinats, le conflit interethnique [...] et veut à tout prix provoquer une guerre civile au Rwanda. »

CHAPITRE 7

Janvier 1993

Une étrange Commission d'enquête internationale
(La curée « droits-de-l'hommiste » contre Habyarimana)

Depuis le début de la guerre à la tête de son Comité pour le respect des droits de l'homme et la démocratie au Rwanda (CRDDR)[1], qui n'est qu'une machine de propagande FPR sous couvert de principes universalistes[2], Gasana Ndoba déploie, à partir de Bruxelles, une intense activité auprès des journalistes, des hommes politiques – et notamment de Jean Gol et des libéraux –, des avocats, des membres des associations de défense des droits de l'homme pour dénoncer sans cesse la « vraie » nature du régime Habyarimana qui, dans la logique des auteurs de la « Révolution sociale », cherche et cherchera à éliminer les Tutsis. Quand on lui parle de massacres ou de tortures de paysans hutus commis par des *Inkotanyi,* il ne nie pas, mais parle de « bavures » inévitables commises en réaction aux exactions des extrémistes hutus. Gasana Ndoba n'ignore pas la réalité des exactions commises sur le terrain, il est très bien renseigné par les associations groupées dans le Comité de liaison des associations de défense des droits de l'homme au Rwanda (CLADHO), et tout particulièrement par Monique

1. Le comité CRDDR a été créé en novembre 1990 à Bruxelles avec l'appui de la coordination des ONG belges francophones (CNCD).
2. Voir *La Vraie Nature du FPR/APR d'Ouganda en Rwanda,* de Gaspard Musabyimana, L'Harmattan, 2003.

Mujawamaryia[3]. Il reçoit tous les communiqués de Kigali, « mais il les trafiquait, en ne retenant que ce qui impliquait le régime Habyarimana », raconte Joseph Matata, ardent militant des droits de l'homme qui se bat aujourd'hui à la tête du Centre de lutte contre l'impunité et l'injustice au Rwanda (CLIJR).

Depuis le début de l'année 1991, Gasana Ndoba travaille étroitement avec Éric Gillet, avocat au barreau de Bruxelles et membre de la Fédération internationale des droits de l'homme. En octobre 1990, Éric Gillet s'était rendu au Rwanda pour défendre des Tutsis soupçonnés d'être proches du FPR et qui avaient été emprisonnés après le déclenchement de la guerre. Son séjour fut écourté : il aurait organisé des grèves dans les prisons qu'il avait visitées, lui fut-il alors reproché. En août 1991, Gasana Ndoba missionne l'avocat belge pour défendre des journalistes emprisonnés à Kigali. C'est lors de ce deuxième déplacement qu'il entend parler du massacre des Tutsis-Bagogwe intervenu en février 1991 dans la région de Ruhengeri-Gisenyi. Six mois plus tard, Éric Gillet retourne au Rwanda pour enquêter sur le massacre des Bagogwe. Après ce troisième voyage, il évoque avec Gasana Ndoba l'idée d'une Commission d'enquête internationale sur les violations des droits de l'homme.

Pendant l'été 1992, on s'en souvient, le Rwanda sombre dans le chaos. La guerre autour de Byumba n'en est qu'un des aspects. Les milices des différents partis s'affrontent violemment dans la rue, les meurtres sont devenus quotidiens ; les feuilles de choux des uns et des autres contribuent par leur violence à créer une ambiance délétère. Dans ce contexte paraît en août dans *Umurava Magazine* un article signé d'un parfait inconnu, Janvier Afrika. L'article « révèle » l'existence d'un « escadron de la mort » dirigé par Habyarimana lui-même. Pour faire bonne mesure, Janvier Afrika livre la liste des noms

3. Qui a été reçue deux fois par Clinton et dont on reparlera.

de 28 personnalités membres de l'« escadron de la mort ». Il se composerait de la femme du président, de membres de sa famille, de ministres, de hauts cadres politiques et administratifs, appartenant tous au MRND. Janvier Afrika raconte que l'escadron a organisé des tueries de masse contre les Bagogwe et les Tutsis du Bugesera, ainsi que la mise à feu de la forêt de Gikogero.

« La plupart des réunions se passaient en présence du président Habyarimana, dans la maison du capitaine Simbikangwa Pascal. [...] La réunion qui a préparé les massacres des Bagogwe était présidée par Habyarimana Juvénal lui-même ; son épouse était aussi présente (mais elle est partie peu après) ainsi que Sagatwa et son épouse et un sorcier ("*umupfumu*") amené par Sagatwa. L'épouse du chef de l'État est très influente et est souvent présente à ces réunions. »

Quelque temps après la parution de son « scoop », Janvier Afrika est emprisonné pour n'avoir pas répondu aux convocations du parquet à la suite d'une plainte déposée par un membre de la famille Habyarimana. Des journalistes belges s'insurgent contre son arrestation. Le premier spécialiste à mordre à ce bel hameçon est l'universitaire belge Filip Reyntjens qui obtient l'autorisation de le rencontrer en prison à la mi-septembre 1992. Il déclare avoir alors « vérifié » les faits rapportés par Janvier Afrika auprès de trois personnes dont deux officiers supérieurs, et les avoir aussi confrontés aux témoignages récoltés sur le terrain des affrontements, dans la région de Bugesera. Toutefois, « pour des raisons évidentes de sécurité », il ne peut dévoiler l'identité de ses informateurs. Accompagné du sénateur Willy Kuijpers et de Johan Scheers, avocat, il rencontre Habyarimana. De retour à Bruxelles, il signe un texte intitulé « Données sur les "escadrons de la mort" », qu'il désigne ensuite sous le nom de « Réseau zéro ». Il en expose le contenu lors d'une conférence de presse au cours de laquelle il sous-entend que Habyarimana pourrait être incriminé. L'universitaire belge reprend la plupart des noms livrés par Janvier Afrika. « En général, les opérations visent soit la perturbation des activités de certains partis d'opposition, le MDR et le PL en particulier, soit la provocation de désordres, voire même d'affrontements sanglants. » Reyntjens cite plusieurs exemples, dont des déstabilisations qui se sont produites en mars 1992 au Bugesera et à Kibuye. Il termine son intervention en affirmant que le « Réseau zéro » vise à saboter le processus de démocratisation, à intimider la composante tutsie de la population et les partis d'opposition, et il entend montrer que ni les réfugiés ni le FPR ne seraient en sécurité s'ils se décidaient à rentrer au Rwanda.

La Libre Belgique, sous la signature de Marie-France Cros, reprend, les 3 et 4 octobre 1992, sous le titre « Rwanda : M. Kuypers dénonce l'entourage du Président », l'histoire des « escadrons de la mort », rapportée par un universitaire reconnu et un sénateur. L'affaire commence à faire du bruit... Peu importent, au demeurant, les droits de réponse de personnes désignées comme membres du réseau, que le journal est dans l'obligation de publier. Gasana Ndoba et Éric Gillet estiment que le moment est venu de lancer une Commission d'enquête internationale sur les violations des droits de l'homme au Rwanda depuis le 1er octobre 1990. Ils mettent en liaison plusieurs associations de défense des droits de l'homme et des enquêteurs déjà sensibilisés aux violations commises par le régime Habyarimana : notamment la Fédération internationale des droits de l'homme, Africa Watch, l'Union interafricaine des droits de l'homme et le Centre International pour la promotion des droits de la personne et le développement démocratique (Montréal). Gasana Ndoba impose le Français Jean Carbonare, président de l'association Survie, comme représentant la FIDH. En dehors du petit cercle FPR à Bruxelles, on ignore les accointances de l'homme avec les représentants du mouvement des « rebelles tutsis », et sa proximité avec le CRDDR, l'association créée par Gasana Ndoba. « Carbonare n'était pas pro-FPR, il était FPR. Pour être nommé conseiller du président de la République sitôt après l'arrivée du FPR au pouvoir [en 1994], il fallait avoir participé à la définition de sa stratégie», commente aujourd'hui James Gasana.

Aux côtés de Jean Carbonare, pour constituer la commission, se mobilisent Philippe Dahinden, journaliste suisse, René Degni-Segui, doyen de la Faculté de droit d'Abidjan, président de la Ligue des droits de l'homme, Alison Des Forges, d'Africa Watch, universitaire, Pol Dodinval, médecin légiste à Liège, Éric Gillet, Rein Odink, juriste à Amsterdam, Halidou Ouedraogo, magistrat, président de l'Union inter-africaine des droits de l'homme, André Paradis, directeur de la Ligue des droits et libertés à Montréal, et enfin William Schabas, professeur de droit et avocat au barreau de Montréal. «Toutes les organisations [qui ont participé à cette Commission] étaient en communication étroite avec la diaspora tutsie dominée par le Front patriotique rwandais», affirme Faustin Twagiramungu[4], ancien Premier ministre du Rwanda de juillet 1994 à août 1995. C'est toutefois Jean Carbonare qui est le plus engagé dans le combat en faveur du FPR. Philippe Dahinden, l'un des membres de la Commission, se souvient des discussions qui précédèrent leur départ au Rwanda : «Carbonare estimait que les violations des droits de l'homme commises par les mouvements de libération ne devaient pas être traitées comme les autres et étaient excusables.»

Éric Gillet a confié à son frère Roland le soin de monter une équipe chargée d'apporter aux enquêteurs une assistance globale et d'assurer les prises de vues, photographiques et vidéo ; mais aussi des techniciens familiers avec les méthodes d'exploration des cavités naturelles – ravins, fosses ou sites aquatiques –, aptes à effectuer des fouilles. La Commission

4. Désigné en juillet 1993 comme Premier ministre pressenti pour diriger le gouvernement de transition à base élargie dans le cadre de la négociation des accords d'Arusha, il est alors le président du Mouvement démocratique républicain (MDR), qui bénéficie de l'ouverture politique ; en 1992, il est favorable à la négociation politique avec le FPR.

souhaite s'entourer d'experts car elle est convaincue, sur la foi d'enquêtes antérieures, d'avoir à mettre au jour de nombreux charniers de Tutsis. Roland Gillet, scaphandrier professionnel, dirige en effet une entreprise de travaux sous-marins. Il part à Kigali avec trois équipiers : Richard Grebeude, président de l'Union belge de spéléologie, Bernard Coeungniet, graphiste et topographe, et Serge Cuvelier, lui aussi scaphandrier professionnel, mais aussi expert en mécanique diesel et preneur d'images vidéo 8. Le matériel emporté est volumineux : il comprend notamment un équipement de progression pour des verticales de plus de 500 mètres, un scaphandre autonome et des instruments impressionnants d'exploration sous-marine...

Deux semaines avant l'arrivée de la Commission, le journal *Isibo* publie la lettre d'un dirigeant du FPR annonçant que la prochaine offensive du FPR attendra la sortie du rapport FIDH, comme si le FPR savait déjà quelles en seraient les conclusions.

Jean Carbonare et ses neuf collègues arrivent le 7 janvier 1993 à Kigali dans un climat exécrable. La crise politique est à son comble. Deux jours plus tard, c'est un petit coup d'État qui se produit autour du tapis vert : sur les vingt-deux portefeuilles du gouvernement de transition à base élargie (GTBE), l'ancien parti unique, le MRND, n'en récolte que six alors qu'il représente un courant très important de la population ; quant à la CDR, devenue un dangereux concurrent, à la fois du MDR et du MRND dans ses places fortes, il n'en obtient aucun alors que le FPR, avec une assise électorale très réduite, en obtient cinq. Avec ses alliés, le FPR est devenu maître du jeu politique, puisqu'il maîtrise désormais le gouvernement en place et la future assemblée de transition. Pour le parti le plus important, qui va alors décider de passer à l'action violente, la situation est inacceptable.

Nourris des éléments d'information rapportés par Éric Gillet et par Reyntjens, les enquêteurs de la Commission internationale savent déjà qui sont les bons et qui sont les méchants, et ce que ces derniers ont fait depuis 1990. Habyarimana, le « tyran sanguinaire », leur laisse une totale liberté d'enquêter, alors que Kagame, le « libérateur », ne leur entrouvrira les territoires « libérés » que pendant deux heures, en leur assurant de surcroît un encadrement très serré. James Gasana, ministre de la Défense, les laisse en revanche entrer dans des casernes s'ils le souhaitent, et met des moyens à leur disposition.

En quelque quatorze jours, Jean Carbonare va « tout comprendre » du Rwanda. Il est impressionné par ses trois rencontres avec Janvier Afrika à la prison de Kigali. Joseph Matata lui sert d'interprète. Le prisonnier choyé – il bénéficie en effet d'un statut spécial parce que beaucoup voient en lui le moyen d'évincer Habyarimana – va, une fois de plus, resservir son plat de choix : les « escadrons de la mort » dirigés par Habyarimana qui se réunissaient la nuit à la « synagogue », chez le capitaine Simbikamgwa où fut notamment décidé le massacre de tous les Bagogwe. Pas taiseux, Janvier Afrika fournit un grand nombre de détails opérationnels et expose son rôle au sein de ces escadrons.

En revanche, la recherche de fosses communes et de charniers se révèle très décevante, malgré le travail de l'équipe. La lecture du rapport de celle-ci, très factuel, est à cet égard bien plus instructive que le rapport principal. Ont été trouvés : un squelette dans la grotte n° 2 sur le site de Bigogwe, mais rien sur les sites de cinq autres grottes visitées ; rien dans les huit grottes du site de Kareba ; rien dans les deux fosses situées derrière la maison communale de Kinigi, alors que, selon les témoignages recueillis, 60 cadavres auraient dû y être trouvés ; dans les trois fosses creusées dans le jardin du bourgmestre de Kinigi ont été dégagés « la tête d'un individu ainsi que les pieds d'un autre (il y aurait eu au moins 13 personnes à cet endroit). Le dégagement complet de la fosse aurait pris plusieurs jours. La fouille a été longuement filmée » ; dans une fosse à Kanzenze, huit squelettes ont été trouvés.

Soit une dizaine de squelettes non identifiés qui ont servi de « preuves irréfutables » à des hypothèses militantes consolidées par des témoignages collectés à la chaîne, sans grand souci de rigueur.

Partie de Kigali le 21 janvier, la Commission internationale d'enquête publie dès le 22 janvier à Bruxelles ses conclusions préliminaires selon lesquelles « il est d'ores et déjà établi que des actes de génocide et des crimes de guerre ont été perpétrés depuis le début de la guerre... » La suite du rapport est à l'avenant. En deux semaines, les docteurs du Rwanda avaient établi un diagnostic sans appel qu'ils entendaient délivrer au monde entier : le gouvernement en place et l'armée portaient la responsabilité d'un génocide des Tutsis... Sans retenue ni précaution, l'équipe d'enquêteurs avait donc « réussi » l'exploit, en une quinzaine de jours, de trouver les « preuves irréfutables » des massacres de quelque 2000 personnes, essentiellement des Tutsis Bagogwe de la région de Ruhengeri-Gisenyi, et au Bugesera – là où de grands magistrats instructeurs tels que le juge antiterroriste français Bruguière ou le juge espagnol Garson, mettent des années à dénombrer et identifier un nombre de victimes infiniment moindre.

La Commission internationale d'enquête (CIE), peu scrupuleuse, reprend à son compte la liste des noms des coupables – avec en tête Habyarimana – dressée par Reyntjens lors de son bref séjour au Rwanda. Elle suggère qu'il existe bien une « main », voire plusieurs, pour piloter le bon déroulement de ces tristes événements... « Tous les témoignages confirment qu'il existe dans l'entourage du Chef de l'État un certain nombre de personnes qui organisent les massacres ou les assassinats individuels, de même que les troubles, les affrontements et les perturbations d'activités d'autres partis, de diverses manières : réflexions idéologiques, définition des moyens, choix des régions ciblées à tels moments déterminés. »

Dans un procès administratif qui s'est tenu les 28 et 29 avril

2003 à Québec et qui opposait Léon Mugesera, accusé par Janvier Afrika d'être membre des « escadrons de la mort », et le gouvernement canadien, la crédibilité du rapport de la CIE et de ses membres a été fortement entamée : « La CIE n'était pas fiable dès le départ, en raison du choix de ses membres, des affiliations des ONG à la demande desquelles la CIE avait été instituée, des termes de référence et du choix des interprètes, et du fait que le très court séjour de deux heures de la CIE dans le territoire occupé par le FPR, en présence de soldats, enlevait toute crédibilité au rapport. »

Surtout, toute l'architecture de l'enquête reposait, comme celle de Reyntjens, sur l'interrogatoire d'un seul homme, par ailleurs emprisonné. Aucun des enquêteurs ne semble s'être posé les questions élémentaires du métier : qui était Janvier Afrika ? D'où venait-il ? Comment avait-il pu avoir accès à des informations aussi sensibles ? Comment pouvait-il les divulguer sans être assassiné, puisque le régime qu'il décrivait n'aurait dû fonctionner qu'en assassinant tous ses gêneurs ?

Sans méfiance, ils ont accordé à leur seul témoin un total crédit : c'est sur les dires de Janvier Afrika que repose toutes leurs hypothèses ; seule sa version des faits donne cohérence à l'ensemble de leur approche des violations des droits de l'homme au Rwanda. Confortés dans leurs certitudes militantes antérieures, aveuglés pendant leur « enquête », ils n'ont pas pris le temps de réfléchir avant de rédiger le Rapport final. Ils se sont prêtés, à leur retour dans leurs pays respectifs, à la partie essentielle de leur mission : y colporter les propos qui viendraient à bout de Juvénal Habyarimana et de ceux qui le soutenaient...

La Commission d'enquête internationale montée pour le compte du FPR représente la plus « belle » opération de déstabilisation d'Habyarimana. Après avoir fait l'objet de pressions très fortes de la part de la France, des États-Unis et de la Belgique pour qu'il aille à marches forcées vers la démocratie,

Habyarimana avait ouvert tout grand son pays[5] aux défenseurs des droits de l'homme, en tout premier lieu à la Fédération internationale des droits de l'homme (FIDH). Profitant du chaos créé par le multipartisme, avec un aveuglement et/ou une indicible mauvaise foi, les organisations non gouvernementales impliquées dans cette campagne n'ont vu – ou plutôt cru voir – et entendu – ou plutôt cru entendre – que les violations des droits de l'homme perpétrées à l'instigation du régime rwandais, en « oubliant » celles commises par le camp adverse, celui du FPR. Elles ont « oublié » ou omis la plupart des graves violations provoquées par des actes terroristes montés par le FPR.

La presse du monde entier et une bonne partie des « forces morales » vont dès lors prendre fait et cause pour le FPR, présenté comme un mouvement pluriethnique souhaitant renverser une dictature sanguinaire pour la remplacer par une démocratie. Avant même de mourir dans l'attentat fomenté par le FPR, Habyarimana était déjà un pestiféré, un homme mort.

Cette Commission d'enquête porte une lourde responsabilité dans la tragédie rwandaise. Elle a exacerbé les tensions entre tous les Rwandais et fait comprendre à la majorité d'entre eux que leur sort était déjà scellé. Le camp occidental des « Bons », comme au bon vieux temps de la colonie, avait déjà choisi ses bons nègres, ceux de la minorité tutsie et des Hutus qui les suivaient. Malheureusement, plus de dix ans après sa rédaction, ce rapport partial passe encore aujourd'hui pour la référence absolue, le Livre noir sur le Rwanda qui permet de comprendre, *parce qu'il l'annonce*, le génocide. La grande majorité les médias – télés, radios, journaux – et les auteurs de livres et essais y puisent la subsistance de leurs analyses. Dernier

5. « Je me réjouis de cette nouvelle (l'arrivée de la Commission) et forme le vœu que cette enquête internationale puisse permettre de faire la lumière sur les événements malheureux qu'a vécus notre pays au cours des deux dernières années », écrit le président Habyarimana, le 4 janvier 1993, aux enquêteurs.

scandale de son autorité usurpée : ses rédacteurs sont considérés comme des experts par les différents tribunaux – en premier lieu par le Tribunal pénal international pour le Rwanda (TPIR) – qui ont à juger des « génocidaires ».

CHAPITRE 8

Les fables de Jean Carbonare, président de Survie

L'homme a plus fait pour la prise de pouvoir de Kagame que le général James Kabarebe, son plus proche collaborateur. Et pourtant il n'est pas rwandais. Jean Carbonare est français. Convaincu de la justesse de la cause du FPR par des membres de la diaspora tutsie, il a recouvré d'anciens réflexes, ceux qu'il avait quand il militait pour le FLN et contre la France. Vieil anticolonialiste protestant, il a réactivé des réseaux autrefois éprouvés, fait vibrer quelques cordes distendues chez d'anciens notables de la gauche, tels Jean Lacouture ou Michel Rocard, et renoué avec quelques personnalités protestantes... En très peu de temps il est devenu le grand agent d'influence de Paul Kagame en France. Il a non seulement fait reculer François Mitterrand et participé activement au changement de la politique française au Rwanda, mais de surcroît imposé la vision, fausse mais efficace, de son patron Kagame sur la France. Ce Français a, pour les besoins de ce qui était devenu sa cause, monté de toutes pièces la plus terrible des accusations contre son pays : celle de complicité de génocide. François-Xavier Verschave, son principal collaborateur, n'a-t-il pas affirmé : «La France a une responsabilité qui est semblable à celle des Allemands dans la Shoah[1] »? Autrement dit, Mitterrand égale

1. *Journalpes*, 25 mai 2004.

Hitler. Jean Carbonare n'a pas arrêté, en effet, son combat avec le succès de son poulain Kagame ; pour arriver à mettre la France et son armée au banc des accusés, Jean Carbonare et François-Xavier Verschave ont utilisé leur association Survie comme une véritable entreprise de désinformation à travers des billets, des articles, des livres, des colloques, des conférences, mais aussi et peut-être surtout par la diffusion en réseaux sur Internet… *Last but not the least,* Carbonare a réussi à mobiliser la communauté protestante de France dans son combat.

Jean Carbonare a bien préparé son coup. Le 19 janvier, douze jours après son arrivée à Kigali, il rencontre Martres, l'ambassadeur de France à Kigali. L'enquêteur français impressionne le diplomate qui envoie, immédiatement après l'entretien, une dépêche à Paris. Martres signale que la Commission a réuni une quantité impressionnante de renseignements sur des massacres commis par les hommes d'Habyarimana. Il parle du témoignage de Janvier Afrika, le prétendu membre repenti des « escadrons de la mort ». Martres est convaincu qu'il faut s'attendre à un beau tapage dans la presse belge. « Monsieur Carbonare souhaite être reçu par M. Bruno Delaye [conseiller pour l'Afrique du président] à partir du 25 janvier. » L'ambassadeur appuie cette demande. Celui que personne n'identifie comme un agent du FPR va être également recommandé par l'écrivain Jean Lacouture et par Michel Rocard auprès de Bruno Delaye. Lacouture affirme que Jean Carbonare est un idéaliste anticolonialiste qui s'est déjà beaucoup engagé contre la torture en Algérie, « un mec bien ».

Carbonare se retrouve donc dans le bureau de Bruno Delaye dans la matinée du 28 janvier. Et remet quelques pages – portant essentiellement sur les révélations de Janvier Afrika – au conseiller du président. Bruno Delaye[2] lit et tombe en

2. Bruno Delaye a quitté son poste d'ambassadeur de France au Togo pour remplacer Jean-Christophe Mitterrand au poste de conseiller pour les Affaires africaines en mai 1992. Après le départ, en août 1992, de Paul Dijoud et son remplacement par Jean-Marc Rochereau de la Sablière à la tête de la Direction des Affaires africaines et

arrêt sur un passage mettant en cause les gendarmes français qui auraient participé directement et en uniformes aux interrogatoires « musclés » des prisonniers FPR. Bref, accusent les pandores d'avoir assisté aux tortures.

– C'est très grave, mais ce sont des témoignages indirects, il faut des preuves, dit un Delaye plutôt perplexe.

– Tout cela est vrai, l'armée française est gravement impliquée…

– J'ai des doutes, mais je vais communiquer ce rapport au président de la République et je vais demander une enquête, conclut le conseiller de François Mitterrand[3].

Le soir même, au 20 heures d'Antenne 2, c'est au tour de quelque six millions de Français de découvrir Jean Carbonare face à Bruno Masure, après des images et un commentaire terrifiants sur le Rwanda. Pour comprendre l'impact de son intervention, il est nécessaire de décrire ce que les spectateurs ont vu et entendu avant de découvrir cet homme aux cheveux blancs, vieux monsieur respectable, bien cravaté, bien habillé. Il est nécessaire d'avoir en tête que malgré l'implication des militaires français au Rwanda depuis octobre 1990, les Français, contrairement aux Belges, sont peu familiers des questions rwandaises. Les téléspectateurs prennent le reportage et le commentaire en pleine figure. Les images ont été fournies par Philippe Dahinden, le journaliste suisse qui faisait partie de la Commission internationale d'enquête. Quant à celui qui a fait le commentaire, il ne connaissait ni les conditions de tournage ni le contexte de celui-ci, et ne pouvait donc avoir le recul nécessaire. D'autant que l'arrivée de Jean Carbonare sur le plateau d'Antenne 2 a été soigneusement préparée par des contacts entre François-Xavier Verschave et Geneviève Moll, alors rédactrice en chef. L'adjoint de Carbonare, avec la force de conviction qui était la sienne, avait fortement suggéré qu'il

malgaches, Bruno Delaye replacera le centre de gravité de la gestion du dossier rwandais à l'Élysée, jusqu'à la fin mars 1993, début de la cohabitation.

3. D'après un entretien avec Bruno Delaye.

appartenait au service public de « tirer le signal d'alarme » sur les responsabilités françaises dans les horreurs qui étaient en train d'être commises au nom de la France au Rwanda. Philippe Dahinden d'abord, puis Jean Carbonare ont fait le reste…

La première scène montre des ossements humains dans un trou. Commentaire musclé : « Voici la preuve de la purification ethnique. Un pouvoir accaparé par l'ethnie hutue majoritaire au détriment de l'ethnie tutsie minoritaire et promise au génocide… » Il y a de quoi être assommé par une telle conclusion, faite à partir de simples ossements. On voit deux blancs, une femme blonde et un très grand jeune homme, dans la fosse. Sur la pelle tenue par la blonde, un crâne. « Dans le village de Mutura, les membres de la Commission d'enquête internationale découvrent les corps entremêlés d'une dizaine de civils… Les bourreaux vivent ici dans l'impunité… Dieu sait s'ils n'assistent pas avec un sourire en coin à la découverte des charniers », poursuit le journaliste avec un humour macabre.

Personne n'est alors en mesure de relever que le « 20 heures » du service public se prête, avec les meilleures intentions du monde, à une belle et grosse manipulation. Le rapport de la Commission internationale d'enquête publié quelques semaines plus tard permettra de savoir que ces images ont été tournées le 11 janvier. Et qu'au début du creusement de la première tranchée, le propriétaire du lieu s'est précipité sur les spéléologues pour les dissuader de commettre un sacrilège, parce qu'ils étaient tout simplement en train d'ouvrir la tombe d'un de ses enfants ! Les membres de l'équipe technique délaissant alors ce premier chantier, repèrent une petite butte suspecte, creusent et trouvent bientôt un premier crâne, puis un autre… Après deux heures, ils ont dégagé les corps de 7 personnes, puis aperçoivent un huitième squelette. Le médecin légiste qui les accompagne relève des traces de coups sur les crânes, mais ne tire pas d'indications supplémentaires de l'examen des différents ossements. *A fortiori,* Jean Carbonare et les autres enquêteurs ne pouvaient tirer aucune conclusion à partir de la découverte de ces squelettes. Qui étaient-ils? À quand remontaient les décès? Faute de répondre scientifiquement à ces questions, les enquêteurs avaient tenté d'interroger quelques témoins dans une langue qui n'était pas la leur, avec des interprètes dont ils ne connaissaient rien. Et ils n'étaient restés que cinq heures sur ce site. Pouvait-on sérieusement affirmer qu'on était en présence de preuves d'une purification ethnique?

Les téléspectateurs d'Antenne 2 suivent maintenant la caméra qui les emmène dans le village de Kinigi. Voilà à nouveau la femme blonde et le jeune homme, au fond d'une fosse située dans la propriété du bourgmestre « qui affecte une attitude faussement incrédule. Il ne sait rien. Ça s'est passé chez lui », commente le journaliste. La caméra désigne alors les responsables de la « purification ethnique » annoncée en début de reportage, en s'arrêtant d'abord sur un grand portrait d'Habyarimana, puis sur des soldats français assis dans une Jeep sur le bord d'une route. Des images accompagnées du commentaire suivant : « Habyarimana avec lequel la France n'entretient pas de mauvaises relations. Ainsi plusieurs centaines de soldats assurent un semblant de calme. » Et, au cas où quelques spectateurs n'auraient pas encore compris le message sur la « purification ethnique », le commentateur enchaîne : « Pendant qu'au loin, dans le secret bien gardé des montagnes, on purifie. »

Bruno Masure peut désormais présenter son invité, Jean Carbonare, président de Survie : « Vous avez passé trente-deux ans en Afrique pour des projets de développement. Vous connaissez très très bien ce continent. Vous venez de faire partie d'une mission de la FIDH qui a passé quinze jours au Rwanda... On vient de voir des images parfaitement effrayantes. Vous avez d'autres témoignages à donner sur les violations des droits de l'homme assez terribles? »

Jean Carbonare a l'air d'un sage. Le ton modéré de ses premiers mots renforce son propos : « Ce qui nous a beaucoup frappés au Rwanda, c'est à la fois l'ampleur de ces violations, systématiques, l'organisation même de ces massacres ; parce qu'on a parlé d'affrontements ethniques alors qu'en réalité il s'agit de beaucoup plus que d'affrontements ethniques : une politique organisée qu'on a pu vérifier malheureusement parce que dans plusieurs coins du pays, en même temps, éclatent des incidents et ce n'est pas fortuit, ce n'est pas gratuit, on sent que derrière tout cela il y a un mécanisme qui se met en route et on a parlé de *purification ethnique*, de *génocide*, de *crimes contre l'humanité*. Dans le prérapport que notre Commission a établi, *nous insistons beaucoup sur ces mots*. »

Jean Carbonare vient évidemment de lâcher les mots les plus importants. Il prépare l'opinion publique française à la réalité d'un génocide déjà commencé.

Bruno Masure, qui a manifestement discuté avec Jean Carbonare avant de l'interviewer en direct, le relance : « Ce que vous dites, c'est qu'à la différence de la Yougoslavie où nous sommes spectateurs, là nous pouvons avoir un rôle beaucoup plus actif, nous pouvons agir sur l'événement. »

Jean Carbonare : « Oui. Ce qui m'a frappé, c'est l'implication du pouvoir. Jusqu'à quel niveau ? Nous sommes réservés pour le moment, mais tous les membres de la Commission étaient convaincus que jusqu'à un niveau dans le pouvoir, il y a une responsabilité très grande ; ce que je voudrais ajouter aussi, *c'est que notre pays, qui supporte militairement et financièrement ce système*... et nous étions huit nationalités représentées dans notre Commission, j'étais le représentant le plus inconfortable parce que je mesurais que notre pays peut, s'il le veut faire, peser sur cette situation, et je citerai quelques détails qui sont bouleversants pour nous, *montrer notre responsabilité dans cette situation*. »

Jean Carbonare vient ainsi de délivrer son deuxième message : la France a une responsabilité dans la purification ethnique, dans le génocide. Et, message délivré, il va lui donner du poids par une forte charge émotive :

« *Nous avons vu des centaines de témoins et des fosses comme celles que vous avez vues, il y en a dans presque tous les villages.* »

Après avoir asséné ce gros mensonge, Jean Carbonare entreprend de raconter l'histoire du charnier trouvé dans la propriété du bourgmestre de Kinigi : « Une femme est venue témoigner qu'elle avait quatre fils, et pour les mettre en sécurité, les a confiés, un soir, à un camion militaire qui faisait une rafle et, en réalité, ses trois fils ont disparu. "Il me restait un quatrième, dit-elle, le lendemain, je suis allé voir le bourgmestre, et il m'a dit : ce fils va rester là ; je ne l'ai pas revu, les militaires l'ont conduit dans la forêt... Je n'ai plus revu mes quatre fils." C'est cette femme qui nous a indiqué la fosse dans la maison du bourgmestre où étaient enterrés ses enfants. Ce que nous avons découvert aussi... toutes les femmes de la minorité tutsie voient leurs maris, leurs frères, leurs fils tués, elles sont ensuite comme des bêtes, abandonnées, violées, maltraitées.

« Dans un camp de réfugiés où il y avait 350 000 réfugiés, on me dit : vous ne pouvez pas savoir la souffrance de ces populations, ça va bien au-delà de ce que vous pouvez imaginer. »

Carbonare omet alors simplement de préciser que ces réfugiés – déplacés – ont fui les exactions du FPR et non pas celles du gouvernement Habyarimana.

« *J'insiste beaucoup, nous sommes responsables.* Vous aussi, Monsieur Masure, vous pouvez faire quelque chose, vous devez faire quelque chose pour que cette situation change... »

Et là, grand moment de télévision où Jean Carbonare réprime ses sanglots :

« ... On peut la changer, si on veut ! On a trouvé des femmes qui sont terrées au fond de la forêt depuis des semaines avec leurs enfants, on peut faire quelque chose, il faut qu'on fasse quelque chose... »

Les larmes toujours en embuscade, il poursuit :

« Et notre gouvernement, en pesant sur les autorités du pays qu'elles assistent militairement et financièrement, peut très rapidement... En Yougoslavie, en Somalie, c'est un peu différent : une situation qui nous échappe. Mais là, on peut faire beaucoup. Nous-mêmes, et en entraînant nos partenaires de la CEE et du monde occidental... »

Bruno Masure est littéralement sonné par l'émotion que son invité déverse sur le plateau, mais il faut bien terminer cette séquence : « Merci, Jean Carbonare, nous avons perçu votre émotion. »

Le moment fort du documentaire et de l'intervention de Carbonare est donc l'histoire du charnier de Kinigi, trouvé sur les indications d'une femme qui a perdu ses quatre enfants. Reprenons le rapport de la CIE. Ses rédacteurs précisent que c'est effectivement sur les indications d'une femme qu'ont été entreprises les fouilles dans le jardin de Thaddée Gasana, le bourgmestre de Kinigi. Il n'est pas inintéressant de souligner que le maire n'a pas du tout essayé, ce qu'il aurait pu faire, d'empêcher l'équipe technique de la CIE d'effectuer des fouilles dans son jardin, dès lors que la CIE le dédommageait de la perte des pommes de terre qu'elles occasionnaient ! Les investigateurs n'ont trouvé dans le terrain retourné qu'une partie d'un crâne et un pied. Ils arrêtèrent alors de manier la pioche. « Il était évident que d'autres restes humains existaient à côté, mais il se faisait tard... », lit-on dans le rapport. Et pour compenser ce maigre butin en « restes humains », les membres de la Commission procédèrent alors à quelques interviews menées au pas de charge. Le premier témoin affirma qu'il devait y avoir dans la fosse ouverte dans le jardin du bourgmestre au moins trois cadavres, le second, treize, et le troisième, quinze... Le même jour, toujours à Kinigi, des fouilles avaient également été effectuées derrière la maison communale où, selon différents témoignages, auraient dû être trouvés une soixantaine de cadavres, mais, là aussi, les enquêteurs firent chou blanc. La moisson de preuves de Kinigi était bien maigre. Le temps pressait, les enquêteurs devaient rentrer avant la nuit tombée à leur hôtel de Gisenyi. Ils posèrent quand même quelques questions à Thaddée Gasana, le bourgmestre, que plusieurs témoins désignaient comme l'instigateur de massacres de Bagogwe. Gasana affirma que les ossements étaient ceux de militaires de l'armée rwandaise qui avaient péri en grand nombre en combattant les soldats du FPR. « Cette version est tout à fait invraisemblable », commente de façon péremptoire le rédacteur de la Commission. Quant à la fosse découverte dans son propre jardin, Thaddée Gasana n'opposa que son ahurissement aux enquêteurs.

Quelle est donc la réalité des massacres de Kinigi et quels en sont les coupables ? Il y eut bien des massacres de Bagogwe à Kinigi après l'attaque du FPR. Une enquête menée après avril 1992 par des gendarmes rwandais montre qu'effectivement, des conflits interethniques provoquèrent la mort d'environ deux cents personnes, Bagogwe et Hutus confondus. Leur rapport compte 20 tués et 116 disparus tutsis dans la commune de Kinigi. Il avance une explication de ces chiffres qui tente de distinguer les divers cas : « D'aucuns pensent que la plupart des personnes disparues, notamment les jeunes, ont rejoint les rangs du FPR. Il est à noter aussi que parmi les Bagogwe morts, il y a ceux qui ont été massacrés par les *Inkotanyi* pour avoir refusé de collaborer avec eux. À cet égard, on doit signaler qu'à l'attaque des communes de Kinigi et de Kidaho, les *Inkotanyi* ont voulu rafler les jeunes pour les enrôler, et ceux qui refusaient de collaborer ont été massacrés sur place par ces derniers. Il va sans dire que la liste des Bagogwe morts, telle que publiée par certains journaux belges [...], est manifestement tendancieuse. » La seule certitude que l'on peut tirer de cette enquête rwandaise est que celle de la CIE sur les massacres de Bagogwe est tendancieuse.

Mais Jean Carbonare, comme les autres membres de la CIE, fonctionnent comme un tribunal d'opinion, ils ne s'intéressent guère à la complexité de la situation. Prime pour eux l'impact de leur verdict sur l'opinion française et internationale. Or, en désignant nommément des responsables de massacres, ils ont avivé les haines ethniques et donc participé à de nouvelles effusions de sang. Ainsi, onze jours après l'intervention de Jean Carbonare à Antenne 2, des soldats du FPR firent irruption dans Kinigi et exécutèrent son bourgmestre, Thaddée Gasana. Quelques milliers d'habitants périrent lors de cette attaque...

En quelques minutes de médiatisation, Jean Carbonare s'imposait comme un acteur incontournable dans l'affaire rwandaise. Jusqu'à son passage sur Antenne 2, presque tous les Français ignoraient tout de la situation au Rwanda et de la présence de troupes françaises dans ce petit pays. Son intervention imprima brutalement, et pour longtemps, une version complètement biaisée de ce dossier. Pour un coup d'essai, ce fut un coup de maître !

Lors de son apparition à la télé, on ne sait alors rien de lui, si ce n'est qu'il est président de l'association Survie, qu'il connaît bien l'Afrique – il s'est occupé de développement pendant 32 ans, c'est-à-dire depuis 1962 – et qu'il vient de passer deux semaines au Rwanda pour le compte de la Fédération internationale des droits de l'homme. Depuis qu'il a « alerté » l'opinion à la télévision, tous ceux qui se réclament de lui, et ils sont nombreux, citent souvent son nom et quelques phrases de lui, mais sont avares de confidences sur le personnage lui-même. Par Survie et Michel Rocard[4], on apprend toutefois qu'il a été condamné à mort par les Allemands – manière de souligner discrètement des faits de résistance –, qu'il est ingénieur des Arts et métiers. Il a commencé une carrière de militant anticolonialiste en Algérie avec Germaine Tillon et Robert Buron, « avant de lutter pendant trois décennies en Afrique contre la désertification et pour le développement des populations les plus démunies ». De 1962 à 1975, il

4. Rapport de la mission de Michel Rocard au Rwanda, du 28 août au 1er septembre 1997.

a ainsi été à la tête des chantiers populaires de reboisement en Algérie. Ensuite, au Sénégal, il s'occupe de développement et notamment de reforestation. De bien maigres éléments pour cerner ce défenseur de Kagame... Comment croire que ce personnage arrivé par le plus grand des hasards, d'abord dans le bureau de Bruno Delaye, soutenu par Jean Lacouture et Michel Rocard, puis propulsé sur le plateau de Bruno Masure ? Sa prestation médiatique ne pouvait être que l'aboutissement d'un parcours peu commun. Une enquête s'imposait.

L'homme affiche sa foi protestante[5] et son engagement anticolonialiste qui, pour lui, sont indissolublement mêlés : deux éléments qu'une recherche simple sur internet permet de découvrir facilement. Dans chaque pays où Jean et Marguerite séjournent, les Carbonare vont d'abord à la rencontre des pasteurs et des membres de la communauté protestante. C'est ainsi qu'ils rencontrent le docteur Ezéchias Rwabuhihi, un médecin tutsi exilé du Rwanda depuis 1974. L'homme a d'abord vécu en Suisse avant d'être affecté par le Département missionnaire romand à la direction d'un hôpital au Sénégal. Jean du Nord et Ezéchias du Sud partagent rapidement les mêmes idées anticolonialistes. Ezéchias n'a aucun mal à faire partager à Jean sa foi politique, qui deviendra bientôt le programme FPR. Pour une cause qu'il croit juste, Jean a toujours été prêt à faire beaucoup.

Plus compliqué a été de trouver le passage de son intérêt pour la cause tutsie à une action militante que lui-même, qui se veut transparent, n'a jamais avouée et encore moins revendiquée. Jean présente Ezéchias à ses amis et relations, et Ezéchias fait de même de son côté. C'est ainsi que dès 1989, Ezéchias rencontre James Stewart, président de la Fédération protestante de France, pour tenter de le sensibiliser à sa cause.

---

5. Voir, par exemple, les comptes rendus de son engagement dans le numéro 11 de *Le Relais*, « journal du réseau des envoyés du service protestant de mission » (1998), disponible sur Internet.

Comme beaucoup de cadres de la diaspora tutsie, Ezéchias collecte des fonds pour financer les efforts de libération. Il semble bien que son ami Carbonare le suive aussi dans cette voie ; c'est du moins ce qu'affirment les services secrets d'Habyarimana : « Carbonare a hébergé des membres du FPR et a récolté des fonds pour lui[6]. » Jean Barahinyura, Commissaire à l'information et à la documentation du FPR pour l'Europe en 1990 et 1991, se souvient très bien que « Carbonare était la personne-clé du FPR en France, qui travaillait en liaison avec Immaculée Mukakimanuka[7] ». On a vu que Carbonare est en contact avec des membres de l'antenne FPR de Bruxelles et notamment avec Gasana Ndoba qui l'imposera comme membre de la CIE : « M. Carbonare n'a pas été un membre impartial [de la CIE] et a été planté dans cette commission par des milieux proches du FPR. M. Carbonare a joint les rangs du FPR après avoir participé à la mission de la CIE… [8] »

Une anecdote m'a rapidement appris que derrière ce beau personnage, animé de sentiments élevés, il y avait un homme violent qui n'acceptait pas la moindre contestation. La scène se passe un soir d'avril 1993, sur le perron de la salle Hardouineau, place de l'Étape, à Orléans, devant une trentaine de personnes et deux journalistes de *La République du Centre*. Jean Carbonare poursuivait sa campagne de dénonciation du régime Habyarimana et de l'action de la France. Après sa conférence, Thierry Fandard, directeur de cabinet du président du Conseil général du Loiret, qui connaît bien le Rwanda, y a été souvent et a initié une coopération entre la préfecture de Butare et le département du Loiret, a mis en doute, en termes mesurés, ses affirmations péremptoires. La rencontre terminée, l'assemblée discute encore de manière informelle sur le perron. Carbonare se précipite sur Thierry Fandard et le gifle…

6. In citation de Juvénal Habyarimana contre Alison DesForges, la FIDH et Jean Carbonare, à la suite de la publication du rapport de la CIE.
7. Entretien avec l'auteur.
8. In jugement du tribunal du Québec dans l'affaire Léon Mugesera contre le ministre de la Citoyenneté, déjà cité.

D'autres faits et anecdotes sont venus compliquer de plus en plus le portrait de ce vieux monsieur qui déteste tant la France que l'armée française. L'association Survie dont il est alors président est devenue la plateforme du FPR[9] et, dès la prise de pouvoir de Kagame, en juillet 1994, Carbonare est promu conseiller du Pasteur Bizimungu, président de la République. Mais, selon les confidences de Jean-Marie Vianney Ndagijimana, ministre des Affaires étrangères du Rwanda de juillet à octobre 1994, il était même bien plus que conseiller : « Carbonare a été l'œil de Kagame auprès de Bizimungu et des membres du gouvernement qui ne faisaient pas partie du premier cercle de Kagame. »

M'intriguait plus que tout cet acharnement contre la France qu'il cachait derrière un anticolonialisme respectable et qui le conduisait, consciemment ou non, à affabuler, à raconter des scènes que même ses amis politiques disaient n'avoir jamais existé. Et donc m'intriguait cette phrase trouvée dans des textes de Survie : « condamné à mort par les Allemands ».

Sachant que c'était un enfant de Colombier Fontaine, je suis parti à la recherche des résistants de ce gros village situé à 12 kilomètres de Montbéliard, connu depuis le début du XXe siècle pour la Chaiserie Baumann. La quête n'a pas été difficile. J'en ai trouvé un, puis deux, puis trois qui se sont téléphonés, qui ont rafraîchi leurs souvenirs, mais, avant même de faire travailler leurs neurones, les trois affirmèrent avec un bel ensemble que Jean Carbonare n'avait jamais fait de résistance, et l'un d'eux ajouta même : « et en plus, c'est un vantard », ce que, manifestement, il ne lui pardonnait pas.

Par bribes, un autre Carbonare apparaissait. Né en 1926, deux ans après son frère Pierre, dans une famille protestante, comme toutes ou presque à Colombier Fontaine, Jean a grandi dans l'univers de la Chaiserie Baumann où son père travaillait. Jeune encore, il perd son père et, avec son frère, il est alors pris

9. Voir chapitre 17.

en charge par M. Baumann, le patron de la Chaiserie. Après l'école primaire, Jean va à l'école pratique de Montbéliard où l'on forme surtout des ajusteurs. Il n'ira pas jusqu'au terme de sa scolarité. Il est renvoyé pour avoir monté une cabale contre un de ses professeurs. Un seul de ses camarades a pris en vain sa défense, Michel Bataille, qui écopera d'un renvoi temporaire de 15 jours pour ce soutien. Jacques Bourquin, natif lui aussi de Colombier Fontaine, était à l'école pratique en même temps que Jean et a été animateur de la Résistance protestante dans le maquis du Haut Lomont. Il brosse un intéressant portrait de son ancien camarade après avoir déclaré, catégoriquement, qu'il n'avait jamais été résistant.

Je suis de plus en plus intrigué par le personnage. Et raconte alors à Bourquin la Libération telle que son ancien camarade l'a contée sur Radio Zinzine[10]. À la question de savoir s'il avait été dans la Résistance, Jean Carbonare, un peu embarrassé, parle de « brève parenthèse dans son histoire », avant de reprendre la main : « J'ai découvert l'existence de tout ce magma d'intérêts, de violence, d'injustice des gens en 1943[11] ; je commençais mes études supérieures à Besançon[12] et j'ai découvert l'existence des Tirailleurs sénégalais qui venaient mourir pour la Patrie ; j'ai été terriblement choqué par cette rencontre, et, depuis ce moment-là, j'ai toujours été engagé dans la décolonisation. Sur le fond, on était prêts à chanter n'importe quelle *Marseillaise*, mais on s'intéressait surtout aux biens, au pétrole, à la colonisation, par un système très clair.

« Les Tirailleurs sénégalais étaient prisonniers de guerre, c'étaient des grands malades. Avec un groupe d'amis, on a essayé d'adoucir leurs derniers jours dans l'hôpital de Besançon. Cela m'a permis de rencontrer les Algériens à qui

10. Interview donnée à Alex Robin et diffusée le 21 septembre 2005.
11. Jean Carbonare s'est probablement trompé d'année, il voulait dire 1944.
12. Ses trois « amis » de Colombier Fontaine affirment qu'il n'a jamais fait d'études supérieures.

on avait démontré que leur patrie c'était la France, et puis qu'il fallait mourir pour la Patrie, si on était patriote... »

C'est donc à la fin de la guerre, alors que les Allemands ne sont pas encore boutés hors de France et que ce combat-là, pourtant essentiel, ne le concerne pas, que Jean Carbonare aurait – j'utilise à dessein le conditionnel – subi son premier choc, qui lui fera définitivement haïr la France qui, pour restaurer sa liberté, a osé faire monter au front les sujets de son Empire. Est-ce à cette époque que Carbonare posera le postulat de son engagement, que son association Survie fera sienne : on ne peut aimer l'Afrique et les Africains qu'en détestant la France et en méprisant « n'importe quelle *Marseillaise* » ? A-t-il vraiment subi ce choc tel qu'il le décrit ? Ou l'a-t-il reconstitué *a posteriori* pour justifier son attitude pendant la guerre ? Cette rencontre à l'hôpital de Besançon est en tout cas plausible. Après le débarquement de Provence, la 1re Armée, composée de régiments constitués en Afrique, avait rapidement remonté la vallée du Rhône et fut, à la mi-août 1944, dans le Jura français, près de Montbéliard. Des Tirailleurs sénégalais de la 9e DIC et des Algériens de la 3e DIA se sont effectivement battus dans la région. Il y eut parmi eux des blessés, des morts et certains furent faits prisonniers par les Allemands.

Laissons de nouveau la parole à Jean Carbonare qui raconte comment, fin septembre, début octobre, voulant rejoindre à bicyclette Colombier Fontaine qu'il croyait libéré, il fut arrêté par les Allemands qui, dit-il, l'avaient pris pour un espion. Le chemin de halage qu'il avait emprunté était en effet miné et, selon les soldats allemands, il aurait dû sauter. Jean Carbonare ne réussit pas à les convaincre de sa bonne foi et fut condamné à mort et envoyé à Belfort à la caserne Friedrich. « C'était là notre réservoir de condamnés de la Résistance. Tous les matins, on en fusille une dizaine. Alors tout dépend de l'organisation qui va gérer votre liquidation », confie-t-il à Alex Robin. Jean Carbonare est donc conduit à Belfort.

« J'ai protesté, j'ai tendu mes mains vers le ciel en disant au

Grand Chef [Dieu, évidemment] qu'il n'avait pas le droit de faire cela, que j'étais jeune, que j'étais beau, intelligent, que c'était Lui qui m'avait donné la vie, et il ne fallait pas la reprendre : Laisse-moi un peu vivre. Et alors, très curieusement, après ce mouvement de révolte dans ma cellule, l'après-midi, j'ai été ramené chez les officiers, puis on m'informa que, vu mon jeune âge, j'étais gracié, condamné à trois ans de travaux forcés en Allemagne. Moi qui rêvais de mourir comme un héros, j'allais mourir stupidement, mais j'ai eu de la chance. L'Allemagne, c'était fin 44, ça commençait à être très désorganisé et j'ai pu me faufiler, et en mai 45, j'ai été libéré. »

Les archives départementales du Territoire de Belfort ont gardé une copie du registre d'écrou de la caserne Friedrich. Jean Carbonare est bien entré le 4 août 1944 à 19 heures, « après arrestation du S.D. [Sicherheitsdienst]. Il est sorti le 16 octobre à 18 heures pour être envoyé en Allemagne ». Dans la colonne « motif » de l'incarcération, il est inscrit « détention préventive », ce qui laisse penser que Carbonare n'a pas été condamné à mort. C'est aussi la conviction de Jacques Bourquin qui ajoute : « À cette époque, les Allemands ne condamnaient pas à mort, ils fusillaient sans autre forme de procès, comme c'est arrivé plusieurs fois à Colombier Fontaine. » Le 18 septembre 1944, quatre résistants y ont été effectivement passés par les armes.

Mais les convictions des résistants de Colombier Fontaine ne valent pas certitude.

La preuve que Jean Carbonare s'était attribué un morceau de destin qui n'était pas le sien est venue avec une deuxième lecture du registre d'écrou. J'y relève ce qui m'avait échappé : un certain Jean-Paul Barth, étudiant lui aussi, était arrivé à la caserne Friedrich à la même heure que Jean Carbonare, et en était également sorti en même temps. Je pars à la recherche de Jean-Paul Barth et retrouve rapidement sa trace. Jean-Paul Barth était bien entré à la caserne Friedrich avec Jean, et partageait la même cellule... Et de me raconter « leur » histoire. Son ami Jean Carbonare avait le statut d'étudiant, mais aidait surtout sa mère à tenir son magasin de tissus alors que Jean-Paul, lui, faisait ses études à Paris. Ils étaient tous deux boy-scouts. Alors que Besançon venait d'être libéré, Jean Carbonare, ayant appris que Colombier Fontaine l'avait été aussi, demanda à son ami de l'accompagner à bicyclette jusqu'à son village parce qu'il voulait savoir si la maison familiale avait été détruite... Les voilà qui prennent le chemin de halage et ne rencontrent aucun obstacle jusqu'à la hauteur de la maison de l'éclusier, située à environ deux kilomètres de Colombier Fontaine. Et là, ils se retrouvent face à un soldat allemand, en chaussettes, tout aussi étonné que les deux scouts. Le soldat les arrête et les conduit à d'autres Allemands, jusqu'à ce qu'ils se retrouvent, le soir, dans un sous-sol du côté de Montbéliard. « Ils s'étaient mis en tête que nous faisions du renseignement parce que j'avais notamment avec moi un appareil photo avec lequel j'avais pris des photos d'un convoi militaire américain... Ils ont développé les photos et y ont vu des canons U. S... Le lendemain, nous avons été conduits à la caserne Friedrich et avons subi des interrogatoires par des Allemands en uniformes sur lesquels il y avait une tête de mort. Je parlais allemand, ce qui n'a pas arrangé notre cas. Nous entendions des prisonniers hurler dans des pièces voisines... Puis les interrogatoires se sont arrêtés. Ce n'était pas drôle, car tous les jours des gens étaient fusillés.

– Avez-vous été condamnés à mort ? demandé-je, de plus en plus intrigué, par cette histoire.

– Nous n'avons pas été condamnés à mort, répond catégorique l'ancien ami de Jean Carbonare.

– Vous n'avez pas été graciés et condamnés à trois ans de travaux forcés ?

– Non... Quelque temps plus tard, nous sommes montés dans des wagons à bestiaux. Le seul coup que j'aie reçu, un coup de crosse dans les reins, m'a été donné par un Français de la division Charlemagne. On a roulé une partie de la nuit et nous nous sommes arrêtés à Mulhouse où j'ai pu faire passer un message à ma tante, puis nous sommes partis sur Colmar. Là, nous avons défilé dans les rues, puis nous avons été emmenés dans une caserne où nous avons pu nous laver et nous raser. Et nous avons pris le train jusqu'à Mosbach où nous avons travaillé dans une usine de fabrication de boîtes de vitesses pour chars… Nous avons été libérés le 1er avril.

– Quel était votre statut en Allemagne ?

– En Allemagne, nous étions des travailleurs bouclés, et en France on nous a appelés des déportés civils.

– Jean a-t-il fait des études ?

– Il a eu la velléité de faire Marine marchande…

– A-t-il eu, avant la Libération, une activité humanitaire pour venir en aide aux prisonniers tirailleurs sénégalais ?

– Non, je ne crois pas…

– Et après la guerre ?

– Je sais qu'il s'est beaucoup occupé des Nord-Africains, après la guerre. Il voyait beaucoup un prêtre qui était secrétaire de l'évêque de Besançon… »

Les commentaires sont superflus.

Dans l'interview donnée à Radio Zinzine, Jean Carbonare a continué à dérouler sa vie sur un chemin dont on ne sait jamais s'il est de rêve ou de réalité. Il dit avoir reçu une formation d'ingénieur des Arts et Métiers – ce que tous ses amis contestent – tout en ajoutant lui-même qu'il n'a pu terminer ses études pour cause de maladie. Il dit qu'après la guerre, il a continué à s'occuper des Tirailleurs sénégalais (vocable qui recouvre tous les Africains, Nord-Africains compris) démobilisés, « à qui on ne payait même pas le billet de bateau pour qu'ils retournent chez eux » – et d'insister une nouvelle fois sur le fait qu'il fut « profondément choqué par notre attitude vis-à-vis des pauvres, des autres, dans un système qu'on appelle colonisation ».

Il semble bien que Jean Carbonare va militer très tôt aux côtés d'Algériens qu'il a connus dans la région de Besançon et qui prennent les armes contre la France. Certains affirment qu'il a collecté des fonds pour le FLN. Là où son histoire devient plus compliquée, c'est quand il se donne un rôle majeur et rencontre les principaux acteurs – et ceci est vrai pour tous les épisodes de sa vie. S'il a effectivement été un premier rôle dans l'affaire rwandaise, je n'ai pas réussi à vérifier l'exactitude de ses dires sur les autres pans de sa vie. À l'entendre, Guy Mollet lui aurait confié des missions secrètes auprès de la direction du FLN, il aurait été très proche de Robert Buron, de Ferhat Abbas, puis serait devenu un familier de Ben Bella, avant de jouer un rôle important dans le développement de l'Algérie de Boumedienne, puis dans celui du Sénégal. Or son nom n'apparaît jamais dans les écrits concernant ces pays et ces périodes. La fille et la femme de Robert Buron affirment n'avoir jamais entendu parler de Jean Carbonare. J'ai interrogé de nombreux acteurs français et algériens impliqués à des titres divers dans les relations entre la France et l'Algérie, sur Jean Carbonare : personne n'a entendu parler de lui… Comme dit Bourquin, son camarade de classe, « on ne peut jamais vérifier ses histoires… » En revanche, il est bien établi que dans l'affaire du Rwanda, il s'est hissé au niveau des Grands, a été proche de Kagame, de Kabila, de Michel Rocard, a rencontré Jacques Delors… et en a insulté pas mal d'autres, comme Mitterrand, Chirac et maintenant Dominique de Villepin à l'égard de qui il ne tarit pas de haine et de méchanceté. Dans l'interview à Radio Zinzine, il parle de lui comme d'un « haut fonctionnaire français, aujourd'hui Premier ministre et qui a organisé toute la machine de l'armée française, avec ses complices miliciens d'Habyarimana. Tout ça a été organisé au vu et au su de tout le monde[13]… »

Un « personnage complexe », un « affabulateur extraordinaire », conclut Bourquin qui voit en lui un « séducteur dange-

13. Entretien à Radio Zinzine, déjà cité.

reux», «un mythomane» qui «joue des rôles et y croit en «s'appropriant le destin des autres».

Jean Carbonare quitte le plateau du 20 heures, «mission accomplie». Le FPR lui voue une telle reconnaissance que l'enregistrement de son intervention est projeté, depuis 1994, lors de nombreux colloques FPR à Kigali. Venait ainsi de commencer, pour le compte du Front, une opération visant au départ des soldats français du Rwanda, en escomptant que l'opinion publique fasse pression, via quelques puissantes ONG et associations de défense des droits de l'homme, sur les autorités françaises. Le matin même, Jean Carbonare avait tout simplement «oublié» de dire à Bruno Delaye qu'il passait quelques heures plus tard au «20 heures»...

Delaye est évidemment furieux et scandalisé par les propos et le comportement de Jean Carbonare. Il s'en veut de n'avoir pas percé son jeu plus tôt. Il n'est donc plus question de le revoir, comme convenu. Mais c'est sans compter sur les amis de Jean Carbonare. Lacouture intervient une nouvelle fois, en plaidant la bonne foi de Carbonare, et met son intervention à la télé sur le compte de la maladresse du personnage.

Bruno Delaye accepte finalement les jours suivants de revoir le vieux monsieur aux cheveux blancs à son domicile. Carbonare n'est pas seul quand il ouvre sa porte au conseiller de François Mitterrand. Il est accompagné d'un dirigeant du FPR. La rencontre est très tendue. Le Rwandais est une «boule de haine», se souvient Bruno Delaye. Il attaque brutalement le conseiller du président en l'accusant notamment «de refuser le dialogue.»

– Il n'est pas question de laisser le FPR prendre Kigali les armes à la main... Appliquez les accords d'Arusha..., explique calmement mais fermement Bruno Delaye.[14]

L'homme du FPR ne veut rien entendre et, à bout d'arguments, accuse le conseiller Afrique de l'Élysée «d'être contre

14. Entretien avec l'auteur.

les Tutsis »... Dialogue de sourds : Bruno Delaye répète que si le FPR prend le pouvoir par les armes, il déclenchera un bain de sang. Le seul résultat concret de l'entretien est la décision de se revoir ultérieurement[15].

On est loin de la relation faite de ces entretiens par les amis de Carbonare : « Jean Carbonare, ainsi que d'autres personnes, eut plusieurs rencontres avec Bruno Delaye sur ce sujet [le rapport de la Commission d'enquête]. Mais le jugement sur le FPR resta sans appel. Le très civil "Monsieur Afrique" ajouta même : "Le FPR, nous lui casserons les reins !" Une expression martiale qui ne pouvait que refléter le mot d'ordre initial, et que Bruno Delaye a bien sûr par la suite officiellement démentie[16]. » Ce compte rendu qui oublie l'essentiel, à savoir que Carbonare « roulait » pour le FPR, a été repris constamment par les bons auteurs amis du FPR.

La mission de Jean Carbonare n'est pas finie. Après ses rencontres avec Bruno Delaye et son « 20 heures », il est engagé dans une intense action de lobbying contre la politique française au Rwanda. Et, lors d'une conférence de presse, le 3 février, il affine son attaque et parle pour la première fois du camp de Bigogwe qui deviendra bientôt son chef-d'œuvre de désinformation.

Le Monde daté du 5 février 1993 écrit :

« Il sera également difficile à la France d'expliquer son silence, compte tenu des informations que les instructeurs militaires français, "en mission stricte de formation" auprès de l'armée rwandaise, n'ont pas manqué de recueillir. Prenant l'exemple du camp militaire de Bigogwe, situé entre Gisenyi et

---

15. Rencontre qui interviendra quelques mois plus tard. La discussion sera cette fois beaucoup plus technique et concernera l'application des accords d'Arusha. Le FPR réclamait en effet que Habyarimana puisse être mis en cause et destitué à la majorité simple plutôt qu'à la majorité qualifiée. En clair, compte tenu des alliés dont disposait le FPR dans l'assemblée, il aurait pu facilement perpétrer un coup d'État légal contre Habyarimana. « Montrez que vous êtes des gestionnaires, faites cela en douceur, convainquez la population et vous prendrez tranquillement le pouvoir... »
16. *Complicité de génocide ?*, de François-Xavier Verschave, La Découverte, 1994.

Ruhengeri, où des instructeurs français "entraînent les para-commandos rwandais", un membre de la commission d'enquête, M. Jean Carbonare, s'est étonné, mercredi 3 février, de la "passivité" et de la "complaisance" dont la France, à ses yeux, ferait montre. Redoutés par la population, régulièrement victime des exactions de la troupe ou des rebelles du FPR, les militaires rwandais utiliseraient ce camp comme centre de détention où des "civils tutsis, raflés dans la région", seraient emprisonnés, assure M. Carbonare. »

C'est l'année suivante, dans une interview publiée par *Le Nouvel Observateur* du 4 août, que Jean Carbonare donnera toute sa mesure. Et que sa version sera dès lors reprise en boucle, jusqu'à aujourd'hui, par tous ceux qui veulent que la France soit accusée par la justice nationale ou internationale de complicité de génocide.

« J'ai eu deux grands chocs dans ma vie, explique-t-il. Le premier lorsque j'ai découvert qu'en Algérie, on avait institutionnalisé la torture. Le deuxième, en janvier 1993, quand j'ai vu des instructeurs français dans les camps militaires de Bigogwe, situés entre Gisenyi et Ruhengeri. C'est là qu'on amenait des civils par camions entiers. Ils étaient torturés et tués, puis enterrés dans une fosse commune que nous avons identifiée près du cimetière de Gisenyi. »

En juxtaposant deux affirmations, Jean Carbonare suggère que des soldats français étaient complices de massacres, puisqu'ils étaient présents dans des camps militaires où étaient torturés et tués de nombreux civils avant d'être jetés dans une fosse commune que les enquêteurs de la Commission ont, affirme-t-il, identifiée. La suggestion par amalgame est devenue certitude à force d'être répétée par le clan de Survie. Personne n'a eu la curiosité de vérifier comment et pourquoi le vieil affabulateur anticolonialiste a éprouvé, en janvier 1993, le *deuxième choc de sa vie.*

Reportons-nous donc au rapport de la Commission d'enquête internationale. Bizarrement, il ne porte pas trace du

« deuxième choc » de Jean Carbonare. Première surprise : il n'est déjà pas question de visite au camp de Bigogwe, sinon dans les grottes qui dépendent dudit camp. À aucun moment le rapporteur ne mentionne la présence de militaires français. James Gasana était à l'époque ministre de la Défense ; il se souvient bien du passage de la CIE : « Je les ai autorisés à aller n'importe où et à me signaler tout obstacle qu'ils rencontreraient. J'ai même mis des moyens à leur disposition pour les protéger et faciliter leur enquête. Ce que dit Jean Carbonare sur les camions de civils arrivant au camp Bigogwe pour être torturés avant d'être tués est complètement faux. J'ai mené des enquêtes sur les violations des droits de l'homme dans l'armée, et si des choses comme cela étaient arrivées, je l'aurais appris. Ce camp était tenu par les Belges qui assuraient la formation des paracommandos. Ce camp, c'était le lien historique entre les FAR et la Belgique. Il n'y avait pas de Français installés au Centre commando de Bigogwe. Et les Belges qui étaient en grande rivalité avec les Français m'auraient signalé tout incident les mettant en cause », dit-il, formel, avant de me renvoyer à son livre[17]. Gasana y écrit en effet : « La Belgique est également restée aux côtés des FAR pendant la guerre, ce que Habyarimana appréciait beaucoup [...]. Les troupes des unités d'élite n'étaient pas formées par les Français, mais plutôt par les Belges au Centre commando de Bigogwe jusqu'à la crise d'avril 1994. Nos officiers étaient formés grâce à la coopération militaire belge. »

Le colonel Vincent Musonera, à l'époque en charge de l'instruction des FAR, complète les affirmations de son ancien ministre : « Les instructeurs du DAMI se sont installés à Ruhengeri (campus universitaire de Nyakinama et camp Mukamira), fin mars 1991. Dans le cadre de leur mission de formation et de recyclage des unités des FAR, les instructeurs français du DAMI ne se rendaient qu'occasionnellement, pour

17. *Rwanda : Du parti-État à l'État-garnison*, L'Harmattan, 2002.

certaines séances de formation, au camp Bigogwe où se trouvaient des installations appropriées, gérées par les militaires belges de la coopération technique militaire. D'autres séances se déroulaient à Ruhengeri même. Ces instructeurs français n'avaient aucun contact avec les militaires rwandais casernés au camp de Bigogwe. Après les stages de formation, ils regagnaient leur base à Ruhengeri. Il faut souligner que le camp Bigogwe était un centre d'entraînement commando des FAR encadré par les militaires belges, et ceux-ci sont restés à Bigogwe jusqu'en avril 1994. Ils contrôlaient jalousement l'utilisation de leurs installations par le DAMI. À partir du mois d'août 1992, le DAMI s'est occupé plus spécialement de la formation des unités de la gendarmerie à Ruhengeri. »

Le témoignage de Joseph Matata qui, de 1990 à 1994, a été un militant acharné dans le combat pour la défense des droits de l'homme, est tout aussi catégorique : « Ce que dit Jean Carbonare est faux ! S'il y avait eu des camions entiers de Bagogwe torturés et tués, on l'aurait su et on l'aurait dénoncé ! »

Pudeur à l'égard des Belges ? Ignorance ? Mensonge pour mensonge, Jean Carbonare aurait pu choisir une autre scène pour mettre en cause les soldats français, puisque, si les journalistes avaient été curieux, l'attaque ainsi portée contre la France se serait retournée contre la Belgique et ses soldats, qui ont formé, jusqu'en avril 1994, les unités d'élite des Forces Armées Rwandaises.

Le colonel et l'ancien ministre réfutent donc avec indignation l'affirmation de Jean Carbonare selon laquelle des civils auraient été « amenés par camions entiers dans les camps militaires de Bigogwe pour y être torturés et tués ».

Le rapport de la CIE signale seulement que Me Éric Gillet avait, lors d'une précédente enquête, recueilli des témoignages selon lesquels des soldats de Bigogwe avaient pris, battu et tué des personnes qu'ils accusaient d'être complices des *Inkotanyi*, et que ces morts avaient été enterrés dans des fosses communes au cimetière de Gisenyi. Seuls quelques témoins ont affirmé aux enquêteurs avoir assisté à des enterrements de Tutsis. Mais les enquêteurs n'ont pas été en mesure de vérifier ces témoignages par les fouilles faites dans l'enceinte ou « près du cimetière de Gisenyi », comme l'affirme pourtant Jean Carbonare. Mais, à cause même de l'enquête précédente de Me Gillet, la Commission consacra beaucoup d'énergie à fouiller les grottes dépendant du camp de Bigogwe, dans l'espoir d'y retrouver des charniers. C'est dans ces grottes que l'équipe technique a passé le plus de temps : le 8 janvier de 16 à 18 heures, le 9 de 16 à 18h30, et le 11 janvier en coup de vent. Dans la grotte n° 2 qui sert d'entraînement aux commandos du camp, ils ont découvert un squelette mais qui ne portait pas de traces de coups, et dont le médecin légiste ne put déterminer la date du décès. Dans les autres grottes, ils ont fait chou blanc. Le rapport technique se contente de constater en conclusion : « Le site est loin d'être épuisé. »

Les propos de Jean Carbonare ont tellement été repris[18] et sont devenus pour beaucoup des vérités si ancrées que je devine d'avance sans difficultés les réactions de ses amis, les militants de Survie, de la CIMADE, du réseau Voltaire, et le type d'arguments qu'ils pourraient m'opposer, à commencer par le classique : les témoignages cités n'ont aucune valeur, puisqu'ils émanent de "génocidaires", désignant James Gasana et Vincent Musonera. L'argument est faible : pourquoi récuser a priori les témoignages d'acteurs qui ont participé à cette histoire ? Cependant, j'ai trouvé deux témoins non hutus, difficilement contestables, puisqu'ils appartenaient tous deux aux équipes de la CIE.

Richard Grebeude, un des membres de l'équipe technique de la CIE[19], n'a pas hésité à répondre à mes questions : « Nous avons passé une journée dans les grottes qui dépendaient du

18. Ayez la curiosité d'aller sur Google, et tapez « Bigogwe, Carbonare » !
19. Entretien du 2 août 2005.

camp de Bigogwe, mais n'avons rien trouvé, sinon un squelette dont on ne pouvait rien dire. Nous ne sommes pas allés à l'intérieur du camp proprement dit. Et c'est dans la périphérie du camp que nous avons croisé, sur la Nationale qui va vers la capitale, trois ou quatre autres Français à bord d'un véhicule. Sans plus. Et je suis pratiquement sûr que Jean Carbonare n'a rien vu d'autre et n'a pas fait autre chose que le reste de l'équipe. » Quant à Éric Gillet[20], l'organisateur, avec Gasana Ndoba, de la CIE, il est encore plus catégorique : « Les membres de la Commission n'ont pas été au camp de Bigogwe. Je suis sûr que Carbonare n'y est pas allé. On n'a pas trouvé de fosse commune à Gisenyi. Ce qu'il dit est faux ! »

Voilà donc sur quelles bases le grand sorcier blanc a basé sa principale accusation, reprise depuis comme parole d'Évangile ! Une accusation qu'il n'a cessé de peaufiner au fil des ans. Aujourd'hui, Carbonare, soixante-dix-neuf ans, vieux monsieur aigri et méchant, cisèle son destin de combattant. Les mots de la langue française vont bientôt lui manquer pour traduire sa haine à l'égard de la France et de ses dirigeants, traités de « crapules », d'« assassins », de « malfaiteurs », de « zigotos », de « fripouilles », etc.

Avec acrimonie, il déverse sa haine contre les uns et les autres : « Delors et Rocard, ce sont des catastrophes, ces gens-là » ; « VGE aurait dû être condamné » ; « C'est Villepin qui a géré les relations avec les crapules et qui a organisé le génocide » ; « François Mitterrand et Jacques Chirac sont coupables du délit d'association de malfaiteurs[21]... »

Dans l'interview donnée à Alex Robin, Jean Carbonare, mû par une aversion incontrôlable, se laisse aller à sa folie affabulatrice sur le rôle de l'armée française dans le camp de Bigogwe : « L'armée française dans le camp de Bigogwe qui est en train d'organiser, pas pour protéger, mais pour aller tuer des femmes et des enfants et des hommes qui ont les mains nues...

20. Entretien du 8 août 2005.

– Vous avez vu des militaires faire ça, directement ? lui demande Alex Robin.

– Bien sûr, je les ai touchés. J'ai vu les officiers à l'hôtel Méridien de Gisenyi qui festoyaient le soir, alors qu'ils étaient dans des camps où on amenait les Tutsis, par camions, on les torturait, on les coupait, on les massacrait, il y en avait qui étaient encore en vie. On a vu des charniers[22]... »

Un peu plus tard, Jean Carbonare, évoquant une nouvelle fois sa mission de janvier 1993 – moment « où il y avait déjà le petit génocide » – laisse sa mythomanie exploser : « On avait déjà plusieurs dizaines de milliers de charniers. »

Cinq jours après l'accusation de Jean Carbonare mettant en cause les soldats français dans le camp de Bigogwe, accusation reprise par *Le Monde* daté du 5 février 1993, le FPR s'appuie sur les conclusions du rapport de la CIE, non encore publiées, pour rompre le cessez-le-feu. Il s'emporte contre la France : « Les troupes françaises restent au Rwanda six mois après la mise en vigueur du cessez-le feu. Leur présence a continué de soutenir l'intransigeance du président Habyarimana contre un règlement négocié. Nous rappelons encore à la communauté internationale que ces troupes françaises, en plus de la participation à l'effort de guerre du président, forment les agents de sécurité responsables du génocide qui a lieu au Rwanda. C'est sur ce fond de génocide, de rejet du règlement négocié du conflit, et de la présence des troupes françaises dans notre pays, que les hostilités ont repris. »

Un communiqué qui vaut preuve, s'il en était encore besoin, que l'opération de désinformation montée par Jean Carbonare faisait partie intégrante de la stratégie de Paul Kagame qui avait besoin d'un prétexte pour rompre le cessez-le-feu. Un Kagame qui aurait préféré ne pas retrouver les bérets rouges en face de lui pour aller jusqu'à Kigali...

---

21. Interview à Radio Zinzine, déjà citée.
22. *Ibidem.*

CHAPITRE 9

Février 1993 : La prise de Kigali n'aura pas lieu
Les Inkotanyi *remportent la guerre de la désinformation*

L'attaque était en préparation depuis environ cinq mois. La direction du FPR avait très habilement négocié à Arusha avec le gouvernement rwandais pour augmenter considérablement ses pouvoirs au sein d'un futur gouvernement ; l'accord du 9 janvier 1993 avait aggravé encore un peu plus le chaos[1]. Dans le même temps, avec sa stratégie du double jeu, le FPR avait reconstitué et amélioré secrètement son matériel, remplacé ses morts et même augmenté le nombre de ses combattants, estimé désormais à 13 000.

Sur le terrain, les Forces armées rwandaises sont bousculées. Les *Inkotanyi* s'emparent de l'essentiel de leur équipement, occupent une bonne partie des préfectures de Ruhengeri et de Byumba et foncent sur Kigali. Aux premiers moments de l'opération qui s'annonce comme la bataille finale – ce qu'elle ne sera pas, fait qui va déterminer la suite des événements –, des ressortissants américains et européens, dont 21 Français, se retrouvent bloqués à Ruhengeri et dans les environs de la localité…

Quelques heures après le début de l'attaque, en cette fin de matinée du 8 février, une réunion de crise est convoquée au

1. L'accord du 9 janvier 1993 était en effet grossièrement déséquilibré. Avec l'exclusion de la CDR, on pouvait vraiment parler de coup d'État autour du tapis vert. Cet accord provoqua une flambée de violences lancée par les extrémistes hutus. Des manifestations organisées par le MRND, entre les 20 et 22 janvier, entraînèrent des violences ethniques et des chasses aux Tutsis.

Quai d'Orsay. Dès qu'elle se termine, le général Quesnot et Bruno Delaye rédigent une note au président de la République dans laquelle ils lui confirment l'offensive généralisée du FPR sur le Nord-Rwanda, à partir de ses bases ougandaises et sans doute aussi *via* le Zaïre. Ils soumettent un dispositif à son approbation :

« *1. Sur le plan diplomatique :*

– rappel de notre soutien au processus d'Arusha et condamnation de cette rupture unilatérale du cessez-le-feu (déclaration du porte-parole du Quai) ;

– mise en garde de Museveni (président de l'Ouganda) : M. Dumas devrait le joindre au téléphone.

Nous alertons également Washington, Londres et Bruxelles.

2. Sur le plan militaire :

– renforcement de notre soutien à l'armée rwandaise, à l'exclusion de toute participation directe des forces françaises aux affrontements ;

– livraisons de munitions et matériels ;

– assistance technique, notamment dans l'artillerie ;

– une compagnie a été mise en alerte à six heures au cas où la sécurité de la communauté française nécessiterait son intervention. »

François Mitterrand annote d'un « D'accord » le texte, sous lequel il encadre un « Urgent ». Cent cinquante soldats supplémentaires sont envoyés au Rwanda[2].

L'attaque du FPR est d'une violence inouïe. Les rebelles sèment la terreur, massacrent. Aussitôt, tout au long de leur mouvement vers Kigali, se forme un énorme flux de nouveaux « déplacés ».

Un message secret du FPR émis de Kampala, capté par les

2. Sur tous les sujets militaires impliquant l'armée française, lire l'excellent livre de Bernard Lugan, *François Mitterrand. L'armée française et le Rwanda*. Éditions du Rocher, 2005.

FAR et les militaires français, les renseigne sur les objectifs et les méthodes des rebelles plus que jamais soutenus par l'Ouganda :

«Chers compatriotes,

«Tenez bon, nous allons bientôt gagner. Aujourd'hui ou jamais. Vous mourrez et cela peut continuer, mais nous ne disparaîtrons pas tous. Soyez déterminés. Vous savez bien que nous avons eu le pouvoir monarchique grâce au lait. Nous avons encore ce lait. Continuez de cotiser. Continuez d'utiliser notre arme efficace qui est la presse et les rumeurs. Formez vos filles, rappelez-vous de Délira, et d'Esther et Haman. Nous venons de marquer le premier but, car le débat n'est plus le Mututsi, mais plutôt le Mukiga et le Munyanduga[3]. N'arrêtez pas là, faites en sorte que même le Nord soit divisé en deux : Gisenyi et Ruhengeri. Les gens de Ruhengeri se laissent facilement séduire. Montrez-leur que Habyarimana les a opprimés, qu'ils n'ont rien obtenu de son règne, que leur espoir est Kanyarengwe. Donnez tout ce que vous avez pour que le mututsi ait l'emploi, même de veilleur ou de boy. Évitez les personnes de parenté mixte, car elles ne sont pas de votre ethnie. Ne craignez pas la mort, luttez, nous allons bientôt gagner.»

Grâce au soutien des Français, la ville de Ruhengeri est reconquise par les Forces armées rwandaises, mais la situation sur le front reste préoccupante pour les troupes gouvernementales. Bruno Delaye et Jean-Marc Rochereau de la Sablière, directeur Afrique au Quai, sont à Kigali le 12 février au soir et constatent que la situation politique est d'autant plus inquiétante que les principaux acteurs n'ont absolument pas conscience de sa gravité. Habyarimana est tranquillement assis devant sa télévision en train de regarder l'émission *Des chiffres*

3. Le Mukiga est l'habitant des préfectures du Nord et le Munyanduga est l'habitant des préfectures du Sud.

et des lettres. Il est persuadé que son Premier ministre, Nsengyaremye est de connivence avec le FPR, et il n'est pas question de faire front commun avec lui pour relever le défi militaire du FPR. Quant audit Premier ministre, il affirme qu'il n'a pas vu le président depuis six mois ; il ne pense effectivement qu'à sa chute. Leurs dissensions ne constituent pas le contexte idéal pour mobiliser les soldats. Habyarimana envisage de revenir à la vieille stratégie des Hutus du Nord : le repli sur les clans fidèles et la défense du pays colline par colline.

– Mieux vaut mourir que d'être soumis aux Tutsis, explique le président rwandais à ses interlocuteurs français.

Bruno Delaye résume ses entretiens à François Mitterrand : « Cette situation est désastreuse : elle offre un boulevard au FPR qui, avec le soutien militaire de l'Ouganda, la sympathie belge pour les Tutsis, un excellent système de propagande qui s'appuie sur les exactions malheureuses commises par les extrémistes hutus, la complicité bienveillante du monde anglo-saxon, ne cesse de marquer des points sur le plan militaire et politique. »

Au bout de plusieurs heures de discussion avec le président Habyarimana, puis avec le Premier ministre, les deux fonctionnaires français ont réussi à leur arracher dans la nuit une position commune pour qu'ils dénoncent devant la nation et la communauté internationale la violation du cessez-le-feu par le FPR, qu'ils s'engagent à poursuivre le processus de démocratisation et qu'ils reprennent les négociations d'Arusha.

Delaye et Rochereau de la Sablière se rendent ensuite à Kampala. Après quatre heures de discussion, ils obtiennent du président ougandais Yori Museveni qu'il accepte, avec beaucoup de réticences, d'inciter le FPR à un cessez-le-feu et à un retrait échelonné sur ses positions initiales, sous la supervision d'observateurs neutres. Museveni devra aussi inciter le FPR à reprendre les négociations d'Arusha. Bruno Delaye livre les impressions que lui a laissées leur entrevue au président français : « Cela dit, il n'aime pas Habyarimana et souhaite ouvertement son départ. Mais comme il est inquiet de notre attitude et de notre degré d'engagement (sur lequel j'ai fait planer toute l'ambiguïté nécessaire à une bonne dissuasion), je pense qu'il devrait au moins contribuer à freiner l'appétit du FPR [...]. Il a demandé à ce que la France lui permette d'acheter des Milan [missiles antichar] en échange d'un "bon comportement" de sa part sur le dossier rwandais... »

À la fin de ce voyage, Bruno Delaye est très pessimiste sur l'évolution de la situation qui, écrit-il, « reste extrêmement délicate pour nous » :

« Nous sommes *aux limites de la stratégie indirecte d'appui aux forces armées rwandaises.* (Nous accélérons les livraisons de munitions et matériels). Leur degré de motivation est trop inégal (en raison des divergences entre Hutus du Nord et Hutus du Sud) pour envisager avec sérénité une stabilisation du rapport de forces militaires. Au cas où le front serait enfoncé, *nous n'aurions d'autre choix que d'évacuer Kigali* (la mission officielle de nos deux compagnies d'infanterie est de protéger les expatriés), *à moins de devenir cobelligérants.*

« Notre isolement sur ce dossier au plan international (Belges, Anglais et Américains n'aiment pas Habyarimana) doit nous conduire *à déployer un effort diplomatique encore plus offensif* pour recueillir les appuis diplomatiques nécessaires à la mise en œuvre des résultats – théoriques – obtenus par cette mission à Kigali et Kampala. Cet effort est engagé par le Quai d'Orsay. »

La France est en effet très isolée. Seuls les militaires français empêchent Kagame de progresser en direction de Kigali. En fin stratège, Kagame était parfaitement conscient, avant même le lancement de l'opération finale, qu'il se heurterait à l'obstacle français. Anticipant leur opposition à son plan, il avait imposé, *via* Gasana Ndoba, la présence de l'ami Carbonare dans la Commission internationale d'enquête. Militant pro-FPR de longue date, Carbonare va alors s'assigner une double mission : utiliser sa stature et ses relations avec la gauche pour persuader l'Élysée de changer de politique ; parallèlement, lancer une intense action de lobbying tant en direction des médias que des ONG et associations afin que la société civile fasse pression sur l'État et que celui-ci soit contraint de laisser tomber le « génocidaire » Habyarimana. La consultation des papiers de François Mitterrand montre que la publication du rapport de la CIE et le travail de sape de Jean Carbonare se sont révélés efficaces : ils ont accéléré dans le dossier « Rwanda » les réactions défensives des autorités françaises.

Lors de la réunion interministérielle qui se tient le 19 février, l'amiral Lanxade, le général Quesnot, le secrétaire général du Quai d'Orsay et le représentant du Président constatent l'impasse de la politique française : « Notre stratégie indirecte d'appui aux forces armées rwandaises n'apparaît plus suffisante pour éviter la défaite des forces armées rwandaises. » Pour la première fois, ils envisagent l'évacuation des ressortissants français et le retrait des deux compagnies mises en place dans le cadre de l'opération Noroît. Ils considèrent les répercussions de cette décision, si elle devait être prise : Habyarimana ne survivrait probablement pas à ce départ ; le retrait français « sera interprété comme l'échec de notre politique au Rwanda. Tout cela ne sera pas sans conséquences sur nos relations avec d'autres pays africains. Notre crédibilité en souffrirait. »

Deux autres solutions sont évoquées. La première serait l'envoi immédiat d'au moins deux compagnies à Kigali. « Cette action, sans résoudre les problèmes de fond, permettrait de gagner du temps. » La seconde serait de déployer un contingent plus important, interdisant de fait la prise de Kigali par le FPR. Cette option aurait l'avantage de montrer la détermination de la France, mais « serait le signal d'une implication directe ». Le Président choisit la solution médiane : l'envoi d'urgence de deux compagnies supplémentaires au Rwanda « afin d'assurer dans l'immédiat la sécurité sur place de nos ressortissants et, si nécessaire, des autres expatriés». Personne n'est dupe : cette décision ne changera pas la donne.

Ce même jour, Habyarimana cherche à joindre François Mitterrand au téléphone. Il n'a eu que Dominique Pin, collaborateur de Bruno Delaye. Il est paniqué : cinq bataillons de l'armée ougandaise combattent déjà aux côtés du FPR, et les renforts ne cessent d'affluer d'Ouganda. Il sollicite une intervention rapide des troupes françaises pour stopper l'offensive rebelle et empêcher la prise de Kigali par le FPR.

Face à l'aggravation de la menace, la France va mettre – militairement – le paquet. Le colonel Delort, conseiller du chef d'état-major pour les Affaires africaines, est nommé «Comops», c'est-à-dire assurant le commandement de toutes les forces comprenant : le détachement Noroît ; le détachement «Chimère», commandé par le colonel Tauzin, chef du 1er RPIMa, auquel est adjoint le DAMI Panda avec ses composantes Génie et Artillerie ; une équipe du 13e RDP, régiment spécialisé dans le renseignement ; les cadres de l'assistance technique militaire ; une équipe d'écoutes DAT[4].

Il s'agit de bloquer les troupes du FPR sur un front de 250 kilomètres qui se rapproche dangereusement de Kigali. Objectif délicat quand les «bérets rouges» ne sont pas autorisés à participer directement aux combats. Toutefois, ils peuvent se tenir tout près de la ligne de front et participer au réglage des deux batteries installées l'année précédente, celle de 105 HM2 et celle de 120. Bref, comme en juin-juillet 1992, on a frôlé – et parfois touché à – l'engagement direct. Des tirs tendus ont été effectués pour arrêter les colonnes qui descendaient sur Kigali. Avec ces deux batteries entrées en action et les cadres français épaulant l'état-major central et les trois pools-relais rwandais, les FAR stoppent l'avance des *Inkotanyi* et reprennent une partie du terrain perdu.

Alors même que les décideurs politiques doutent de la poli-

4. In *François Mitterrand, l'armée française et le Rwanda*, déjà cité.

tique française au Rwanda, Lanxade, Quesnot et Huchon, conscients du déficit de leur communication face à celle du FPR, décident d'accompagner le nouvel engagement proprement militaire de la France d'une opération de communication. Les militaires savent que le soutien apporté à l'état-major rwandais et l'envoi d'artilleurs et de forces spéciales ne suffiront pas à gagner la bataille. Le FPR a déjà remporté la guerre de l'information. Les grands médias et les ONG jettent l'opprobre sur la France et son armée qui sont désormais présentées comme soutenant des monstres, et donc empêchant l'évolution démocratique du pays. La place accordée à Jean Carbonare dans les grands médias, comme les papiers de Stephen Smith dans *Libération*, mettant en cause la France pour ses livraisons discrètes de munitions aux FAR, équivalent d'une mise en accusation de l'armée française, qui se retrouve dans une position délicate. L'État-major décide donc d'accompagner ses actions proprement militaires d'une meilleure politique de communication. Tout un pan de cette opération ne semble pas avoir fait l'objet de notes ni de rapports officiels.

Depuis quelques mois, Philippe Charrier, colonel du SIRPA[5], à la fois proche du général Huchon et de l'amiral Lanxade, gère la communication des deux hommes sur le Rwanda. Il déjeune régulièrement rue de l'Élysée avec le premier et a un rendez-vous hebdomadaire en tête-à-tête dans le bureau du second. Il a expliqué les principes de gestion du SIRPA à l'attaché de défense à Kigali et à son adjoint, le colonel Robardey. Au lendemain de l'intervention au journal télévisé d'Antenne 2 de Jean Carbonare, le colonel du SIRPA et l'amiral Lanxade avaient déjà commenté le changement de ton de la presse, « anormalement dur », et étaient d'avis de « faire quelque chose ». De fil en aiguille, Charrier est chargé, début mars, d'une mission discrète à Kigali, à la fois pour élucider certains dysfonctionnements dans le dispositif fran-

5. Le Service d'information et des relations publiques des Armées.

çais – notamment les fuites répétées d'informations confidentielles – et pour monter une opération de communication. Il découvre à cette occasion que « le ver est dans le fruit » : le système fuit de toutes parts, notamment par l'infiltration de femmes tutsies auprès de nombreux Français. « Chez les civils, seul l'ambassadeur était irréprochable… », raconte Charrier, tout en ajoutant avec un brin de provocation : « Elles sont tellement belles qu'elles nous colonisent. Je n'ai confiance en personne ! » Les fuites se multiplient aussi à cause de la guerre franco-anglo-saxonne dont personne ne veut parler[6]. Les services anglais louent plusieurs chambres à l'hôtel des Mille Collines pour pratiquer des écoutes. Dans des chambres voisines se sont aussi installés les services israéliens…

Avant même l'arrivée du colonel du SIRPA à Kigali, le colonel Delort a demandé au colonel Robardey d'apporter un soin tout particulier à la collecte d'informations sur les massacres et les exactions du FPR afin de mieux contrecarrer la propagande du FPR. Depuis la mi-février, Robardey amasse de bons matériaux sur les terribles exactions auxquelles se livrent les *Inkotanyi* depuis le 8 février, sans que la presse internationale s'en fasse l'écho, ou presque. Le colonel se rend dans les zones de combat, prend des photos des magistrats assassinés à Ruhengeri, de cadavres de paysans hutus, de maisons brûlées, de zones dévastées, de camps de déplacés… Il envoie des enquêteurs dans ces mêmes camps et réunit de nombreuses informations jusque-là non collectées. Avec tous ces éléments, il rédige rapports et dépêches qu'il diffuse à Kigali et envoie à Paris au général Huchon. Il collecte et diffuse sur place puis achemine sur Paris les pétitions qui lui semblent entrer dans le cadre de sa mission. Robardey envoie ainsi une lettre ouverte datée du 18 février à l'ambassadeur de Belgique et intitulée « Agressions du FPR et droits de l'homme au Rwanda », en réaction aux menaces de sanction de la Belgique contre la

6. Selon un ordre formel venu, semble-t-il, de François Mitterrand.

France à la suite des « révélations » de la CIE, alors que le FPR s'est livré à des « actes de barbarie » depuis le 8 février : « Il est étrange que la Belgique se souvienne des droits de l'homme au Rwanda uniquement lorsqu'il y a quelques Tutsis molestés. Nous n'avons nulle intention de soutenir des tueries qui ont eu lieu en janvier 1993 dans certaines régions du pays, mais nous désirons informer la Belgique, ainsi que d'autres qui l'ignoreraient, que l'ethnie hutue, sauvagement massacrée par le FPR, est constituée d'êtres humains comme l'est l'ethnie tutsie. »

Puis il adresse le 19 février une « Dénonciation du génocide perpétré par le FPR au Rwanda », rédigée par l'Université nationale du Rwanda, Campus universitaire de Butare, au pape, à François Mitterrand, à Bill Clinton, aux leaders de Russie, d'Allemagne, du Canada, de Suisse, de Hollande, de Grande-Bretagne, de Belgique, aux présidents de l'OUA, du Parlement européen et de la Commission européenne : il y est affirmé que 40 200 civils[7] ont été tués dans les préfectures de Ruhengeri et Byumba. « Les victimes de ces actes de cruauté, des civils hommes, femmes et enfants sont rassemblés dans les marchés et les maisons et sont ensuite tuées à coup de grenades et/ou de fusils automatiques. Les camps de déplacés de guerre constituent actuellement les cibles privilégiées. »

Robardey envoie deux dépêches, les 22 et 25 février, qui contiennent tous les papiers d'un camion ougandais de la Military Police, capturé le 17 février au nord-ouest de Ruhengeri.

Il transmet le 27 février la lettre d'une association, club de réflexion d'intellectuels rwandais, à François Mitterrand, réclamant le maintien de la présence militaire française pour sauver le processus de démocratisation au Rwanda.

Il rédige une dépêche datée du 27 février intitulée « Massacres de populations[8] », constituée de témoignages

7. Un chiffre probablement exagéré.
8. Cette dépêche comme quelques autres est frappée d'un tampon de l'Office rwandais d'information (ORINFOR), « récupéré » par les militaires français.

recueillis auprès de personnes déplacées. Dans la synthèse, on peut lire : « Déportation de la population en Ouganda, exécutions massives de ceux qui ne voulaient pas suivre, exécutions systématiques des membres du MRND et de la CDR [partis soutenant le président Habyarimana], pillages par des civils ougandais qui suivent les "troupes", etc., sont très largement confirmés. » Elle cite les noms de cinq magistrats de Ruhengeri assassinés le 8 février.

Il diffuse un communiqué de presse en date du 1er mars, du MDR, le parti du Premier ministre, qui demande aux troupes françaises de rester, parce que cette présence « ne gêne en rien les négociations de paix entre Rwandais » : « Le MDR, convaincu que la présence des troupes françaises au Rwanda ne peut en aucun cas avoir pour effet de soutenir directement ou indirectement le régime dictatorial finissant du général-major en retraite Habyarimana Juvénal, tient à réaffirmer qu'il reste déterminé à combattre ce régime de toutes ses forces. »

Robardey répercute une lettre, également datée du 1er mars, adressée à François Mitterrand par un Groupe d'intellectuels rwandais de Butare, demandant également le maintien des troupes françaises. Les 1er et 2 mars, il rédige et diffuse deux dépêches élaborées à partir de nouvelles enquêtes auprès des réfugiés. Le 2 mars, une autre dépêche reproduit les photocopies de dix cartes d'identité de militaires ougandais de la NRA.

Toutes ces informations, parfaitement exactes, ne sont pas reprises dans la presse internationale et notamment à Paris et à Bruxelles, alors que les « révélations » de la Commission internationale d'enquête continuent à faire des ravages. Ainsi Patrick de Saint-Exupéry engage-t-il dans *Le Figaro*, le 2 mars, une virulente campagne contre la France : « Six cents soldats français à Kigali. La France renie la "démocratisation" au Rwanda. Contrairement aux principes définis lors du sommet de La Baule en 1990, Paris a choisi le camp d'un président accusé de "génocide" [...] Février 1993 : Paris dépêche 600 soldats au Rwanda [...] ; officiellement l'intervention est motivée par la protection de 400 ressortissants français [...]. Pratiquement, Paris estime qu'entre deux maux, le régime rwandais en place est le moindre. [...] Une mission de la Fédération internationale des droits de l'homme (FIDH) venait de mettre en évidence l'existence de charniers. À en croire la FIDH, le "réseau zéro", un escadron de la mort dépendant directement de la présidence, aurait perpétré ces atrocités. Selon la presse belge, Paris superviserait les opérations de l'armée rwandaise. [...] Il y a plus de Belges au Rwanda que de Français, mais Bruxelles n'a, jusqu'à maintenant, pas envoyé un seul militaire[9]. La France n'a pas eu cette pudeur. »

Les tentatives de sensibilisation de l'opinion publique par les militaires français ont encore continué quelques semaines. Le 5 mars, ils relaient le « Cri de détresse pour les diocèses de Byumba et de Ruhengeri » lancé par quinze abbés à Jean-Paul II. Le 6 mars, Robardey écrit une dépêche chiffrant à un million le nombre des déplacés de guerre. Le 8 mars, il répercute une lettre ouverte de l'Union des Français de l'étranger, adressée au président de la République française, demandant le maintien des troupes françaises. Le 9 mars, une dépêche souligne la divergence de traitement entre les exactions commises par les Hutus et celles commises par les Tutsis de la part des enquêteurs de la CIE ; elle énumère 200 noms et adresses de gens tués par le FPR. L'auteur, Robardey, se dévoile à la fin de son texte en utilisant les termes de « Khmers rouges[10] ».

Robardey continue d'accumuler les courriers. Le 10 mars, ce sont une lettre adressée à François Mitterrand par les élèves déplacés de guerre originaires de Byumba et Ruhengeri, et une motion de soutien aux troupes françaises signée par un groupe d'intellectuels de Kigali. Les 12 et 13 mars, encore une lettre

9. On a vu que cette affirmation est fausse, puisque les Belges forment au camp de Bigogwe les commandos d'élite des FAR.

10. C'est, semble-t-il, le colonel Robardey qui a employé ce terme pour la première fois.

ouverte au Président français et un cri d'alarme lancé par des femmes rwandaises.

Pendant les dix jours qu'il passe à Kigali, le colonel Charrier fait feu de tout bois pour contrer la propagande du FPR. À la télévision rwandaise, au journal télévisé, il affirme être au Rwanda pour étudier quelle « médiatisation on pourrait donner de la présence des militaires français ». Outre son enquête discrète sur les dysfonctionnements et ses rencontres avec le colonel Cussac, l'attaché de défense, et Robardey, son adjoint, il se rend sur le front avec Stephen Smith, de *Libération*, pour le sensibiliser aux exactions du FPR et tenter de l'amener à une vision moins négative de l'action des militaires français. Il prend de nombreuses photos, notamment aériennes, des camps de déplacés dont il espère se servir pour mobiliser l'opinion à son retour à Paris.

L'état-major français aurait bien aimé que la télévision rwandaise révèle la présence aux côtés des *Inkotanyi* d'Anglo-saxons, que les « bérets rouges » croient distinguer dans leurs jumelles. Suggestion est faite à l'état-major rwandais de passer commande à ses commandos d'élite d'un ou deux captifs. La commande est bien exécutée, mais les ordres mal compris : deux Blancs se retrouvent réduits en rondelles… Les cadavres n'étaient guère présentables aux caméras. Personne ne sut qui ils étaient, car ils n'avaient aucun papier sur eux…

Le colonel Charrier est de retour à Paris avec, croit-il, assez de matériel pour monter une belle campagne médiatique. Ses photos dans sa sacoche, il se rend au ministère de la Santé et de l'Action humanitaire. Il y rencontre un membre du cabinet de Bernard Kouchner qui regarde les clichés de déplacés, esquisse une moue et déclare : « Ça ne fera jamais pleurer personne… » Pas question de faire monter le ministre au créneau pour une opération perdue d'avance. Le colonel Charrier n'en fera pas usage.

Le 29 mars, Édouard Balladur est nommé Premier ministre. L'état-major tourne la page…

Alors même que le FPR était stoppé dans sa progression, le 23 février, et que l'état-major français tentait de communiquer, Marcel Debarge, ministre de la Coopération, envoyé en mission à Kigali et à Kampala, en décalage avec la nouvelle situation militaire sur le terrain, conseillait au gouvernement de jeter l'éponge : « Il suffit que le FPR accentue sa pression ou bombarde quelque temps pour que la capitale soit envahie. » Et au Conseil restreint du 3 mars qui suit le retour de Debarge, François Mitterrand amorce de son côté un virage politique : « Il faut, le plus tôt possible, céder la place à des forces internationales des Nations unies. Vis-à-vis du reste de l'Afrique, si la France se retire, ce qui serait sage, chacun se sentira menacé. Rester, c'est s'exposer à être le spectateur impuissant de l'arrivée des vainqueurs. Il vaudrait mieux retirer nos troupes, mais pas dans les conditions actuelles.

« En attendant les forces de l'ONU, est-on certain d'assurer la soudure ? La conquête peut se terminer en quelques jours. Peut-on avoir une réponse en quelques jours ? Les Affaires étrangères doivent assurer la conduite. Si l'Ouganda nous trompe, Kigali tombera. »

Après un exposé de l'amiral Lanxade, le Président affine sa position : « Nous n'avons pas intérêt à ce que les Tutsis avancent trop vite. Il faut gagner du temps, retarder par tous les moyens diplomatiques et continuer à soutenir l'armée rwandaise en lui fournissant les munitions dont elle a besoin. La décision de Boutros-Ghali[11] est urgente : si nos soldats se transforment en soldats de l'ONU, cela change de genre. Nous ne devons pas être seuls[12]. »

Le même jour, au Conseil des ministres, François Mitterrand officialise sa décision que les troupes françaises cèdent leur place à des forces internationales : « Le Président de la République considère qu'il y a une urgence absolue à ce que cette mission de l'ONU [avant cette intervention, Roland

11. Secrétaire général des Nations unies.
12. Archives Présidence de la République.

Dumas a précisé que Boutros Boutros-Ghali était saisi d'une demande d'envoi d'une mission au Rwanda, mais la décision n'est pas encore prise] soit désignée et se rende sur place. Nous n'avons aucune responsabilité à assurer au Rwanda, qui n'est pas une de nos anciennes colonies. » Il livre ensuite sa vision de la guerre rwandaise, comme on peut le constater dans le *verbatim* de ce Conseil : « Le Rwanda est l'objet d'un conflit ethnique caractérisé par la révolte de la minorité tutsie, soutenue par l'Ouganda, contre la majorité hutue qui représente 90 % de la population du Rwanda. Les Tutsis ne peuvent l'emporter qu'avec l'appui de l'Ouganda, mais, en raison de leur faiblesse numérique, ils ne pourraient se maintenir au pouvoir bien longtemps. À cette querelle ethnique s'ajoute la volonté de puissance du président de l'Ouganda qui appartient à l'ethnie tutsie et qui représente l'Afrique anglophone, pas mécontente d'enfoncer un coin dans la francophonie. »

Il justifie la politique de pis-aller qu'il a menée jusque-là : « Mais la France n'est au Rwanda qu'en raison de l'incapacité de la Belgique de jouer un rôle fondé sur ses anciennes responsabilités dans ce pays. Nous y avons pour le moment quatre compagnies. Nous ne pouvons pas être la caution du gouvernement rwandais, mais les autres pays d'Afrique nous observent et nos forces ne peuvent pas présentement quitter le territoire rwandais. »

Comme il lui est reproché d'entraver au Rwanda le processus de démocratisation, le Président saisit cette occasion pour dresser un bilan global de la situation en Afrique francophone, répondant ainsi à l'inquiétude suscitée par les situations de plusieurs États africains et aux articles de presse critiquant l'action de la France dans le continent. « Il y avait au sommet de La Baule 31 pays d'Afrique sub-saharienne dont 20 francophones. Depuis cette date, sur 20 pays francophones, seuls trois pays connaissent un blocage sérieux de leur évolution vers la démocratie : le Zaïre, le Togo et le Rwanda. Mais même dans ces trois cas, le Zaïre et le Togo ont connu des conférences nationales et des Premiers ministres d'opposition. Le Rwanda s'est ouvert au multipartisme et a un Premier ministre d'opposition, mais le processus est bloqué par la guerre. Les 17 autres ont adopté de nouvelles Constitutions, ont instauré le multipartisme, ont procédé à des élections générales libres sous contrôle d'observateurs internationaux, dont de nombreux parlementaires français. La France a financé depuis 1990 des opérations électorales pour 110 millions de francs. »

Le 7 mars, le FPR signe avec le gouvernement rwandais à Dar es-Salam un nouveau cessez-le-feu et un retour à ses positions antérieures au 8 février. Une zone démilitarisée est créée sur la portion de territoire qui avait été conquise par le FPR. Cet accord a été obtenu grâce à la pression militaire française. Dans un télégramme diplomatique daté du 9 mars, l'ambassadeur de France écrit : « L'effet dissuasif de notre détermination a été majeur et le Premier ministre en est très conscient. La délégation rwandaise n'aurait rien obtenu si elle n'avait eu cette carte dans son jeu. » L'accord prévoit le départ des troupes françaises à compter du 17 mars.

Cette annonce de retrait est très mal perçue par une partie des FAR et par les extrémistes hutus. La radicalisation de chaque camp augmente encore d'un cran. Et le FPR ne cache pas sa haine de la France qui l'a empêché d'aller jusqu'à Kigali.

Après avoir attaqué brutalement Paris d'être encore engagé militairement au Rwanda, Jacques Bihozagara[13], chargé des relations internationales du FPR à Bruxelles, condamne dans *L'Humanité* la « démarche dangereuse [de la France], qui nous ramène deux ans en arrière » : « La démarche auprès de l'ONU est une machination entre le dictateur Juvénal Habyarimana et Paris, à laquelle le gouvernement rwandais lui-même n'était pas associé. » La voix du FPR parle de complicité du gouvernement français dans les graves violations des droits de l'homme commises par le régime d'Habyarimana.

13. Interview publiée dans *L'Humanité* du 11 mars 1993.

– Dans quel intérêt, alors que l'ancienne puissance coloniale, la Belgique, s'est retirée ? relance le journaliste.

– Il y a des relations privilégiées entre des dirigeants français et le pouvoir personnel du président Habyarimana.

– Des intérêts économiques privés ?

– Nous le pensons. Rien d'autre ne peut expliquer que la France s'intéresse tant au Rwanda, avec lequel elle n'a aucune histoire commune. La Belgique, ce serait encore compréhensible...

– Vous voulez dire que la diplomatie et l'armée françaises ont été mises à disposition d'intérêts français particuliers ?

– Tout à fait. Nous nous sommes longtemps tus, mais maintenant nous osons l'affirmer. Comment expliquer cet acharnement à soutenir un assassin ?

Le journaliste, certes un peu étonné, suit les propos de son interlocuteur, passant insensiblement de l'empathie à la connivence : il accepte son invraisemblable réponse, étayée sur rien. La machine de propagande du FPR contre la France, alimentée par le ressentiment de n'avoir pu prendre le pouvoir à Kigali, fonctionne alors à plein.

Le 15 mars, les *Inkotanyi* se retirent partiellement de la zone démilitarisée. De retour sur leurs terres, les paysans découvrent de nombreux charniers à Ngarama, Ruhengeri, Kidaho, Tumba Rukore. C'est la désolation : leurs biens ont été méthodiquement emportés en Ouganda, le bénéfice de leur vente sera affecté au financement de l'effort de guerre... Les négociations d'Arusha sur le partage du pouvoir et notamment sur l'intégration dans l'armée de 23 000 militaires du FPR, reprennent le 17 mars 1993.

Le gouvernement rwandais a saisi le Conseil de sécurité. La délégation française à New York s'agite beaucoup pour « repasser le bébé » à l'ONU, mais Museveni, soutenu par les Britanniques, s'oppose à cette « sortie honorable par le haut » de la France. Après de longues tractations, le Conseil de sécurité prend une résolution, le 12 mars, demandant à Boutros-

Ghali d'étudier d'urgence, en concertation avec l'OUA, la possibilité de déployer une force de maintien de la paix et d'observation au Rwanda. Le même jour, le Premier ministre rwandais annonce qu'en accord avec le FPR, il demande à la France de retirer ses deux compagnies de renfort dès que le retrait des troupes du FPR sur la ligne du 8 février sera effectif. À Paris, le 17 mars, un Conseil restreint fait le point : une nouvelle fois, les responsables français sont très perturbés par le double jeu du FPR et de Museveni. « Le FPR prend des dispositions pour le retrait, mais il joue double jeu et laisse des forces sur ses positions. » Après discussion, le Premier ministre Pierre Bérégovoy suggère de ne retirer, pour l'instant, qu'une seule compagnie. Et Mitterrand de conclure : « On a demandé un accord, on l'a. Il faut l'appliquer. Seulement, il faut être vigilant. » De fait, le FPR n'a pas respecté davantage ce énième cessez-le-feu que les précédents. De plus, il a miné la zone tampon, et des victimes civiles sont à déplorer.

Comme en témoigne la lecture des documents de travail de cette séance, lors du dernier Conseil restreint, avant l'arrivée d'Édouard Balladur à Matignon, l'exécutif français est plongé dans un grand désarroi, accentué aussi par l'interrogation : le nouveau gouvernement va-t-il changer d'analyse et de politique ? Est décidé le retrait d'une nouvelle compagnie.

Le 2 avril 1993, François Mitterrand a changé d'interlocuteurs : Édouard Balladur, Premier ministre, Alain Juppé, ministre des Affaires étrangères, François Léotard, ministre de la Défense, et Michel Roussin, ministre de la Coopération, ont pris les fauteuils de Pierre Bérégovoy, Roland Dumas, Pierre Joxe et Marcel Debarge. Ils sont réunis autour du Président pour évoquer le Rwanda et la politique à y tenir. François Léotard prend le premier la parole et dresse un tableau très sombre de la situation, après avoir évalué la menace d'un FPR en progression vers Kigali :

« Si nous devions rester, il faudrait envisager un renforcement qui pourrait aller jusqu'à 1 200 hommes. Il est difficile de rester dans le statu quo actuel. » Le chef d'état-major parle d'une possible offensive FPR dans le courant de la semaine. « L'alternative est soit d'évacuer nos ressortissants et nos compagnies, soit de s'opposer à la prise de Kigali, mais alors il faut envisager de recourir à l'action directe de nos forces. » Après quelques échanges, le Président laisse la parole à Édouard Balladur qui, estimant que le statu quo n'est pas tenable, décide que l'armée française doit être davantage présente. « Compte tenu des effectifs disponibles, ajoute-t-il, nous pouvons mettre un millier d'hommes de plus, mais il faut savoir combien de temps nous pouvons tenir. Il faut apporter des moyens supplémentaires à nos forces. L'objectif est de trouver une solution durable. » Le Président entérine sa décision après avoir rappelé les règles de l'intervention française.

Paroles, paroles… Cette réunion ne sera suivie d'aucun effet. Car non seulement il n'y aura pas d'envoi de nouvelles forces françaises, mais après la relève d'une compagnie, fin mars, une autre relève a lieu fin juillet, le camp de Gabiro est fermé en août et le nombre de DAMI diminue… L'équipe Balladur – à l'exception de Michel Roussin, ministre de la Coopération – est d'une culture radicalement différente de celle de François Mitterrand sur l'Afrique. Elle préfère regarder vers l'Est, et fondre les rapports bilatéraux traditionnels dans le multilatéralisme, dans le cadre de l'ONU, du FMI, de la Banque Mondiale ou de l'Europe… Édouard Balladur n'a eu que bien peu de relations avec les chefs d'État de l'ancien « pré-carré » français en Afrique. Dans le dossier rwandais, il trouve en définitive que la France s'est beaucoup trop engagée et souhaite que les troupes françaises partent au plus vite du pays. La diplomatie française redouble d'activité pour que les Casques bleus prennent leur relève le plus rapidement possible.

En attendant, il faut éviter de mettre les soldats en danger. Sur place, les conditions ne cessent pourtant de se dégrader.

Le FPR lance une campagne de terrorisme aveugle[14] alors que les *Interahamwe*, les milices du MRND, recrutent à tour de bras parmi les jeunes des camps de déplacés, animés désormais d'une haine inextinguible contre les Tutsis.

Paris veut se sortir au plus vite du bourbier rwandais et transférer la responsabilité de la stabilisation à une force multinationale. Mais, au sein de l'Organisation des Nations unies, des tentatives d'obstruction se font jour. Les amis de l'Ouganda et du FPR, et notamment les États-Unis, font feu de tout bois pour bloquer l'immixtion de l'ONU dans les affaires rwandaises. Ils ne voient pas d'un bon œil la demande faite par la France à Boutros Boutros-Ghali de préparer dans les plus brefs délais un rapport sur un possible envoi de Casques bleus qui superviseraient un cessez-le-feu dans une zone-tampon entre les FAR et les troupes du FPR. Le 16 avril, le colonel Kanyarengwe, président du FPR, adresse une lettre au Secrétaire général de l'ONU pour protester contre le projet de déploiement d'un groupe d'observateurs de l'ONU sur la frontière rwando-ougandaise. Il affirme que cette initiative a pour but de « couper le FPR de ses bases logistiques ». Cependant, l'action de la France et de Boutros-Ghali porte : l'ONU commence à s'intéresser au Rwanda. Il faudra toutefois attendre le 14 juillet 1993 pour que soit prise la résolution n° 846 du Conseil de sécurité qui crée la Mission d'observation des Nations unies à la frontière Ouganda-Rwanda (MONUOR). La mission sera opérationnelle le 25 octobre, mais elle n'aura qu'une action limitée, car les autorités ougandaises lui interdiront l'accès à la frontière lors des passages de convois de ravitaillement du FPR.

Le 3 août et le 4 août, le FPR et le gouvernement rwandais signent les accords d'Arusha IV qui sont très favorables au Front. Sans remettre en question le partage du pouvoir pendant la période de transition, partage qui assure déjà au

14. Voir chapitre suivant.

FPR une majorité politique à l'assemblée et un contrôle de l'exécutif. Arusha IV prévoit que les forces du FPR puissent intégrer l'armée rwandaise nouvelle, à hauteur de 40 % de ses effectifs et de 50 % des postes de commandement.

Contre toute attente, le FPR exprime cette fois sa satisfaction et sa reconnaissance à la France. Son président, le colonel Kanyarengwe, écrit le 28 août une lettre chaleureuse à François Mitterrand, dans laquelle il formule ses « remerciements les plus sincères pour le rôle d'observateur à nos négociations joué par la France » : « Excellence, la France et le Front patriotique rwandais n'ont pas toujours partagé le même point de vue quant à la position du gouvernement français dans ce conflit. Cependant, nous restons convaincus qu'un appui total de la France à la mise en œuvre de l'accord d'Arusha devrait permettre au peuple rwandais de réaliser ses aspirations à un état de droit, à la démocratie et au développement. Excellence, permettez-moi de saisir cette occasion pour vous réitérer notre gratitude[15]... »

Mais les accords d'Arusha sont irréalistes. Ils ont écarté les nationalistes hutus, de plus en plus nombreux et sûrement majoritaires. L'attaque de Ruhengeri par le FPR et les images horribles[16] diffusées à la télévision ont eu un terrible impact sur une population de plus en plus réceptive aux discours de haine et aux appels aux meurtres lancés sur la nouvelle radio des Mille Collines contre les alliés et amis du FPR, Tutsis et Hutus des partis d'opposition. À l'annonce de ces nouveaux accords, le MRND, la CDR, les *Interahamwe* crient à la trahison. Ils ne se sentent en rien concernés par eux. Le Rwanda est dès lors quasiment en état de guerre civile.

Le 24 septembre, le Secrétaire général de l'ONU soumet son rapport au Conseil de sécurité sur la création de la Mission des Nations Unies pour l'Assistance au Rwanda (MINUAR),

15 Voir annexes.

16. Un documentaire réalisé par le docteur Eugène Rwamucyo, diffusé par la télévision rwandaise, montre des cadavres aux mains liées dans le dos, ce qui est la marque du FPR.

forte de 2 500 hommes. Elle se doit d'être la garante de l'application des accords d'Arusha.

L'action diplomatique de la France pour la création d'une force internationale neutre continue de se heurter à la mauvaise volonté de Washington et de Londres. Le 5 octobre, la résolution n° 872 du Conseil de sécurité crée enfin la MINUAR, chargée de faciliter l'application des accords d'Arusha. Le général canadien Roméo Dallaire est nommé commandant de cette force internationale. Pendant toute sa mission, il sera l'œil et le bras de Washington. L'essayiste québécois Robin Philpot[17] commente ainsi le choix de Dallaire par l'ONU : « Voilà un premier Canadien – il y en aura d'autres – nommé à un poste important dans la gestion de la crise rwandaise où il fallait, pour mériter la nomination, être francophone, mais non un Français ou un sympathisant de la France. Roméo Dallaire répondait en tous points aux attentes de ceux qui l'ont nommé. Tout au long de la mission, il a multiplié les gestes et les déclarations qui ont provoqué la France[18]. »

Dès son arrivée à Kigali, le 22 octobre 1993, il manifeste une grande animosité envers Habyarimana et les Français, et une grande bienveillance pour le FPR. La veille, il s'est produit un événement majeur qui accentue la déstabilisation du pays : Melchior Ndadaye[19], le président hutu du Burundi voisin, élu quelques mois plus tôt, a été assassiné par des militaires tutsis. Le coup d'État plonge le pays dans l'horreur et les massacres[20].

---

17. Auteur de *Ça ne s'est pas passé comme ça à Kigali.*

18. Robin Philpot, *Ça ne s'est pas passé comme ça à Kigali,* Paris, éditions Duboiris, 2002.

19. Melchior Ndadaye est l'un des membres fondateurs du Front pour la démocratie au Burundi, parti clandestin en 1986. Il en est le président jusqu'à sa reconnaissance officielle en 1992. Son parti remporte en juin 1993 les élections législatives et présidentielle. Le coup d'État du 21 octobre met un terme à son bref mandat.

20. Aussitôt après l'attentat, le général Huchon, patron de la Coopération militaire au ministère de la Coopération, alerte Michel Roussin que les massacres vont commencer. Alain Juppé souhaite évacuer les Français le plus vite possible. Huchon convainc Roussin que c'est politiquement dangereux de se sauver après la mort du premier président élu démocratiquement à l'issue d'élections réclamées par la France. François Mitterrand dit qu'on ne peut pas abandonner les populations. Roussin ne veut pas envoyer des troupes

Dans un Rwanda déjà surchauffé, le crime connaît une énorme résonance. Pour la grande majorité des Hutus, le message est clair : les Tutsis n'accepteront jamais d'être dirigés par un Hutu. Pour bon nombre de leaders politiques de l'opposition qui avaient choisi de s'allier au FPR pour chasser Habyarimana, cet assassinat finit de leur dessiller les yeux sur la vraie nature du FPR. Les partis d'opposition se scindent en deux factions, ceux qui restent alliés au FPR et ceux qui choisissent le camp adverse.

Deux jours après le coup d'État au Burundi, une grosse manifestation rassemble à Kigali les responsables anti-FPR des partis. James Gasana en fait le compte rendu : « Les orateurs de la marche, tirés de tous les partis représentés, condamnent les exactions contre les masses paysannes paisibles, perpétrées par le FPR depuis le jour où il est entré en guerre contre le Rwanda. Les interventions convergent vers l'unité contre le FPR dans son objectif de conquérir le pouvoir par les armes. À la fin de son allocution, Froduald Karamira, vice-président du MDR, ponctue l'expression de cette soif d'unité des Hutus en entonnant devant la salle surchauffée "MDR Pawa[21]..., MRND Pawa..., CDR Pawa..., PL Pawa..., Hutu uni Pawa". La politique partisane était terminée, et on était en phase de résistance dans laquelle la polarisation ethnique va rapidement prendre le pas sur d'autres failles de la société. »

La manifestation exprime un profond changement de la donne politique au Rwanda. Par peur du FPR, une bonne partie de l'opposition se rapproche d'Habyarimana, d'autant plus que, depuis septembre, le MRND est en position de force : il a largement remporté les élections locales dans la zone démilitarisée, dans les préfectures de Ruhengeri et de Byumba, malgré les efforts d'endoctrinement du FPR.

mais accepte la suggestion de Huchon d'envoyer 25 hommes triés sur le volet pour tenir quelques points de sécurité et aider les forces de sécurité à reprendre la situation en main. Un Conseil de défense valide l'opération qui a été montée très discrètement en huit jours et qui réussira à stabiliser la situation et à ramener le calme.

21. Pawa = Power, par référence au Hutu-Power.

Dans ce climat difficile, Jacques-Roger Booh Booh[22], le représentant spécial du Secrétaire général de l'ONU, se rend à Kigali le 23 novembre, cependant que le contingent de 2 500 Casques bleus continue de s'établir progressivement. Il constate très vite le parti pris du général canadien…

Les « bérets rouges » de Noroît quittent définitivement le Rwanda le 13 décembre, laissant sur place vingt-cinq coopérants militaires… Un télégramme diplomatique de l'ambassade de France à Kigali consigne brièvement les mots qui résument la pensée de la plupart des militaires sur le départ : « Le Rwanda est condamné à court terme. » Ceux-ci ne comprennent pas pourquoi les dirigeants politiques français n'assument pas jusqu'au bout leur choix, mettant ainsi en péril la vie de tout un pays…

22. Diplomate et ancien ministre des Affaires étrangères du Cameroun. Dallaire montrera à son égard, comme avec tous les Africains francophones, un profond mépris.

CHAPITRE 10

Guerriers de l'information contre communicants amateurs

Au nom de quels principes, de quelle responsabilité historique, de quel impératif moral François Mitterrand a-t-il engagé la France dans une lutte entre Hutus et Tutsis ? Pourquoi une telle ingérence ?

Si, comme je crois l'avoir montré, les attaques initiées par le FPR et reprises par la majorité des médias contre François Mitterrand, contre la politique de la France et l'intervention de l'armée française pendant la période 1990-1993, se sont révélées être d'une grande inanité, il n'en demeure pas moins qu'il est légitime de s'interroger sur le bien-fondé de l'engagement de la France dans ce dossier. Paul Dijoud, à la tête de la direction des Affaires africaines et malgaches en 1991-1992, assume complètement cet engagement. Il a une belle formule qui ne répond pas aux questions, mais traduit néanmoins la pensée des décideurs à l'époque : « On a pris le risque de se salir les mains parce que c'était notre devoir. Nous n'avons jamais eu le désir de gagner contre les Tutsis… Nous nous sommes sentis responsables du Rwanda à un moment où l'on changeait d'époque. »

Les questions sur l'engagement de la France sont d'autant plus intéressantes que les motivations de François Mitterrand étaient respectables[1] : elles ne s'inscrivaient nullement dans une

1. Mais évidemment elles aussi critiquables.

politique de défense d'intérêts directs, privés ou publics. Il s'agissait plutôt d'un cas d'école : une volonté politique s'inscrivant avant toute chose dans une perception et une vision historiques aiguës. Le président de la République voulait éviter des massacres qu'il estimait inéluctables, en empêchant un mouvement minoritaire de prendre le pouvoir par la force, pour promouvoir la démocratie et la paix. Cet objectif rendait-il pour autant légitime l'engagement français ? À chacun d'en juger, mais force est de constater que la mise en œuvre de la politique française au Rwanda s'est accompagnée d'erreurs, de manquements et de fautes.

Première maladresse qui porta le plus à conséquence : une communication réduite à sa plus simple expression, de surcroît largement biaisée. Pendant longtemps, la présence des troupes françaises a été expliquée par la nécessité de protéger les ressortissants français. Si cette raison méritait d'être invoquée, c'était dans les tout premiers jours d'octobre 1990, lorsque se déclarèrent les troubles consécutifs à l'attaque du FPR. Après cet épisode, les autorités françaises se gardèrent bien d'expliquer les efforts de la France pour former les forces loyalistes et empêcher Paul Kagame d'entrer dans Kigali avec l'Armée patriotique rwandaise. Il faut dire que la très faible couverture médiatique de l'engagement pouvait laisser croire qu'une telle discrétion servait l'action. En bon diplomate, Paul Dijoud parle à ce propos de « communication prudente », qui ne devait pas provoquer une bonne partie de la gauche, prompte à s'insurger contre la politique africaine de François Mitterrand. Cette opposition rendait les ministres socialistes très discrets sur le sujet. Les représentants éminents de la « deuxième gauche », Michel Rocard, Jacques Delors, Bernard Kouchner et bien d'autres, sans parler des alliés du parti socialiste, les communistes, les Verts, etc., s'indignaient à la seule évocation des rapports franco-africains qu'ils suspectaient d'emblée de tous les maux, en premier lieu de couvrir des volontés néocoloniales. Des noms et des mots repoussoirs, comme Jacques

Foccart, barbouzes, pétrole, dictateurs, lancés à tout propos, finissaient de disqualifier, s'il était besoin, toute politique africaine.

Cette discrétion, d'abord sans conséquences, s'est bientôt retournée contre ceux qui l'avaient entretenue. Quand les médias ont commencé, début 1993, à prononcer le mot de « génocide » et à parler du soutien de la France à un régime sanguinaire, face au silence des autorités françaises, l'effet s'est révélé catastrophique. Beaucoup de citoyens français ont été choqués de « découvrir » subitement des « informations » qui venaient corroborer l'idée qu'ils se faisaient d'une certaine politique africaine peu avouable, faite de sombres secrets et de coups tordus. Lorsque Jean Carbonare lance son appel larmoyant et ses accusations à la télévision, François Mitterrand, déjà sous le feu de critiques tous azimuts, et son gouvernement, très affaibli par les « affaires » Urba et Bérégovoy, ne sont plus en en mesure de contrecarrer l'avalanche d'attaques, relayées de surcroît essentiellement par une partie de la gauche. Un grave échec électoral est annoncé. Carbonare et les propagandistes du FPR ont tiré profit d'un champ complètement libre pour dévider leurs mensonges. Il ne s'est trouvé personne pour mener une contre-enquête, pour porter un jugement distancié sur leurs « informations », ou pour tenter de couper court à des élucubrations de mythomanes et de militants hystériques, si bien qu'au fil du temps, à force d'être reprises et reprises encore, les contrevérités, aberrations, voire mensonges – colportées sans discernement par les médias abusant de la technique du copier-coller – sont devenus réalités.

Après la tentative mort-née du trio Lanxade-Quesnot-Huchon d'apporter des éléments d'information qui puissent être utilisés par la presse, et au lendemain de l'arrivée à Matignon d'Édouard Balladur, toute communication politique sur le Rwanda aurait été inaudible, quand bien même l'exécutif aurait eu l'intention d'en développer une. Or, Édouard Balladur, le nouveau Premier ministre, et la plupart de ses ministres ne partageaient pas la « sensibilité » africaine de François Mitterrand. Balladur voulait dégager la France de l'Afrique en général, et du Rwanda en particulier. Dès lors, son gouvernement – mais cela a été vrai dès lors de tous les gouvernements successifs : Juppé, Jospin, Raffarin – n'ont pas évalué à sa juste mesure l'impact des attaques menées par le FPR et ses relais, et n'ont donc pas tenté d'enrayer les campagnes de dénigrement qui mettaient pourtant à mal, bien au-delà de François Mitterrand, l'image de la France à l'intérieur comme à l'extérieur.

Les acteurs de la politique rwandaise de la France avaient de bons yeux et de bonnes oreilles, notamment ceux des hommes qui animaient sous la houlette du colonel Robardey le Centre de recherche criminelle et de documentation (CRCD). Ils auraient pu se fier davantage aux travaux de ces gendarmes français et rwandais, membres d'un organisme que Robardey avait mis en place. Au cours de mon enquête, j'ai été en effet très étonné de découvrir que les notes et les renseignements de Robardey et de son chef, le colonel Cussac, n'ont pratiquement pas été pris en compte par les décideurs politiques[2]. Cette mise sous le boisseau s'explique en partie par une méfiance, voire un certain mépris des décideurs militaires – tous marsouins – à l'égard des gendarmes. Les états-majors – mais c'est aussi largement vrai des politiques – négligent souvent le front intérieur et croient encore, comme au XIXe siècle, qu'il suffit de remporter des batailles contre l'ennemi extérieur pour gagner une guerre. Quand il s'agit de l'Afrique, cette idée reçue est encore renforcée, alors qu'il semble que l'avenir du continent se jouera plus sur des problèmes de sécurité intérieure que sur des guerres inter-étatiques. À la méfiance entre les armes s'ajoute celle, classique, des politiques à l'égard des militaires, toujours soupçonnés d'en faire trop et de jouer les va-t-en-guerre… Le colonel Robardey avait en tout cas amassé de

2. Voir annexes.

nombreux faits et arguments qui auraient permis de mettre en pièces, s'ils avaient été rendus publics et portés par une voix forte, le rapport de la FIDH et les attaques de Carbonare contre la France. Mais ses enquêtes, exposant laconiquement une lutte sauvage pour le pouvoir, dont les acteurs ne montraient aucun respect de la vie humaine, n'ont *grosso modo* servi à rien : soit qu'elles aient été confiées au gouvernement rwandais dont la parole n'était déjà plus audible par la communauté internationale, soit qu'elles soient restées dans les cartons des militaires.

Deuxième faiblesse, plus étonnante : la mise en œuvre de la politique française au Rwanda a manqué de réalisme. Contrairement à tout ce qui se dit aujourd'hui, les responsables français ont exercé bien plus de pressions sur Habyarimana que sur Kagame et le président de l'Ouganda, Museveni, car ils n'ont pu s'en défendre : eux aussi n'étaient pas insensibles à la propagande tutsie et « droit-de-l'hommiste », eux aussi se sont montrés perméables à la défiance totale qui entourait le chef de l'État rwandais. Au fond, ils nourrissaient plus d'admiration pour Kagame que pour Habyarimana. Ils avaient peur de se salir en soutenant véritablement le président rwandais. Ils fronçaient les sourcils quand les militaires osaient dire « khmers noirs » en parlant des forces du FPR. Le pouvoir exécutif à Paris se méfiait des informations transmises par ces militaires qu'ils soupçonnaient d'avoir conservé des réflexes néocoloniaux et de s'être trop compromis dans le soutien d'Habyarimana...

S'ils avaient compris que, même quand ils discutaient à Arusha, Kagame et le FPR étaient bien décidés à prendre le pouvoir par la force, les responsables politiques et militaires français n'étaient pas assez cyniques pour imaginer jusqu'où les rebelles tutsis étaient prêts à aller pour y arriver. La stratégie de Kagame n'entrait pas dans les schémas appris à l'ENA, à Saint-Cyr ou même à l'École de guerre. La culture du double jeu poussé à ce degré extrême leur était étrangère. À leur décharge, il n'était pas facile de deviner que les belles et brillantes paroles de paix et de réconciliation avec lesquelles le FPR et ses alliés apaisaient leur inquiétude n'étaient qu'un paravent pour dissimuler des actes de terrorisme et de manipulation en tous genres dignes de la grande époque du KGB ; que ceux-ci visaient à exacerber les tensions ethniques, à créer le chaos et engendrer la guerre civile. Comment, face à ce discours, entendre la description sur le terrain, par Robardey, des exactions commises et de l'aggravation de la crise ? Aujourd'hui, les rapports de celui-ci peuvent enfin contribuer au rétablissement de la vérité, une vérité qui ne nie pas les abominations perpétrées par ou à l'instigation des extrémistes hutus, mais qui les inscrit dans une histoire…

Ainsi, le colonel Robardey aurait pu décrédibiliser complètement Janvier Afrika, le témoin n° 1 du rapport de la Commission d'enquête internationale, qui permit aux enquêteurs d'impliquer Habyarimana en personne dans les massacres et de désigner par avance la « main » qui conduisait le pays à l'extermination finale des Tutsis. C'est le même Janvier Afrika, qui se présentait lui-même comme le n° 22 sur la liste des membres des « escadrons de la mort », le n° 1 étant le Président, qui lancera en juin 1994 les plus graves accusations contre l'armée française :

« Deux militaires français entraînaient les *Interahamwe,* a-t-il raconté au journaliste du *Guardian.* D'autres *Interahamwe* furent envoyés en formation en Égypte. Les Français nous ont appris comment attraper les gens et comment les attacher. Des Français se trouvaient également au "fichier central", au centre de Kigali, où se déroulaient des séances de torture […].

« Dans le camp de formation, j'ai vu les Français montrer aux *Interahamwe* comment jeter les couteaux et comment démonter les fusils. Ce sont les Français qui nous ont enseigné tout cela durant des stages d'entraînement de quatre mois organisés de février 1991 à janvier 1992. Au mont Kigali, les Français nous ont également montré comment manier les fusils. Il fallait bien qu'on nous l'explique : ces armes avaient été importées de France et nous en ignorions l'usage...

« Peu de temps après le début des stages d'entraînement, les premières tueries ont commencé, début 1992. Cela n'a pas empêché les conseillers français de poursuivre les entraînements. »

Qui était donc ce grand dénonciateur si bien informé ? Après avoir échoué dans ses études secondaires, Janvier Afrika fait quelques petits boulots, notamment comme bagagiste à Air Rwanda, puis serveur dans un bistrot ; mais il sombre bientôt dans la délinquance. Il est alors repéré par le capitaine Simbikangwa, fonctionnaire au Service central de renseignements, qui le recrute comme indicateur. Sa mission : repérer les bandits qui sévissent aux abords des marchés de Kigali...

Lors de l'avènement du multipartisme, chaque parti, chaque faction, chaque sous-faction a soudain voulu avoir les moyens d'exposer son opinion, de dire sa vérité, mais surtout de « cogner » les concurrents, voire de les faire chanter... Tous ceux qui avaient de l'argent et voulaient entrer dans le nouveau jeu politique ont créé des journaux et recruté des prête-noms : comme il n'y avait pas de réglementation, pas de journalistes formés et évidemment pas de déontologie professionnelle, les hommes furent choisis pour leur appartenance partisane et s'improvisèrent rédacteurs. Janvier Afrika est ainsi recruté par Donat Murego et Froduald Karamira, deux leaders du principal parti d'opposition qu'était le MDR pour créer *Umurava Magazine*. Karamira jouait alors un jeu très trouble. Proche du FPR, il gérait des fonds secrets du FPR dans le cadre de l'Organisation de Déstabilisation des *Interahamwe* (ODI), une structure secrète dont le nom dit bien les objectifs[3]. Tout porte à croire que l'article de Janvier Afrika sur les « escadrons de la mort » était une commande directe ou indirecte du FPR,

3. Voir de James K. Gasana, *La Violence politique au Rwanda 1991-1993. Témoignage sur le rôle des jeunesses des partis politiques*. Déposé à la Mission d'information sur le Rwanda. Assemblée nationale, 1998.

visant, comme toutes ses actions sur le front intérieur, à exacerber les tensions politiques et à décrédibiliser le MRND, l'ancien parti unique, soutien d'Habyarimana. Les gens que Janvier Afrika faisaient se rencontrer à la « Synagogue » se haïssaient comme chiens et chats. Avant même de présenter les résultats de l'enquête des gendarmes de Robardey, il fallait beaucoup de crédulité pour croire qu'Habyarimana, à supposer qu'il ait vraiment décidé de monter un escadron de la mort, soit allé cherché un petit indic pour le diriger. Comment imaginer qu'un président de la République puisse tenir des réunions ultra secrètes en présence d'un inconnu ne faisant partie d'aucun corps de l'État et sans compétence particulière ?

James Gasana, ministre de la Défense à l'époque où Janvier Afrika a fait ses révélations, nie complètement l'existence de cet escadron de la mort : « J'ai mené des enquêtes sur les prétendus *escadrons de la mort.* Je suis formel : ce n'étaient que des manipulations du FPR et de partis pro-FPR... Il y a même eu des listes où j'étais mis comme faisant partie de ces escadrons. » Effectivement, une liste diffusée par le FPR le 2 février 1993 l'a placé en n° 22 (numéro qui, dans une liste précédente, était attribué à Janvier Afrika lui-même !).

Dans *Histoire d'un génocide*[4], Colette Braeckman qui, à l'instar des enquêteurs de la CIE, s'est beaucoup servi de Janvier Afrika pour attaquer Habyarimana et la France, raconte qu'après avoir parlé à la Commission d'enquête internationale, la vie du soi-disant membre de l'« escadron de la mort » se trouvait menacée : « Par la suite, après la victoire du FPR, Janvier Afrika parviendra à s'enfuir à Nairobi où deux journalistes le rencontreront. » Faux, Colette ! On sait maintenant que Janvier Afrika a été exfiltré par le FPR qui craignait que les extrémistes hutus ne fassent la peau à celui qu'ils considéraient comme un traître. De Nairobi, toujours pour le compte du FPR, il accordera effectivement quelques interviews mettant en cause les

4. Publié chez Fayard, en octobre 1994.

militaires français. En septembre 1994, après la prise du pouvoir du FPR, Janvier Afrika est de retour à Kigali dans l'espoir de toucher les dividendes de son action contre Habyarimana. Au début, tout va bien. Ses employeurs du FPR lui demandent de reprendre son métier de journaliste et de relancer *Umurava Magazine*. Il accepte de bon cœur, mais sort deux numéros qui déplaisent aux extrémistes FPR. Il ne peut plus « supporter les tueries, les disparitions de personnes, ainsi que la suspicion et les règlements de comptes qui ne cessent pas d'augmenter » ; son « oncle, sa femme et leurs six enfants ont été tués par les militaires du FPR parce que [son oncle] avait essayé de réclamer ses maisons, ainsi que ses voitures et les matériaux de maison[5] ». Il se sent menacé par ses anciens amis. Un de ses rédacteurs est emprisonné, un autre tué. En novembre 1994, il décide de prendre le chemin de l'exil vers Nairobi. Avec un autre journaliste rwandais, il envoie le 14 novembre une lettre ouverte au Conseil de sécurité des Nations unies[6]. Il déclare en premier lieu que c'est « avec la complicité du FPR [qu'] il a pu s'échapper de la prison, le 28 février 1994. Sous la protection du FPR, il a pu quitter le Rwanda. Après la victoire du FPR, il a regagné le pays sous les bons auspices des autorités de Kigali », et révèle que dans la capitale rwandaise, il était logé chez la tante de Paul Kagame. Deux informations qui soulignent, s'il en était encore besoin, sa proximité d'avec la direction du FPR. Janvier Afrika raconte ensuite sa découverte de la triste réalité du Front patriotique rwandais, à l'intérieur du pays et dans la prison centrale de Kigali. Et notamment les enlèvements et les disparitions – il fournit les noms de 32 personnes disparues à Kigali au cours du seul mois d'octobre 1994 –, les assassinats, les emprisonnements… Sa lettre se termine par un appel à la communauté internationale afin qu'elle intervienne et fasse tout son possible pour arrêter les massacres.

5. Dans une lettre du 13 février 1995 écrite à Filip Reyntjens.
6. Voir annexes.

Après Nairobi, Janvier Afrika trouvera provisoirement refuge au Cameroun. De Douala, il essaie de faire entendre tout le mal qu'il pense du FPR, mais son propos n'intéresse plus personne. Et quand Raphaël Glucksmann, avec ses deux co-auteurs, réalisera son documentaire « Tuez-les tous[7] ! », il se contentera de reprendre une vieille interview qu'il avait donnée, sans faire mention de la vraie histoire de Janvier Afrika, de ses liens avec le FPR et de sa dénonciation, postérieure à son adhésion à la cause de Kagame, des agissements monstrueux des nouvelles autorités rwandaises...

Pour toute personne sensée, l'histoire de Janvier Afrika et l'incongruité de ses propos auraient dû suffire à discréditer tout à fait ses témoignages, relayés par la CIE et par les médias du monde entier, et à les faire définitivement disparaître dans la poubelle aux mensonges. Mais non ! Le Rwanda rend fou ceux qui défendent Kagame et les Tutsis, et leur fait croire la plus grossière des rumeurs en rejetant sur leurs ennemis la charge de la preuve.

Restait toutefois à braquer la lumière sur ces fameux – supposés – escadrons amalgamés au « réseau zéro ». Des gendarmes français ont enquêté, début 1993, pour savoir si Janvier Afrika disait vrai et si l'« escadron de la mort » existait bien. Ils ont utilisé les mêmes méthodes qu'à Nîmes ou à Béthune où ils travaillaient avant de venir au Rwanda. Ils sont partis des déclarations de Janvier Afrika qui décrivait avec force détails les réunions qui se tenaient à la « Synagogue », c'est-à-dire chez Pascal Simbikangwa, avec Habyarimana et son clan. Ils se sont rendus chez celui-ci et ont soigneusement pris des notes sur les lieux, sur le parking où se seraient rangées les voitures des membres de l'« escadron », sur l'intérieur de la maison, sur la plus grande salle où auraient pu se passer les réunions secrètes... Puis le major Corrière a rencontré Janvier

7. Documentaire diffusé par France 3, le 27 novembre 2004. Un documentaire qui est depuis projeté dans les réunions pro-FPR, en France, comme en Belgique.

Afrika dans sa prison et, tranquillement, lui a posé une quarantaine de questions très concrètes sur le déroulement de ces rencontres et sur leur cadre. Janvier Afrika a été dans l'incapacité de répondre *à une seule question* de Corrière. Celui-ci a poursuivi son investigation en interrogeant Séraphin Rwabukumba, proche parent de la famille de l'épouse du Président, présenté comme un membre important de l'« escadron ». Il l'a mis hors de cause pour les actions que Janvier Afrika lui prêtait... « Janvier Afrika n'était pas crédible, raconte aujourd'hui le colonel Robardey. Toute son histoire sur l'« escadron de la mort », telle qu'il l'avait racontée, ne tenait pas la route. Le major Corrière a utilisé toutes les ficelles pour mettre en confiance Janvier Afrika et le faire parler. Car celui-ci n'a jamais été, là où il prétendait avoir été et n'a pas assisté aux réunions qu'il décrivait. Ce type a été manipulé. Pas plus crédible était l'implication d'Habyarimana dans une telle organisation. Cette histoire m'a gêné, car j'avais espéré, à travers Janvier Afrika, savoir ce qui se passait vraiment dans l'Akazu (le clan d'Habyarimana) et sur la réalité – ou non – de réseaux occultes... »

Sur le même sujet, le colonel Robardey se souvient d'une anecdote qui l'a marqué. Pour remercier les militaires français d'avoir aidé les FAR à contrer l'attaque du 8 février 1993 à Ruhengeri, Habyarimana invita le 3 avril dans sa résidence l'ambassadeur de France, Martres, et l'attaché de défense, Cussac, le conseiller auprès de l'État-major des FAR Maurin et Robardey : « C'était très sympathique, Habyarimana multipliait les gestes d'amitié pour remercier la France, puis on passa à table. La conversation était anodine... Après le dîner, je sens que le président recherche un tête-à-tête avec moi et me demande :

« – Qu'est-ce que la France pense de Janvier Afrika ?

« Je ne peux que lui répondre que Janvier Afrika n'est pas crédible, j'ai le sentiment – sans pouvoir à l'évidence en être absolument sûr – que sa question ressortissait à l'inquiétude de l'honnête homme accusé à tort. »

Avant d'enquêter sur Janvier Afrika, les gendarmes français, aidés de 40 sergents, avaient beaucoup travaillé, comme on l'a vu, sur les attentats terroristes, à commencer par ceux qui avaient été commis dans le Bugesera. Il y en avait eu huit entre le 17 décembre 1991 et le 8 avril 1992, dont quatre entre le 15 et le 19 février. Grâce à l'analyse des engins (3 mines antipersonnel et 6 mines antichar ATK) et à des enquêtes de terrain, ils purent arriver à la conclusion que ces attentats avaient été perpétrés par le FPR ou pour le compte du FPR, et étaient à l'origine des troubles et violences ethniques dont parle longuement le rapport de la CIE. Dans un rapport de synthèse publié par les gendarmes le 11 juin 1993 et intitulé *Étude sur le terrorisme au Rwanda depuis 1990*[8], on peut ainsi lire : « Des investigations menées, il ressort que ces attentats font partie d'une opération quasi-militaire ayant plusieurs objectifs.

« Des objectifs d'ordre général comme :

« • la déstabilisation du pays en mettant en cause le Président et son entourage comme commanditaires de ces attentats et en discréditant le gouvernement multipartis pour son incapacité à enrayer cette vague de terrorisme.

« Des objectifs plus précis comme :

« • à Rusumo et Kigali, attaques contre les transports de carburant venant de Tanzanie. Si cet objectif avait été atteint, c'est une artère vitale pour le Rwanda qui aurait été coupée ;

« • *dans le Bugesera, agressions contre les militaires du camp de Gako en vue de provoquer des troubles et une répression aveugle à caractère ethnique.*

« Mentionnons aussi que ces attentats sont commis dans les zones où il y a une proportion importante de Tutsis. Comme ces attentats sont aveugles et touchent indifféremment les deux ethnies, ils attisent la haine entre les hommes, provoquent des combats intérieurs et favorisent ainsi la fuite des jeunes qui

8. Voir annexes.

vont s'enrôler dans le FPR, ou favorisent aussi une offensive de l'APR, comme le 8 février 1993. »

Ces quelques lignes résument bien la stratégie du FPR, qui a consisté à déclencher une série de violences et à créer un enchaînement diabolique : attentats terroristes, violences ethniques, représailles, autant de prétextes à une offensive de l'APR. La même note précisait : « Une projection dans le temps de ces attentats nous permet de façon générale d'affirmer que lorsque les combats FAR/FPR sur le front se calment, nous avons une recrudescence des troubles intérieurs, dont des attentats. »

Mais, de cela, la bible de la CIE ne parle pas ! Les gendarmes français ont mené une enquête sur les actes terroristes commis sur l'ensemble du territoire, et leurs conclusions permettent évidemment d'avoir une autre vision que celle qu'a imposée le FPR, Jean Carbonare et ses amis. L'étude mentionnée ci-dessus conclut en effet : « Outre les aveux, revendications ou origine des gens interpellés, des éléments de preuve mettent en cause de façon formelle le Front Patriotique Rwandais comme étant le commanditaire de ces attentats » Bien avant cette étude de synthèse de juin 1993 qui, apparemment, n'a pas été utilisée pour contrer les manœuvres de communication du FPR, l'attaché de défense à Kigali avait fait parvenir aux autorités militaires des télégrammes « confidentiel défense » très explicites sur les activités terroristes au Rwanda en 1992, et qui reprenaient succinctement les termes des enquêtes des gendarmes[9]. Ainsi celui du 29 septembre qui conclut : « Il est donc possible d'avancer que la majorité des attentats et poses de mines commis au Rwanda en 1992 est le fait d'un réseau apparenté au FPR et venant de Tanzanie ou du Zaïre. »

Après avoir évoqué le travail qu'il a accompli au Rwanda et qu'il assume la tête haute, le colonel Robardey regrette quand même que « personne n'ait pris la mesure du front intérieur :

9. Voir annexes.

on a été neutralisés par les manœuvres de communication de la partie adverse». Et il n'hésite pas à ouvrir lui-même deux dossiers sensibles :

D'abord celui des interrogatoires des prisonniers FPR qui, selon les amis parisiens de celui-ci, auraient été brutalisés. Avant qu'il ne se préoccupe du sort des prisonniers FPR, ceux-ci étaient tout simplement dépecés, explique Robardey : « C'était un crime doublé d'une connerie. On a demandé à avoir des entretiens avec des prisonniers pour déterminer l'origine des attaquants. Nous avons difficilement réussi à ce qu'une douzaine d'entre eux soit transférés dans la prison de Kigali. Nous les avons interrogés dans le bureau du directeur de la prison et, parce qu'on avait l'œil sur eux, ils ont été protégés. Ils ont été libérés après les accords de N'Sélé[10]. Même chose pour deux personnes emprisonnées à Ruhengeri. Je suis fier d'avoir sauvé ainsi une quinzaine de Tutsis. »

Autre dossier délicat, celui des contrôles d'identité faits par des militaires français à Kigali : « J'ai participé au plan de défense de Kigali avec le souci permanent que le dispositif rwandais ne puisse pas être confondu avec celui des Français. Jusqu'en février 1993, il y avait donc un double dispositif qui ne permettait aucune ambiguïté. Et il n'y a eu aucune bavure. À partir de février 1993, le colonel Delort a décidé que les militaires français procéderaient à des contrôles d'identité. C'était une faute, que Delort assume.

D'autres militaires français ont également percé quelques secrets des *Inkotanyi* par le système d'écoutes installé le 2 mars 1993, qui complétait les écoutes fournies chaque matin au colonel Maurin par Anatole Nsengiyumba, le patron du G2, le service de renseignement militaire rwandais. Le FPR disposait d'un système de communication très performant avec plus de 40 émetteurs VHF servis par des techniciens très éprouvés

10. Accords signés le 29 mars 1991, sous la houlette de Mobutu, et prévoyant l'arrêt des combats et la mise en place d'un groupe d'observateurs.

et disciplinés, qui émettaient très brièvement, surtout en début de journée. Le relief très accidenté était contourné par des relais sur les hauteurs. Les "grandes oreilles" françaises ont pu avoir de nombreuses preuves de l'implication directe de la NRA aux côtés du FPR, de l'infiltration systématique d'éléments dans la zone tampon, de l'existence de nombreux émetteurs dans cette même zone. Les Français apprirent également la constitution d'importantes caches d'armes, information que confirmera Abdul Ruzibiza.[11] » Les grandes oreilles françaises quittèrent le Rwanda en décembre 1993 lors du retrait de Noroît. Les Français resteront encore bien informés sur les agissements du FPR grâce aux interceptions des FAR jusqu'à la date de l'attentat[12].

Avant même que des compagnons d'armes de Paul Kagame, et en premier lieu Abdul Ruzibiza, révèlent cette stratégie diabolique mais terriblement efficace, quelques personnes avaient compris et essayé – en vain – de tirer un signal d'alarme. Ne parlons pas d'Habyarimana dont la parole ne portait plus. Les rapports de James Gasana avaient, dès 1992, parfaitement analysé la situation, mais leur contenu n'était pris en compte ni *La Libre Belgique* ni par *Le Soir* qui donnaient alors le *la* du penser correct sur le Rwanda... Jusqu'à son départ du gouvernement, James Gasana a continué à faire des rapports, mais aussi à tenter de sensibiliser les chancelleries occidentales à Kigali, et particulièrement celle des États-Unis, à la réalité de la situation qui n'avait rien à voir avec celle qui était décrite dans le rapport de la Commission Internationale d'Enquête.

Tous les détails de cette face cachée du FPR seront progressivement révélés par de nombreux acteurs eux-mêmes. Tito Rutaremara, l'idéologue du FPR, rendit ainsi publique, le 2 mai 1997, lors d'une conférence-débat organisée par le Parti

11. Voir plus loin dans le chapitre.
12. Voir chapitre suivant.

du Travail à Bruxelles, l'existence de 3 500 brigades clandestines du Front Patriotique Rwandais (FPR), dispersées sur tout le territoire rwandais, prouvant s'il en était encore besoin que l'existence des « infiltrés » ne relevait pas d'un fantasme hutu. Mais c'est Abdul Ruzibiza à qui l'on doit la synthèse la plus complète sur les méthodes clandestines du FPR. Une description qui rend ridicules toutes les affirmations péremptoires des bons esprits qui soutenaient le FPR et vilipendaient un prétendu « nazisme tropical » en brandissant le rapport de la CIE comme les Saintes Écritures.

Voici quelques extraits de ce témoignage de Ruzibiza [13] :

« Tendre des embuscades, l'attaque systématique des bus qui transportaient des voyageurs dans les régions frontalières, la pose de mines antipersonnel, même dans les champs de patates douces, pour que les villageois qui viennent chercher des patates s'arrachent les jambes et ne reviennent plus dans les champs : ce sont des actions qui étaient menées fréquemment. Ceci est triste. Pour des paysans qui avaient été forcés de fuir sans avoir suffisamment à manger, ou avec du maïs et des haricots seulement, en laissant derrière leurs bananeraies, leurs champs de manioc et de patates douces, leurs légumes, la tentation était quasi-permanente de revenir s'approvisionner. Certains revenaient même pour chercher de quoi s'habiller. Les combattants du FPR avaient reçu l'ordre de n'épargner personne qui tentait de revenir ainsi. Faire crever de faim un paysan en lui refusant l'accès à ses biens ne pouvait que conduire au génocide. Ceux qui cherchent l'origine du génocide devraient commencer par ici [...].

« En mettant en place cette force spéciale ("Network"), l'objectif était :

« a – Utiliser cette unité à des fins de déstabilisation du pays

13. Témoignage du 26 mai 2004, tel qu'il est disponible sur internet en appelant sur Google « Témoignage d'Abdul Ruzibiza ». Témoignage qui a été revu, corrigé et complété en un livre qui vient d'être publié aux éditions Panorama, sous le titre *Rwanda, l'histoire secrète*.

de façon à attribuer ses forfaits au gouvernement et reprendre les hostilités.

« b – Poser des bombes ici et là dans le pays : jusque-là, cela n'avait pas été fait de façon organisée.

« c – Mettre en place des cellules clandestines du FPR à l'intérieur du pays, former des complices du FPR et procéder au recrutement, intoxiquer l'eau potable des déplacés de guerre, faire des opérations de reconnaissance derrière les lignes ennemies, etc.

« d – Préparer des attaques ciblées parmi les gens que le FPR redoutait.

« [...] Il y eut encore de terribles massacres. Je me rappelle que là où j'étais affecté, dans des communes de Ruhengeri, au mois de février 1993, les soldats ont massacré les populations au point que malgré l'incinération des corps et l'enterrement de nombreux autres, il en est resté qui se sont décomposés à même le sol le long de la route à l'intérieur de Base, jusqu'à ce que le GOMN (Groupe d'observateurs militaires neutres) soit arrivé et nous ait demandé si on n'avait pas honte de vivre avec des cadavres et de passer par-dessus sans scrupule. On a alors appelé les rescapés pour procéder à l'enterrement de ces cadavres et tout de suite après le départ du GOMN, ceux qui avaient enterré ces cadavres furent à leur tour massacrés. C'est là aussi que furent perpétrés les actes de sabotage systématique des infrastructures économiques, comme la centrale de Ntaruka, et le plasticage des domiciles des personnalités : la maison de Rucagu a été brûlée et entièrement détruite, de même que celle du colonel Gasake, et ainsi dans les communes de Nyarutovu, Cyeru et Nyamugari. On ne peut oublier, par exemple, les horreurs faites par Charlie dans la ville de Ruhengeri dès qu'il fut impossible d'y garder nos positions. Les gens savent aussi ce qui s'est passé à Musanze, à l'ETIRU, à Karwasa, Kigombe et Kinigi, tous les habitants de la région en sont témoins. Personne n'ignore les exactions commises par les *Inkotanyi* à Ngarama, Buyoga et ailleurs.

« [...] En fait, le MRND faisait ce que le FPR souhaitait. Lorsque le MRND entraînait les *Interahamwe*, le FPR trouvait l'occasion de faire exploser des bombes et d'en rendre l'État responsable. De cette manière, il trouvait une justification à la reprise de la guerre, d'autant que la communauté internationale incriminait Habyarimana. Je ne nie pas que ces *Interahamwe* ainsi que d'autres extrémistes faisaient exploser des bombes. Pour le FPR, l'occasion était toute trouvée d'entraîner des commandos qui allaient travailler pour le réseau (Network) ; ainsi, lors des négociations, on en profitait pour s'entraîner.

« [...] Dans cette période de la guerre, le FPR/APR a pu atteindre des objectifs lui permettant de tendre des pièges à Habyarimana, à tel point que chaque forfait qu'il [le FPR] commettait, il lui était possible d'en rendre responsable le pouvoir de Habyarimana.

« [...] À un moment donné, le FPR s'est rendu compte qu'en créant le chaos, il pouvait renverser le pouvoir en place ; mais en même temps, il avait peur de la pression internationale qui pouvait le presser d'intégrer le gouvernement.

« [...] À cause de la surveillance de la frontière avec l'Ouganda, le FPR a fait entrer à l'avance le plus de munitions possible, pouvant servir pendant longtemps. Cela a été fait à la fin de septembre 1993, en divers endroits, et ceci pour provoquer et tenir une guerre sans merci en vue de renverser le gouvernement, et, si ce n'était pas possible, ces munitions et ce matériel pouvaient également servir une fois au gouvernement, pour créer le chaos en vue d'une prise du pouvoir total par la force. Pour celui qui veut connaître le travail du réseau (Network), voici la preuve : un groupe de gens dont je faisais partie a été sélectionné pour creuser de grands trous. Là où j'étais, le trou avait 50 m x 30 m x 7 m. Nous y avons enfoui des munitions et des antiaériens de toutes sortes : 7.62 mm, 11.5 mm, 12.7 mm, 14.5 mm, 23 mm, 37 mm, 75 mm, 76 mm, 81 mm, 82 mm, 107 mm, 120 mm, 122 mm.

« [...] On a fait la même chose à Karama, au Mutara, à Bungwe, dans Cyumba, et à un autre endroit entre Kaniga et Gatonde. En réalité, le but n'était autre que de créer le chaos et de prendre le pouvoir. Cette action impliquait peu de personnes, on pouvait les compter sur les doigts de la main : Kagame lui-même, Kabarebe, son adjoint, Kayumba Nyamwasa, le patron du renseignement, colonel Ngoga au Nord, colonel Bagire au Mutara, major Jacob autrement surnommé Rubondo, qui était chargé du matériel militaire, ainsi que d'autres personnes qui pouvaient y accéder en compagnie de leurs chefs ou en mission. Ce genre de travail était accompli par des agents du FPR en qui on avait grande confiance. Certains d'entre eux furent envoyés en reconnaissance dans Kigali avant la mort de Habyarimana.

« Plusieurs soldats furent disséminés dans le pays. Ils avaient pour mission de poser des bombes, créer des cellules du FPR, apprendre le maniement des armes à ceux qui pouvaient nous aider pendant la guerre, s'informer sur le fonctionnement de chaque parti politique, infiltrer la jeunesse des partis et se renseigner sur les personnes que le FPR voulait liquider.

« Le FPR et ses cadres propagandistes (*political mobilisers*) ont pénétré dans la zone tampon où toute activité militaire était interdite, et ont commencé à propager leur idéologie. Pour moi, c'était acceptable, mais ce qui ne l'était pas, c'est que celui qui ne mordait pas immédiatement aux idées du FPR n'avait d'autre sort que l'exécution à la houe, et souvent sa famille subissait le même sort.

Le FPR procédait à des essais dans sa stratégie d'intoxication qui consistait à commettre des crimes qu'il mettait sur le dos du MRND afin de tester les résultats.

« Les gens étaient tués pour trouver des accusations à porter contre le MRND, qu'il eût des comptes à régler avec eux ou pas. Pour ces assassinats, le FPR utilisait des techniciens (Network) ou une branche élargie parmi les agents de renseignement des unités et de petits escadrons de la mort ; il utilisait aussi certains des jeunes gens à qui il avait appris à utiliser de petites bombes à travers le pays. Ceux qui devaient être tués étaient choisis de la manière suivante :

« 1. Le Hutu qui travaillait consciencieusement pour le gouvernement, bref, celui qui aimait Habyarimana et son gouvernement ;

« 2. Tout Hutu qui faisait preuve d'intelligence et d'obstination comme Gapyisi ;

« 3. Tout Hutu, opposant, dont la mort pouvait être imputée au gouvernement ;

« 4. Tout Hutu dont la mort ne pouvait laisser d'indices pour les enquêtes ;

« 5. Un militaire haut gradé, si possible ;

« 6. Aucun Tutsi né à l'intérieur du Rwanda ne pouvait inspirer confiance ; sa mort pouvait être facilement imputable au gouvernement et n'était pas considérée comme une perte (sacrifier les Tutsis de l'intérieur) ;

« 7. Un Tutsi intellectuel qui pouvait ne pas accepter d'adhérer à l'idéologie du FPR, par exemple Lando que nous avons manqué plusieurs fois ;

« 8. Les Tutsis qui habitaient dans des endroits retirés pouvaient être massacrés tous ensemble pour imputer le crime au MRND. Les soldats du FPR ont accompli ce genre de forfait à Kabatwa, à Gisenyi, sous le commandement de Gashayija Bagirigomwa et de l'agent de renseignement Moses Rubimbura. Ce ne sont pas là des rumeurs : cela s'est passé au début de 1994.

« 9. Même après la guerre, le FPR n'a pas hésité à sacrifier les Tutsis pour trouver des prétextes à aller piller les richesses au Zaïre. Ce n'est un secret pour aucun des militaires du FPR-Inkotanyi : c'est ainsi que les massacres des Bagogwe de Mudende se sont produits ; nous sommes en mesure de donner des preuves à celui qui en veut, les massacres des Banyamulenge de Biura et d'autres localités se situent dans ce cadre. [...]

« Une mission était toujours personnelle, différente de celle de son confrère. Parfois on pouvait être affecté à une même mission sans pour autant se connaître ; mais certains comportements et certaines consignes étaient connus de tous afin de pouvoir porter assistance dans les cas d'extrême urgence. Nous avions des jeunes gens qui faisaient le travail : motards par-ci par-là dans les environs des endroits où se tenaient régulièrement les réunions des politiciens ; des taximen, des domestiques dans les camps militaires ou chez les hautes autorités hutues ; les enfants des rues de Kimihurura ; les porteurs ; les infiltrés dans les groupes des miliciens *Interahamwe*, Impuzamugambi et Abakombozi ; ceux qui opéraient dans la stricte clandestinité pendant les nuits, et d'autres qui travaillaient comme pompistes dans les stations d'essence. Le travail était tellement diversifié et bien préparé que lorsque la guerre reprit, Kagame avait toutes les informations nécessaires pour déclencher l'assaut final.

« [...] Nous avions également mission d'étudier les comportements particuliers des individus, de rédiger des rapports les concernant et d'estimer s'il fallait les liquider physiquement, le cas échéant.

« [...] LE FPR MENAIT LE GOUVERNEMENT HABYARIMANA PAR LE BOUT DU NEZ.

« Pour que les combats reprennent, il fallait des prétextes, l'espoir d'une victoire rapide, c'est-à-dire en emportant la voie la plus expéditive.

[...] Après les assassinats de certains responsables de divers partis politiques et les échecs subis dans l'élimination de certains autres, le FPR attribuait ces faits au parti MRND.

Exemples : Dans la nuit du 18 au 19 mai, Gapyisi Emmanuel, leader du Parti MDR, a été assassiné par le Network sous les ordres du colonel Karenzi Karake, alors membre du GOMN. Il avait reçu auparavant des menaces du FPR pour ses positions opposées à la prise du pouvoir du FPR par la force. Le même sort sera réservé à Félicien Gatabazi, leader du Parti social-démocrate, le 21 février 1994.

« Mais, des fois, le MRND et la CDR étaient réellement les vrais commanditaires de certains assassinats. Ainsi l'État restait seul responsable aux yeux du public qui considérait que le désordre était provoqué par les autorités en place qui refusaient la mise en place d'un gouvernement d'union prévu par les accords d'Arusha. Ce piège du FPR a fait mouche et l'État fut continuellement accusé comme étant le seul responsable de cet état de chose, sans que le FPR en fût soupçonné. [...]

« La différence entre les assassinats commis par l'État et ceux commis par le FPR réside dans le fait que le FPR recourait aux services de professionnels bien entraînés, qu'il ne se ventait pas tout haut de ses exploits et ne tolérait pas que les observateurs indépendants viennent fourrer leur nez dans ses affaires. L'État, par contre, utilisait les *Interahamwe* drogués au chanvre, et leurs exactions étaient commentées victorieusement par la radio RTLM et tous les journaux soutenus par le régime de Habyarimana.

« POURQUOI LES CRUAUTÉS COMMISES DANS LES ZONES CONTRÔLÉES PAR LE FPR SONT-ELLES RESTÉES MÉCONNUES ?

« La principale ruse toujours utilisée par le FPR est de nier tous les crimes commis, même si, par la suite, il doit avouer, après constat, que cela ne lui ferait pas de tort. Pendant toute la durée de la guerre, le FPR n'a autorisé la visite des journalistes dans sa zone de contrôle que quand il était sûr qu'ils ne lui étaient pas hostiles [...] Pour faire visiter aux journalistes sa zone de contrôle, le FPR les conviait quand il voulait, les conduisait là où il voulait, et même les prévenait qu'il y avait des mines cachées ça et là, que les combats faisaient rage de ce côté-ci : bref, le journaliste était orienté dans une voie bien préparée longtemps à l'avance. En général, on faisait visiter le long de la frontière, non à l'intérieur du pays. Ainsi les journalistes croyaient se déplacer sur une longue distance à travers le pays alors qu'ils ne pénétraient même pas à plus d'un kilomètre de la frontière et, une fois fatigués, ils étaient logés sur place. Cette supercherie a longtemps alimenté la propagande du FPR sans que personne ne remarque ses charniers.

« Un autre point sur lequel les Inkotanyi ont été plus rusés que le gouvernement consistait à brûler les corps de ses victimes pour disperser les cendres loin des lieux des massacres, de sorte qu'il n'était pas facile d'identifier les personnes tuées. Mais nous connaissons plusieurs endroits où les massacres de populations ont eu lieu. En aucune occasion on ne pouvait surprendre les *Inkotanyi*, car il fallait avoir une autorisation pour pénétrer dans la zone qu'ils contrôlaient et s'y promener. »

Post-scriptum : Au terme de ce chapitre sur la communication des uns et des autres, un fait grave commis par des militaires français n'a pas été mis sur la place publique. Cette grosse bavure est la seule que j'ai repérée dans la période 1990-1993. Elle n'a rien à voir avec les accusations de complicité de génocide du FPR, mais elle n'en demeure pas moins odieuse. Fin 1992, début 1993, une partie de la section du 21e RIMA, basé à Fréjus, chargée de garder l'aéroport est partie en goguette avec un camion de l'armée pour aller jusqu'à une boîte de nuit appelée *Kigali Night*. En sortant, les soldats ont fait monter une Rwandaise. Deux l'ont violée puis lui ont « travaillé » le sexe à la baïonnette sans que les autres militaires interviennent. Puis l'ont laissée, nue, sur le bord de la route. La jeune fille a été emmenée à l'hôpital de Kigali. Sur le cahier d'entrée, aurait été mentionné : « Violée par des militaires français. » Avant même que l'affaire ne s'ébruite, deux prévôts se sont saisis de l'affaire et prévenu à la fois le lieutenant-colonel Boré, n° 2 du 21e RIMA et le colonel Robardey, l'adjoint de l'attaché de défense. À ce niveau les prévôts ont été encouragés à continuer leur enquête.

Les deux policiers militaires ont effectivement poursuivi leurs investigations. Reçu la plainte de la victime qui a également demandé un dédommagement (qu'elle a obtenu), et mis en garde à vue les auteurs du crime et leurs complices. Puis, ils ont contacté le procureur du TGI de Draguignan…

Le substitut de permanence a répondu que c'était un crime qui n'avait pas été commis pendant les heures de service et ne voyait donc pas la nécessité de se saisir. Il conseilla à son interlocuteur de saisir la justice locale. Le prévôt lui fit valoir que les prisons de Kigali n'étaient pas formidables… Finalement le dossier instruit par les prévôts a bien été envoyé à Draguignan.

Mais l'affaire a été enterrée… Au moment où mon livre est mis sous presse, je n'ai pas découvert les détails et les mécanismes de cet étouffement. Désigné comme ultime responsable de celui-ci par quelques officiers généraux, François Léotard, qui au moment des faits était maire de Fréjus, puis ministre de la Défense, a réagi très vivement après mon exposé des faits : « Je n'ai jamais été informé de ce crime horrible. Je souhaite que les criminels soient poursuivis et je vous encourage à continuer votre enquête. Il faut savoir qui a couvert ce crime. Je suis consterné par ce que vous me dites. Tenez-moi au courant[14]. » Un quart d'heure plus tard, François Léotard me rappelle après être entré en contact avec François Lépine, qui était alors son directeur de cabinet. Lequel lui a affirmé n'avoir pas souvenir de cette affaire. Le général Philippe Mansuy, qui était alors chef de cabinet de l'amiral Lanxade, chef d'état-major des armées a, de son côté, bien entendu parler de cette affaire, sans pour autant l'avoir traitée. « Militairement, elle a eu des suites. Il y a eu une enquête et des sanctions. En terme d'éthique militaire, ça ne pouvait pas passer… »

Le capitaine Filipi, l'officier supérieur adjoint du chef de corps du 21e RIMA, n'était manifestement pas au courant de cette affaire. Après recherche, il m'a dit que le régiment ne gardait ses archives que pendant dix ans et était dans l'incapacité de m'aider et de me dire les sanctions qui avaient été prises.

14. Entretien avec l'auteur, le 3 novembre 2005.

Partie II

Le temps du génocide

La faillite des Casques bleus –
Les comportements honteux de la Belgique
et des États-Unis – L'attentat contre le Falcon 50 –
Le temps des massacres

CHAPITRE 11

Des Casques bleus partisans et aveugles

L'ONU porte une très lourde responsabilité dans la tragédie rwandaise de même que, derrière elle, l'administration Clinton. Sur le terrain, l'ONU, c'étaient deux hommes : le général Roméo Dallaire et celui qui était censé être son supérieur hiérarchique, Jacques-Roger Booh Booh, mais le second n'a pas empêché le premier de prendre fait et cause pour le FPR; on peut dire que le général canadien travaillait à l'intérieur d'une chaîne de commandement parallèle qui obéissait aux États-Unis[1]. Les deux personnes qui font un tel constat sont Boutros Boutros-Ghali, alors secrétaire général de l'ONU, et Jacques-Roger Booh Booh, son représentant à Kigali.

Le 24 novembre 1993, au lendemain matin de son arrivée à Kigali, Booh Booh est introduit avec Roméo Dallaire dans le bureau d'Habyarimana. Après un échange de portée générale sur les intentions de chacun, Habyarimana se tourne vers le général Dallaire, sans dissimuler son irritation : il lui reproche de n'avoir rien fait pour rechercher les assassins de 65 personnalités locales hutues, tuées simultanément dans la nuit du 17 au 18 novembre, dans plusieurs communes, en zone démilitarisée, au nord de Ruhengeri. Tout le monde savait que

1. Boutros Boutros-Ghali dans deux interviews, avec *Libération* (22 mars 2004) et avec Robin Philpot, in *Ça ne s'est pas passé comme ça à Kigali.*

ces massacres étaient l'œuvre du FPR. Dans un télégramme diplomatique du 19 novembre, l'ambassadeur de France écrivait d'ailleurs : « Le FPR se sent pris au piège [...]. Il est désormais certain qu'il ne pourra accéder au pouvoir par la voie des urnes. » La MINUAR, quant à elle, avait annoncé la création d'une commission d'enquête...

« Habyarimana soupçonnait le général Dallaire de connaître la vérité sur cette affaire, mais de chercher à couvrir les commanditaires de ces crimes odieux. Cueilli à froid par le chef d'État rwandais, Roméo Dallaire, qui n'avait manifestement pas préparé cette audience, a tenu des propos inaudibles. Habyarimana est revenu à la charge et a haussé le ton pour contester son impartialité dans ses fonctions à la tête des forces de la MINUAR », raconte Booh Booh[2]. Dallaire gardera jusqu'au bout cette attitude partiale. Une attitude partagée par son équipe et par une partie des militaires belges – qui constituent son seul vrai bras armé –, les autres forces, notamment celles du Bangladesh, comptant pour du beurre.

La France hors jeu, la Belgique avait tout fait pour se réintroduire dans le dossier rwandais en manifestant son empressement à participer à la force internationale. « Les motivations belges sont multiples. Il y a, bien sûr, le passé colonial, ainsi que la participation active de la Belgique aux négociations d'Arusha. Mais, surtout, l'état-major de l'armée belge voit immédiatement dans l'opération du Rwanda l'occasion de se tirer du guêpier somalien dans lequel la Belgique se trouve de plus en plus enlisée...[3] » Lors de la mission de reconnaissance effectuée à la fin du mois d'octobre par vingt-cinq militaires belges, leur chef manifeste leur parti pris, ils ne relèvent que les obstacles que les extrémistes hutus et certains responsables au pouvoir ont dressés. La principale mission de KIBAT, le bataillon belge, consistera à faire respecter une zone démilita-

2. Jacques-Roger Booh Booh, *Le patron de Dallaire parle*, Paris, Éditions Duboiris, 2005.
3. Alain Destexhe, *Qui a tué nos paras ?*, Bruxelles, Éditions Luc Pire, 1996.

risée, dans un rayon de 10 kilomètres autour de Kigali, et à assurer la sécurité de l'aéroport.

Avant même de fouler le sol rwandais, les soldats belges, pourtant censés appuyer le processus de paix, et donc être neutres, avaient en réalité choisi leur camp, celui du FPR. À leur décharge, il faut dire que, fin 1993, il était difficile, en Belgique, d'échapper au matraquage pro-FPR de la presse. Le colonel Marchal, commandant du secteur Kigali de la MINUAR, explique bien son état d'esprit : « Je suis tout à fait conscient d'avoir été, à l'instar de beaucoup d'autres, conditionné par cet environnement médiatique stéréotypé et d'avoir partagé de façon quelque peu simpliste la vision qui prévalait à cette époque, à savoir : le FPR, mouvement représentant la minorité opprimée, se trouvait par définition du côté des "bons", tandis que les autres se retrouvaient forcément dans la catégorie des "mauvais" [...]. J'étais moi-même conditionné par les schémas réducteurs et pro-FPR dont les médias se faisaient l'écho en Belgique[4]. »

Luc Marchal s'apercevra rapidement que la réalité du terrain est bien différente. Les forces gouvernementales manifestaient en effet une réelle bonne volonté de se conformer aux dispositions arrêtées, même si certains irréductibles faisaient exception ; alors que, du côté du FPR, la « collaboration était à couteaux tirés ». Luc Marchal est un honnête homme, peu représentatif de l'état d'esprit du Casque bleu belge moyen. Nombre de ces derniers se sont en effet comportés comme des soudards en pays conquis, fréquentant bars et boîtes de nuit. Les incidents étaient fréquents et relayés immédiatement par la Radio des Mille Collines et les journaux extrémistes comme *Kangura*. « Les Rwandais en général et les hauts dignitaires du régime en place acceptaient mal les diverses fouilles, parfois énergiques, conduites par les soldats du contingent belge, accusés d'être favorables au FPR, pour faire de Kigali une ville

4. In *Silence sur un attentat*, Paris, Éditions Duroiris, 2005.

sûre, débarrassée d'armes », raconte Jacques-Roger Booh Booh, chef de la mission de l'ONU au Rwanda[5].

L'exemple d'une conduite contestable était donné par le général Dallaire lui-même. Tout Kigali bruissait des rumeurs le concernant et que Booh Booh résume de façon lapidaire : « Dallaire était un sous-marin du FPR avec, semble-t-il, une Tutsie sous son toit[6]. » Tout le monde savait également que le commandant de la MINUAR était comme chez lui à l'hôtel Lando, propriété de Landoald Ndasingwa, marié à Hélène Pinske, une Canadienne qui ne cachait pas son vœu de voir gagner le FPR[7]... Et Booh Booh de citer un tract intitulé « Au brigadier Dallaire, l'Impénitent », qui circulait à Kigali et commençait par :

> « Regarde bien Brigadier Roméo
> Où tu vas danser tes boléros,
> Méfie-toi des chanteuses d'odes,
> Éloigne-toi de leurs mains chaudes... »

pour mentionner ensuite son soutien au FPR, soulignant la différence de traitement entre les deux camps :

> « Tu escortes les uns jusque dans leurs forfaits
> Tu ignores les autres, tu en fais des rebuts,
> Et tu te veux droit comme un i !! »

Le général contournait les procédures habituelles de l'ONU : « C'est ainsi que Dallaire recevait des instructions de New York à travers le général canadien Baril, et non de Kofi Annan [chef du département des missions de maintien de la paix à l'ONU]. À Kigali, la MINUAR était un véritable camp de militaires canadiens qui venaient, utilisaient les badges de la MINUAR et repartaient chez eux sans avoir à respecter quelque procédure officielle, et sans que j'en fusse informé », poursuit Booh Booh, dans son réquisitoire éditorial...

Les tueries du FPR faisaient l'objet d'un black-out de la part

5. In *Le patron de Dallaire parle*, *op. cit.*
6. *Ibid.*
7. Robin Philpot, *Ça ne s'est pas passé comme ça à Kigali*, *op. cit.*

de l'ONU, alors que les Casques bleus traquaient l'autre camp. Les services de renseignement d'Habyarimana savaient parfaitement que le FPR considérait la zone démilitarisée comme partie intégrante de son espace, qu'il menaçait d'en interdire tout survol aérien et préparait une nouvelle action offensive.

Début décembre, alors que les *Interahamwe* subissent une formation militaire, et que l'application des accords d'Arusha pour la mise en place du Gouvernement de transition à base élargie (GTBE) piétine, de nouvelles exactions FPR ont lieu en zone démilitarisée. Les renseignements reçus à l'état-major rwandais laissent deviner que les actions FPR pourraient avoir deux objectifs : vider, par la terreur, la zone tampon de sa population censée hostile, et y créer un tutsiland ; multiplier les incidents et les provocations pour obtenir le départ de la MINUAR vers le 1er février 1994 – une clause de sa création prévoit en effet que la mission ne sera pas prorogée si aucun progrès n'est observé au bout de 90 jours[8].

Dallaire négocie l'installation d'un bataillon du FPR de 600 hommes, prévue par les accords d'Arusha. Le FPR exige que les portes du Centre national du développement (CND), siège de l'Assemblée nationale, soient ouvertes à ses hommes. Le lieu, évidemment symbolique, occupe de surcroît une position stratégique près de l'aéroport. L'état-major de l'armée rwandaise fait savoir qu'il serait « suicidaire » d'accepter une telle exigence. Sous la pression, Habyarimana cède cependant.

En grande pompe, les voitures de la MINUAR accompagnent le convoi des troupes du FPR de Mulindi, leur quartier général, jusqu'au CND, dans une opération baptisée *Clean Corridor*. Ce spectacle choque les Rwandais qui sont derrière Habyarimana, d'autant plus que les Casques bleus ne protestent pas contre les nombreuses violations des accords dans la zone tampon démilitarisée. Le 30 décembre, deux groupes armés du FPR sortent sans encombre du CND et circulent

8. Document écrit par un militaire français, en position d'en connaître.

dans le centre de Kigali sans escorte de la MINUAR. Ils recommencent les jours suivants sans provoquer la moindre réaction des chefs des forces internationales.

Le FPR réussit aussi à faire admettre à Dallaire que l'axe ouest de la piste d'atterrissage constitue un danger pour sa sécurité, puisque les avions en présentation survolent la zone de son lieu de cantonnement. Les compagnies civiles refusent de modifier leur trajectoire et de se plier à ce diktat, mais les avions officiels rwandais – deux avions militaires et le Falcon 50 présidentiel – sont contraints de s'y soumettre. L'avion présidentiel ne dispose plus que d'une seule piste pour décoller et se poser, il est de fait placé dans des circonstances favorables à une embuscade. La sécurité de l'aéroport assurée par les Casques bleus belges n'y changera rien : une compagnie est basée à un kilomètre de l'aéroport, un tiers de son effectif patrouille à l'intérieur de l'aéroport.

Au début de janvier 1994, les FAR manifestent de plus en plus leur nervosité; elles s'exaspèrent de la passivité de la MINUAR face à l'arrivée de personnel supplémentaire du FPR à Kigali et à la poursuite des patrouilles armées dans Kigali.

Dans le même temps, un renseignement inquiétant (collecté par le ministère français de l'Intérieur), qui implique directement ou indirectement des Belges, parvient à Kigali. Il n'est pas fait pour apaiser les esprits. Une société américaine, représentée à Bangui, aurait sollicité le recrutement d'une quinzaine de mercenaires occidentaux de diverses spécialités techniques – dont le maniement de missiles antichars Law et antiaériens Stinger. Ces personnes seraient chargées d'une opération qui débuterait à la mi-février 1994 à partir de Bruxelles. Elles voyageraient par vol régulier Sabena jusqu'à Nairobi où elles seraient prises en charge avant d'être transférées à Kampala. Leur objectif serait de s'introduire au Rwanda pour y semer le trouble dans l'armée régulière rwandaise et surtout favoriser le contrôle de la région par l'ethnie tutsie. Le nom de James Gasana – vraisemblablement un pseudo, et non pas l'ancien ministre de la Défense – est cité comme l'un des chefs de groupes locaux qui doivent participer à l'opération.

Tentative de manipulation de la MINUAR par le FPR et ses amis, l'opération « Jean-Pierre » ressemble beaucoup à celle de Janvier Afrika et a les mêmes objectifs...

Début décembre 1993, une rumeur enfle dans Kigali : il existerait un plan d'élimination des principales personnalités d'opposition, visant à affaiblir l'alliance des partis avec le FPR. Un document officiel donne immédiatement crédit à cette rumeur : la MINUAR reçoit en effet une lettre datée du 3 décembre, et envoyée par des officiers des FAR. Tout en signalant des « massacres dans toutes les régions du pays, à commencer par les régions dites à forte concentration de l'ethnie tutsie », la lettre affirme que ce « plan machiavélique » vise notamment Faustin Twagiramungu, Landoald Ndasingwa, Félicien Gatabazi, Dismas Nsengiyaremye, Boniface Ngulinzira. « À considérer les préparatifs en cours, Monsieur Twagiramungu doit être éliminé physiquement entre le 5 et le 30 décembre 1993, période probable de la mise en place des institutions de la transition. La capitale Kigali reste aussi la cible privilégiée de ce groupuscule terroriste. » La lettre désigne par là des militaires originaires de la région du président Habyarimana.

Quelques semaines plus tard, Faustin Twagiramungu, principal leader de l'opposition et principale cible visée par ledit « complot », contacte le général Dallaire pour lui suggérer de rencontrer un certain « Jean-Pierre » qui travaille avec les *Interahamwe* et a des informations graves et confidentielles à donner sur les menaces qui pèsent sur la paix civile. Le patron de la MINUAR demande au colonel Marchal d'entrer en relation avec le mystérieux Jean-Pierre, cautionné par un si important homme politique. Faustin Twagiramungu est en effet le Premier ministre désigné pour diriger le futur « gouvernement de transition à base élargie ». Le 10 janvier au soir, le colonel

Marchal écoute les confidences de « Jean-Pierre » et en est très impressionné. Il les transmet à Dallaire qui affirme avoir adressé un fax au général Baril, au siège de l'ONU.

Que dit ce télégramme ? Il crédibilise d'abord « Jean-Pierre », présenté par un « très, très important politicien du gouvernement » comme étant « instructeur de haut niveau des milices armées du MRND, les *Interahamwe* ». L'homme est très bien rémunéré par le président du MRND et par le chef d'état-major des FAR. « Jean-Pierre » annonce des provocations contre les députés de l'opposition et contre les soldats belges en vue de déclencher une guerre civile. Si les Belges réagissaient, certains seraient tués pour inciter les autres à quitter le Rwanda.

« Les *Interahamwe*, poursuit le télex, ont entraîné 1700 hommes dans les camps de l'armée. Depuis l'arrivée de la MINUAR, 300 personnes ont été formées dans les casernes et repèrent tous les Tutsis de Kigali. Il soupçonne que cet entraînement est destiné à leur extermination. Il dit que ses hommes seraient en mesure de tuer mille Tutsis en vingt minutes. Il déclare qu'il désapprouve l'extermination des Tutsis. » Jean-Pierre est prêt à dire où sont cachées les armes du MRND, mais il demande, pour lui et sa famille, la protection de la MINUAR. Dallaire appuie cette demande, mais prend néanmoins conseil, car il n'est pas sûr de la conduite à tenir et n'exclut pas un piège : « Le quartier général ne possède aucune expérience onusienne en cette matière et demande de toute urgence des conseils. Le commandant de la MINUAR est perplexe à propos de la décision subite de l'informateur de tout dévoiler. La possibilité d'un piège n'est pas exclue, car c'est peut-être un coup monté contre cette personnalité politique très, très importante. »

À la suite des informations parvenues à New York, instruction est donnée à Booh Booh et Dallaire de réunir les ambassadeurs de Fance, de Belgique et des États-Unis. Pas question de s'occuper des armes, mais une pression vigoureuse doit être exercée sur Habyarimana. Booh Booh et Dallaire convoquent lesdits ambassadeurs, lesquels demandent des instructions à leur gouvernement.

Paris reçoit ainsi, le 12 janvier, un télégramme de Kigali, et estime que « les informations sont graves et plausibles ». « Toutefois, on ne peut écarter l'hypothèse d'une manœuvre d'intoxication destinée à discréditer le Président au moment où devraient se mettre en place les nouvelles institutions », est-il précisé.

De son côté, la prudence fait envisager au général Dallaire l'hypothèse d'un leurre destiné à la MINUAR pour inciter celle-ci à sortir de son mandat et à s'engager dans une opération militaire avec tous les risques que cela comporte. Enfin, Booh Booh n'a pas caché que c'est le Premier ministre désigné qui l'avait mis en rapport avec cet informateur par l'entremise d'un autre intermédiaire. Or on connaît l'état des relations entre le général Habyarimana et Faustin Twagiramungu.

C'était bien vu. La chaîne de commandement qui a eu à traiter ce sujet a très sagement analysé la situation en soupçonnant fortement qu'il s'agissait d'une manipulation. Une manipulation qui, comme dans l'opération Janvier Afrika/CIE, avait été soutenue et relayée par les journaux pro-FPR et notamment par *Isibo* qui, dans son numéro 121 du 3 au 10 janvier, avait mis sur le dos de l'« escadron de la mort » la programmation de l'extermination des Tutsis : « Ces gens ont un plan visant à assassiner certains ministres du MRND, du PL-Mugenzi, du Power-Karamira, et des membres hutus du FPR tels que Kanyarengwe et Lizinde, pour dire que ce sont les combattants du FPR de Kagame qui ont éliminé les Hutus. Ainsi le bruit s'en répandrait partout, et l'escadron de la mort amorcerait l'extermination des Tutsis et de tous ceux qui sont en contradiction avec le MRND, la CDR et le PALIPEHUTU. »

La MINUAR refuse de protéger « Jean-Pierre ». Celui-ci quitte alors le Rwanda pour Nairobi où il a l'intention d'accueillir sa famille pour la mettre à l'abri. Il y retrouve des membres d'une famille très pro-FPR. « Jean-Pierre » n'a aucun problème financier pour monter une affaire[9]. Dès février 1994, il envoie un message à sa femme pour qu'elle le rejoigne avec les enfants. La famille quitte Kigali à bord d'une Suzuki ; « Jean-Pierre » l'attend à la frontière. Sa femme affirme que ce n'est qu'à ce moment, après leur exil, que « Jean-Pierre » décide d'entrer officiellement au FPR. Le 23 ou 24 mars, il prend le volant de sa voiture pour rejoindre le quartier général du FPR à Mulindi, où est installé Paul Kagame. Un mois plus tard, fin avril, la femme de « Jean-Pierre » reçoit des nouvelles de son mari : elle apprend par les membres FPR de la famille de celui-ci qu'il se porte bien et qu'il est, à Mulindi, dans les meilleurs termes avec les dignitaires du FPR. Puis, plus rien. À la fin de l'année 1994, un ministre du gouvernement de Faustin Twagiramungu lui annoncera que son mari a été tué au cours d'une bataille. Malgré ses demandes réitérées, elle ne pourra connaître les conditions exactes de son décès.

Le parcours de « Jean-Pierre », à la fin tragique, suggère qu'il était – comme Janvier Afrika – un infiltré du FPR dans les *Interahamwe* et qu'à la demande de ses patrons, il s'est prêté à une opération visant à préparer la communauté internationale à l'idée d'un plan d'extermination des Tutsis. L'appartenance de « Jean-Pierre » au FPR et ses bonnes relations avec les « dignitaires de Mulindi » ne sont pas les seuls éléments qui permettent de conclure que cette affaire fut montée par le FPR ou par certains de ses partisans. À commencer par la lettre reçue par la MINUAR annonçant massacres et assassinats de personnalités de l'opposition : c'était un faux !

Plus intéressante encore, la relation étroite entre Jean-Pierre et Faustin Twagiramungu, que m'a révélée l'ancien ministre de la Défense James Gasana : « Faustin Twagiramungu était en étroite relation avec "Jean-Pierre", un agent double qui travaillait d'un côté pour le MRND et les *Interahamwe* et de

9. Cette histoire est tirée du témoignage de sa femme au TPIR, KO272531.

l'autre pour le FPR. Jean-Pierre l'a notamment protégé et aidé à tenir le congrès du MDR en juillet 1992. » James Gasana avait parfaitement repéré le jeu de « Jean-Pierre », et veillait de près à ce qu'il n'approche pas ses services. « Il était très malin et se vendait à tout le monde en donnant à chacun le sentiment d'être son confident unique. "Jean-Pierre" était manipulé par le colonel Karake Karenzi, le chef des brigades clandestines FPR installées à Kigali, qui a opéré d'abord à l'intérieur du GOMN, puis à la MINUAR. »

Dans son livre, Gasana écrit : « Cette présence du FPR au GOMN lui permet d'organiser ses réseaux et son dispositif de déstabilisation du régime et de prise du pouvoir. Dans leur stratégie, cette déstabilisation comprend l'instigation de troubles ethniques [...]. Karenzi est un homme rompu à la recherche du renseignement et à la subversion. » Selon Gasana, Karenzi, chef d'état-major des unités clandestines d'espionnage et de déstabilisation, avait placé « Jean-Pierre » à l'intérieur du MRND.

Par son témoignage « spontané », Jean-Pierre est ainsi devenu, comme Janvier Afrika, un acteur connu de la communauté internationale, et même reconnu, malgré toute la méfiance qu'il avait suscitée. Ses « révélations » continuent, onze ans après sa mort, à servir de principale « preuve » de la planification du génocide des Tutsis.

« Jean-Pierre » s'appelait en réalité Abubakar Turatsinze ; il habitait Nyamirambo, un des quartiers de Kigali. En 1988, il est engagé comme chauffeur au Service central de renseignement, dépendant de la Présidence de la République. Il occupe cette fonction jusqu'en 1991. Il est ensuite employé au siège du MRND et travaille pour les *Interahamwe*, tout en conservant ses relations avec Karake Karenzi. Car, au moment où l'opération est montée en direction de la MINUAR, l'officier traitant de « Jean-Pierre » est tout simplement installé dans les locaux du quartier général de la MINUAR : il est l'officier de liaison entre le commandement de celle-ci et le FPR. Le positionnement de Karenzi ne pouvait que faciliter la manipulation. Dans une audition du 24 septembre 1996, Frank Claeys, ex-capitaine belge de la MINUAR, a déclaré qu'effectivement, Karenzi connaissait bien « Jean-Pierre ».

Aujourd'hui, Faustin Twagiramungu, qui était alors très proche du FPR, préfère oublier qu'il s'est prêté à l'une de ses manipulations. Il a affirmé le 30 mai 1997, devant le Sénat belge, que « Jean-Pierre » n'était pas crédible : « Jean-Pierre était un chauffeur. Il a travaillé au MRND à ce titre. Il a été licencié par le MRND, mais il est resté dans les *Interahamwe.* À moins qu'il y ait un autre Jean-Pierre... Ce genre de personne vise à obtenir des avantages qu'on leur accorde soit pour la vente d'informations, soit pour mentir. On vante chez eux une certaine bravoure que, souvent, ils n'ont pas... Il était tutsi... Ces gens travaillaient avec les *Interahamwe*, même s'ils ne prenaient pas de décisions... »

Faustin Twagiramungu diminue à dessein le rôle de l'agent Jean-Pierre, voire nie son importance ; il ne veut surtout pas garder en main cette patate chaude, car il sait à quel point le fax de Dallaire continue d'être utilisé par ceux qui sont aujourd'hui ses ennemis. Bien qu'il soit engagé dans un combat frontal avec ses anciens amis du FPR, il cède sur ce point et essaie par tous les moyens de dégager sa responsabilité : « J'ai fourni des informations aux autorités de la MINUAR, mais je n'ai jamais parlé de massacres ou d'extermination de Tutsis », dit-il, assurant qu'il n'y avait eu aucune planification d'un génocide[10]. Le Premier ministre du premier gouvernement post-génocide ne prend aucun risque à charger « Jean-Pierre », puisque celui-ci est mort. Était-il devenu à l'époque un témoin gênant ? Il n'aurait pas eu alors le temps, comme Janvier Afrika, de prendre la fuite...

En ce début d'année 1994, alors que chaque camp dresse des obstacles politiques pour empêcher la mise en place des

10. Robin Philpot, *Ça ne s'est pas passé comme cela à Kigali, op. cit.*

institutions de transition, la tension entre les partisans d'Habyarimana et le commandement de la MINUAR devient plus aiguë. L'inégalité de traitement pratiquée par le général Dallaire est la source du différend. Booh Booh souligne à ce sujet l'admiration de Dallaire pour les *Inkotanyi* et reprend pour l'illustrer une anecdote empruntée au propre livre de Dallaire[11] :

«Une fois sorti de Butare, j'ai arrêté le convoi, j'ai sauté dans le véhicule du FPR dans lequel se trouvaient Pasteur Bizimungu et Tito Rutamera (un député proposé par le FPR) et je me suis mis au volant. Je voulais que tout meurtrier potentiel observant la voiture avec des jumelles puisse me voir en premier. Quelqu'un désirant tuer Tito et Pasteur devrait me tuer d'abord.»

Et Booh Booh de commenter : «Inutile de préciser que ce type de comportement n'était pas prévu dans le mandat de la MINUAR. De plus, il indiquait clairement, par cet engagement personnel affiché, son parti pris pour le FPR. Autant il s'est appliqué, avec raison et avec mon appui, à dénicher les caches d'armes d'Habyarimana, les camps d'entraînement des milices MRND, les escadrons de la mort au pouvoir, autant il s'est fait discret – je dirais secret – sur le ravitaillement en armements du FPR depuis l'Ouganda en général, et le convoyage de leurs armes à Kigali en particulier.»

Dernier exemple : le 2 février, les FAR refusent d'accepter le projet portant sur les nouvelles limites de la zone démilitarisée, soumis par le général Dallaire aux responsables des deux camps, limites qui auraient octroyé au FPR de substantiels gains territoriaux.

Une dépêche AFP datée du 17 février décrit bien la situation explosive qui prévaut alors au Rwanda : «La situation en matière de sécurité "se détériore rapidement" au Rwanda où des camps d'entraînement militaire ont été mis en place par les

11. *J'ai serré la main du diable,* Québec, Libre Expression, 2003.

anciens belligérants, qui procéderaient à “une distribution massive d’armes à la population”, a déploré jeudi la mission de l’ONU pour l’assistance au Rwanda (MINUAR). Des accrochages dans la zone démilitarisée, mettant aux prises des soldats gouvernementaux et des forces du Front patriotique rwandais (FPR, ancien mouvement rebelle tutsi), ont fait la semaine dernière trois morts et plusieurs blessés, a précisé dans un communiqué le représentant spécial de l’ONU au Rwanda, Jacques-Roger Booh Booh. Ces incidents surviennent alors que les partis rwandais n’ont toujours pas réussi à s’entendre sur la mise en place des institutions de la transition – gouvernement et parlement devant associer les anciens rebelles du FPR, tels que prévus par les accords de paix d’Arusha (Tanzanie) signés le 4 août dernier après trois ans de guerre civile. Les “camps d’entraînement pour les nouvelles recrues” et la “distribution massive d’armes de différents calibres à la population”, soupçonné par l’ONU, “indiquent une attitude des parties plus tournée vers la confrontation que vers l’exécution de l’accord de paix”, constate le représentant de l’ONU. Les informations dont dispose la MINUAR sur ces armes, provenant “d’un peu partout”, ont été transmises à New York, a précisé un porte-parole de la MINUAR. »

L’atmosphère qui règne à Kigali est délétère, la tension palpable. Luc Marchal, patron de la KIBAT, est tellement conscient des risques de sa mission qu’il demande à plusieurs reprises à l’état-major belge des hommes et des munitions supplémentaires, dont des obus de 35 mm et des missiles Milan. Il ne recevra jamais de réponse ; plus tard, ledit état-major affirmera même n’avoir jamais reçu une telle demande.

L’escalade dans la tension doit beaucoup à l’assassinat d’un leader de l’opposition : Félicien Gatabazi est tué le 21 février 1994. Le meurtre est immédiatement imputé à l’« escadron de la mort » et provoque une nouvelle flambée de violences qui prépare la rupture des accords d’Arusha... Il s’agit en fait d’une énième provocation-manipulation du FPR : des brigades clandestines de l'organisation ont éliminé l'homme politique. Joseph Ngarambe, un des cadres dirigeants du Parti social-démocrate, proche de Félicien Gatabazi et acteur de toute cette affaire, raconte comment il a été pris au piège tendu par le FPR :

Trente minutes après l'assassinat de son ami, il apprenait la nouvelle. Il est chez lui, à seulement 800 mètres du domicile de Gatabazi. Il entre dans une rage folle contre Habyarimana. Il ne fait pour lui aucun doute que le président du Rwanda est bien le commanditaire[12]... Vu l'heure tardive – il est bientôt 23 heures – et l'insécurité qui règne dans Kigali, Joseph Ngarambe néanmoins décide d'attendre le lendemain matin pour aller s'incliner devant la dépouille.

Toujours animé par la même fureur, il se rend le lendemain matin, tôt, chez Gatabazi. Il lui est alors fait le récit des circonstances exactes de la mort : des tireurs embusqués l'ont tué alors que, dans sa voiture, il attendait l'ouverture du portail de son domicile. Des petits cercles se forment. Dans l'un d'entre eux, Laurent Rutayisire, patron des services de renseignement, et lié par mariage à la victime, lance mystérieusement :

– Habyarimana va nous tuer tous ! Nous sommes finis. Vous, les gens de Butare, vous devriez faire quelque chose, sinon on est foutus...

Le PSD est essentiellement composé de gens du Sud et notamment de Butare, qui luttent contre les gens du Nord dont est originaire Habyarimana. Pour la suite de l'histoire, il est important de savoir que le PSD, comme les autres partis, a créé en 1991 une organisation de jeunesse appelée *Abakombozi*, qui ressemble fortement à une milice, puisqu'elle n'hésite pas à lutter physiquement contre les autres partis. Son créateur et chef est Mbarushimana, propriétaire du journal *Le Soleil*.

12. Avant même de rendre visite à la famille Gatabazi, le président du PSD, F. Nzamurambaho, déclare que l'« Escadron de la mort » de Habyarimana est responsable de cet attentat.

Après l'interpellation de Laurent Rutayisire, un petit cercle de dirigeants du PSD s'est formé dans le jardin de Gatabazi. Tous décident de venger la mort de leur secrétaire général en allant tuer Séraphin Bararegana, frère d'Habyarimana. Joseph Ngarambe se souvient :

« On ne l'a pas trouvé. Il faut imaginer l'ambiance. Avec cet assassinat qui intervenait dans un climat très tendu, on était en guerre civile. Décision est prise d'aller sensibiliser les gens de Butare. Trois hommes sont désignés pour cette mission : Mbarushimana, le chef de la milice, et deux de ses adjoints.

« – Allez organiser quelque chose…

« Tout le monde comprend qu'il faut y aller pour venger l'assassinat de Félicien. On se cotise, on vide tous nos poches et on arrive ainsi à collecter un petit peu moins d'un million de francs rwandais. L'argent est confié à François Ndungutse. Pourquoi cet argent ? Pour soudoyer les groupes de choc… Finalement, deux des hommes désignés pour la mission à Butare se défilent. Conscient du danger, je me retrouve quand même avec François Ndungutse et ses deux gardes du corps sur la route de Butare. Je découvre que ces derniers sont armés de grenades, dont une avec un manche en bois. A mi-chemin, on s'arrête chez la belle-mère de François et on dépose les grenades. On traverse Gitarama, puis on approche de Butare et on tombe sur des barrages tenus par des civils. Les gens sont nerveux. Nous apprenons que Martin Bucyana, le président de la CDR, parti extrémiste hutu, a été tué entre 11 heures et midi. Au fur et à mesure que nous avançons, nous apprenons des détails sur ce qui est arrivé. Bucyana et son escorte avaient franchi un premier barrage sans encombre, mais au deuxième, les gardiens se faisant menaçants, il a sorti son pistolet. A cause de ce geste, il a été reconnu et coursé… Il a foncé chez une famille amie (Bonaventure Nkundabage) alors que son escorte allait se cacher ailleurs. Les gens de Butare, très énervés contre ceux du Nord, ont d'abord retrouvé ses gardes du corps, les ont battus et se sont dirigés vers la maison de Nkundabage. Pour éviter de causer des ennuis à ses amis, Martin Bucyana s'est livré et a été battu à mort dans des conditions particulièrement horribles. C'était la guerre civile. Le meurtre avait été commandité par des membres du PSD de Butare... Nous nous sommes dirigés vers le curé de Gatabazi pour discuter de l'inhumation de Gatabazi et sommes ensuite repartis vers Kigali, mais, au vu des barrages, nous avons fait demi-tour pour aller dormir à Gitarama... À l'enterrement de Gatabazi, il y avait une délégation du FPR dirigée par Tito Rutaremara. Ce meurtre a raidi encore davantage Joseph Ngarambe contre Habyarimana et les extrémistes hutus du Nord qu'il voyait comme seuls responsables des meurtres et des massacres. L'objectif du FPR était atteint. Cyniquement, il avait de surcroît envoyé un de ses chefs à l'enterrement de Gatabazi... »

« Qui ignore l'embrasement qui s'est produit lorsque Félicien Gatabazi a été tué, assassiné par les *Inkotanyi*?, résume aujourd'hui Abdul Ruzibiza. Le lendemain c'est Bucyana qui a été tué, et le sang alors s'est mis à couler partout. » On a effectivement dénombré 37 morts à Kigali.

« Le FPR menait le gouvernement Habyarimana par le bout du nez », reprend Ruzibiza. Gatabazi avait, lui, percé les vraies intentions du Front, c'est-à-dire la prise du pouvoir par la force, et commencé à prendre ses distances avec lui[13]. Il en est mort. Et le 24 février, la radio du FPR, Radio Muhabura, menaçait de reprendre le combat pour... arrêter les violences de l'escadron de la mort – en réalité, les siennes.

L'état-major rwandais n'est évidemment pas dupe de cette marche du FPR vers l'assaut final. Son système de renseignement et d'écoutes est très performant. Ainsi, dès le 26 février, il sait que le FPR est déçu des retombées de l'assassinat de Gatabazi, qui « n'a pas déclenché la guerre civile souhaitée. C'est pourquoi le FPR veut assassiner le président de la Répu-

13. Gaspard Musabyimana, *La Vraie Nature du FPR/APR d'Ouganda en Rwanda*, Paris, L'Harmattan, 2003.

blique afin de provoquer la colère des Hutus », lit-on dans une fiche datée de ce jour[14]. Depuis fin novembre 1993, le renseignement militaire fournit régulièrement des informations sur la volonté du FPR d'assassiner le chef d'État et les chefs d'état-major. Un message capté le 28 décembre 1993 entre Kagame et le chef de bataillon stationné à Kigali confirme les éléments obtenus par des sources humaines : « Le but général est de faire de nouveau état d'arrestations des principales personnalités du régime Juvénal et de liquidations physiques de certaines autorités militaires et civiles à une date et selon des ordres précis. [...] La liste des victimes vous parviendra après, mais le numéro un est justement connu ! »

Les rapports sur l'intention du FPR d'assassiner Habyarimana s'accumulent ainsi jusqu'au début avril...

Alors que tous ces rapports font évidemment monter la tension, d'autres, nombreux, signalent le comportement partial, ou considéré comme tel, du général Dallaire et du contingent belge de la MINUAR : ainsi le survol, le 1er février 1994, vers 8 h 15 et à quatre reprises, de la résidence du chef de l'État par l'hélicoptère belge de la MINUAR.

La présence de missiles SAM 7 au CND fait son apparition dans un rapport daté du 5 janvier 1994, confirmé le 14 février par une confidence faite par un membre belge de la MINUAR au major Ntamagezo, chef de la section Renseignements généraux à l'état-major...

Un homme est particulièrement inquiet de la tournure des événements : Jean-Pierre Munaberry, le pilote du Falcon 50. Il envoie le 28 février une lettre à l'un de ses amis pilotes pour lui faire part de ses inquiétudes :

« Avec le FPR au CND, c'est-à-dire à un kilomètre de la TWR [tour de contrôle] et avec le parti pris que tu connais par l'ONU, alias MINUAR, nous sommes quasi certains qu'il y a des missiles SAM7 et autres qui nous menacent pour les vols

14. RL N° 047/G2.2.4 du 26 février 1994.

du Mystère 50. Déjà le FPR a décrété un cercle de un kilomètre de diamètre autour du CND [...]. Je m'adresse donc à toi. Te souviens-tu des missiles qu'ils avaient dans le nord quand ils ont abattu l'Islander et l'hélico ? Donne-moi les perfs de ces missiles. Cussac m'a parlé de SA 7, mais dit qu'il n'y a jamais eu de SA 16 [...]. Que peut-on faire pour ne pas se faire prendre ? [...] Il indique une procédure utilisée le samedi précédent avec Habyarimana à bord. Ils ont été surpris, mais ont pris conscience qu'il y avait danger et que nous, nous n'étions pas tranquilles. [...] Il y a bien une solution : c'est de prendre sa retraite. je pense que ça va se terminer comme ça, car ici il n'y a aucun avenir ; ils sont en train de se burundiser, à la vitesse V. Le FPR concentre l'artillerie lourde près de Tumba, l'ONU ne voit rien [...], ils font ce qu'ils veulent, recrutent de gré ou de force des jeunes Tutsis qu'ils embarquent de nuit, cachent au CND, et, quand le paquet est assez gros, convoient en zone démilitarisée, escortés par la MINUAR. Sépaboça ? [...] Au Zaïre aussi, au nord Kivu [frontière avec l'Ouganda], zone de réfugiés tutsis où ils sont 80 %, ils font du nettoyage ethnique pour rectifier les 20 % restants de bantous. Déjà ils distribuent leurs terres. Même poudrière à côté de Lubumbashi. Le Grand Tutsiland est en marche. Amitiés. »

Effectivement, Cussac, l'attaché de défense français, nourrit de forts soupçons. Particulièrement bien renseigné, il sait que si les Casques bleus sont intransigeants pour contrôler les FAR, ils ont en revanche accepté l'interdiction faite par le FPR de contrôler leurs véhicules, de la même façon qu'ils permettent aux militaires installés au CND d'aller chercher du bois de chauffage à Mulindi : prétexte à des déplacements qui offrent au FPR le moyen d'introduire à Kigali à la fois des infiltrés et des armes. Une démarche avait, début mars, troublé Luc Marchal. Cussac était venu lui rendre visite à l'état-major du KIBAT :

– Avez-vous la certitude que le FPR ne camoufle pas de missiles sol-air au CND ? lui avait demandé l'attaché de défense.

Mais Marchal n'était pas alors réceptif à ce que pouvait dire un militaire français qu'il soupçonnait des pires intentions, tant la rivalité entre Belges et Français était grande. Depuis lors, il est convaincu que l'attaché de défense français savait ou soupçonnait fort le FPR d'avoir introduit des missiles à quelques kilomètres de l'aéroport.

Le 17 mars, le FPR tue le directeur des plantations de thé de Cyohoha, N. Kamanzi, sa femme, trois ouvriers et un candidat député du parti PL-Mugenzi dans la zone démilitarisée, près de Kinihira[15]. Mais il ne se passe rien : la MINUAR et la communauté internationale ne sont excédés que par Habyarimana, elles ne veulent voir que son obstruction à la mise en place des institutions de transition. Ministres et diplomates occidentaux se pressent à Mulindi pour s'incliner devant Paul Kagame, considéré déjà comme le futur patron du Rwanda.

Willy Claes, ministre belge des Affaires étrangères, après une escale rapide à Kigali donne à Habyarimana jusqu'au 5 avril pour appliquer les accords d'Arusha.

– Il est minuit moins cinq, a-t-il lâché, oubliant ainsi qu'il n'était pas dans son atelier *Tijl Uilenspiegel*.

La dissension entre Booh Booh et Dallaire s'accentue. Le représentant de Boutros Boutros-Ghali confie que l'on remarque une recrudescence des activités nocturnes du FPR en zone démilitarisée et insiste auprès de New York pour que l'on accélère la livraison d'hélicoptères dotés de moyens infrarouges qui lui permettraient d'observer ces mouvements. De nombreux rapports de la MINUAR montrant la recrudescence des activités du FPR dans la zone démilitarisée sont étouffés par le commandement.

15. In *Rwanda : Du parti-État à l'État-garnison*, déjà cité.

Le 25 mars, jour prévu pour la prestation de serment du gouvernement et de l'assemblée de transition, le FPR conteste soudain l'entrée d'un député du parti extrémiste hutu, la CDR, dans l'assemblée. Le FPR ne se rend pas à la cérémonie, qui ne peut donc avoir lieu. Il faut dire que la quasi-totalité des personnalités politiques qui étaient installées au CND ont quitté Kigali, le 28 février, pour rejoindre le Quartier général de Mulindi.

Le 2 avril, le FPR, gêné par la demande de la communauté internationale, exigeant une représentation de tous les partis au sein de l'assemblée nationale, lance une manœuvre de diversion qui va devenir très coutumière : il jette le discrédit sur la France et la suspicion sur l'efficacité de la MINUAR, et donc s'interroge tout haut sur le bien-fondé de son maintien au Rwanda. Il dénonce l'importation de 85 tonnes d'armement par Habyarimana, laissant entendre que la France est impliquée dans cette livraison qui vient en réalité d'Afrique du Sud.

Ce même 2 avril, les renseignements militaires ont confirmation que les objectifs du FPR seraient de combiner l'assassinat des autorités civiles et militaires, des leaders des partis, et le déclenchement de l'offensive générale sur Kigali. La date des attaques est prévue entre le 3 et le 9 avril[16].

À l'initiative du président tanzanien, un sommet régional est convoqué pour le 6 avril. Habyarimana est très inquiet. A la suite de son pilote, il redoute un attentat contre son avion et décide d'aller voir, le 4 avril, Mobutu à Gbadolite à bord de son Falcon 50. Honoré N'Gbanda, conseiller spécial en matière de sécurité du président zaïrois, a assisté à une grande partie de l'entretien. Grâce à lui, on sait que le président rwandais se savait en sursis.[17] Voici quelques extraits de son témoignage :

---

16. RL N° 082/G2.2.4 du 2 avril 1994.

17. In *Silence sur un attentat,* et *Crimes organisés en Afrique centrale,* publiés aux éditions Duboiris.

« Ce matin du 4 avril 1994, le président Habyarimana ne cachait pas sa nervosité. Cet homme, d'habitude très placide quand il se trouvait en compagnie de son ami Mobutu, avait perdu sa sérénité [...].

« Habyarimana nous dit en substance que les représentants de la Belgique et des États-Unis ne mâchent plus leurs mots quand ils lui parlent. Leurs menaces se font de plus en plus pressantes et sans équivoque [...]. Le président rwandais était scandalisé, excédé, révolté par ce qu'il considérait comme "une injustice des Belges et des Américains". » Et de citer Habyarimana : « Je n'arrive pas à comprendre que ces Occidentaux soient capables de réaliser la folie de leur plan pour la région des Grands Lacs. J'ai longuement expliqué aux Belges et aux Américains que leur désir de m'éliminer politiquement ou physiquement entraînerait un bain de sang que personne ne saurait arrêter [...]. Je constitue une barrière contre l'explosion de la violence qui, malheureusement, est leur seule voie d'accès au pouvoir au Rwanda [...]. Ces gens-là savent bien que le FPR n'acceptera jamais la procédure démocratique dans ce pays, parce qu'elle condamne cette minorité ethnique à ne jamais accéder pacifiquement au pouvoir pour asservir la majorité du peuple hutu comme dans le temps colonial où les Belges étaient leurs alliés et leurs complices. Mais les Belges ont toujours été les complices des Tutsis, c'est eux qui sont à la base de tous nos problèmes... »

« [...]La menace que subissait Habyarimana n'était pas verbale [...]. Il savait que la cible de prédilection était son avion : "Ils ont le contrôle de l'aéroport et ils disposent de missiles sol-air pour l'exécution de leur plan", confirma Habyarimana qui avait retrouvé son calme habituel. "Je suis devenu prisonnier dans mon propre pays. Je ne peux décoller et revenir qu'à l'improviste pour qu'ils n'aient pas le temps de préparer leur coup. Voilà pourquoi je ne vous ai pas prévenus de ma visite, comme je le fais d'habitude [...]"

« [...] Les renseignements dont disposait Habyarimana

provenaient de ses sources au sein du FPR [...] : “Je suis venu vous voir, poursuit Habyarimana, parce que les derniers rapports que mon informateur de Mulindi m’a fait parvenir sont très alarmants.” Il m’a dit : “La décision pour votre assassinat est prise. Le plan d’exécution est en cours ; et ce n’est plus qu’une question de jour.” [...] J’ai informé Roméo Dallaire de cette menace. Il m’a dit que personne ne me croirait : “Tout le monde dira que vous cherchez des échappatoires pour retarder le processus de paix, me dit-il. Les ambassadeurs des États-Unis et de Belgique ne veulent rien entendre. Ce sont des Belges qui tiennent l’aéroport, et tout ce qu’ils m’ont dit, c’est qu’ils n’ont aucune information en ce sens. Et moi, je leur ai répliqué : Mais moi, je vous donne l’information ! Mais, visiblement, personne ne voulait réellement aborder le sujet avec moi, comme pour me signifier que le processus était irréversible. Voilà pourquoi j’ai peur. Je suis certain que l’exécution de leur plan est proche. Tous les signes sont là !” Ses mains tremblaient beaucoup. »

Le Falcon 50 s’envole vers Kigali. Honoré N’Gbanda doit s’y rendre pour renforcer la sécurité d’Habyarimana. Ce 4 avril, un service de renseignement intercepte un message ougandais qui annonce : « Les trois tyrans seront présents ». Présents à la réunion de Dar es-Salam qui doit se tenir le surlendemain 6 avril, les « trois tyrans », ainsi désignés sont Habyarimana, président du Rwanda, Ntaryamira, président du Burundi, et Mobutu, président du Zaïre. Nul ne pouvait encore savoir que celui-ci déciderait au dernier moment de ne pas se rendre à ce sommet en Tanzanie...

Le 6 avril au matin, la conférence s’ouvre à Dar es-Salam. Elle commence très en retard. On attend encore Mobutu. Le président tanzanien Mwinyi ouvre les travaux. Soudain, Habyarimana étonne tout le monde : il cède ! Il accepte un gouvernement de transition, comme le prévoyaient les accords d’Arusha. Puis il décide de lever le camp et de rentrer précipitamment à Kigali. C'est la stupeur. Tout le monde note alors les efforts du président ougandais Museveni pour le retenir. Il prend alors longuement la parole pour un discours impromptu, retardant d'autant le départ des participants. Il discutera encore longuement avec eux jusqu'à la fin de l'après-midi. Tant et si bien que l'appareil ne peut décoller qu'à la tombée de la nuit. La coïncidence est parfaite : le commando chargé de l'opération prévue à Kigali avait besoin d'une nuit noire pour se déployer : le quartier où il devait agir était sous contrôle étroit des forces de sécurité rwandaise… Lorsque le Falcon 50 d'Habyarimana décolle dans la capitale tanzanienne, tout est prêt à Kigali pour le « réceptionner ». Le commando s'installe au lieu dit La Ferme, situé à Masaka, une petite colline aux abords de l'aéroport…

Pour la compréhension des évènements qui vont suivre, il est important de connaître l'existence d'une mission secrète menée par des Casques bleus belges ce même 6 avril. Les deux Jeeps onusiennes longent l'aéroport et rentrent à 19 heures, après une longue journée, dans le cantonnement où stationne la compagnie chargée d'assurer la sécurité de l'aéroport… Le lieutenant Lotin, chargé de cette mission, a prévenu à 4 heures du matin les caporaux Bassinne, Lhoir, Dupont et Lefebvre qu'il y avait changement de programme. Bassinne écrit rapidement un petit mot à sa femme pour la prévenir de ce changement. À 7 heures, deux Jeeps Iltis se dirigent vers le CND où est stationné le bataillon du FPR. Ils vont escorter toute la journée un véhicule 4x4 Suzuki Vitara blanc, immatriculé 25 CD 51, ONU 12, dans lequel montent 4 ou 5 militaires noirs. Le convoi part avec retard sur l'horaire prévu. Il se dirige vers le parc de l'Akagera. Le lieutenant Lotin a une liaison radio[18] quand les trois véhicules quittent la zone de consigna-

18. Je mentionne ce fait apparent insignifiant parce que, dans l'ambiance qui règne alors à Kigali, toute liaison radio est interceptée et interprétée.

tion d'armes. Le docteur Bourguignon, qui s'occupe du « Projet Tsé-Tsé », voit ce convoi de trois véhicules vers 10 h 30, à une douzaine de kilomètres de l'entrée du parc de l'Akagera. La Jeep conduite par Bassinne s'arrête. Son conducteur discute avec le docteur liégeois alors que les deux autres Jeeps poursuivent lentement leur route vers le nord où, selon le docteur Bourguignon, il y a un hôtel désaffecté occupé par des militaires... Avant cette rencontre, le convoi s'était arrêté une quinzaine de minutes à l'hôtel de l'Akagera où les civils africains avaient manifestement rendez-vous. Avec qui ? Pour quoi ? Les deux Jeeps Iltis rentrent vers 19 heures. Leurs passagers ont fait 493 kilomètres dans la journée...

Précisons qu'aujourd'hui encore, Luc Marchal, patron de KIBAT, ignore ce que Lotin et ses hommes ont fait toute cette journée du 6 avril. Comme il ne sait pas davantage qui lui a confié cette étrange mission[19]. Le juge Bruguière s'est lui aussi intéressé à elle. Il a interrogé le caporal Lefevre, aujourd'hui seul rescapé[20] de l'équipe, avec une seule interrogation en tête :

– Est-il possible que les missiles aient été placés dans la Jeep de l'ONU que vous avez accompagnée ?

Mais le caporal Lefevre ne se rappelle rien...

Il est 20 h 30. Franck Nziza tire le deuxième missile et fait mouche. Le Falcon en feu tombe contre la clôture de la résidence du président Habyarimana...

19. Voir *Silence sur un attentat*, Éditions Duboiris, Paris 2005.

20. Lotin et trois hommes de la mission seront assassinés le 7 avril, comme nous le verrons dans le chapitre suivant.

CHAPITRE 12

L'histoire impossible des deux premiers jours de la guerre

Au quartier général du FPR à Mulindi, on fait la fête à l'annonce du crash du Falcon 50. Les soldats de Kagame, pourtant si disciplinés, si réservés, se sont mis à chanter, à danser et à boire pour fêter l'événement[1]... L'anecdote, tout comme l'enquête du juge Bruguière sur l'attentat du 6 avril 1994 contre l'avion présidentiel, n'ont pour l'instant pas place dans l'histoire dictée par la Communauté internationale et consolidée vaille que vaille par les faux témoignages de Kagame et de ses supporters blancs à Paris, Bruxelles ou New York. L'ONU a en effet tiré un lourd rideau sur le vrai déroulement de la tragédie rwandaise. Pour masquer sa coupable attitude, la Communauté internationale a, moins de trois mois après l'attentat, parachevé sa triste besogne en se contentant de qualifier les massacres de « génocide ». Le mot a figé la version officielle d'une histoire qui avait commencé d'être écrite dans la logique du rapport de la FIDH, sous la direction de Jean Carbonare. Elle a désigné clairement qui étaient les bourreaux et qui étaient les victimes, et gommé l'attentat. Selon cette

1. Colette Braeckman, *Les Nouveaux Prédateurs*, Paris, Fayard, 2003, pp. 225-226. Mberabahizi, qui était à Mulindi au moment du crash, a confié ses souvenirs à Colette Braeckman : « Dès l'annonce de la nouvelle, tout le monde a célébré l'événement. On a bu, on a fêté. Et je me suis fait mal voir lorsque, refusant de m'associer à l'allégresse générale, j'ai fait remarquer que cet attentat allait déclencher des massacres, qu'il y aurait sans doute des milliers de morts. Dès ce moment, j'ai été coupée de certaines informations. »

version, dès le 7 avril, les extrémistes hutus ont commencé à mettre en œuvre les mesures qu'ils avaient planifiées de longue date pour exterminer les Tutsis, et ils ne déposeront leurs machettes sanglantes qu'à l'arrivée de Paul Kagame à Kigali… Un récit qui a nécessité un choix drastique parmi la multitude de faits que rien ne justifiait d'écarter, et qui aurait pu être construit par des historiens soviétiques. Pour présenter une façade de cohérence, il importait avant tout d'« oublier » quelque peu l'attentat perpétré contre le Falcon 50 de Juvénal Habyarimana. Quatre enquêtes ou missions parlementaires sur les événements du Rwanda ont ainsi soigneusement évité de s'intéresser de près à l'élément déclencheur des tueries : la Mission parlementaire française, la Commission du Sénat belge, le Rapport de l'Organisation de l'Unité africaine (OUA) et le rapport Carlsson de l'ONU[2].

À la question posée par un journaliste de *Libération* sur les raisons de cet étrange et long silence, Boutros Boutros-Ghali, secrétaire général de l'ONU au moment de la tragédie rwandaise, a répondu : « Un réseau s'est arrangé pour enterrer ce sujet. »

Washington s'est montré le plus actif en matière de passivité ! Parmi les autres maillons de ce réseau, on doit placer tout d'abord Londres et Bruxelles ; mais Paris n'a pas fait mieux, l'État français n'ayant manifesté aucun zèle pour établir rapidement la vérité sur cet épisode décisif.

L'histoire officielle ne peut davantage intégrer les massacres, pillages et exactions de toutes sortes commis par le FPR depuis 1990, tant au Rwanda qu'au Zaïre, territoire sur lequel les

2. Pour en savoir davantage sur le silence de la communauté internationale, lire *Silence sur un attentat*, publié sous la direction de Charles Onana aux éditions Duboiris, Paris, 2005. Signalons aussi que fin 1997, Louise Arbour a mis fin à l'enquête de Michaël Hourigan [voir annexes] qui concluait à la responsabilité de Kagame, aidé d'un gouvernement étranger. Plus généralement, le TPIR a systématiquement écarté tout ce qui pouvait mettre en cause Paul Kagame. Pour Kofi Annan, en décembre 1999 : « À environ 20 h 30, le président Habyarimana et le président Cyprien Ntaryamira […] ont été tués dans un écrasement d'avion près de l'aéroport de Kigali. Dans les heures qui ont suivi le *crash*, des barricades ont été établies. »

militaires du FPR sont entrés pour exterminer les réfugiés hutus par centaines de milliers avant d'imposer à Kinshasa une de leurs marionnettes et de piller les richesses de l'Est de la nouvelle République démocratique du Congo. Combien d'enquêtes et de rapports officiels ont été ainsi détournés, enterrés ou tout simplement mis à la poubelle ? Ou, mieux encore, sont dits n'avoir jamais existé, comme le rapport Gersony[3] qui, dès l'été 1994, entendait attirer l'attention sur les tueries commises par le FPR, essentiellement dans le sud du pays (Butare) et dans la région de Kibungo ?

Avant même d'être rendue publique, l'enquête du juge Jean-Louis Bruguière a déjà semé la panique dans tous les milieux pro-FPR quand *Le Monde* en a révélé quelques pans importants en mars 2004. Tous savent le danger qu'elle représente pour eux. Elle est en effet antinomique de leur version truquée de l'histoire. Les conclusions du juge antiterroriste ne peuvent coexister avec l'image d'une organisation qui se proclame dans son bon droit. Comment serait-il possible que la communauté internationale continue de croire à la fable d'un FPR grand défenseur des Tutsis quand il a été en réalité le planificateur de massacres de masse ?

Il semble que le moment approche où cette position d'aveuglement ne sera plus tenable et où la communauté internationale devra affronter ses contradictions, ses partis pris et ses lâchetés : les faits imposent d'eux-mêmes un nouveau récit.

La nuit est donc tombée depuis plusieurs heures et la nouvelle de l'attentat est connue depuis quelques minutes à Mulindi. Les membres du Network commando sont revenus sains et saufs au Conseil national pour le développement (CND). Le FPR, à Mulindi, fête la réussite de la mission. Ses

3. Gersony, consultant américain, a été chargé par le HCR de mener une enquête sur les conditions du rapatriement des déplacés qui avaient fui le Rwanda. Le 23 septembre 1994, alors même qu'il n'avait enquêté que dans 41 communes (sur 145), et 91 lieux à l'intérieur de ces communes, il conclut qu'au moins 30 000 personnes avaient été tuées par les militaires du FPR.

dirigeants savent que Kigali est désormais à leur portée, la victoire proche.

Il suffit de réintroduire quelques séquences « oubliées » dans le film officiel des premières 48 heures – celles qui s'écoulent entre la décapitation du système Habyarimana et la formation du gouvernement intérimaire – pour en changer complètement le sens. Après les images des débris fumants de l'avion, un long travelling montrerait les visages hilares des tout jeunes militaires du FPR avant que la caméra ne se fixe, en contrepoint, sur une petite dizaine de militaires réunis dans une salle de l'état-major de l'armée rwandaise, au camp Kigali. Nettement plus âgés, ils ont l'air abattus, paniqués... Ils viennent d'apprendre que leurs deux patrons, Habyarimana et le chef d'état-major, ont été abattus par l'ennemi FPR alors même que le ministre de la Défense et l'officier G2 – celui qui centralise tous les renseignements militaires – se trouvent au Cameroun et que l'officier G3 – Opérations – est, lui, en Égypte. Eux n'ont nul besoin d'une enquête, ils savent la gravité de la situation car, avant même d'obtenir de l'officier G2 confirmation de leur hypothèse sur l'identité du commanditaire, ils ont eu connaissance des projets du FPR. Ils n'ont donc aucun doute : la phase finale de la guerre déclarée en octobre 1990 vient de débuter. Le film officiel de la tragédie, celui qui a caché la réalité des faits, apparaît déjà comme une imposture. En fait, ceux qui sont réputés avoir « planifié le génocide » ne savent plus quoi faire.

Continuons donc à dérouler une chronologie simplifiée qui replace l'attentat dans la conquête du pouvoir par un FPR toujours maître du jeu et qui vient de remporter une importante bataille... Les hommes réunis dans la salle d'état-major reçoivent bientôt la visite du général Dallaire, de la MINUAR, et, un peu plus tard, celle du colonel belge Luc Marchal. L'heure est au remplacement du chef d'état-major et à un grand questionnement : comment combler le vide institutionnel créé par la mort du chef de l'État ? Aucune tension, sauf quand Dallaire suggère au colonel Bagasora, qui s'impose comme l'homme fort, de contacter Agathe Uwilingiyimana, Premier ministre de transition depuis juillet 1993. Bagasora refuse catégoriquement, Agathe étant rejetée à la fois par l'armée, les membres de son propre gouvernement et par le peuple rwandais[4]. Antoine Nyetera[5], explique les raisons de ce refus : « Moins d'une semaine avant l'assassinat du président Habyarimana, les médias rwandais propagèrent une information selon laquelle "le Premier ministre Agathe Uwilingiyimana avait réuni les officiers de sa région et leur avait proposé de faire un coup d'État contre le président Habyarimana." »

Malgré cela, Dallaire et Booh Booh n'ont pas cru devoir solliciter le conseil des différents milieux politiques et diplomatiques : « Ils prenaient Madame Agathe Uwilingiyimana pour la personnalité providentielle à même de sortir le pays de la crise, poursuit Nyetera, alors qu'elle n'arrivait pas à diriger sa propre équipe ministérielle et à transcender les querelles partisanes depuis juillet 1993. Mais Dallaire, qui fréquentait les milieux FPR, savait que celui-ci appuyait le Premier ministre provisoire. »

Booh Booh appelle Agathe pour lui faire part de l'état d'esprit des militaires. Elle exprime immédiatement « le désir de parler à Radio Rwanda pour s'adresser au peuple rwandais et l'inviter à observer le calme et à ne pas obéir aux ordres des militaires » qui, d'après elle, voudraient s'emparer du pouvoir pour installer une dictature militaire. Mais, l'heure étant très avancée, elle réclame une escorte de la MINUAR pour pouvoir se rendre à Radio Rwanda dès la première heure, le 7 avril. « J'ai transmis cette demande au général Dallaire », se souvient Booh Booh qui conseille à Agathe, « pour couper l'herbe sous le pied des militaires », de saisir les grandes agences de presse et les radios internationales. Dans le bras de fer engagé entre

4. In *Le patron de Dallaire parle, op. cit.*
5. L'historien tutsi que j'ai sollicité pour le premier chapitre.

Agathe et les militaires, l'ONU a donc alors clairement pris parti en faveur d'une femme Premier ministre, isolée et considérée par les militaires comme une agente du FPR. Le colonel Bagasora et les cadres de l'armée, qui imputent l'attentat au FPR, ne la considèrent-ils pas tout simplement comme une ennemie, une « collabo » ?

La conversation apparemment urbaine de Bagasora et de ses amis avec les trois principaux personnages de la MINUAR ne leur fournit toutefois aucune indication sur la façon dont les militaires rwandais entendent gérer une transition sous la menace du FPR. D'autant que, malgré le net refus de Bagasora de faire appel à Agathe Uwilingiyimana pour occuper la présidence, Dallaire et Booh Booh persistent à vouloir encourager le Premier ministre dans son attitude de résistance. Ils décident de mettre à sa disposition des Casques bleus belges, autrement dit des « ennemis », selon la logique qui s'est largement installée, depuis quelques mois, à l'état-major des FAR et dans la partie du pays qui soutenait Habyarimana.

Depuis le début de la nuit, l'attitude des FAR et surtout de la Garde présidentielle se fait de plus en plus suspicieuse à l'égard des Casques bleus belges. Après l'attentat, une vingtaine d'entre eux ont ainsi été faits prisonniers dans l'enceinte et à l'extérieur de l'aéroport. Ils n'étaient pas là pour l'arrivée de Habyarimana, mais ils devaient attendre le C130 belge qui suivait le Falcon 50 et qui devait acheminer des soldats du Génie pour construire des baraquements.

Les soldats belges de la MINUAR qui doivent conduire Agathe à la radio pour qu'elle parle à la nation demandent aux FAR une autorisation de circulation, qui n'est pas accordée : seul le ministre de la Défense peut délivrer cette autorisation, leur est-il répondu. Or ledit ministre est en déplacement au Cameroun…

Dès 5 h 35, quatre jeeps de Casques bleus sont prises sous le feu des FAR devant la maison d'Agathe. Deux véhicules réussissent à entrer dans la propriété, tandis que les deux autres restent au dehors. Le Premier ministre, qui demande que l'on renforce sa garde, déclare qu'elle ne veut plus se rendre à la radio. À 5 h 42, un blindé léger des FAR tire sur les jeeps restées à l'extérieur. Les deux véhicules visés se réfugient à leur tour et prennent position dans le jardin. À 6 heures, Agathe est interviewée par téléphone par Monique Mas sur les antennes de RFI :

– On est terrorisés à l'intérieur de la maison, on est couchés par terre... On ne peut pas sortir... J'entends des coups qui sont très durs...

À la question, posée par Monique Mas, de savoir si c'est un attentat, elle répond :

– Je ne sais pas donner exactement les causes de cet accident... On est en train de subir les conséquences de la mort du chef de l'État...

Et l'interview s'arrête.

À 6 h 05, les Casques bleus sont chargés de protéger Agathe et de ne riposter que s'ils sont attaqués directement. À 6 h 50, ils signalent des explosions tout près d'eux, sans doute des grenades à fusil. À 7 h 20, ils se sont réfugiés dans la maison quand des tirs et des mouvements ont lieu à l'extérieur. Vers 8 h 20, Agathe dit qu'elle veut s'enfuir. Ordre est donné aux Belges de ne pas la suivre. Agathe veut s'échapper en passant de jardin en jardin. Y6 tente de convaincre Agathe de rester avec eux, parce qu'ils ne pourront pas la suivre. Elle quitte quand même sa maison pour trouver refuge chez des voisins.

Pendant ce temps-là, les militaires des FAR et de la Garde présidentielle se préparent à la guerre. Ils mettent en place des barrages dans Kigali, notamment sur la route de l'aéroport et dans les quartiers névralgiques. Et, listes en main, ils partent à la recherche de quelques « ennemis de l'intérieur », c'est-à-dire des personnalités qu'ils estiment avoir fait le jeu des assassins du Président. En un mot, des « collabos ». Sur ces listes figurent notamment les ministres du PSD et du MDR. Ils cherchent Faustin Twagiramungu, qui s'enfuira à temps, et évidemment le Premier ministre, Agathe Uwilingiyimana. Les premiers assassinats ciblés ont lieu vers 6 h 30.

Pendant la nuit, messages et renseignements sur les auteurs de l'attentat s'accumulent sur les bureaux des officiers du bureau de renseignement G2 ; ils s'inscrivent dans la logique qu'ils avaient mise au jour avant l'attentat.

La plus importante et la plus claire des interceptions : elle est faite le 7 avril à 8 h 15, confirme les soupçons des militaires, y compris à l'encontre des Belges :

« Vous informons que la mission de notre escadron renforcé s'est soldée par une réussite brillante contre le MRND-CDR et le FRODEBU-PALIPEHUTU. Sachez que le chef du pays du Sud [le Burundi] a succombé avec son ministre du Plan et celui des Communications. Dans la ville principale [Kigali], on tire dans toutes les rues. Nous continuons d'attendre la réaction de nos amis du pays du Sud pour vous donner de nouvelles instructions. Le chef a regagné Kampala sans problème et la communication de ses services avec nos éléments intérieurs s'est passée dans les meilleures conditions, et cela *avec l'aide de la communauté belge*[6] et des éléments des pays du Sud. *Ils nous ont beaucoup aidés* pour la réussite de notre mission qui n'était pas facile à réaliser. [...] Courage, notre réussite est irréversible et nous pourrions nous donner rendez-vous tous dans la ville principale. »

Les autres déclinent la même information sur tous les tons et annoncent le début de la guerre totale :

À 7 heures : « Nous avons entendu la voix de Radio-Rwanda disant que le Tyran et le président burundais sont morts par accident inopiné [...]. Nous félicitons les groupes d'action en profondeur. *La victoire veut dire davantage* : remporter la guerre sur autrui. »

À 7 h 20 : « La réunion qui devait avoir lieu à Mulindi ce jeudi 7 avril 1994 est annulée. Je vous remercie et vous félicite

6. C'est nous qui soulignons.

de l'opération d'hier. La récompense est à vous pour le moment. Toutes les unités doivent se mettre en état d'alerte. *La guerre commence.* »

À 7 h 55 : « *Vous confie la mission de terminer le projet* comme je vous l'ai précisé. Le plan est presque terminé. Les gorilles[7] ont échoué et les bergeronnettes ont gagné le match. »

Des informations, évidemment non vérifiées, circulent très vite et mettent en cause les Belges, comme dans la principale interception effectuée par le commandement FPR. Mais toutes ces informations et rumeurs ne font que conforter des faits incontestables : l'aéroport de Kigali était sous contrôle des troupes belges sous commandement onusien. La sécurité de l'aéroport et du voisinage relevait donc de leur responsabilité. Les Casques bleus belges ont donc eu objectivement une responsabilité dans la commission de l'attentat.

La suspicion à l'égard des Belges ne cesse d'augmenter au cours de la nuit et dans la matinée du 7 avril au fur et à mesure que se répand la rumeur de leur implication. Dans la panique généralisée, toute thèse est prise pour argent comptant. Les témoignages d'habitants proches de l'aéroport alimentent encore les bruits qui courent en ville. Citons-en quelques-uns :

« Le 6 avril, vers 19 h 30, une Jeep mitrailleuse de la MINUAR belge est passée au Centre de négoce de Mulindi vers Masaka. Elle est retournée quelques minutes après le crash... »

« Des Belges de la MINUAR circulant dans une camionnette ont fait ce jour-là plusieurs navettes à cet endroit ; particulièrement le soir, ces mêmes Belges qui étaient alors deux ont continué d'effectuer plusieurs navettes entre le petit pont de Cumi N'Icyenda et le centre commercial de Kabuga. Ils se sont arrêtés trois fois à Cumi N'Icyenda... »

« Directement après les tirs sur l'avion présidentiel, nous avons vu passer des Belges dans deux Jeeps, toutes armes

7. La façon méprisable du FPR de désigner les Hutus.

braquées. C'était vers 20 h 30. De plus, non seulement j'avais vu ces Jeeps faire des navettes à cet endroit, mais également depuis un certain temps, les Belges y faisaient des visites de reconnaissance du terrain, et nous ne pouvions savoir ce qu'ils cherchaient... »

Les milieux diplomatiques sont très rapidement touchés par la rumeur sur l'implication belge dans l'attentat. La propre fille d'Habyarimana est une des premières personnes à la propager. L'ambassadeur de Belgique fait part de ses inquiétudes à l'ambassadeur de France, lequel en fait part à Paris dans un télégramme diplomatique. La Radio des Mille Collines reprendra quelques jours plus tard la rumeur accréditée dans tout Kigali. (Quatre ans plus tard, et de façon absurde, la Commission du Sénat belge verra dans la divulgation de celle-ci une preuve supplémentaire du climat anti-belge prévalant dans les milieux génocidaires hutus). Toutes les ambassades du Rwanda à l'étranger la relaient. Un comité de crise de la communauté rwandaise de Belgique annonce même, dans la journée du 7 avril, que « selon des sources militaires émanant de Casques bleus non belges, il est confirmé que les obus qui ont abattu l'avion présidentiel provenaient du site occupé par les militaires belges de la MINUAR... L'actuel double assassinat est donc l'aboutissement d'un long processus destiné à porter le FPR au pouvoir, et mûri par une puissance pour laquelle ont agi les militaires belges des Casques bleus de l'ONU ».

Le soupçon sur l'implication de la Belgique ou de mercenaires belges dans l'attentat n'a jamais été levé. Il apparaît dans de nombreuses notes françaises écrites dans les semaines qui suivent l'attentat – et la Commission sénatoriale belge n'a rien fait pour le dissiper. Si bien que le colonel Luc Marchal, dans une « carte blanche » publiée par *Le Soir* du 25 octobre 2005, écrit :

« L'absence de réaction des autorités politiques belges concernées, malgré les éléments objectifs de plus en plus nombreux concernant les véritables responsabilités dans l'attentat du 6 avril 1994, finira par me convaincre que les accusations de certains milieux à l'égard du rôle direct qu'aurait joué la Belgique dans l'élimination physique du président Habyarimana, sont bel et bien fondées. À force de ménager la chèvre et le chou, il ne faudra pas s'étonner d'être tenu un jour pour complice de l'holocauste rwando-congolais. »

Pour comprendre la tragédie rwandaise, il faut constamment avoir en tête les frustrations, la colère et l'amertume des responsables d'un régime constamment méprisé, humilié par la communauté internationale et ses représentants sur place. Ils trouvent particulièrement injuste la façon dont le FPR est traité par toutes les bonnes consciences de l'Occident, alors qu'ils sont bien placés pour connaître la réalité des intentions et des pratiques du FPR. Ils voient des complots partout, et il faut dire qu'ils n'ont pas complètement tort. L'attitude de la MINUAR dans les premiers jours suivant l'attentat n'apaise en rien leur exaspération. Le chef de la mission de l'ONU au Rwanda a fait état des relations complaisantes de la MINUAR avec le FPR[8] :

« Dès le 7 avril, le FPR s'est rendu maître de la partie de Kigali qui abritait le quartier général de la MINUAR. Cette dernière allait bénéficier dès lors de la protection "cordiale" du FPR. Ses officiers circulaient librement dans les locaux de la MINUAR et partageaient le peu de nourriture encore disponible à Kigali avec nous ; peut-être Dallaire, par excès de zèle, a-t-il choisi de partager aussi les secrets militaires de la MINUAR avec le FPR en les invitant à travailler dans ses bureaux...

« Je dois ici signaler que, pendant la bataille de Kigali, après le 7 avril, la MINUAR avait le privilège de faire circuler ses patrouilles dans les parties contrôlées par les FAR et dans celles conquises par le FPR. La position des troupes sur le terrain était donc un fait stratégique crucial. À plusieurs reprises, les

8. In *Le patron de Dallaire...*, *op. cit.*

soldats du FPR ont été surpris dans le bureau du général Dallaire en train de se faire expliquer la carte d'état-major de la MINUAR indiquant les positions des FAR en ville et dans l'arrière-pays. »

Vers 8 h 30, les soldats rwandais qui assiègent la résidence du Premier ministre se font très menaçants et demandent aux Belges de se rendre. Ordre est donné au lieutenant – Lotin, celui-là même qui a passé toute la journée du 6 avril aux côtés de gros poissons du FPR – de négocier son départ vers la MINUAR sans pour autant rendre les armes. À 8 h 45, trois soldats belges sont mis au sol et désarmés. À 9 h 06, Lotin a juste le temps de dire : « Nous avons été désarmés et emmenés je ne sais où, deux hommes sont à l'extérieur, ils se font tabasser. Mon colonel, je crois qu'on va se faire lyncher. » Lotin n'aura désormais plus de contact avec le bataillon. Vers 10 h 30, la nouvelle de la mort du lieutenant et de ses hommes commence à circuler. Dix Casques bleus ont été assassinés à l'intérieur du camp Kigali…

Pendant que les FAR et la Garde présidentielle quadrillent la ville et tuent leurs ENI – ennemis de l'intérieur –, comme ils disent, tous les militaires du FPR se sont mis en branle tant à la frontière ougando-rwandaise qu'à Mulindi et à Kigali. Le bataillon cantonné au CND et les quelque 3 500 infiltrés se déploient dans la matinée en plusieurs commandos. Et eux aussi, listes en mains, partent dans la ville pour tuer leurs propres ENI.

« Alors que la nouvelle de ce qui n'est encore qu'un accident n'est pas encore diffusée par la radio, les premiers éléments FPR se mettent en position de combat autour de l'hôtel Méridien, à un kilomètre de leur cantonnement. Information immédiatement connue de l'état-major. Des unités FPR stationnées à la frontière entre le Rwanda et l'Ouganda et d'autres stationnées aux abords immédiats de la capitale rwandaise se mettent en mouvement sitôt après le crash de l'avion », peut-on lire dans une note française de renseignement militaire qui précise ensuite la chronologie des troubles dans la matinée du 7 :

« 6 h 00 : Le FPR attaque sur l'ensemble du front, ce qui implique bien que les ordres préparatoires aient été donnés *avant* l'attentat.

« 14 h 00 : Une compagnie FPR est signalée à 10 km de la capitale. Cette rapidité d'exécution témoigne de délais de préparation et de mise en place préalable dans la zone démilitarisée sous contrôle MINUAR... »

Ce déclenchement immédiat de la guerre est confirmé par d'autres témoins crédibles comme l'universitaire belge Reyntjens, Joseph Matata et Antoine Nyetera :

Le professeur Reyntjens parle ainsi des « tueries commises par le FPR dès le 7 avril. En particulier à Remera, un quartier tout proche du cantonnement du bataillon FPR, celui-ci a tué des dizaines de personnes, essentiellement des intellectuels hutus avec leurs familles. La façon sélective et ciblée de ces massacres fait penser à une opération bien organisée et préparée, et probablement effectuée à l'aide de listes ». Et il poursuit : « Le témoignage concernant l'assassinat d'Emmanuel Bagihiki et de sa famille mentionne explicitement l'utilisation d'une liste par les militaires du FPR. Parmi les personnes tuées avec leurs familles figurent le colonel en retraite Pontien Hakizimana, l'épouse et les enfants du major Nubaha, l'économiste Daniel Rwananiye, le juriste Félicien Mbanzarugamba, l'épouse et les enfants du sous-préfet Faustin Sekagina, l'agronome Aloys Habimana, l'avocat Paul Bizimana, le docteur Charles Munyangeyo, le fonctionnaire Jean Gahutu, l'ancien ministre de la Justice Théoneste Mujyanama et de nombreux autres[9]. » Reyntjens précise qu'il « possède une liste de 121 personnes tuées pour le seul secteur de Remera ».

9. Filip Reyntjens : *Rwanda : Trois jours qui ont fait basculer l'histoire*, Paris, L'Harmattan, 1995.

L'utilisation de listes d'ENI, à la fois par les FAR et par l'APR, est confirmée par d'autres témoins. Vaiter, un coopérant français, affirme par exemple : « Quand l'on dénonce les listes établies avant les événements, il ne faut pas ignorer qu'à ce jour les listes côté APR l'étaient aussi, et plus encore, compte tenu du réseau d'espionnage bien mis en place lors des événements et depuis 1990[10]. »

Ou encore, James Gasana : « Du côté FPR, les assassinats, qui commencent également le 7 avril 1994, visent dans un premier temps les politiciens, les officiers des FAR en retraite, les hautes fonctionnaires, et les hommes et les femmes de la société civile, d'ethnie hutue. La recherche de ces personnes suit un schéma préétabli. Parmi les victimes les plus connues figurent D. Rwananiye et sa famille (MRND), le Dr A. Habimana et sa famille (MDR), S. Baliyanga et sa famille (MRND), C. Habarushaka, le colonel P. Hakizimana (grand-frère de Monseigneur Ruzindana, évêque de Byumba, qui sera ensuite assassiné par le FPR), Ph. E. Semana et sa famille (MRND), Ch. Bahhigiki et sa famille, Mme Bugenimana (épouse du major Nubaha). La nouvelle de ces assassinats accroît toujours la panique. »

Antoine Nyetera raconte de son côté que « le bataillon de 600 hommes du FPR, renforcés de 4. 000 infiltrés en armes, dont la moitié dans les locaux du CND, l'ancien parlement, avait pour seule mission de protéger les autorités politiques du FPR. Mais, dès le 7 avril 1994, il reçut l'ordre de ses chefs de sortir de son campement pour attaquer le camp Kimihurura (Garde présidentielle) ainsi que les quartiers environnants, au vu et au su de la MINUAR. Le bureau politique du FPR avait tenu une réunion extraordinaire et urgente, trois jours avant l'attentat, où il avait décidé de relancer la guerre pour profiter de la désorganisation qui serait causée par l'assassinat du Président Habyarimana. [...] Dès la chute de l'avion, des obus

10. *Je n'ai pu les sauver tous*, Paris, Plon, 1995.

venant de Ndera s'abattirent sur la résidence du président à Kanombe. [...] Très tôt le matin du 7 avril, les militaires du FPR entrèrent dans les résidences privées et assassinèrent des personnalités ciblées, ainsi que leurs familles. Des centaines de personnalités importantes furent assassinées. Les assassinats sélectifs ont été commis notamment dans les quartiers de Remera et Kimihurura, selon des listes préétablies. [...] En outre, le matin du 8 avril, les troupes du FPR stationnées à Rutongo en position offensive descendirent vers le malheureux camp de déplacés de Nyacyonga, à 8 km au nord de la capitale, dans lequel étaient entassés depuis février 1993 [...]. Ce qui provoqua un nouvel exode de centaines de milliers de paysans "hutus"[11] et de leurs familles fuyant la guerre ; un très grand nombre furent encore massacrés, selon les témoignages concordants des rescapés qui avaient fui vers Gitarama[12]. »

Joseph Matata fait partie de ceux qui se battent pour faire éclater la « vérité » imposée par Paul Kagame. Jusqu'à la prise du pouvoir du FPR, alors qu'il était Secrétaire exécutif de l'Association rwandaise pour la Défense des droits de l'homme (ARDHO), sa voix était d'or. Journalistes, membres des associations des droits de l'homme et des ONG le sollicitaient et l'écoutaient. Dans les semaines qui ont suivi la prise de Kigali par Kagame, Matata a repris son travail auprès des rescapés, aussi bien tutsis que hutus, dans le cadre de l'enquête CLADHO/Kanyarwanda[13] sur le génocide de 1994. Il s'est vite rendu compte que les extrémistes hutus n'avaient pas le monopole de la cruauté et que les soldats du FPR s'étaient livrés également à des massacres à grande échelle. Les menaces du pouvoir devenant insupportables, sa vie étant menacée, il a quitté le Rwanda pour la Belgique où il se bat inlassablement

11. Selon les témoignages recueillis, au moment où le FPR/APR avançait vers la capitale, les familles tutsies étaient triées et placées derrière les lignes de front, tandis que les Hutus fuyaient vers la capitale.

12. Cela est confirmé par le témoignage du capitaine Ruzibiza Abdul de l'APR.

13. CLADHO (Collectif des ligues et associations de défense des droits de l'homme au Rwanda).

pour que les crimes du régime Kagame contre les Hutus soient enfin reconnus par la communauté internationale. Il est aujourd'hui coordinateur du Centre de lutte contre l'impunité et l'injustice au Rwanda, une organisation créée le 18 août 1995 et basée à Bruxelles.

Joseph Matata déclare[14] ainsi que ce sont les troupes du FPR qui ont commencé le cycle infernal des massacres, puis que les milices hutues les ont imitées. Il cite pour illustrer son propos un proverbe rwandais : « Le léopard ne savait pas attaquer sa victime par le cou, c'est l'homme qui le lui a appris. » Les combattants infiltrés du FPR ont pris position dans les zones de Remera, Kicukiro et Kacyiru dans le courant de la nuit[15]. Le bataillon du FPR est sorti *officiellement* du CND à 16 h 11. « Les soldats du FPR se sont vite emparé de la Brigade de gendarmerie de Remera tenue par une poignée de gendarmes qui furent vite anéantis. Ils ont envahi les cellules Nyabisindu, Rukiri et Bibare du secteur Remera. La cellule Rukiri s'étend de la station d'essence SGP (Société Générale des Pétroles) jusqu'au Stade Amahoro. La cellule Nyabisindu s'étend de chez Lando jusqu'au cimetière, en passant par le Bureau Pédagogique. À part quelques familles hutues qui se sont réfugiées au Stade Amahoro, d'autres familles entières qui sont restées chez elles ont été massacrées systématiquement.

« Les zones les plus touchées sont : Kimironko, Nyabisindu, Rukiri, Bibare et Gishushu. Beaucoup de cadavres entassés dans des maisons privées ont été découverts en juillet 1994 lorsque les anciens habitants ont été autorisés à rentrer dans leurs biens...

« Les *Interahamwe* de cette zone n'avaient pas encore commencé leurs tueries massives, et les actes de vengeance ne

14. Les propos de Joseph Matata sont pour l'essentiel extraits des communiqués du CLIIR. Le reste est basé sur les nombreux entretiens que j'ai eus avec lui.

15. Dans les minutes qui précédèrent l'attentat, les troupes du FPR cantonnées au CND avaient été placées en état d'alerte, comme l'a déclaré le général Christian Quesnot devant la Mission d'information parlementaire sur le Rwanda.

pouvaient pas se justifier de la part du FPR, puisqu'il n'y a pas eu beaucoup de Tutsis tués autour du Stade Amahoro et de l'Hôpital Fayçal, sauf 17 religieux et laïcs tués au Centre Christus de Remera, le matin du 7 avril.

« Dans la matinée de vendredi 8 avril, plusieurs familles de personnalités hutues ont été massacrées par les soldats du FPR sur la base apparemment de "listes préétablies", puisque des familles "voisines" hutues ont été épargnées durant cette matinée-là. C'est ainsi que dans la Cellule de RUKIRI du secteur REMERA I, des familles entières de militaires hutus (des Forces Armées rwandaises), d'autorités administratives, de fonctionnaires d'État, d'hommes d'affaires, ont été massacrées à domicile alors qu'elles n'étaient pas impliquées ni dans les combats ni dans les massacres de Tutsis. »

Les instructions ne concernaient manifestement pas seulement la capitale, comme le montreront de nombreuses enquêtes. SOS Rwanda-Burundi décrit ainsi ce qui s'est passé dans la commune de Cyungo-Byumba, juste après l'attentat : « Le colonel Kanyemera, qui était avec ses hommes dans la "zone démilitarisée", mit au point un appât qui a bien fonctionné : la population de cette commune, en proie à la famine parce que la guerre l'avait empêchée de cultiver, avait grandement besoin d'une aide en nourriture. Les hommes de Kaka invitèrent tous les cadres de la commune à une réunion à Kimiryi. L'ordre du jour consistait à mettre sur pied le programme de distribution de la nourriture. Plus d'une vingtaine de personnes répondirent à l'appel. Elles furent tuées dans la salle même où elles s'étaient rassemblées. Le lendemain, avant que la nouvelle ne se répande, l'on invita tout jeune qui savait lire et écrire à une réunion ayant le même objet, et l'on ajouta que les jeunes distributeurs seraient payés à l'heure. Comme c'était les vacances, tous les jeunes de la commune et même des communes environnantes se précipitèrent en masse. Ils furent tous tués sur ordre de Sam Kaka. Le jour suivant, les hommes de Kaka sillonnèrent la commune. Ils tuèrent toutes les familles qui avaient des enfants dans l'administration à Kigali et ailleurs. La même opération fut réalisée également dans les communes avoisinantes de Nyamugali et de Tumba[16]. »

Joseph Matata raconte également ce qui s'est passé autour et dans le stade Amahoro protégé par les soldats bangladeshis de la MINUAR : « Les soldats de la MINUAR I étaient terrorisés et inactifs face à ce carnage et aux nombreux cadavres de civils (sans armes) abattus gratuitement sous leurs yeux ! Depuis ce jour, ils n'ont plus opposé aucune résistance aux soldats du FPR qui venaient enlever des civils hutus et allaient les massacrer dans les champs de sorgho situés devant le Stade Amahoro. Les coups de feu et les cris de victimes étaient parfaitement entendus par les autres déplacés à l'intérieur du Stade. Aucun responsable de la MINUAR ne s'est jamais opposé à ces massacres sélectifs du FPR sur des civils hutus réfugiés au Stade.

« Les rescapés du Stade Amahoro n'ont pas été en mesure de nous dire le nom du responsable de ce secteur militaire. Ils l'ont décrit comme étant un major solide, grand et noirâtre, qui n'avait aucun accent particulier, mais "soucieux des statistiques". [...] C'est aussi ces tueries du FPR qui ont dissuadé plusieurs cadres hutus d'être transférés à Byumba où bon nombre de civils hutus ont été massacrés.

« Certains Tutsis, qui s'étaient constitués en "syndicats de délateurs", appuyaient les militaires dans l'"identification des victimes" et sensibilisaient activement les intellectuels et hommes d'affaires hutus pour les convaincre d'aller à Byumba où ils seraient plus en sécurité. »

Matata a publié des listes interminables des Hutus tués ou enlevés dans et autour du stade.

16. Reproduit dans *La Vraie Nature du FPR/APR d'Ouganda en Rwanda*, de Gaspard Musabyimana, Paris, L'Harmattan, 2003.

« À partir du 8 avril 1994, les “Escadrons de tueurs” sont retournés dans les habitations proches du Stade et ont massacré les gens qui étaient restés chez eux. Leurs cadavres ont été découverts en juillet-août 1994, quand les rescapés ont été autorisés à rentrer chez eux. C'est dans ces circonstances que des centaines de civils ont été tués chez eux. » Et Matata de fournir une nouvelle liste. « Beaucoup de rescapés du Stade Amahoro, du CND et de l'hôpital Fayçal, nous ont affirmé que les soldats du FPR poussaient les habitants des secteurs Kacyiru, Nyarutarama et Remera vers ces camps pour mieux les trier par après. Entre-temps, ceux qui n'ont pas pu fuir ont été massacrés chez eux. Et ceux qui se sont réfugiés dans ces lieux ont subi une purification ethnique et politique. »

Une fois de plus, le témoignage d'Abdul Ruzibiza vient à l'appui de ceux qui contestent l'histoire officielle. En tuant Habyarimana, le FPR savait que « personne d'autre ne pouvait mobiliser les gens pour lui résister. Il était en effet difficile de trouver quelqu'un ayant une base politique suffisante et qui en même temps exerçât une réelle autorité sur l'armée. Il était tout aussi difficile de trouver une personnalité aussi à même de trouver des aides extérieures que Habyarimana qui comptait beaucoup d'amis personnels parmi les chefs d'État » : « La mort de Habyarimana devait engendrer un désordre sans précédent dans lequel beaucoup de gens devaient trouver massivement la mort. Sans même viser Habyarimana personnellement, tous nos opérateurs du Network à Kigali avaient informé dans leurs rapports que l'assassinat d'un autre homme politique important entraînerait à coup sûr l'extermination des Tutsis. [...] En assassinant Habyarimana, Kagame avait prévu les conséquences. Ces conséquences constituaient un avantage pour Kagame, parce que les FAR, les GP, les CDR, les *Interahamwe* et tous ceux qui opéraient comme eux n'avaient d'autre plan que de s'en prendre aux Tutsis et de massacrer ces mêmes Tutsis qui ignoraient ce qui se tramait dans leur dos. Tandis que les Tutsis seraient massacrés, violés et pillés, nous devrions nous faufiler à Kigali pour la conquête de la capitale et la prise du pouvoir. »

Abdul Ruzibiza explique que Kagame était non seulement conscient des conséquences de l'attentat, mais que, de surcroît, il « a empêché de sauver nos familles alors que nous en avions les moyens et la volonté ». De la même façon qu'il a poussé au départ des Casques bleus belges et manifesté clairement sa volonté de voir partir tous les soldats de la MINUAR.

Le 8 avril, le gouvernement intérimaire est constitué alors que la guerre fait rage. Une des premières mesures prises concerne la défense civile, c'est-à-dire la mobilisation de la population contre un ennemi FPR qui n'est pas défini, qui est partout et nulle part. Une mesure folle qui va avoir des conséquences terribles, mais que l'on peut expliquer dans le contexte. Tous les Tutsis vont désormais être considérés comme des ENI, des infiltrés du FPR. La stratégie du FPR a rendu fous ses adversaires. Antoine Nyetera écrit : « Au lendemain de sa mise en place, ce gouvernement provisoire décréta de nouveau la défense civile, car le Rwanda ne disposait pas d'un grand nombre de militaires pour protéger toute la population du pays. Vu l'attaque massive du FPR, dès le 7 avril, en plusieurs endroits, avec la tactique d'encerclement et d'infiltration de combattants en civil, la population ne pouvait savoir qui était combattant et qui ne l'était pas. Elle devait donc assurer sa propre défense. »

S'en prenant aux milieux occidentaux ainsi qu'aux partisans du FPR pour leur attitude négative à l'égard de ce gouvernement, Nyetera les fustige pour ne pas avoir tenu compte de l'état d'esprit de la population en guerre – « une guerre qui a déchiré le pays durant quatre ans, avec des centaines de milliers de personnes qui ont abandonné leurs maisons et leurs biens, et une lourde perte en vies humaines ». Et Nyetera de rappeler ce qui s'est passé en 1944, en Belgique, contre les personnes reconnues ou supposées être des collabos, lynchées par la population sans autre forme de jugement : « Il faut rappeler le drame de la mort du Président hutu burundais Melchior Ndadaye, assassiné en octobre 1993 par les militaires tutsis du Burundi, trois mois après son investiture ; cet assassinat a laissé la peur et la méfiance dans l'esprit des Hutus du Rwanda vis-à-vis des Tutsis du FPR. Cette fois-ci, ce fut le tour du Président Habyarimana et de son homologue Cyprien Ntaryamira, du Burundi. »

Après le 8 avril, les massacres prennent néanmoins une toute autre ampleur…

CHAPITRE 13

Le temps du génocide

La barbarie qui s'est emparée du Rwanda après le 6 avril et jusqu'à la prise de pouvoir de Paul Kagame, le 17 juillet 1994, est connue de tous. Les images de l'horreur continuent d'être diffusées sur les télévisions du monde entier. Mais cette horreur s'inscrit évidemment dans l'histoire officielle, c'est-à-dire qu'elle ne met en scène que les génocidaires hutus traquant, abattant, mutilant, martyrisant les Tutsis. Si le fait est incontestable, il ne traduit qu'une partie de la réalité. Le FPR a continué en effet à porter, pendant toute cette période, un soin tout particulier à sa propagande, notamment par l'interdiction faite, durant quelques semaines aux journalistes et autres observateurs de venir constater ce qui se passait dans les zones dites « libérées », puis en les « encadrant » quand il les autorisa à venir constater les horreurs commises par les miliciens hutus.

Depuis, de nombreux Hutus, missionnaires, simples individus, membres d'associations révoltés par le sort réservé à leurs pareils, ont noirci des dizaines de milliers de pages sur les graves violations des droits de l'homme et sur les crimes contre l'humanité perpétrés par le FPR, mais, toujours à cause du mot « génocide », ces pages sont au mieux considérées comme blanches, et le plus souvent viennent alimenter des accusations de révisionnisme et de négationnisme contre leurs auteurs.

Dans la cure de Schilde, près d'Anvers, en Belgique, le père Serge Desouter[1] a amassé quelque 40 000 pages de témoignages et de rapports sur les massacres commis par le FPR. L'homme a passé dix-huit ans au Rwanda et était, jusqu'à la victoire du FPR, considéré comme un grand spécialiste de ce pays sur lequel il a beaucoup écrit. Mais, parce que sa parole n'entre pas dans le politiquement correct, et parce qu'il fait partie de ces missionnaires tant abhorrés par le FPR et ses sympathisants – je pense notamment à Colette Braeckman et à Marie-France Cros –, elle est largement ignorée. Laisser entendre qu'il n'y a pas eu un seul génocide – celui des Tutsis –, mais un double génocide, n'est pas encore audible. Dire que, depuis 1990, il y a eu bien plus de Hutus massacrés que de Tutsis, est même insupportable. Serge Desouter a été le premier, avec Filip Reyntjens, professeur à l'université d'Anvers, à publier une enquête sérieuse, dès 1995, sur les horreurs commises par le FPR et intitulée : *Rwanda. Les violations des Droits de l'homme par le FPR/APR. Plaidoyer pour une enquête approfondie.* Dans leurs conclusions, les auteurs affirment prudemment que « le FPR/APR a tué au moins des dizaines de milliers de Rwandais, et cela dans le plus grand silence et à l'abri du regard d'observateurs étrangers. » Ils parlent d'« élimination planifiée d'une partie de l'élite hutue », de « l'élimination physique de personnes sur base ethnique », du maintien de la population sous une « terreur continue ». « Tout ceci est exécuté avec une grande cruauté. Des formes de torture reviennent régulièrement, et certaines portent l'étiquette "Inkotanyi" ».

Dans leur étude, Reyntjens et Desouter décrivent les tortures spécifiques au FPR et notamment l'« *agafuni* » : « La victime est liée avec des cordages solides. Avec la douille d'une houe usagée, on frappe d'un coup fort et sec sur la tête de la victime. Généralement, un seul coup "bien donné" est mortel.

1. Rencontré le 26 avril 2005.

La souffrance psychologique avant l'exécution est très grande. » Autre technique de mise à mort fréquemment utilisée, l'« *akandoya* » : « La victime est liée avec de solides cordes plastiques (*imbarasasi*), les bras et les mains derrière le dos, les jambes pliées en arrière et reliées avec les bras. La victime est ensuite posée sur le ventre et forme un arc. On la laisse ainsi jusqu'à la mort, généralement par asphyxie. »

Le missionnaire et l'universitaire n'ont rien inventé. Dix ans plus tard, Abdul Ruzibiza, témoin-clé de la conquête du pouvoir par le FPR, qui appartint à l'Armée populaire rwandaise (FPR) dès 1990 – toute la famille de ce Tutsi aura disparu en 1994 –, complète la description de leur inventaire des techniques de tortures employées à l'époque par le FPR :

« 1. Lier les jambes à part, attacher les bras dans le dos et tirer jusqu'à ce que la poitrine éclate et fasse un bruit sec, mettre le supplicié à genoux, le frapper avec une douille de houe usagée en pleine tête. La victime tombe ainsi par terre, sa tête est fracassée sur les deux tempes jusqu'à ce qu'elle soit réduite en une sorte de motte de terre écrasée.

2. Attacher la victime comme décrit ci-dessus, la transpercer de plusieurs coups de couteau dans les côtes, ou poser un pied sur son ventre et appuyer très fort tout en la transperçant à l'aide d'une baïonnette.

3. Attacher la victime et couvrir la tête d'un sachet en plastique jusqu'à étouffement par manque d'air.

4. Attacher une personne et, à l'aide d'une seringue, lui introduire du pétrole dans les deux oreilles et lui administrer des gifles simultanées sur les deux tempes. La victime est immédiatement prise de vertiges et finit par mourir.

5. Enrouler une corde autour du cou, faire coucher la personne par terre et serrer la corde jusqu'à l'étranglement total.

6. Attacher très fort les jambes et les bras, suspendre la victime sur un poteau la tête vers le bas. De cette façon, le sang jaillit des oreilles, de la bouche et du nez jusqu'à ce que mort s'ensuive.

7. Pour soutirer des informations de quelqu'un, il faut le torturer pour le faire mourir à petit feu : le transpercer de coups de couteau, le brûler par des gouttes de plastique chauffé, piquer le sexe avec des aiguilles – obliger les frères et sœurs d'avoir des relations sexuelles, un enfant avec son père ou sa mère…

8. La plupart du temps, ceux qui étaient tués par balle ou grenade, c'était uniquement parce que les bourreaux n'avaient suffisamment pas de temps pour les torturer. Les autres victimes qui avaient le privilège d'être tuées par balles étaient les femmes et jeunes filles qui se faisaient d'abord violer par les *Inkotanyi*; ainsi ces derniers se croyaient protégés contre la mort sur le champ de bataille. Et pourtant, malgré qu'un tel comportement était réprimé par l'application du règlement, il a été régulièrement commis par les combattants du FPR. Les rares femmes qui survivaient à leurs viols, ne pouvant savoir si leurs malfaiteurs avaient été punis, pensaient tout simplement que cette pratique était tolérée par les *Inkotanyi*. Une autre pratique inhumaine que je ne peux pas passer sous silence – même si elle était aussi sanctionnée – concerne les *Inkotanyi* qui, après avoir violé des femmes, introduisaient dans les organes génitaux de leurs victimes des couteaux ou des rondins; ainsi elles saignaient jusqu'à ce que mort s'ensuive.

9. Pour tuer des enfants, les soldats du FPR ne perdaient pas leur temps : il suffisait de prendre le bébé par les jambes, de le balancer énergiquement et de fracasser sa tête contre le mur d'une maison. Ceci occasionnait la mort instantanée de l'enfant[2]. »

Desouter et Reyntjens se sont appuyés à la fois sur de nombreux témoignages recueillis par eux, mais aussi sur les premières enquêtes d'organismes connus[3]. Depuis lors, les

2. Dossier Abdul Ruzibiza, sur Internet. Le lieutenant Abdul Ruzibiza a publié un livre aux éditions Panorama, intitulé *Rwanda, l'histoire secrète*.

3. Parmi lesquels citons : Human Rights Watch Africa (communiqué du 6 juin 1994;

témoignages et preuves de toutes sortes se sont accumulés et ne permettent plus de douter de la nature de l'entreprise de conquête de Kagame, puis de son régime : il a mis en œuvre sa volonté implacable d'éliminer le maximum de Hutus et de réduire ceux qui restaient à l'état de sous-hommes. Pour n'en citer que quelques-uns, voici le témoignage de Santos Ganuza, missionnaire navarrais, qui était au moment des faits recteur de la paroisse de Kiziguro, à l'est du pays, et qui assista aux exécutions de masse : « En 1994, les *Interahamwe* sont arrivés et ont tué les mille Tutsis qui s'étaient réfugiés dans l'église, sans que je puisse rien faire pour l'éviter. Peu de jours après, les militaires tutsis sont arrivés et ont tué dix mille Hutus. Les télévisions occidentales ont projeté les images de ces Hutus assassinés dans ma paroisse, les identifiant comme Tutsis. » Cette manipulation médiatique consistant à ranger les cadavres hutus parmi les victimes du génocide dit tutsi est fréquemment mentionnée.

Marcel Gérin et sa femme exploitaient une affaire dans le parc de l'Akagera. Eux aussi ont été témoins de massacres indistincts de Hutus et de Tutsis en avril 1994. Marcel Gérin a été fait prisonnier par le FPR, puis relâché grâce à un journaliste. Quand il est rentré en Belgique, il a essayé d'alerter le gouvernement et l'opinion belges sur la vraie nature du FPR. Il a fini par gêner trop de monde. Suivi, menacé, il s'est résolu à l'exil. Son témoignage paru dans *Africa International*[4] est saisissant. En voici l'essentiel.

Il raconte que, grâce à ses appareils radio, il interceptait les messages de l'ONU et des FAR. Il comprit alors que les Forces armées rwandaises semblaient complètement paniquées et tentaient d'organiser leur défense sans pour autant appeler au génocide. Il enchaîne : « Non seulement il n'y a pas eu d'ordre

Rwanda, a new catastrophe ?, décembre 1994) ; Amnesty International (*Rwanda, reports of killings and abductions by the Rwandese Patriotic Army, April-August 1994*, 20 octobre 1994) ; Mission du Parlement européen (compte rendu), 27-31 juillet 1994.

4. *Africa International*, n° 319, novembre 1998.

précis du côté des FAR (Forces armées rwandaises) ou de la gendarmerie rwandaise, mais, dans ma région de Rusumo, j'ai au contraire assisté personnellement à une intervention du bourgmestre de Kibungo qui a essayé d'arrêter les mouvements isolés de miliciens *Interahamwe*. Même s'il a échoué partiellement, on ne peut pas parler d'incitation au génocide. Il y a eu plutôt un mouvement de résistance nationale populaire qui a débordé. Des personnes ont été exécutées et des innocents ont été massacrés. Mais ce que j'ai vécu n'était pas un génocide planifié, sans quoi cela *aurait été bien pire encore.* »

Le journaliste d'*Africa International* l'interroge ensuite sur ce qui s'est « passé dans [son] secteur après l'attentat contre l'avion du président Habyarimana ». Marcel Gérin détaille les événements de ces premières journées décisives : « Le ranch Mpanga se situe dans la partie nord de la commune de Rusumo. Après l'intervention ratée du bourgmestre de Kibungo contre des *Interahamwe* qui voulaient entraîner la population dans des actes de résistance ou de représailles, on a vécu une situation particulière vers le 9 ou le 10 avril. Il y avait dans la région des populations autochtones, tels les Banyambo qui vivent dans les marais, et d'autres provenant du nord du pays où elles avaient fui le FPR en 1992 et 1993. Après l'attentat, les Banyambo sont retournés dans les marais puis ils sont passés en Tanzanie. Il y a eu ensuite l'exode des réfugiés du nord. Ils sont partis eux aussi en Tanzanie. Vers le 15 avril, les populations restantes ont pris peur et sont venues chez nous, au ranch, pour demander de l'aide. Une partie s'est enfuie en Tanzanie avec les dernières pirogues disponibles.

« Puis il y a eu la descente des forces de l'Armée patriotique rwandaise, l'APR. C'est alors qu'il y a eu un mouvement de panique totale lorsque les gens de notre région ont entendu le bruit des armes et qu'ils ont senti les odeurs nauséabondes des bûchers sur lesquels des cadavres et des agonisants brûlaient. Comme les Banyambo étaient partis avec leurs pirogues, on ne pouvait plus passer de l'autre côté de la frontière. Les réfugiés en fuite sont donc revenus en arrière sur la presqu'île du ranch en nous implorant de les cacher. Ce terrain a une superficie de 1 600 hectares, bien trop petit pour pouvoir cacher toutes ces personnes. Elles sont donc revenues chez nous. Dans cette population, il n'y avait pas uniquement des Hutus, des "génocidaires", comme on dit maintenant. Il y avait aussi des "oubliés" Banyambos, des "métis" hutus-tutsis que j'appelle les "Hutsis", et des Tutsis venant du nord du pays où ils avaient été persécutés par l'APR au début de 1994. Tous ces gens sont donc venus se réfugier chez moi.

« Ensuite, le FPR est descendu rapidement, mais d'une façon très méthodique et très progressive. Dans un premier temps, j'ai assisté au nettoyage de la région, au rassemblement des populations restées en arrière parce que ces personnes étaient malades ou handicapées, ou trop jeunes pour pouvoir suivre le reste des fuyards. Ces gens ont été rassemblés par paquets qu'on a éliminés à la mitrailleuse et à la grenade. Ils ont fini sur des bûchers ou ont été rejoindre les innombrables « flotteurs » qu'il y avait à ce moment-là sur tous les lacs, rivières et ruisseaux du Rwanda, entre autres la rivière Akagera que j'ai appelée par la suite le "Nil noir". »

Ces cadavres charriés par la rivière Akagera jusqu'au lac Victoria ne passèrent pas inaperçus et causèrent des problèmes sanitaires : les districts environnant ce lac furent déclarés « zones sinistrées » par le gouvernement ougandais le 22 mai 1994. De nombreux articles et télégrammes diplomatiques ont témoigné de cette sinistre réalité.

À ce moment-là, le journaliste demande à Marcel Gérin de certifier son témoignage : « Ce que vous venez de décrire, l'avez-vous vu personnellement, ou le faites-vous par ouï-dire ? » « Il n'y a là rien qui soit par ouï-dire. Mes souvenirs de cette période sont atroces. Ces opérations du FPR, je les ai repérées au début par l'odorat. Après, je les ai suivies avec mes jumelles pour essayer d'identifier l'origine des odeurs nauséabondes qui flottaient sur toute la région. Il y avait des odeurs de chair brûlée, calcinée, et ensuite on a commencé à sentir des odeurs de corps en putréfaction. C'était insoutenable. Tout cela, nous l'avons malheureusement bien subi.

À ce moment-là, on se pose des questions. On se demande à quoi correspondent ces coups de feu et ces odeurs. On est dans le doute. Mais, malheureusement pour mon épouse et pour moi-même, dans les deux ou trois jours qui ont suivi, on a vu déferler chez nous des civils en armes. On ne savait pas bien s'ils étaient des gens de l'APR ou des *Interahamwe*. Le contact a été brutal, puisque ma femme et moi avons été arrêtés, ce qui nous donnait la réponse à nos questions. Il s'agissait bien des forces armées de l'APR sans uniforme. Rien que pour venir nous capturer sur le ranch, ils étaient à plus de 350 [...]. Après notre arrestation, nous avons subi des coups et des blessures, et par deux fois des simulacres d'exécution au milieu de gens tués par balles ou à la machette. Autour de nous on entendait des réflexions telles que : "Nous gagnerons la guerre par les procédés et les outils des *Interahamwe*". Toute photo ou tout film qui aurait été pris à ce moment-là n'aurait pas permis à une personne extérieure de déterminer avec certitude si ces gens armés étaient des *Interahamwe* ou des gens de l'APR. Mais, pour nous qui étions entre leurs mains, il n'y avait pas de confusion possible. »

Il poursuit le récit de leur détention par l'APR : « Nous avons ensuite été emmenés de force à Kibungo. Là, il y avait des officiers ougandais, mais certainement pas des Tutsis connus dans cette région. Il est certain qu'il y avait des mercenaires à la solde de commanditaires qui voulaient piller et se payer. Il faut aussi noter une particularité, c'est que dans ces bandes armées on parlait toujours du "Chef", sans jamais citer un grade. C'était toujours *le Chef*. Le premier que nous avons rencontré se promenait en chemise hawaïenne et avec des babouches aux pieds. Personne n'était en uniforme. Le premier officier de l'APR identifiable, le capitaine Diogène Mudenge, responsable APR pour l'est du Rwanda, nous l'avons vu à

Gahini, lors de notre transfert depuis Kibungo. C'est à cette occasion que nous avons vu pour la première fois un uniforme de l'APR, de couleur verte unie. [...] Nous avons été faits prisonniers le 26 avril 1994, et nous avons passé la fin du mois à Gahini dans les mains de l'APR.

« Je voudrais faire un retour en arrière pour parler de notre souvenir le plus choquant et le plus mauvais. Il faut savoir que la route entre notre ranch Mpanga et Kibungo fait 90 kilomètres à travers des champs de bananiers. Ce qui était incroyable sur cette route, c'était premièrement l'odeur de cadavres qui flottait sur tout le pays, et ensuite le nombre de cadavres sur la route, dans les champs, les prairies et sur les chemins. Il y en avait partout, à tel point que j'ai dit qu'il y avait là plus de cadavres que de bananiers.

Lorsque nous avons pris la route asphaltée de Kabarondo vers Kibungo, jamais auparavant je n'aurais cru qu'il serait possible dans la vie d'un homme d'être obligé de rouler en voiture sur 30 kilomètres dans des mares de sang, de cervelles et de défécations.

« Le lendemain, nous avons fait le voyage en sens inverse. Les cadavres avaient été déblayés des routes par de prétendus prisonniers qui ont terminé leur vie après avoir accompli ce travail macabre. Les caniveaux étaient remplis de cadavres empilés. L'entrée de Gahini n'était que cadavres. Toutes les rivières et les lacs que j'ai vus au Rwanda durant cette période étaient absolument tous encombrés de "flotteurs" – de cadavres, donc.

« Ce que je voudrais dire aussi, c'est que depuis notre arrestation, le 26 avril au matin, jusqu'à notre départ de Gahini, ce ne fut pour nous qu'un interrogatoire presque continu, de jour comme de nuit, avec des pressions allant jusqu'au poteau d'exécution. Nous avons également subi des séances de torture de trois heures d'affilée, les 26 et 27 avril. Durant une de ces séances, mon domestique Gatete a été tué à un mètre de moi, de trois balles. Il n'y a donc aucun doute que le témoignage que nous donnons ici concerne bien l'APR. »

Lorsque le journaliste insiste auprès de Gérin, l'interrogeant sur la possibilité d'imputer une partie de ces massacres aux *Interahamwe* et aux Forces armées rwandaises, celui-ci lui répond : « Une chose est certaine pour les FAR et les gendarmes, c'est qu'aucune personne n'a été tuée par eux, pour la bonne et simple raison qu'ils n'étaient pas là, ayant été rappelés à Kibungo fin mars 1994. Pour les *Interahamwe*, dire qu'ils n'ont tué personne serait mentir. Or la "déposition" que je fais ici n'a pas pour but de mentir ou de prendre parti, mais de dire la vérité et de décrire ce que j'ai vu.

« Lors de ces événements, j'étais dans le désarroi. Je ne savais pas si nous pouvions quitter le ranch ou s'il était préférable de rester. Il fallait évaluer la situation à l'extérieur. J'ai donc été obligé de sortir de chez moi et d'utiliser une partie de mon personnel de confiance pour obtenir des informations correctes. Je puis donc dire très clairement qu'il a eu des personnes tuées ou horriblement mutilées par les *Interahamwe* pendant cette espèce de fuite des populations de la région, et que les *Interahamwe* ont massacré environ mille personnes dans l'église de Nyarubuye et aux alentours. Je n'ai pas été témoin de cette situation, mais je n'ai pas constaté que dans la région les *Interahamwe* aient massacré des personnes par milliers. Par contre, et c'est absolument extraordinaire, j'ai vu des gens, des Tutsis parfois, se suicider en buvant le liquide provenant de piles électriques trempées dans de l'eau, ou en se pendant aux arbres. Ces personnes ne voulaient pas vivre une nouvelle fois ce qu'elles avaient enduré dans le nord du pays, et elles choisissaient pour elles-mêmes la solution finale. J'ai vu des gens s'avancer tout seuls dans les lacs Cyambwe et Rwampanga pour se noyer. Mais il est presque impossible de dire combien parmi ces personnes ont été assassinées ou massacrés, ou combien se sont suicidées. En tout cas, les gros massacres, le gros nettoyage de la région, qui est toujours vide à l'heure actuelle, ont bien été exécutés par ces hordes armées que j'ai citées, qu'on les appelle Armée patriotique rwandaise ou groupes armés tutsis. »

Marcel Gérin en vient alors à l'évocation des techniques de massacre de masse : « Je fais une parenthèse à propos des gens qui ont été tués à coups de houes ou de machettes par ces bandes armées de l'APR très bien équipées et lourdement armées, à qui il ne manquait rien sauf l'uniforme. Ce sont eux qui utilisaient ces méthodes pour tuer. Par contre, les équipes qui restaient en arrière, disons les équipes de surveillance ou de fin de nettoyage, étaient constituées des "petits" (enfants ou jeunes adolescents), incapables de donner la mort de cette façon. Ils utilisaient donc des Kalachnikovs bien trop lourdes pour eux ou des fusils R4 récupérés à gauche ou à droite. C'était d'eux que nous avions le plus peur, tellement la détente de leurs armes les chatouillait.

« J'ai essayé de plaider devant les 350 militaires de l'APR la cause des pauvres gens qui avaient cherché refuge dans le ranch. Mais lors de notre départ, les ordres de l'APR ont été précis et bien intelligibles : il fallait ratisser et nettoyer le ranch, car, disaient-ils, "On n'est pas venus ici pour faire des prisonniers, mais pour reprendre notre pays." J'ai eu beau insister sur le fait qu'il y avait dans ces réfugiés des "Hutsis", des Tutsis, des Banyambo ou des Hutus qui n'avaient rien à voir avec les soi-disant massacres commis par les *Interahamwe*, que ces gens cherchaient un refuge et une protection. Cela a été peine perdue, parce que les ordres étaient bien clairs et répétés : il fallait absolument "nettoyer" le ranch. À l'heure actuelle, en 1998, il est toujours une zone interdite gardée militairement. J'ignore quelle fonction il remplit. »

Il livre ensuite le récit des circonstances de sa libération et de celle de sa femme : « Pour en revenir à la situation à Gahini, je dois préciser que lors de notre détention, nous avons été obligés d'assister à des interrogatoires rapides de Rwandais effectués par le capitaine Diogène Mudenge, qui se terminaient tout simplement par des exécutions : la "solution finale". Il y avait des piles de cadavres, avec en bas des cadavres en désintégration au milieu des cadavres plus frais, et en haut des cadavres qui saignaient encore. Or la période des exécutions par les *Interahamwe* était loin derrière. Nous sommes plus de vingt jours plus tard. Cette situation à Gahini était tout à fait particulière. On utilisait des femmes comme porteuses d'eau pour approvisionner le campement de l'APR. Celles qui n'en pouvaient plus, ils s'en débarrassaient tout simplement à l'arme blanche. Nous avons dû assister à ces faits-là.

« L'arrivée des journalistes à Gahini a été une chance pour nous. Ces journalistes ont accompagné l'escorte de l'APR qui devait nous remettre à Byumba dans les mains du général Paul Kagame. Nous avons fait toutes les routes au nord du lac Muhazi. Comme ailleurs, il y avait là des cadavres, mais aussi des amoncellements impressionnants de douilles, de canons, etc. Ce qui nous a frappés le plus dans cette région, et cela confirmait ce que nous avions vu dans notre secteur, c'est qu'il n'y avait plus aucun habitant, aucun prisonnier. On n'a vu que des zones totalement vides de gens vivants.

« Nous avons fait toute la route pour arriver au croisement de la piste qui rejoint Byumba. Cette piste continue sur Mulindi, vers le poste frontière de Gatuna. Que s'est-il passé à ce croisement ? Toujours est-il qu'au lieu de tourner à gauche vers Byumba, nous avons pris de petites pistes à travers champs et collines, puis, à l'entrée de Mulindi, nous tombons sur quelques officiers de l'ONU, des Ghanéens et des Sénégalais notamment. Ils ont eu de brèves discussions avec les journalistes qui se sont rendu compte que nous étions toujours en danger. Les officiers de l'ONU ont alors proposé de nous emmener directement de l'autre côté de la frontière. Mais cette initiative a été immédiatement contrecarrée par un agent de l'APR en uniforme militaire qui se promenait là avec un enregistreur. Il m'a obligé à me soumettre de nouveau à un interrogatoire qui a duré une bonne heure et demie, dans l'intention d'attendre la tombée de la nuit.

« À la tombée de la nuit, ma femme et moi avons reçu l'ordre de quitter Mulindi pour rejoindre, soi-disant sans problème, Gatuna à la frontière avec l'Ouganda. Une chose tout à fait particulière, c'est que j'ai voulu aller voir les gens de l'ONU pour leur demander une escorte, mais cela m'a été refusé par l'APR. J'ai donc dû partir seul avec mon épouse, dans le véhicule qu'on nous avait assigné et demandé de conduire. Il y avait une insistance de l'APR pour dire que nous étions libres et que nous pouvions partir... »

Le journaliste alors pose tout haut la question énorme à laquelle il semble impossible de répondre positivement : « Est-ce que l'APR aurait pu faire venir des journalistes étrangers dans le but de faire constater ses propres massacres ? »

Gérin donne son explication de la cécité de la presse internationale telle qu'elle fut pensée et favorisée par la direction du FPR : « La presse étrangère devait servir à confirmer la politique du FPR qui était de désigner les *Interahamwe* comme auteurs des massacres. Les journalistes ont été automatiquement pris en charge par des unités bien spécialisées du FPR. L'un de ces spécialistes est Tony Kabano, qui a été formé au bureau du FPR de Bruxelles. Il s'occupe de ce genre de travail. Donc il y a des "guides" de l'APR, dans des uniformes convenables, qui montrent aux journalistes ce qu'ils veulent bien montrer. Je pense que ces journalistes n'ont pas pu voir ces hordes – ces vagues, plutôt – de tueurs qui nous ont pris. Ils n'ont vu que les militaires de l'APR en uniforme, qui les ont influencés en leur disant : "Voilà les agissements des *Interahamwe*, leurs multiples massacres", etc. Mais je ne pense pas que les journalistes aient été si dupés que ça... »

Voire... Moins de quinze jours après le départ de Marcel Gérin, un journaliste français arrive dans la région de Kibungo. Avec quelques autres confrères, il est pris en charge par des militaires du FPR. Le groupe arrive bientôt à Birenga, petit village situé au sud-est du pays, sur la route qui va à Kibungo. Depuis la frontière, il n'a pas croisé un seul être vivant, pas même un animal. Tout au long de la route, il n'a vu que des morts empilés comme des fagots. Puis c'est un choc encore plus violent : la découverte d'un charnier. Dans *Le Figaro* du 24 mai 1994, sous le titre évocateur « Les abattoirs », il raconte avec grand talent les mêmes horreurs qu'a vues Marcel Gérin : « Ils sont à quelques dizaines de mètres de la route, derrière une maison. Certains sont allongés, d'autres reposent contre des bananiers. Tous ont les bras ligotés dans le dos. Ils ne bougent pas, ne parlent pas. Leurs visages n'expriment aucune terreur. Ils sont trente, quarante, cinquante peut-être. Les larges feuilles des bananiers, bercées par le vent, les recouvrent comme un linceul. Un rayon de lumière dévoile parfois un détail : un poing crispé, une tête posée sur une épaule, l'ultime génuflexion du supplicié qui demande grâce. Figés, pétrifiés, leurs regards fixent tous un même horizon. Celui de la mort. La plus indigne, la plus insupportable, la plus révoltante des morts. »

Le journaliste tente de se représenter et de faire imaginer à ses lecteurs ce qui a bien pu se passer :

« Birenga n'est plus qu'un sépulcre. [...] Femmes, hommes et enfants entassés pêle-mêle. Haut dans le ciel, des corbeaux planent. Le silence est total. L'odeur de charogne rend l'air irrespirable.

« Il y a quelques semaines, la foudre s'est abattue sur Birenga. Venue de Kigali, la capitale rwandaise, elle a tout emporté sur son passage. Les tueurs ont placé le canon de leur fusil sur les crânes de nouveau-nés. Et ils ont tiré. Les tueurs ont sorti des machettes de leurs étuis. Et ils ont découpé les bras et les jambes des gamins comme des vieillards. Après Birenga, ils ont poursuivi leur route. Au nord, au sud, à l'est, à l'ouest. Seule la progression des rebelles du Front patriotique rwandais (FPR) les a empêchés d'achever leur besogne. Cédant peu à peu du terrain, les assassins ont quand même continué de frapper : “Quand on les repoussait, ils massacraient les gens. Partout, on n'a trouvé que ça”, explique un soldat du FPR en montrant du bras le charnier. “Nous sommes arrivés à Birenga à la fin avril, reprend un autre rebelle, c'était déjà trop tard !”

Au début, on reste incrédule. Pourquoi croire les rebelles ? Comment établir un partage des responsabilités entre les hommes du pouvoir et ceux du FPR ? Il n'y a plus un témoin… »

Dans ce bouleversant reportage, Patrick de Saint-Exupéry fait partager son émotion et ses doutes aux lecteurs du *Figaro*. Malgré le poids de l'insoutenable, il n'hésite pas en effet à se poser de bonnes questions. Mais ses doutes sont éphémères, vite balayés dans la suite de son long reportage qui montre qu'il a décidé de croire ses guides du FPR, les soldats de même que le vice-président du mouvement. Ainsi – ce que ne peut alors qu'ignorer le journaliste, mais que le témoignage de Marcel Gérin nous surprend a posteriori, ces guides n'ont pas hésité à faire porter la responsabilité de leurs propres massacres aux milices hutues… Nous ne pouvons que reconnaître, à la décharge de Saint-Exupéry, qu'il était sur le moment, au milieu d'un tel carnage, absolument impossible d'imaginer un tel cynisme de la part de soldats qui se présentaient en « libérateurs » et que l'on pouvait prendre pour tels. Ne venaient-ils pas de mettre fin au génocide dans la région où ils permettaient au journaliste de circuler ? Les scènes d'horreur avaient déjà largement de quoi ébranler la raison.

Après ce reportage, le journaliste du *Figaro* abandonnera sa curiosité de journaliste ne montrera plus de réserve envers le FPR luttera contre les supposés complices français de ceux qu'il croit être les tueurs de Birenga. « Il n'y a plus un témoin », écrivait Patrick de Saint-Exupéry en mai 1994. Si, il y a Marcel Gérin, et bien d'autres encore dans les camps de déplacés en Tanzanie !

Le cas de Saint-Exupéry est loin d'être unique. Nombreux ont été les journalistes, les membres d'associations, les hommes politiques qui ont été, comme lui, emportés par l'émotion. Une émotion détournée, canalisée directement ou indirectement par le FPR. Manipulation non seulement abjecte, mais aussi redoutable, car difficilement parable. À partir de ce qu'ils croyaient être la réalité, la plupart sont devenus des militants de la cause FPR, consciemment ou non.

Avant même l'arrivée de Saint-Exupéry au Rwanda, les témoignages sur les massacres du FPR avaient pourtant commencé à sortir du pays. Fin avril 1994, *New Visions*, un journal tanzanien, signalait que des équipes spéciales sillonnaient la rivière Akagera pour repêcher les corps venant du Rwanda, notamment les cadavres de jeunes mères, les mains ligotées dans le dos et portant encore leur enfant contre elles attaché par un grand morceau de tissu. Et six jours avant la publication du papier de Saint-Exupéry, le Haut-Commissariat pour les réfugiés (HCR) accusait le FPR de massacrer et de torturer les civils au Rwanda, concentrant ses accusations sur l'est du pays, là où justement le reporter de guerre du *Figaro* s'était rendu, encadré par son guide. Ces graves révélations n'étaient pas confidentielles. Lors d'une conférence de presse tenue à Genève, Rupert Colville, porte-parole du HCR, rapportait en effet qu'un « représentant du HCR a vu à la frontière entre le Rwanda et la Tanzanie des soldats tirer sur les réfugiés traversant la rivière pour se rendre en Tanzanie » il ajoutait qu'au cours des derniers jours, des réfugiés venant de plusieurs dizaines de villages avaient indiqué que les soldats du FPR tuaient et torturaient des Rwandais avant de jeter leurs corps dans la rivière Akagera. « Ils incluent des raids dans les villages dont les habitants ont été conduits dans des écoles et mis en pièces à coups de machette [...] ; dans d'autres villages, les habitants ont été jetés vivants, pieds et poings liés, dans la rivière Akagera. » Ces récits d'horreur ont aussi fait l'objet d'une dépêche AFP datée du 17 mai.

Tous les détails sur les massacres commis par le FPR dans l'Est du Rwanda, durant la deuxième quinzaine d'avril et début mai, ont été connus rapidement par ceux qui accueillirent les quelque 350 000 réfugiés dans les camps de Tanzanie. Les rescapés de Birenga furent regroupés dans le camp Benaco.

Ils ont décrit[5] les massacres perpétrés par le FPR, notamment par l'*agafuni*, à l'aide d'une tête houe usagée : la victime est ligotée avec des cordes solides, un *Inkotanyi* lui assène un coup avec la partie contondante de l'outil. Les enquêteurs ont ainsi pu dénombrer à Bare 208 personnes dont 44 enfants, à Kibaya 114, à Gahurire 200, à Matongo 202 dont 38 enfants, à Ndamira 113, à Sakara 206, à Birenga, le village où Saint-Exupéry a décrit les « abattoirs », 105 personnes dont 104 paysans massacrés, à Kibimba 131 personnes dont l'enseignante Nyiramudegederi, éventrée, et un policier communal tué par agafuni, à Gahara 150 personnes, à Gashongoréa 162.

Mais, déjà en mai, les paroles et les écrits provenant directement ou indirectement des Hutus ne sont plus reçus, parce qu'ils sont déjà oblitérés par le coup de tampon « génocidaire ». Plus surprenant encore, les témoignages de personnalités rwandaises ayant quitté Kagame parce qu'elles ont découvert la vraie nature du régime qu'il entend imposer à tout le pays se heurtent au même mur du silence. La lecture de la liste des personnalités qui lui font alors défection et des ministres assassinés ou emprisonnés aurait pourtant dû perturber ceux qui étaient enclins à emboîter le pas au FPR… Citons tout d'abord les noms du Premier ministre du premier gouvernement formé au lendemain de la victoire de Paul Kagame, Faustin Twagiramungu, qui démissionna de ses fonctions en août 1995, et du premier président de la République du Rwanda, Pasteur Bizimungu, emprisonné ; ceux de Seth Sendashonga, et du colonel Théoneste Lizinde, assassinés…

Tous ceux qui ont choisi l'exil parlent ou plutôt débitent des litanies d'horreurs. J'ai arbitrairement choisi de donner la parole à Emmanuel Habyarimana[6] qui a travaillé aux côtés de Paul Kagame comme ministre de la Défense jusqu'en 2002. Avant même que je ne commence à l'interroger, il tient à me

5. Rapport de Solidarité internationale pour les réfugiés rwandais.
6. À Paris, le 15 juillet 2005.

poser préalablement plusieurs questions sur ce qu'il considère comme une attitude incompréhensible de la part des autorités françaises dans le dossier du Rwanda : « Je ne comprends pas pourquoi le gouvernement français ne réagit pas aux attaques portées contre la France et l'armée française à propos de l'opération Turquoise, me lance-t-il. La France est le seul pays à avoir tenté quelque chose ! Les soldats ont sauvé ce qu'ils ont pu sauver. J'ai été moi-même sauvé – à Kigeme –, comme beaucoup d'autres, par les soldats français. Quand j'entends ou lis que les Français ont aidé les *Interahamwe*, ou que les hélicoptères français jetaient du ciel des Tutsis, ça me fait souffrir. La France n'a rien à se reprocher. Pourquoi, au lieu de se résigner, ne dit-elle pas la vérité sur tout le dossier du Rwanda ? »

Avant même de parler de Kagame et du régime Habyarimana, il dit quelques mots sur l'attentat : « Je n'ai aucun doute sur les auteurs de l'attentat et sur le fait que le FPR savait qu'il allait déclencher des massacres, lesquels permettraient sa prise de pouvoir et sa légitimation. Au mois de juillet 1994, après mon retour de Kampala, Emmanuel Kayumba, le chef d'état-major, en parlait ouvertement, comme d'autres cadres du FPR. Ils ont arrêté d'en parler quand ils ont compris que cette histoire risquait de se retourner contre eux. En 1998, alors que j'étais secrétaire général du ministère de la Défense, j'ai abordé le sujet en tête-à-tête avec Paul Kagame, et lui ai demandé s'il avait été conscient que cet attentat allait déclencher des tueries massives. Il a d'abord fait semblant de ne pas comprendre. J'ai reposé la question.

« – Mon ami, la politique, c'est un secret qu'on ne peut expliquer. On ne sait pas dans l'action où ça mène, m'a-t-il répondu.

« Mais ce qui est sûr, c'est qu'il n'a pas nié être responsable de l'attentat.

« Oui, le FPR a planifié le génocide, poursuit Emmanuel Habyarimana, mais il n'était pas seul. Je suis convaincu que les Belges savaient ce qui se tramait ; cela est également vrai des

Américains, lesquels étaient persuadés que Kagame allait prendre rapidement le pouvoir. Paul Kagame était sous le parapluie des États-Unis. »

Puis il évoque longuement les massacres perpétrés par Kagame et ses lieutenants. Et raconte notamment comment Kagame a poussé les réfugiés de Nyaconga vers le stade de Byumba et comment, pendant deux semaines, 50 000 Hutus ont été massacrés…

Je termine l'entretien par une question « révisionniste » :

« Combien de Tutsis sont morts en 1994 ?

– Le recensement fait début 2003 a été truqué. C'est le responsable[7] qui me l'a dit et qui m'a donné les vrais chiffres. On a compté quelque 280 000 Tutsis massacrés, et plus d'un million de Hutus tués depuis 1990. Le trucage a consisté à prendre le chiffre global de morts et à affirmer qu'ils étaient tous tutsis… »

Il n'est même plus nécessaire de redonner la parole à Abdul Ruzibiza, sauf à reprendre ce qu'il dit et répète inlassablement : « Kagame nous a empêchés de sauver nos familles alors que nous en avions les moyens et la volonté. »

Avant de clore un chapitre qui ne peut prétendre restituer une vision complète du « génocide », encore moins en constituer l'histoire, mais qui espère avoir démontré que la vérité officielle sur ce génocide n'a que des rapports très lointains avec la réalité et qu'il est temps de prendre en considération les témoignages et le destin tragique des Hutus, je donne la parole à trois Rwandais qui ont déchanté après avoir milité contre le régime Habyarimana. C'est avec espoir qu'ils attendaient pourtant l'arrivée de Kagame à Kigali.

Sixbert Musangamfura, ancien chef du service civil des Renseignements du premier gouvernement FPR, accuse ses anciens chefs de crime de génocide sur les populations hutues.

7. Il m'a communiqué le nom de cette personne, mais m'a demandé de ne pas l'imprimer pour des raisons de sécurité, car l'homme est toujours à Kigali.

Il raconte dans un témoignage écrit à Nairobi, le 8 décembre 1995 : « En avril 1994, pendant le génocide et les massacres, je fus sauvé par les troupes du FPR et évacué de Kigali vers le camp des déplacés de Byumba où je suis resté jusqu'en juillet 1994. Dès avril 1994, j'ai commencé à recevoir des éléments d'information, avec des preuves irréfutables, sur les massacres ethniques commis par des éléments de l'armée patriotique rwandaise... » Il avance un chiffre supérieur à 300 000 personnes massacrées dans des opérations de représailles et de contre-génocide. « Les corps sont souvent enterrés dans des fosses communes (je dispose des noms de plus de 173 d'entre elles dans tout le pays), entassés dans des latrines, des écoles et des habitations rurales, jetés dans l'Akagera, brûlés à l'essence, transportés par camions militaires vers le Mutara, le parc national de l'Akagera, la forêt de Nyungwe, Rilima et vers d'autres lieux où des escadrons de la mort de la DMI., les Renseignements militaires du FPR, et des soldats fossoyeurs restent en permanence. Les zones dites militaires et interdites d'accès aux forces de la MINUAR, aux ONG, aux moniteurs internationaux des droits de l'homme, aux autorités civiles et à la population, abritent les charniers. Certaines régions sont interdites de survol, tandis que d'autres connaissent des verrouillages systématiques au moment des massacres et du nettoyage par des unités militaires spécialisées [...]. Beaucoup de charniers laissés par les miliciens *Interahamwe* ont été par la suite utilisés par l'APR pour camoufler les corps des victimes de ses forfaits dans le dessein de faire croire à l'opinion qu'ils étaient l'œuvre des seuls miliciens. Certains des charniers comme à Save, Ndora, Mayange, Sake, dont les corps ont été exhumés, contenaient en réalité des corps de victimes du FPR présentés aujourd'hui comme résultant des forfaits des miliciens[8]. »

8. Voir à l'adresse : www2.minorisa.es/inshuti/musanga.htm–

Eugène Ndahayo[9], pourtant sauvé lui aussi, le 10 avril, des machettes des miliciens *Interahamwe* par des soldats FPR, et installé dans un premier temps au CND, à Kigali, dans les locaux du quartier général du bataillon FPR, a pu voir de l'intérieur les méthodes pratiquées par ses soldats : « Plus de 95 % des gens qui arrivaient dans les zones sous contrôle du FPR étaient des Tutsis. Les Hutus que les soldats du FPR rencontraient étaient automatiquement éliminés ; ceux qui, naïvement, fuyaient vers la zone du FPR faisaient l'objet d'un tri et étaient également éliminés. Ceux qui habitaient aux alentours du cantonnement du FPR, ont subi le même sort. Les soldats du FPR présents dans la capitale ont en outre profité de la confusion qui régnait dans Kigali, durant les premières semaines d'avril 1994, pour nettoyer les quartiers de Remera, Kacyiru, Kicukiro et les collines avoisinantes de Gisozi, Kagugu et ailleurs. Il en est allé de même des zones autour des corridors que le FPR s'était créés entre son quartier général du CND et Nyamirambo, *via* Gikondo. Les témoignages qui attribuent les massacres aux seuls éléments de la Garde présidentielle ou des autres FAR ne sont basés que sur l'uniforme militaire que portaient ces derniers, alors qu'il est connu que les soldats du FPR, dans certains cas, portaient le même uniforme que l'armée rwandaise [...].

« Le FPR s'est également livré à des massacres impitoyables lors des opérations de jonction entre le bataillon du CND et ses troupes basées à Mulindi. Ses troupes conduites par le colonel Sam Kaka ont brûlé les huttes et tué tous les déplacés de guerre qui n'avaient pas eu le temps de fuir devant la présence surprise du FPR, moins d'une semaine seulement après l'assassinat d'Habyarimana. Quand nous avons entamé notre longue marche vers Byumba, le 23 avril 1994 au soir, le

9. Directeur de cabinet du ministre de l'Information d'août 1993 à août 1995 et secrétaire exécutif national du Mouvement Démocratique Républicain (MDR) de juillet 1994 à septembre 1995. Il réside en France et est l'auteur de *Rwanda. Le dessous des cartes*. L'Harmattan, Paris, 2000.

convoi ne cessait de buter sur les tas de cadavres. La sucrerie de Kabuye, où nous avons fait une pause, le lendemain matin, offrait un spectacle aux frontières du réel : les champs de cannes à sucre regorgeaient de corps en début de décomposition ; les hangars de stockage, l'usine, les bureaux administratifs, les maisons d'habitation du personnel de la sucrerie, et les habitations environnantes étaient pleins de cadavres et dégageaient une odeur pestilentielle insoutenable.

« Les rares Hutus qui ont été épargnés durant les opérations de ratissage du FPR étaient soit ceux qui étaient mariés avec des femmes tutsies ou à des femmes qui leur ressemblent, soit des membres connus de l'opposition démocratique, pour effacer le cachet ethnique du FPR. Une fois à Byumba, ces rescapés de l'opposition seront, tout au long de la guerre, mis en première ligne devant les caméras du monde entier pour faire la propagande du FPR. Il nous arrivait même, à mes camarades et à moi-même (une vingtaine de personnes au camp de Byumba), d'être filmés la main levée pour montrer aux journalistes étrangers que le FPR ne faisait pas de discrimination entre les Hutus et les Tutsis. Les journalistes ne pouvaient pas savoir que le reste des rescapés dans le camp était à 95 % composé de Tutsis. Quant aux autres Hutus (au camp de Byumba) dont les services étaient estimés de moindre importance, ils disparaissaient mystérieusement, certains par familles entières. Ils étaient enlevés pendant la nuit par des soldats qui, dès le lendemain matin, répandaient des bruits faisant croire que les disparus effectuaient des travaux utilitaires pour l'armée ! On ne les revit plus jamais. »

Comme Joseph Matata, Monique Mujawamariya a été une grande militante des droits de l'homme[10] sous le régime Habyarimana. Elle a même été la Rwandaise la plus connue au

10. Après avoir fondé, fin 1990, l'Association rwandaise pour la défense des droits de l'homme et des libertés publiques, elle quitte son organisation au début de l'année 1993 pour devenir secrétaire exécutive de la Ligue des droits de la personne de la région des Grands Lacs.

monde lorsqu'elle a été reçue par Bill Clinton en décembre 1993. Elle est, comme Joseph Matata, révoltée par le silence qui entoure les exactions commises par le régime Kagame contre les Hutus. Elle parle du « secret le mieux gardé du Rwanda » : « Lorsque j'ai vu ce que le FPR a fait, cela m'a mise à terre. Je me suis battue pour le changement. Ces gens-là n'ont pas fait mieux, ils ont fait pire. Les massacres contre les Hutus ont continué. »

Et ils ont continué non seulement au Rwanda, mais au Zaïre, bientôt devenu République démocratique du Congo, sur le territoire de laquelle Paul Kagame a pourchassé et massacré les réfugiés hutus…

Partie III

Le temps des imposteurs

Opération Turquoise (juin-août 1994) :
la France, seule, tente d'arrêter les massacres
– Le réseau pro-FPR en France et en Belgique
– La propagande du régime de Paul Kagame
– L'armée française se retrouve
sur le banc des accusés...

CHAPITRE 14

Avril-juin 1994

« C'est l'honneur de la France qui est en cause »
Genèse de l'opération Turquoise

Un mois après l'attentat, la France fait figure de principale accusée dans la tragédie rwandaise, alors que la Belgique, les États-Unis et plus largement la communauté internationale ont fui leurs responsabilités. L'insoutenable barbarie qui a saisi le Rwanda a des effets pervers sur ceux qui avaient – ou croyaient avoir – vocation à alerter les opinions publiques, à interpeller les dirigeants occidentaux et à fournir des analyses de la situation. L'émotion – compréhensible – a non seulement embué leurs lunettes, mais a conduit le plus grand nombre d'entre eux à désigner, contre toute raison, un responsable principal, voire exclusif : la France.

La présidence de la République française et son gouvernement ne sont pourtant pas restés inactifs depuis les tout premiers jours d'avril 1994. Initiatives et contacts diplomatiques, tentatives de mobilisation de la communauté internationale : l'exécutif français a cherché à coordonner des solutions d'urgence pour que cessent les massacres. Au cours des mois de mai et juin 1994, la presse rend compte des intentions politiques de la France. La lecture simultanée de la presse française (et belge) et des documents du gouvernement français se révèle troublante : la première, censée décrire les motifs et les mécanismes des décisions du second, raconte des histoires complètement déconnectées des enjeux et questions que se pose à Paris le pouvoir ; et c'est sur ces histoires que la presse assoit ses critiques d'une incroyable virulence à l'encontre de l'État français. Ces attaques traduisent une méfiance à l'égard des hommes politiques qui n'a d'égale que celle que manifestait l'extrême droite à l'encontre de la « Gueuse » au milieu des années 1930. En ces semaines du printemps 1994, plusieurs associations, à la suite de la Fédération internationale des droits de l'homme (FIDH) et de Survie, et de nombreux journalistes relaient le discours du FPR, orienté depuis plusieurs années déjà contre la France ; ils ont réussi à imposer une vision de la tragédie rwandaise qui s'inscrit fidèlement dans le schéma qu'avait établi le rapport de la FIDH sous la direction de Jean Carbonare au début de l'année 1993. Les médias ont, dans l'ensemble, considéré qu'*a priori* les gouvernants mentaient et que seules les associations de défense de droits de l'homme et les organisations humanitaires non gouvernementales installées au Rwanda détenaient la vérité ; voire, qu'elles devaient même dicter à des hommes politiques méprisés et méprisables une bonne conduite et le choix des actions à mener.

Quels ont été en fait la conduite de l'exécutif français et le rôle de la présidence de la République ? Quels motifs ont présidé à leur action ? Les notes, rapports et *verbatim* des Conseils des ministres et des Conseils restreints qui se sont tenus durant cette période de crise restituent la teneur des analyses échangées et expose les attendus des décisions et initiatives prises. Leur lecture est rassurante sur la haute conception que nos gouvernants – de droite comme de gauche – se sont fait de leur mission et de leurs responsabilités. Percent dans ces papiers, souvent annotés, les hésitations, les peurs, les scrupules et les précautions, mais aussi le sentiment d'injustice qui s'est emparé de ces hommes face aux attaques dont ils ont été l'objet. Il est frappant de voir comment la responsabilité devant l'Histoire et une certaine conception de la mission de la France l'ont emporté chez eux sur toute autre considération, bien qu'ils aient redouté les critiques acerbes dont ils savaient qu'elles n'allaient pas manquer de pleuvoir sur eux.

La lecture chronologique des documents conservés par les archives de la Présidence de la République française montre bien que dans les heures qui ont suivi l'attentat, tous les décideurs ont été d'accord pour que « la France ne soit pas en première ligne et limite son action à des interventions à l'ONU, pour que la Mission des Nations unies au Rwanda (MINUAR) remplisse sa mission de sécurité à Kigali[1] ». Puis, bouleversés par les tueries et révulsés par la passivité de la communauté internationale, ils ont finalement estimé qu'il était du « devoir », de la « responsabilité », de la « mission » de la France de ne pas rester les bras croisés devant cette tragédie. Restait à s'entendre sur le quoi et le comment d'une action. Les documents montrent alors souvent des désaccords entre les différents responsables, mais jamais ces différends ne relèvent de motifs triviaux.

Il est donc indispensable de revenir sur cette histoire politique qui aboutit à la décision de procéder à l'opération Amaryllis, puis de lancer l'opération Turquoise dans des conditions internationales bien particulières, racontées ici pour la première fois.

Dès le 7 avril, le général Quesnot, chef de l'état-major particulier du Président, signale à François Mitterrand l'« hypothèse vraisemblable d'un attentat du FPR». Bruno Delaye écrit : « L'attentat est attribué au FPR. » Datée du 25 avril, une très longue note de Marlaud[2], l'ambassadeur de France au Rwanda qui a succédé à Martres, explique pourquoi l'attentat est « probablement l'œuvre du FPR » : « Il semble bien que le FPR ait pris conscience au cours de ces derniers mois du fait que la transition prévue à Arusha ne débouchait pas pour lui sur une prise du pouvoir. [...] Il semble bien qu'une réédition du

1. Réunion interministérielle tenue au Quai d'Orsay dans la matinée du 7 avril.
2. Voir annexes.

scénario de janvier-février 1993 l'ait alors tenté : pousser les FAR à la faute pour avoir le prétexte d'une reprise des combats. Plusieurs incidents en zone démilitarisée et assassinats n'ont cependant pas suffi à susciter une réaction des autorités rwandaises, qui craignaient effectivement un piège de ce type. La mort du Président et des principaux responsables de l'armée et de la sécurité, en déclenchant le cycle de représailles meurtrières exercées par une partie de la Garde présidentielle à l'encontre de l'opposition et des Tutsis, a donné un prétexte à l'intervention militaire du FPR. »

Le général Quesnot continuera lui aussi à désigner le FPR. Le 29 avril, dans un récit destiné aux archives de l'Élysée, Quesnot, traumatisé par les massacres, livre sans retenue sa colère et ses états d'âme :

« Nous sommes aussi coupables, car les accords d'Arusha auxquels nous avons contribué sont trop déséquilibrés. On a poussé les Hutus à signer, surtout Arusha-4 donnant un avantage exorbitant au FPR dans l'encadrement d'une future armée rwandaise. On a fait pression sur les Hutus pour qu'ils signent des conditions intenables.

« Le FPR est le parti le plus fasciste que j'aie rencontré en Afrique. Il peut être assimilé à des "Khmers noirs"[3]. Il a une complicité belge. On a dit : les Hutus ont abattu l'avion d'Habyarimana. Mais c'est faux. Ce sont des mercenaires, recrutés par le FPR ou issus de lui, qui ont abattu l'avion. Et alors la Garde présidentielle, dont le chef avait été tué avec le Président et qui n'est pas composée d'enfants de chœur, s'est mise à massacrer : on avait tué leur Président. C'était exactement ce que voulait le FPR, car le président Habyarimana constituait le seul véritable obstacle à sa prise de pouvoir.

« Derrière tout cela il y aussi Museveni qui veut créer un Tutsiland avec la complicité objective des Anglo-Saxons,

3. L'expression est bien de Robardey, mais elle a ensuite été reprise par d'autres !

lesquels estiment que Museveni doit devenir le leader régional et assurer la stabilité dans la zone des Grands Lacs... »

Les différentes notes conservées qui mettent en cause la responsabilité du FPR dans l'attentat ne donnent pas l'impression d'avoir été prises en compte par François Mitterrand. De la même façon, personne n'utilisera les renseignements des militaires – comme les interceptions de messages du FPR[4] – pour contrer les attaques du FPR contre la France. Ce qui, au terme de mon enquête, reste un mystère. Dès le 7 avril, à 13 h 12, un télégramme diplomatique de Marlaud annonce qu'il faut s'attendre à des mises en cause de la France : « Notre attention doit surtout se porter sur le FPR qui, à plusieurs reprises ces derniers jours, a mis en cause notre pays. » Une lettre du FPR adressée au Conseil de sécurité accuse la France d'avoir aidé Habyarimana à acquérir des armes, et une déclaration dans le même sens a été faite à Kampala par Patrick Mazimpaka, le vice-président du FPR.

Si les militaires français ont, quelques heures après l'attentat, proposé au général Dallaire d'aider la MINUAR et le gouvernement rwandais à mener l'enquête, la France ne manifestera ensuite plus aucun zèle particulier pour faire éclater la vérité.

Le 7 avril, la première réunion de crise a lieu au Quai d'Orsay, dans la matinée. Le général Huchon, patron de la coopération militaire au ministère de la Coopération, formule des prévisions pessimistes : il parle de 50 000 à 100 000 morts. Les présents – Alain Juppé, Dominique de Villepin, Jean-Marc Rochereau de la Sablière, Emié, Bruno Delaye... – sont unanimes : la France ne doit pas se mettre en première ligne. Les ressortissants français ne sont pas menacés et aucune évacuation n'est envisagée. François Mitterrand donne des instructions pour que l'ambassade de France accueille madame Habyarimana et sa famille si elle le souhaite.

---

4. Voir chapitre 10.

L'assassinat de deux gendarmes français et de l'épouse de l'un d'eux[5], le 8 avril, par le FPR change l'optique du Président. Alors que Matignon, le Quai d'Orsay et le ministère de la Coopération sont très réservés, François Mitterrand décide d'assurer la sécurité des ressortissants français en envoyant des troupes. C'est l'opération Amaryllis. Le retour des « bérets rouges » irrite une nouvelle fois le FPR, mais aussi les militaires belges qui ne seront autorisés à rentrer au Rwanda, dans le sillage d'Amaryllis, qu'après de multiples interventions des militaires français auprès des FAR – qui considèrent les militaires belges comme complices de l'attentat contre leur président. En quelques jours, du 9 au 14 avril, Amaryllis va permettre l'évacuation de 1 238 personnes, dont 454 Français et 394 Rwandais parmi lesquels une centaine d'orphelins, des réfugiés à l'ambassade, des employés de l'ambassade, des membres de la famille d'Habyarimana et les cinq enfants d'Agathe[6], le Premier ministre rwandais, assassinée le 7 avril. Les conditions de leur évacuation feront l'objet de violentes attaques des amis du FPR.

Le 11 avril, alors que l'évacuation des Français est pratiquement terminée, une note à l'attention du Président, signée du général Quesnot et de Dominique Pin, adjoint de Bruno Delaye, fait état de la situation militaire, jugée très préoccupante : « Dans Kigali, les combats à l'arme lourde et les massacres se poursuivent. Le FPR accentue sa pression sur la capitale ». Elle rend compte de la réunion interministérielle qui s'est tenue le matin même. Deux décisions sont soumises à l'approbation du Président :

Premièrement, la date du retrait du dispositif militaire : « Il pourrait intervenir à bref délai, sans doute demain. Le Premier

5. Voir chapitre suivant.

6. Devant la mission parlementaire française, le professeur André Guichaoua a parlé, avec force détails, de l'« ostracisme » de l'ambassadeur de France à l'égard de ces cinq enfants. C'est faux ! Et je suis bien placé pour l'affirmer, puisque c'est à la suite des appels du professeur à mon domicile que j'ai demandé à Bruno Delaye de faire le nécessaire pour sauver ces cinq enfants. Ce qui fut fait.

ministre, pour sa part, souhaite que nous quittions au plus vite Kigali. » Deuxièmement, la fermeture éventuelle de l'ambassade :

« Sur place, nous sommes perçus comme les alliés des Hutus et des partisans de l'ex-président Habyarimana. L'entrée à Kigali du FPR et les combats qui vont prendre de l'ampleur représentent une menace très sérieuse pour la sécurité de nos agents diplomatiques. Notre ambassadeur pourrait, si vous en êtes d'accord, quitter Kigali avec les derniers de nos soldats. C'est la position du Quai d'Orsay. En termes de sécurité, c'est également notre avis.

« Le départ des Français du Rwanda est lourd de conséquences pour ce malheureux pays où, après de très sanglants combats, le FPR contrôlera le pouvoir par la force, et il s'ensuivra une période de guérilla. »

La fin d'Amaryllis sonne le glas d'une longue série de médiations et d'interpositions pour enrayer la dégradation du conflit. C'est un échec politique. Dans cette note perce l'amertume des auteurs qui avaient espéré qu'une fois à Kigali, les militaires français auraient pu « faire quelque chose » pour calmer la situation et arrêter les massacres. Une note manuscrite de Dominique Pin, écrite quelques jours plus tard[7], indique en effet que « l'opération était prévue en deux étapes : d'abord l'envoi de militaires pour établir une plateforme de sécurité, puis peut-être pouvait-on essayer de calmer les choses. On a négocié cela avec l'armée rwandaise, et cela s'est bien passé. Mais les Belges ont lancé l'évacuation tout de suite, les États-Unis ont évacué les leurs par la route. Nous étions sur place, nous pouvions faire quelque chose [...]. Si les Français et les Belges étaient restés un mois de plus sur place, on n'aurait sans doute pas eu de tels massacres[8]. »

7. Montrée par Dominique Pin à l'auteur.

8. Cette opinion rejoint celle d'Alain Destexhe qui jouera un rôle important dans le dossier Rwanda : « Si les soldats belges, français et italiens venus évacuer les expatriés étaient restés, ne fût-ce que quelques jours, le génocide aurait pu être stoppé. » (*Qui a tué nos paras ?, op. cit.*)

Le Président approuve les deux décisions, le retrait des militaires et la fermeture de l'ambassade. Cet épisode illustre bien comment sont et seront prises les décisions au cours de cette période délicate : la plupart d'entre elles sont élaborées lors de réunions interministérielles, en présence de collaborateurs du Président, puis soumises à l'approbation de celui-ci.

Le 13 avril, alors que ne reste plus à Kigali qu'une compagnie des forces spéciales d'Amaryllis, se tient un Conseil restreint consacré à la situation au Rwanda, présidé par le président de la République, en présence du Premier ministre, du ministre de la Défense, du ministre des Affaires étrangères et du ministre de la Coopération ; de nombreux hauts fonctionnaires et militaires y prennent aussi part. François Mitterrand questionne d'abord le chef d'état-major des armées sur la situation militaire, puis demande :

– Les massacres vont s'étendre ?

– Ils sont déjà considérables, mais maintenant ce sont les Tutsis qui massacreront les Hutus dans Kigali.

L'amiral Lanxade annonce que les Belges veulent retirer leur bataillon de la MINUAR. Michel Roussin, ministre de la Coopération, intervient pour donner une information surprenante :

– Nous sommes dans une situation où les comptes vont se régler sur place. Pourtant le FPR à Paris a pris contact avec nous et nous a fait savoir qu'il ferait appel à la France le moment venu, qu'elle avait toujours sa place au Rwanda. Nous n'avons pas coupé les ponts avec le FPR parce qu'il fallait régler le problème des trois corps de nos coopérants à rapatrier si possible [9].

Alain Juppé, ministre des Affaires étrangères, intervient pour annoncer que les Belges sont favorables à une suspension de la MINUAR – « c'est aussi mon avis », ajoute-t-il.

– Je suis d'accord, acquiesce le Président.

9. Le jour même à 14 h 10, les corps des trois Français étaient remis au lieutenant-colonel Maurin par le médecin-major Théry. Maurin n'a pas négocié avec le FPR.

À la fin du Conseil restreint est évoquée « l'attitude scandaleuse de Radio France Internationale ».

Le 14 avril, la dernière compagnie de l'opération Amaryllis met plusieurs heures à quitter Kigali à cause de tirs de mortier qui visent l'aéroport. Le C130 qui doit embarquer les derniers hommes a finalement réussi à s'intercaler, en fin d'après-midi, entre deux avions belges. « Tirs mortiers sur C130 français ont été probablement effectués par éléments du bataillon belge en bout de piste à l'est. Aucune preuve indiscutable toutefois », écrit un responsable des forces spéciales dans un rapport intitulé « Attitude des Forces belges ». Un rapport dont les premières lignes sont : « Le désir de venger leurs 10 morts ne suffit à excuser leur comportement scandaleux ». Le document récapitule ensuite les griefs contre les militaires belges :

« – Tirs au mortier d'éléments belges de la MINUAR sur les FAR dans Kigali (fait rapporté par le commandant du bataillon PARI) ;

« – Tirs à tuer sur les civils rwandais dans Kigali lors de déplacements en colonnes de véhicules (faits rapportés par des militaires italiens qui se trouvaient derrière cette colonne belge [...]). »

Un autre rapport du 3e RPIMa évoque lui aussi l'attitude des militaires belges : « L'arrivée des C130 belges a fait l'objet de multiples tractations sur la plateforme même [...]. Le comportement agressif des paras belges dès le poser, malgré les consignes données aux avions en vol, a obligé des officiers français à s'interposer entre eux et les FAR pour éviter le pire. Leurs premières reconnaissances en ville et la mise en place de leur dispositif se sont faites sous escorte et caution françaises. »

Ces faits ne sortiront jamais du ministère de la Défense.

Le lieutenant-colonel Balch, le patron opérationnel des forces spéciales, a exprimé ce que ressentaient la majorité des militaires français en quittant le Rwanda : « Il aurait suffi de très peu de choses, quelques conseillers militaires français, pour que l'on assiste à un renversement de la situation. Juin 1992 et février 1993 auraient parfaitement pu être rejoués en avril 1994. *Rien ne justifiait la décision de fermeture de l'ambassade...* »

Amaryllis ou l'occasion manquée ? Un certain nombre de responsables regrettent aujourd'hui de ne pas avoir fait davantage confiance aux militaires. Les politiques ne voulaient plus entendre alors parler du Rwanda... mais le Rwanda se rappellera à eux un peu plus tard !

Pendant quelques semaines, alors que les tueries continuent, Paris est sur la touche. L'avenir du Rwanda se joue désormais dans un tête-à-tête entre Kagame et la communauté internationale. Washington et Madeleine Albright, ambassadeur des États-Unis à l'ONU, se sont attribué les premiers rôles. Durant l'évacuation des ressortissants étrangers, Paul Kagame a déjà montré les dents. Le 9 avril, il a accordé à la MINUAR une trêve de 48 heures, mais « pas une minute de plus » pour organiser leur rapatriement. Passé ce délai, les étrangers seront pris pour des ennemis. Deux jours plus tard, le FPR rejette un nouveau cessez-le-feu. Déjà le gouvernement belge commence à parler du retrait de ses troupes.

Une note du Département d'État annonce de son côté que les « Nations unies vont probablement retirer leurs troupes. Après, le FPR essaiera de prendre Kigali et entrera en guerre contre toutes forces belges, françaises et UN restantes ». Le document américain prévoit également que si les parties ne reprennent pas langue, il y aura des « centaines de milliers de morts ». Il est impressionnant de constater *à quel point les responsables américains sont conscients des conséquences qu'aurait le retrait de la MINUAR, qu'ils préconisent pourtant.* Le lendemain, une autre note des Américains, de New York, formule l'hypothèse qu'un « soudain départ pourrait conduire à un bain de sang impliquant les civils protégés par la MINUAR ».

Le 13 avril, Willy Claes, ministre belge des Affaires étrangères, qui est le maître d'œuvre du départ annoncé de ses Casques bleus, se plaint des pressions et accusations de Boutros

Boutros-Ghali selon qui les Belges cherchent le retrait et la fin de la MINUAR. Le secrétaire général de l'ONU n'apprécie pas leur choix du désengagement. Claes s'en plaint auprès du Département d'État américain, lequel donne instruction à la délégation américaine à l'ONU de téléphoner à Boutros Boutros-Ghali :

– Vous pouvez dire clairement que nous soutenons fermement cette position, et que ce n'est pas seulement une idée belge...

Willy Claes fait effectivement beaucoup de lobbying auprès des autres membres du Conseil de sécurité, invoquant la solidarité atlantique pour dissimuler l'aspect scandaleux de sa décision.

Le 15 avril, Madeleine Albright reçoit instruction d'informer les membres du Conseil de sécurité que les États-Unis considèrent que la première priorité du Conseil est de donner instruction au Secrétaire général de retirer toutes les forces de l'ONU du Rwanda. D'ailleurs, les États-Unis sont prêts à opposer leur veto à toute initiative tendant au maintien sur place de la MINUAR.

Pendant six jours, ils affrontent une très forte opposition, notamment du Nigeria. Finalement, le 21 avril, le Conseil de sécurité des Nations unies décide de réduire la présence des forces de l'ONU dont l'effectif total passe de 2700 à 270 hommes (du Ghana et du Bangladesh) – autant dire à rien. Le représentant français a soutenu cette Résolution 912 parce qu'aucune solution militaire ne paraissait, selon lui, acceptable ni même réalisable.

Des émissaires du FPR se livrent à New York à une intense campagne de lobbying pour imposer leur vision de la tragédie rwandaise. Ils se sont battus pour le retrait de la MINUAR et veulent maintenant que soit reconnue la planification des massacres. Ils accusent la communauté internationale de n'avoir pas fait le nécessaire pour les prévenir. Ils se battent contre l'idée commune selon laquelle ce qui se passe au

Rwanda est une guerre : les atrocités ont été commises exclusivement par le régime Habyarimana, martèlent-ils auprès de leurs interlocuteurs. Et les lobbyistes réclament la reconnaissance de l'existence d'un génocide, la délégitimation du gouvernement intérimaire et des sanctions contre lui.

Pendant ce temps-là, sur le terrain, le FPR poursuit sa progression militaire : tout l'est du pays est « libéré » – on a vu à quel prix – ; la résistance des FAR diminue. Le FPR refuse tout cessez-le-feu. Les massacres continuent, le flux des réfugiés ne cesse de grossir, qui sera bientôt estimé à 2 millions…

Devant l'ampleur des massacres et les critiques émises contre la passivité de la communauté internationale, Washington développe les contacts en vue d'une nouvelle initiative. Une rencontre est prévue le 13 mai à Bruxelles entre diplomates américains, belges et français. On doit y débattre d'un projet de résolution. Pour la préparer, les diplomates américains en poste à Paris ont été chargés de procéder à une analyse de l'implication de la France dans la crise rwandaise : le texte préparatoire américain conclut que cette implication est la conséquence du soutien apporté par Habyarimana à l'effort de François Mitterrand lors du sommet de la Baule : « Les interventions militaires n'avaient pas pour objectif de soutenir la suprématie hutue, mais, au contraire, d'affaiblir suffisamment le régime d'Habyarimana pour permettre une négociation de partage de pouvoir avec le FPR. L'objectif de la France était de stabiliser la région […]. En réalité, les objectifs français sont proches des nôtres : stopper les massacres ; arranger un cessez-le-feu ; réunir une conférence régionale qui permettrait une assistance humanitaire. » Bien vu !

Le 13 mai, Jean-Marc Rochereau de la Sablière prône une résolution incluant la possibilité d'enquêter sur les violations des droits de l'homme, la mise en place d'une enquête sur le crash et un embargo sur les armes : « Il serait très important de savoir qui est responsable de la mort du président du Rwanda et des événements qui ont conduit aux massacres… » Les trois parties, américaine, belge et française, sont d'accord sur les objectifs, mais pas sur l'attentat ; le représentant du Département d'État n'est manifestement pas chaud : « pour l'enquête sur le crash, il est douteux que nous découvrions la vérité, mais l'effort devrait être fait... » Première réserve qui marque la position, constante, de Washington : ne rien faire qui puisse gêner le FPR. Elle vaut encore aujourd'hui. Le Département d'État n'acceptera par ailleurs d'utiliser le mot « génocide » qu'à compter du jour où il sera assuré de la victoire du FPR. Une reconnaissance prématurée aurait en effet obligé Washington à soutenir une intervention militaire des Nations unies, qu'il refusait...

À partir de la fin d'avril, les documents français montrent un début d'agitation qui préfigure la volonté de « faire quelque chose ». Bruno Delaye rédige une note au Président : « Après deux semaines de silence, l'opinion publique internationale et nationale commence à se réveiller. Mais, de façon générale, elle le fait en appuyant les thèses des "libérateurs du FPR" et en fustigeant les "extrémistes" du gouvernement rwandais. Les Nations unies sont mises en cause pour leur impuissance et la France continue d'être accusée d'avoir soutenu le "dictateur Habyarimana". » Il pose alors la question : « Que peut faire la France ? » Il suggère tout d'abord au chef de l'État d'exercer une pression sur le président ougandais Museveni, d'introduire dans le jeu régional Mobutu, malgré les réticences du Quai, des Belges et des Américains, d'aider à stabiliser le Burundi, de venir en aide aux réfugiés qui affluent dans ce pays, d'encourager son gouvernement à reprendre le contrôle des milices et des forces paramilitaires. Bruno Delaye convainc par ailleurs Matignon d'envoyer une aide humanitaire.

De son côté, Matignon ne reste pas inactif. Les services du Premier ministre étudient un plan d'action en trois volets : une campagne d'information pour rétablir la vérité sur les événements récents et sur l'action passée et présente de la France ; un appui à une solution négociée parrainée par tous les États de la région ; une aide humanitaire appliquée initialement et en priorité au nord du Burundi.

En réalité, des clivages profonds existent en France sur le dossier Rwanda. Pour les uns, le FPR a vocation à reprendre le pouvoir, il faut l'accompagner en évitant une extension des massacres. Pour les autres, une victoire du FPR est contraire à l'intérêt de l'ensemble francophone. « Entre les deux, le débat est tranché : on ne fait rien », constate avec dépit Bruno Delaye.

Le 6 mai, le général Quesnot rend compte au Président d'un coup de téléphone du chef de l'État intérimaire du Rwanda. Au passage, il lui exprime une nouvelle fois son amertume de ne pas avoir pu empêcher « l'abandon de fait d'années de coopération franco-rwandaise ». La description de la situation est conforme aux prévisions qu'il lui avait faites dans les premiers jours d'avril : « Sur le terrain, le FPR refuse tout cessez-le-feu et aura incessamment atteint ses buts de guerre : le contrôle de toute la partie est du Rwanda, y compris la capitale, afin d'assurer la continuité territoriale entre l'Ouganda, le Rwanda et le Burundi. Le président Museveni et ses alliés auront ainsi constitué un "Tutsiland" avec l'aide anglo-saxonne et la complicité objective de nos faux intellectuels, remarquables relais d'un lobby tutsi auquel est également sensible une partie de notre appareil d'État.

« L'instabilité de la région est assurée pour des années : les Hutus majoritaires (85 %) au Rwanda et au Burundi n'accepteront pas le contrôle tutsi. Est-ce vraiment ce que nous voulons ? »

Et Quesnot de suggérer une stratégie indirecte « pour rétablir un certain équilibre ».

Avant de recevoir Boutros Boutros-Ghali à Paris, François Mitterrand annonce le 10 mai sur TF 1 et sur Antenne 2 l'offre de services qu'il entend présenter aux Nations unies et à son représentant : « Nous restons à la disposition des Nations unies… Elles se sont retirées… Nous sommes à disposition, nous voulons bien être les bons soldats de la paix pour les Nations unies, mais il faut qu'on nous le demande, il faut que cela s'organise, il faut qu'il y en ait d'autres à nos côtés». Il a préalablement précisé que les soldats de la France « ne peuvent devenir les arbitres des passions qui déchirent tant de pays». Le lendemain, il déclare au secrétaire général des Nations unies que « la France se [tient] prête à répondre à toute demande du Conseil de sécurité pour contribuer aux efforts entrepris de contenir les affrontements terriblement meurtriers qui se déroulent au Rwanda».

Moins d'une semaine plus tard, alors que Paris semble reprendre l'initiative diplomatique pour qu'une force internationale intervienne au Rwanda, débute une violente campagne fustigeant l'attitude de la France au Rwanda. Le 16 mai, Médecins sans frontières (MSF) adresse une lettre ouverte au Président de la République, aussitôt reprise et amplifiée par les médias et notamment par TF1. Rappelant que 200 000 Rwandais, peut-être beaucoup plus, ont été massacrés sans que la communauté internationale réagisse, l'organisation humanitaire assène : «Il ne s'agit pas d'une guerre ethnique, mais de l'extermination, systématique et programmée, des opposants à une faction soutenue et armée par la France : celle de l'ancien dictateur Juvénal Habyarimana, dont la Garde présidentielle est la principale responsable de ces atrocités.

« Comment imaginer que la France ne dispose auprès de ses "protégés" d'aucun moyen pour faire cesser ces massacres ?

« Comment comprendre vos propos trop diplomatiques lors de votre récente apparition télévisée, prétextant que "nos soldats ne peuvent devenir les arbitres des passions qui déchirent tant de pays" ?

« Monsieur le Président, la communauté internationale et en particulier la France doivent prendre leurs responsabilités politiques et imposer sans délai l'arrêt des massacres, la protection des populations civiles et la poursuite des criminels de guerre. »

Ainsi MSF réclame de la France qu'elle s'implique à nouveau dans le dossier rwandais. Philippe Biberson, son président, envoie parallèlement une lettre à François Mitterrand pour lui fournir quelques explications sur son cri d'alarme, et justifier plus encore sa demande d'intervention en vue d'arrêter cette extermination systématique. Non seulement les membres de MSF ont été sur place les témoins de multiples atrocités, mais leurs équipes ont eu à déplorer une centaine de victimes, « la plupart assassinées dans leurs fonctions humanitaires, dans les hôpitaux et dispensaires ».

Le Président et le gouvernement sont dès lors l'objet d'injonctions paradoxales : ils sont violemment critiqués pour être intervenus au Rwanda, on leur reproche de ne rien faire, ils doivent intervenir… alors que, dans le même temps, la presse passe au crible tous les chefs d'accusation auxquels pourrait prêter la politique française : les coopérants français ont entraîné les Hutus responsables des massacres, comme l'écrit *L'Humanité* le 16 mai ; les Français ont protégé les dignitaires hutus responsables des massacres, et ont abandonné des personnes en danger de mort, lit-on dans *Libération* le 18 mai ; on met en cause un conseiller de l'Élysée et on accuse la France d'avoir armé les auteurs des massacres, détruit la boîte noire du Falcon 50, ainsi que l'écrit *Le Nouvel Observateur* le 19 mai…

Le 17 mai, le Conseil de sécurité adopte la résolution 917. Un mois après avoir réduit la MINUAR à une coquille vide, son renforcement est décidé ! Les États-Unis se sont d'abord opposés à cette résolution, estimant qu'ils n'avaient pas les moyens de la faire appliquer. De toute façon, rien n'est prévu pour la mettre en œuvre.

Le 18 mai, François Mitterrand évoque en Conseil des ministres la lettre qu'il a reçue de Médecins sans frontières. Il rappelle que c'est la France qui a, par ses pressions, obtenu l'accord d'Arusha « qui a organisé la cohabitation des différentes ethnies et le respect des droits de la minorité par la majorité ».

Il demande au gouvernement d'être plus défensif en cas d'attaques. Le même jour, lors d'un Conseil restreint, Alain Juppé annonce que la France est sollicitée par les Nations unies pour assurer le soutien logistique du contingent sénégalais. Il affirme que l'hostilité du FPR empêche l'envoi de contingents français sur le terrain. Cependant, la question n'est pas tranchée.

Le 19 mai, Bruno Delaye reçoit le président de MSF accompagné du docteur Bradol, de retour du Rwanda. Il leur explique longuement la politique française depuis 1990. Il fait ensuite un compte rendu au Président : « Ils ont reconnu le rôle positif joué par la France de 1990 à 1994 et ont semblé partager, du moins en partie, notre analyse sur les responsabilités des uns et des autres, notamment du FPR, dans ce drame. Mais, sous le choc des massacres, et plus particulièrement de celui d'une centaine de Rwandais travaillant pour MSF, ils attendaient du gouvernement français des condamnations claires et répétées des exactions des milices hutues et de l'armée gouvernementale. Ils ne les ont pas, disent-ils, entendues, et c'est ce qui les a indignés. »

Le 19 mai, *Libération* et *Le Monde* consacrent un article à l'accusation du Haut-commissariat pour les réfugiés contre le FPR qui commet de graves exactions contre les populations civiles dans l'est du pays : tirs délibérés sur les réfugiés, villageois rassemblés dans les écoles et mis en pièces à la machette, gens jetés vivants dans la rivière Akagera[10].

Le 20 mai, le docteur Bernard Granjon, président de Médecins du monde, sollicite une audience du président de la République avant son départ pour le Rwanda à la tête d'une délégation de onze personnes, dont six journalistes. Le ton n'est pas à la polémique. « Il est de la responsabilité de la France d'être à l'initiative d'une action mettant fin à ce drame humain », explique Granjon. Il est alors convenu que le Président le recevra à la fin de sa mission.

10. Voir chapitre 13.

Le 22 mai, les troupes du FPR se sont emparées de l'aéroport de Kigali et de la caserne de Kanombe qui le jouxte.

Le 25 mai, Boutros-Ghali déclare que « toute la communauté internationale est responsable », et qu'elle tergiverse. Il reconnaît avoir supplié les chefs d'État d'envoyer des troupes au Rwanda et avoir échoué. Seuls quatre pays africains ont répondu à son appel : le Ghana, l'Éthiopie, le Sénégal et le Zimbabwe.

L'audience qu'accorde François Mitterrand au président de Médecins du monde, le vendredi 3 juin à 17 heures, accélère le retour de la France sur le devant de la scène rwandaise. Le président de la République est à la fois sensible aux paroles du docteur Granjon, profondément agacé par les critiques contre la France, et choqué par la passivité de l'ONU. Car si le Conseil de sécurité approuve l'envoi de 5 500 Casques bleus pendant six mois pour protéger la population civile, aucune date d'arrivée des troupes n'a pour l'heure été fixée et l'ONU est loin d'avoir fait le plein des effectifs prévus.

C'est Alain Juppé qui, le premier et pour des raisons strictement humanitaires, prend des initiatives qui vont aboutir *in fine* à l'opération Turquoise. Il juge scandaleux l'immobilisme des nations occidentales face au drame rwandais. Il estime intolérable que le déploiement des renforts de la MINUAR ne soit pas envisagé avant un ou deux mois, alors que les combats et les massacres se poursuivent. Le 14 juin, il téléphone à Boutros-Ghali pour le sonder à propos des initiatives qu'il compte prendre.

Le ministre des Affaires étrangères propose ensuite à Édouard Balladur, Premier ministre, le plan suivant :

– accélérer le déploiement du contingent sénégalais en autorisant l'engagement immédiat des 20 millions de francs déjà prévus et, si possible, en majorant cette somme pour permettre l'équipement de la totalité du bataillon et en acceptant d'en assurer le transport jusqu'à Kigali ;

– demander aux Nations Unies le transfert immédiat d'une

partie des forces des Nations Unies en Somalie (ONUSOM) pour renforcer la MINUAR en attendant l'arrivée de nouveaux contingents.

Enfin, *last but not the least,* il l'incite à faire étudier la possibilité d'une intervention aéroterrestre européo-africaine afin de sauver les enfants promis au massacre et d'arrêter les combats.

Si le Premier ministre estime que la France ne peut rester les bras croisés, il n'accueille pas avec enthousiasme les propositions de son ministre et lui demande d'en parler « discrètement » aux partenaires de la France. Cependant, il accepte l'idée que le ministère de la Défense étudie la faisabilité d'une telle opération.

Le général Quesnot revendique une part de responsabilité dans ce processus de décision :

« Le 6 juin 1994, dans l'avion qui me ramenait du cinquantième anniversaire de la Libération en Normandie, j'ai pris Alain Juppé à part pour parler de la situation au Rwanda.

« – On ne peut pas continuer à laisser massacrer les gens, car on en porterait la responsabilité..., ai-je dit au ministre des Affaires étrangères.

« Je lui ai bien précisé qu'il s'agissait d'une initiative personnelle, car le Président n'avait pas encore pris de décision.

« Peu de temps après, Villepin, qui était sensibilisé au dossier et que j'avais emmené au Rwanda quand il était l'adjoint de Paul Dijoud au Quai d'Orsay, me téléphone :

« – Nous sommes sur la même ligne que vous... »

Le général Quesnot et Dominique de Villepin évoquent les réserves du Premier ministre, mais ils décident de mettre le Rwanda à l'ordre du jour du Conseil restreint du 15 juin, à charge pour le chef d'état-major particulier du Président de convaincre ce dernier, avant la réunion, du bien-fondé de leur initiative. Le Président et le Premier ministre se rencontrent avant le Conseil.

François Mitterrand a reçu entre-temps une note signée du

général Quesnot et de Dominique Pin qui détaille les propositions d'Alain Juppé. Le général Quesnot a pu en parler au préalable avec le Président et lui réaffirmer les enjeux : « Je l'ai convaincu, car j'ai développé les mêmes arguments que le président de Médecins sans frontières... »

Le docteur Philippe Biberson, qui demande au Président d'intervenir, comme il l'a déjà fait auprès d'Alain Juppé, a en effet été reçu à nouveau à l'Élysée. Les arguments de MSF se retrouveront très largement, le lendemain, dans les interventions des deux hommes au Conseil restreint.

Le Conseil restreint réunit une extraordinaire brochette d'hommes politiques, de militaires et de hauts fonctionnaires[11]. La publication de l'essentiel des *verbatim* de ce Conseil et des réunions qui ont décidé de la mise en œuvre de l'opération Turquoise, balaie, mieux que de longues argumentations, les accusations fumeuses contre la France sur de prétendues motivations secrètes pour voler au secours des génocidaires...

François Mitterrand ouvre la séance : « Nous commencerons par le Rwanda, car la situation exige que nous prenions d'urgence des mesures ». Michel Roussin, ministre de la Coopération, dresse un rapide bilan :

« La situation ne s'améliore pas. Les massacres se poursuivent côté hutu et côté tutsi. L'opinion publique internationale et l'opinion française sont horrifiées devant ce spectacle d'enfants massacrés, d'orphelinats envahis. J'ai discuté de la situation avec des partenaires africains proches de nous et ils nous

11. Autour du Président, Édouard Balladur, Premier ministre, François Léotard, ministre de la Défense, Alain Juppé, ministre des Affaires étrangères, Michel Roussin, ministre de la Coopération, Hubert Védrine, secrétaire général de la présidence de la République, Christian Quesnot, Dominique Pin, chargé de mission, Nicolas Bazire, directeur de cabinet du Premier ministre, général Courthieu, chef du cabinet militaire de Matignon, général Lerche, secrétaire général de la Défense nationale, Michel Dufourcq, secrétaire général du ministère des Affaires étrangères, amiral Lanxade, chef d'état-major des armées, général Mercier, chef du cabinet militaire du ministre de la Défense, Renaud Denoix de Saint-Marc, secrétaire général du gouvernement, colonel Bentegat, de l'état-major particulier du président de la République.

suivront volontiers si nous faisons quelque chose. Le Sénégal et le Congo ont répondu favorablement à l'ONU. Le président Bongo ne l'a pas exclu devant le Premier ministre.

« Nous poursuivrons notre aide humanitaire au Burundi où la situation nous préoccupe, et en Tanzanie. Nous sommes impuissants au Rwanda, car le FPR contrôle l'aéroport de Kigali. J'ai eu le général Dallaire au téléphone. Il est très préoccupé, car il n'a plus les moyens de protéger les orphelinats, la MINUAR étant sous le feu des combattants. »

François Léotard, ministre de la Défense, se montre très réservé[12] sur une quelconque opération à la suite de laquelle la France serait à la fois condamnée par le FPR et « victime de manœuvres médiatiques ». Il « propose de faire quelque chose de plus important au Burundi ».

Alain Juppé prend alors la parole : « Je voudrais signaler qu'il y a eu à Tunis[13] une déclaration de cessez-le-feu. Le FPR a pris des engagements qu'on jugera sur place. La mise en place de la MINUAR a pris un retard inacceptable. Je l'ai dit à M. Boutros-Ghali. Alors, que faire ? » Il propose deux solutions qui ne seraient pour lui que des pis-aller, avant de lancer : « … Faut-il aller plus loin et envisager une intervention pour exfiltrer les populations ? Nous étudions une opération pacifique avec les ONG pour évacuer 200 à 300 enfants dans les 48 heures. *Au-delà, il faut envisager une intervention plus musclée si la MINUAR tarde à se déployer. J'y suis favorable sans en nier la difficulté.* J'ai, par contre, des réticences à l'égard d'une intervention au Burundi. Si nous arrivons en force, l'équilibre délicat entre Hutus et Tutsis peut voler en éclats. »

Édouard Balladur prend alors la parole et subordonne toute intervention à la coordination avec d'autres puissances : « Nous ne pouvons plus, quels que soient les risques, rester inactifs.

12. La très grande réserve de François Léotard s'explique très largement par l'influence de deux de ses conseillers, Jean-Christophe Ruffin et Gérard Prunier, qui regardent tous deux le FPR avec sympathie.

13. En marge du sommet de l'OUA à Tunis, le 14 juin 1994, Mobutu a obtenu des deux parties FPR et gouvernement intérimaire la signature d'un cessez-le-feu.

Pour des raisons morales et non pas médiatiques. Je ne méconnais pas les difficultés. Je pense que si d'autres puissances sont prêtes à étudier avec nous une intervention humanitaire, il n'y a pas d'inconvénients. D'ailleurs il y a tellement de chances pour que les autres refusent qu'il n'y a pas grand risque à le demander. À l'occasion du prochain incident, le ministre des Affaires étrangères pourrait en parler ouvertement à nos partenaires. Je pense aux Américains, aux Européens et pas seulement aux Africains. Mais il faut faire quelque chose. Dans des cas aussi affreux, il faut savoir prendre des risques. »

« J'approuve cette façon de voir », reprend le président de la République tout en développant une idée qui s'en éloigne : « Mais nous pourrions limiter nos objectifs. J'ai reçu des organisations humanitaires et, hier soir, Médecins sans frontières. J'en tire la conclusion que notre effort pourrait être limité à la protection de certains sites, des hôpitaux ou des écoles, sans entrer dans une opération militaire d'ensemble qui serait difficile, car il n'y a pas de front continu.

« À Kigali[14] même, il y aurait 2 ou 3 sites et il faudrait examiner cas par cas d'autres villes. Certes, il faut faire venir de Somalie tout ce que l'on peut. Mais nous n'aurions pas besoin de déploiement de forces très conséquents. Car il ne semble pas que les deux camps soient très agressifs vis-à-vis des Européens ; ce n'est pas leur préoccupation principale. Ils ne sont pas prêts à nous affronter en bataille rangée. Quelques centaines d'hommes concentrés sur quelques sites devraient suffire.

« *La difficulté est de déterminer comment débarquer et de quelle façon y arriver. C'est à étudier.*

« En ce qui concerne les camps de Tanzanie, Médecins sans Frontières m'a dit que les dirigeants hutus qui avaient organisé les massacres contrôlaient les camps, gonflaient les chiffres de

14. Cette idée d'envoyer les militaires à Kigali pour sécuriser 2, 3 sites où sont rassemblés des Tutsis menacés a été interprétée ensuite comme une volonté d'aller « casser » du FPR. Elle émanait en réalité de MSF...

réfugiés. C'est un lieu privilégié pour recevoir des aides et organiser des trafics. Je souhaite qu'on enquête dans les 8 jours qui viennent. Nous ne devons pas être dupes. Ces camps sont-ils quadrillés et ces opérations préparées de longue date ? »

Alain Juppé lui répond : « MSF m'a dit la même chose. Ils veulent lutter contre les trafics, faire comprendre aux chefs qu'ils ne sont pas des interlocuteurs valables et que les responsables des massacres seront punis. »

Observant ce dialogue de connivence entre le Président et le ministre des Affaires étrangères, le ministre de la Défense comprend alors que ses réserves n'ont pas été prises en compte : « Monsieur le Président de la République, dois-je comprendre que cette opération est une décision ou qu'il s'agit seulement d'en étudier la possibilité ?

« – C'est une décision dont je prends la responsabilité. »

Les interventions qui suivent concernent la mise en œuvre de cette décision.

L'amiral Lanxade : « En ce qui concerne les points d'entrée, l'aéroport de Kigali nous ferait prendre des risques considérables. Il y a donc deux possibilités : Bujumbura et Goma. Il faudra choisir. De toute façon, il est vraisemblable que, tôt ou tard nous devrons aller au Burundi. »

François Mitterrand : « A terme, le Burundi est inévitable. Nous en avons parlé. »

Toujours réticent, le ministre de la Défense émet l'objection : « Le problème est qu'ensuite, il faudra partir ». Elle est aussitôt écartée par le Président : « Mais les Rwandais ne sont pas disposés à faire la guerre contre nous. »

Michel Roussin : « Il faudra prendre des contacts avec l'Ouganda. »

François Mitterrand : « Museveni est raisonnable. »

Alain Juppé : « Il y a deux hypothèses d'action. Soit nous gardons les sites, soit nous faisons une opération d'aller et retour avec les enfants. »

François Mitterrand : « Elles sont complémentaires. De

plus, si on ramène les enfants, où les mettre ? Au Zaïre, en Tanzanie, au Burundi ? Ils seront aussi exposés. »

Michel Roussin : « En ce qui concerne les camps, nous sommes plus efficaces au Burundi où nous travaillons avec les ONG. Nous allons être plus vigilants en Tanzanie. »

Le président de la République affine sa décision : « Ce que j'approuve, c'est une intervention rapide et ciblée, mais pas une action généralisée. » Puis, se tournant vers le chef d'état-major des Armées : « Vous êtes maître des méthodes, Amiral. »

Le Premier ministre a le sentiment de s'être fait débordé, puisque personne n'a parlé de partenaires de la France dans une opération dont les contours ont été soufflés au Président et au ministre des Affaires étrangères par le même homme, Philippe Biberson : « *Avec qui irons-nous ? Il n'est pas question d'y aller seuls* », objecte-t-il.

Le président de la République réplique : « Nous avons les Africains. Et puis, les Hutus sont favorables à la France et les Tutsis aux Belges. »

Amiral Lanxade : « Les Italiens, peut-être. Les Belges, s'ils ne sont pas du côté des Hutus. »

Michel Roussin : « Je vais faire un tour de piste des États africains. »

Et François Mitterrand conclut : « *Si les autres sont défaillants, on doit y aller seuls avec les Africains.* On prend le risque d'une efficacité moindre, mais notre action a un caractère urgent et limité. *C'est l'honneur de la France qui est en cause.* »

Le principe d'une opération est décidé, mais de nombreuses réunions de « cadrage », comme disent les technocrates, vont encore être nécessaires pour monter l'opération et surtout pour venir à bout des réserves du Premier ministre.

Alain Juppé prend tout le monde de court en communiquant à l'issue du Conseil restreint : il publie dans *Libération* une libre opinion qui met le feu aux poudres dans le camp FPR.

Dès le lendemain du Conseil restreint, une cellule de crise se tient au Quai d'Orsay où les divergences d'approche sont sensibles. Bruno Delaye tient rapidement à « cadrer » la réunion :

« Avant d'aller plus avant, il faut préciser qu'il n'y a pas de plan d'intervention avant qu'il n'ait été approuvé par le Premier ministre et le Président. Pas de communication à ce sujet. »

L'amiral Lanxade, à qui le Président a laissé le choix des méthodes, « dit être d'accord sur l'aspect humanitaire de cette intervention, mais il faut savoir que nous mettons en place une force prête à combattre. »

C'est ensuite le général Quesnot qui rappelle que « dans l'esprit du Président, il s'agit d'une opération limitée et ciblée. Il souhaite que les enfants ne soient pas évacués vers d'autres pays, mais protégés sur place. La responsabilité de cette protection sera ensuite transférée à la MINUAR. Puis il faudra aller à Kigali. »

L'amiral Lanxade reprend : « Il faudra aller à Kigali, mais on n'entrera pas au Rwanda par Kigali. Trop dangereux, trop risqué[15]. »

Personne ne reprend cette idée d'aller un jour à Kigali. Probablement parce qu'on est encore loin de la définition exacte du « plan d'intervention » dont a parlé Bruno Delaye. Les participants à la réunion sont surtout préoccupés de savoir avec qui la France montera cette opération, et comment l'imposer au Conseil de sécurité.

La Sablière : « Il faut que nous apparaissions déterminés à New York, même s'il y a une menace de veto. »

L'amiral Lanxade, préoccupé par la traduction des paroles

15. Interrogé le 19 octobre 2005, l'amiral Lanxade ne retient de cette intervention que la fin. « Il n'a jamais été question d'aller à Kigali. On avait déjà vécu Amaryllis. Pour moi, aller à Kigali aurait été une folie. »

en termes opérationnels intervient souvent de façon concrète : « Il doit être clair que l'opération est sous commandement national français, avec une coordination avec Dallaire, mais sans plus. »

Puis Quesnot : « Attention aux délais. Si on n'y va pas dans les dix jours, cela n'a plus d'intérêt. Il nous faut le feu vert du Président et du Premier ministre pour engager dès maintenant notre action. »

L'amiral Lanxade a bien compris les réserves de Matignon : « Si j'ai bien compris, le Premier ministre met comme condition à cette opération la participation d'un Européen. »

Le représentant d'Édouard Balladur lui confirme cette analyse : « C'est exact. La présence d'Européens est plus essentielle que celle d'Africains. »

Lanxade revient à des questions pratiques : « Si nous voulons intervenir dans un délai d'une semaine, il faut prendre maintenant un certain nombre de mesures (prépositionnement à Bangui...). Ensuite, le top pourra être donné lundi ou mardi. »

Les diplomates sont préoccupés par l'accueil réservé çà et là à l'intervention française. Le directeur des Affaires africaines et malgaches révèle ainsi que les « Américains sont agacés par notre initiative et insistent pour qu'elle soit légitimée par l'ONU » – une légitimation qui sera effectivement demandée.

On arrive bientôt à la fin de la réunion qui est pourtant loin d'avoir épuisé tous les sujets. La Sablière dit qu'il faut maintenir le contact avec Nelson Mandela et, Jerry Rawlings, président du Ghana. Dominique de Villepin demande s'il faut entrer en contact avec le FPR et le gouvernement. Bruno Delaye répond : « Non, à ce stade, c'est trop tôt ». Dominique de Villepin a le mot de la fin : « On prépare des télégrammes à soumettre à l'accord du Président et du Premier ministre : définition du cadre général de l'intervention, information des pays de la région (avec, pour certains, demande d'utilisation de leur territoire), demande d'appui diplomatique à nos partenaires européens, américains et africains. »

Tout dépend encore de l'accord entre les deux têtes de l'exécutif.

Dès l'après-midi, le Président donne son accord à ces propositions. Un télégramme est envoyé aux Nations unies, explicitant la démarche française.

La journée du 17 juin est riche en événements et réactions à la nouvelle initiative française. Une note de Bruno Delaye et du général Quesnot signale au Président que « Boutros-Ghali est favorable à notre action et est prêt à tout faire pour nous aider à obtenir la "couverture" ONU, sur le modèle UNITAF (action unilatérale des États-Unis en Somalie autorisée par le Conseil de sécurité avant le déploiement de l'ONUSOM) », mais les partenaires européens sont réservés et les Américains restent prudents. « Jusqu'à présent, seul le Sénégal s'est engagé à participer avec des troupes à l'opération. » Avant qu'elle n'arrive sur le bureau présidentiel, Hubert Védrine, secrétaire général de l'Élysée, porte en marge de la note quelques commentaires.

Sur l'attitude favorable de Boutros-Ghali, il écrit : « Mais ses représentants à Kigali disent le contraire » – affirmation fondée sur un coup de téléphone reçu de Bernard Kouchner qui a rencontré dans la capitale rwandaise le chef du FPR, « opposé à l'arrivée de troupes françaises » ; le général Dallaire et les autres responsables des Nations unies qui lui auraient dit : « Pour sauver quelques vies, on va en mettre de très nombreuses en péril ». Bernard Kouchner, qui souhaite avoir le Président au téléphone, y a été de son appréciation personnelle de la politique française au Rwanda : il serait bon de faire une déclaration regrettant le passé et en précisant que la France n'entend mener au Rwanda que des opérations humanitaires.

Hubert Védrine écrit également en marge de la note de Delaye et Quesnot :

« – Réserves ou embarras après l'initiative française ;

– désaccords au sein du gouvernement (Quai d'Orsay contre Matignon, Défense, Coopération). »

Le même jour, alors que la France dépose son projet de résolution à l'ONU pour une intervention ponctuelle, le contre-feu du FPR prend cette fois la forme d'un communiqué signé par Daniel Jacoby, président de la FIDH, de deux entretiens donnés dans *Le Figaro* par Jean Carbonare et Paul Kagame, et d'un passage à la télévision du président de Survie. Dans cette offensive médiatique visant à contrer la politique française, on retrouve une nouvelle fois les deux institutions qui, depuis plus d'un an, relaient de manière très coordonnée la réaction violente du FPR[16]. Dans le communiqué de la FIDH, Jacoby affirme que la France a mené pendant vingt ans « une politique contestable et même détestable ». Dans *Le Figaro*, Jean Carbonare porte l'estocade. Patrick de Saint-Exupéry donne la parole au grand sympathisant français du FPR qui parle de « complicité de génocide » de la France. Accusation agrémentée d'un violent coup de patte à la cellule africaine de l'Élysée « qui savait clairement [en 1993] ce qui était en train de se passer au Rwanda, mais ils avaient choisi leur camp. » Dans le même numéro du *Figaro*, on lit aussi une interview de Paul Kagame qui reprend le thème de la complicité de génocide : « Les Français sont en partie responsables du génocide. La France a entraîné les milices et l'armée. »

Le soir même, Jean Carbonare est invité au journal télévisé d'Antenne 2 ; il y refait son numéro et reprend ses fables de l'année précédente sur les militaires français témoins de tortures et de massacres de masse au camp de Bigogwe... Il tente de faire payer à la France le prix fort pour son opération humanitaire.

L'Élysée ne prend pas encore en compte les attaques de Carbonare et de Survie, et n'y répond donc pas. En revanche, François Mitterrand réagit très vivement à celle de la FIDH, qui s'attire un communiqué cinglant :

« Voici les faits. Que reproche-t-on alors à la France ? De

---

16. Voir chapitre 14.

n'avoir pas laissé se perpétrer une action déstabilisatrice contre un pays ami ? D'avoir pesé de tout son poids pour pousser les adversaires à négocier et à s'entendre ? D'avoir alerté la communauté internationale pour qu'elle relaie ses propres efforts ?

« Est-ce bien là la "politique détestable" que l'on fustige ? Et si cette politique était détestable, quelle était la politique de rechange, assurément sympathique et efficace, qu'il convenait de mener ? Quel pays l'a préconisée ? Qui s'est proposé d'en assumer la responsabilité ?

« *L'émotion légitime que suscite le spectacle de l'horreur au Rwanda ne justifie pas que l'on instruise des procès sommaires, au mépris de la simple vérité.* »

Ce 18 juin, à Matignon, en liaison avec la Présidence, la Défense et le Quai d'Orsay, le contenu de l'opération Turquoise se précise. Le général Quesnot rend compte de la réunion au Président :

« 1re option[17] : Des actions ponctuelles à partir de deux bases au Zaïre (Goma et Bukavu) sans présence permanente sur le terrain. Il s'agirait d'opérations de va-et-vient impliquant des évacuations, l'organisation de convois humanitaires et la protection ciblée de populations dans le cas où des forces africaines seraient en mesure de l'assurer.

« 2e option : Une action progressive de sécurisation et d'arrêt des massacres.

« L'opération se déroulerait en plusieurs phases. La première serait une intervention à Cyangugu pour sauver immédiatement 8. 000 Tutsis menacés (opération devant être fortement médiatisée). Les phases suivantes pourraient permettre d'atteindre la région de Kigali et s'étendre éventuellement à la zone FPR.

« Le Premier ministre, qui craint l'enlisement, privilégie la première option.

17. *Le Premier Ministre est pour cette option* –, annote Hubert Védrine.

« Le Quai d'Orsay et l'état-major, de leur côté, estiment que la première option ne permettrait ni l'arrêt immédiat des massacres, ni la sécurité minimum de nos forces. *Nous partageons totalement ce sentiment* », souligne le général Quesnot dans sa note.

Les arbitrages entre l'Élysée et Matignon ne sont pas encore terminés mais la lourde machine militaire entame déjà ses préparatifs. Les États-Unis refusent de prêter des avions gros-porteurs à l'armée française qui se tourne alors vers la Russie. Élysée et Matignon publient un communiqué conjoint selon lequel la France prend des contacts diplomatiques pour une opération à but humanitaire sur la base d'un mandat de l'ONU.

Le Président profite d'une intervention à l'Unesco pour réaffirmer sa volonté d'envoyer une force de protection humanitaire et dire en quelques mots l'état d'avancement de l'opération : « Nous en sommes là. Je dois dire que deux ou trois pays africains ont répondu favorablement, et j'attends encore les réponses fermes des pays européens. Quoi qu'il en soit, nous le ferons. Je le répète : chaque heure compte. »

Le 20 juin, le projet de résolution présenté par la France est discuté au Conseil de sécurité, mais aucun des partenaires européens n'a encore annoncé sa contribution ferme à l'opération. L'état-major a pris des dispositions préparatoires pour que le détachement qui doit accueillir progressivement 2500 hommes soit en place le mercredi 22 juin. L'intervention a été baptisée « Opération Turquoise ».

Le 21 juin, le Premier ministre adresse une lettre au président de la République où il définit les cinq conditions de réussite de l'opération :

« – Autorisation par le Conseil de sécurité des Nations Unies. Nous serons fixés aujourd'hui ;

« – Limitation de l'opération dans le temps à quelques semaines en attendant l'arrivée de la MINUAR. C'est également décidé, mais il ne faut pas nous dissimuler qu'il nous sera très difficile de partir si la MINUAR n'arrive pas, et que son arrivée n'est pas certaine ;

« – Limitation des opérations à des actions humanitaires (mettre à l'abri des enfants, des malades, des populations terrorisées) et ne pas nous laisser aller à ce qui serait considéré comme une expédition coloniale au cœur même du territoire du Rwanda. Toute occupation durable d'un site ou d'une partie du territoire rwandais présenterait de très grands risques, compte tenu de l'animosité qu'elle susciterait et de l'interprétation politique qui lui serait donnée ;

« – Positionnement de nos forces à proximité de la frontière, en territoire zaïrois, le seul qui nous soit disponible ;

« – Déclenchement des opérations, dès lors que des contingents significatifs nous seraient fournis par d'autres pays, sauf peut-être telle ou telle opération à la frontière que nous pourrions conduire seuls.

« Je crois que toutes les précautions examinées doivent être prises et que toutes les conditions que nous avons posées doivent être respectées, faute de quoi nous serions entraînés beaucoup plus loin que nous ne le voulons, et avec des risques incalculables, dans un conflit qui risque d'avoir des répercussions dans toute la région.

« Je suis frappé de notre isolement. Certes, les bonnes paroles et les encouragements ne font pas défaut. Mais il ne faut à aucun prix nous embourber seuls, à 8 000 kilomètres de la France, dans une opération qui nous conduirait à être pris pour cibles dans une guerre civile. »

Édouard Balladur n'a pas varié d'un iota et limite très strictement l'intervention française, malgré les pressions du Quai d'Orsay et de l'état-major.

Le monde politique accueille l'opération avec réserve, quand ce n'est pas avec une réelle méfiance, voire avec suspicion, surtout à gauche. Le 21 juin, à son retour du Rwanda, Bernard Kouchner souhaite rencontrer le Président afin de le faire profiter de ses conseils, pour « éviter les risques de dérapage de notre opération humanitaire». L'entretien préparerait l'intervention qu'il doit faire, le soir même, à TF1. Mais c'est Bruno Delaye et Hubert Védrine qui recueillent ses réflexions. Le chef de la cellule africaine enregistre scrupuleusement ses considérations précautionneuses destinées au chef de l'État. Kouchner témoigne manifestement – et depuis longtemps – une tendresse particulière pour le FPR : « 1. Préciser que l'opération sera localisée, temporaire, incitative. Que les troupes françaises seront remplacées avant deux mois par les troupes de l'ONU.

« 2. Qu'il s'agit de protéger des civils tutsis contre les milices et en aucun cas d'affronter le FPR ou de stabiliser le front.

« 3. Qu'un encadrement politique de haut niveau soit donné sur le terrain à nos forces militaires. Cet encadrement devra avoir la confiance du FPR et le contact permanent avec celui-ci.

« 4. Il faut éviter la présence des Français à Kigali où pourtant les massacres continuent. Troupes (africaines) et matériel doivent être fournis à la MINUAR pour que la tension diminue dans la capitale.

« 5. Multiplier les contacts à haut niveau avec le FPR qui doit être considéré comme un interlocuteur essentiel.

« 6. Toute cette mission doit être présentée comme une étape nouvelle de notre politique : "le passé est le passé". »

La position de Bernard Kouchner est proche de celle du Parti socialiste, comme en témoigne le communiqué publié le 24 juin par Gérard Fuchs, son secrétaire national aux Relations internationales : le PS apporte une « approbation conditionnelle » à l'intervention française. Conditionnelle, « car le PS considère que le rôle passé de notre pays au Rwanda peut à bon droit le rendre suspect de partialité et que, dans ces conditions, une vigilance particulière s'impose. Les socialistes exerceront notamment cette vigilance sur deux points : le maintien des liaisons indispensables entre l'état-major de l'opération et le FPR; le fait que notre action ne doit en aucun cas permettre le renforcement des autorités et organisations qui portent la responsabilité des tueries. »

Après lecture du texte de ce communiqué, le Président a porté sur le papier à en-tête orné du poing et de la rose la mention laconique : « Juste et idiot ». « Juste » pour l'approbation, « idiot » pour la conditionnalité – la suspicion peut-être aussi.

L'opposition des autres partis de gauche est encore plus virulente.

Le 22 juin, lors du Conseil des ministres, François Mitterrand laisse percevoir dans ses propos les traces des attaques essuyées ainsi que des conseils et conditions prodigués par le Premier ministre : « Notre intervention doit être menée avec la plus extrême prudence. Il ne faut pas faire prendre trop de risques à nos soldats. Notre objectif n'est que de sauver des vies ».

Un Conseil restreint se tient le même jour, le Président y exprime son désarroi face à l'accueil de l'initiative française : « Le Premier ministre et moi-même ainsi que l'ensemble des ministres partageons la même analyse : une intervention, oui, mais brève, de style "coup de poing". Elle doit être à la fois symbolique et réelle. Notre intervention ne semble désirée par personne, même pas par ceux que nous voulons sauver. Sans doute préfèrent-ils qu'il n'y ait pas de témoins à leur victoire. »

Après des échanges désabusés sur l'instauration prochaine d'une dictature militaire par les Tutsis, il reprend :

« C'est une mauvaise affaire. Il y a huit jours, tout le monde voulait qu'on intervienne tout de suite. Maintenant, c'est l'inverse. La propagande à Bruxelles est très efficace et la naïveté des diplomates et des journalistes est déconcertante. [...] Il ne faut pas manquer de dénoncer le génocide perpétré par les Hutus. La folie s'est emparée d'eux après l'assassinat du Président Habyarimana. »

La bienveillance à l'égard du FPR a aussi gagné une bonne partie de l'appareil d'État. Les contacts entre des représentants du FPR et des émissaires – officiels et officieux – du gouvernement se multiplient. Bihozagara, représentant du FPR en Europe, basé à Bruxelles, est invité au Quai d'Orsay le 22 juin. Un fossé tend alors à se creuser entre l'Élysée et Matignon, même si leurs propos s'accordent encore. Le Président réagit fortement quand il apprend de Bruno Delaye la teneur de la rencontre avec le secrétaire général du FPR et son représentant à Bruxelles : ils ont critiqué durement la politique française et condamné le projet d'intervention. Philippe Baudillon, conseiller pour les affaires diplomatiques d'Édouard Balladur, a tenu à préciser aux responsables du FPR que, depuis un an, la France s'était dotée d'une nouvelle politique africaine : le souci permanent du Premier ministre est « d'établir avec l'ensemble des pays africains des relations claires et de coresponsabilité. [...] Nos actes le prouvent. Votre interprétation des intentions françaises au Rwanda n'est pas la bonne. Elle est en contradiction avec ce qui est fait depuis un an. Les Français ne comprendraient pas que notre intervention soit autre qu'humanitaire. Les temps changent, votre analyse de la politique actuelle est influencée par une période passée. C'est ce que le Premier ministre tenait à vous faire savoir[18]. »

En ce même 22 juin, le Conseil de sécurité adopte la Résolution 929. Par 10 voix pour et 5 abstentions, la France est autorisée à employer « tous les moyens » pendant deux mois pour protéger les civils.

Le lendemain à 15 h 30, 46 militaires français entrent au Rwanda et arrivent à Cyangugu. Sous la direction du colonel Rosier – jusqu'à l'installation du général Lafourcade, patron de l'Opération Turquoise –, trois détachements du COS sont chargés « d'ouvrir la porte » pour préparer l'opération elle-même. Les forces spéciales effectuent des missions de reconnaissance et de collecte de renseignements. Elles ont pour

18. À destination d'Hubert Védrine, la mention : « *Inadmissible – Protester à Matignon, FM* ».

instruction d'éviter le contact avec le FPR et d'observer une attitude de stricte neutralité.

À Paris, les efforts diplomatiques déployés ne remportent aucun succès. La France est désespérément seule. Aucun pays ne s'est encore engagé à participer à la MINUAR. Édouard Balladur téléphone à Boutros-Ghali qui pense à cette heure qu'il n'y aura pas de redéploiement possible des forces internationales avant deux mois. Bruno Delaye rencontre Museveni à Londres pour préparer la visite que doit rendre le président de l'Ouganda, le lendemain, à François Mitterrand. Les responsables français sont avant tout préoccupés par la sécurité de l'opération. Surtout, pas de heurts avec le FPR ! Or, seul Museveni peut calmer ses dirigeants, certes moins virulents contre la France depuis quelques jours.

À la réunion interministérielle du 30 juin, le Premier ministre autorise l'envoi de reconnaissances militaires dans la région de Gikongoro où des réfugiés sont en danger, l'installation d'un hôpital militaire ainsi que le sauvetage de religieuses à Butare à la demande du cardinal Lustiger. Trois objectifs qui sont éloignés de la frontière zaïroise. Il donne ainsi l'impression d'accorder à présent une plus grande confiance aux militaires dans leur mission de sauvetage.

Je me souviens de cette matinée du 1er juillet 1994 où, mettant la dernière main à *Une Jeunesse française*, j'avais longuement interrogé François Mitterrand sur ses années de guerre et d'avant-guerre, quand il interrompit notre entretien pour aller accueillir Museveni. Il m'invita à l'accompagner jusqu'à l'arrivée du président de l'Ouganda et entreprit de me parler un peu du Rwanda avant d'aller « secouer » son hôte[19]. Il

19. J'ai pu beaucoup plus tard lire le *verbatim* de son entretien avec le Président ougandais, d'où je tire, pour la continuité de l'histoire que j'essaie de raconter, les passages suivants :

« *Museveni* : Il n'y a pas de raisons qu'il y ait un clash [entre le FPR et les militaires français de Turquoise]. J'ai dit à Kagame que le mandat est humanitaire, il ne s'y oppose pas.
François Mitterrand : Nous ne sommes pas en guerre avec le FPR [...] Le génocide mérite sanction. Le but de notre action c'est de sauver des gens, en attendant, le plus tôt possible, l'arrivée des Nations Unies, mais ils ne sont pas pressés. La France va essayer

évoqua le rôle de celui-ci aux côtés de Kagame. Il me reste dans l'oreille cette phrase : « Savez-vous que les Tutsis massacrent aussi ? »

Le général Lafourcade estime qu'il ne peut remplir efficacement sa mission dans le cadre défini par les autorités politiques : ne sont autorisées que les incursions sur le territoire rwandais, avec retour à la base chaque soir. L'amiral Lanxade se souvient[20] de ce moment délicat de l'opération Turquoise :

« Balladur était très en arrière de la main. Il voulait que les soldats reviennent tous les soirs. Ils avaient un bon de sortie pour la journée. C'était injouable, et cela n'a pas été joué. Quand on a été sûrs qu'on allait à la confrontation avec le FPR, Germanos [son adjoint opérationnel] et moi avons préparé, le dimanche 3 juillet 1994, deux notes – une pour le Président, une pour le Premier ministre – qui définissaient une Zone Humanitaire de Sécurité dans laquelle les militaires du FPR ne devaient pas entrer. Une heure après, j'étais en contact avec le Premier ministre qui m'a posé une seule question :

« – Avez-vous les moyens de défendre cette zone ?

« Sous-entendu : sans me demander d'envoyer de nouvelles troupes.

« J'ai répondu : Oui.

« – Je le fais savoir au Président.

« Moins de deux heures après, tout était réglé. J'avais obtenu l'accord du Président et du Premier ministre. »

Les premiers comptes rendus des militaires sur les horreurs qu'ils découvrent et sur les vies déjà sauvées empêchent toute tergiversation et effacent toute divergence : le Président, le Premier ministre, les ministres des Affaires étrangères et de la Défense entendent obtenir des Nations Unies un accord pour mettre en place une « zone humanitaire sûre » (ZHS) au sud-

---

d'éviter le contact, ne prendra aucune initiative agressive, mais elle répliquera si elle est attaquée. Danger : qu'il y ait un choc avec le FPR ; s'il nous attaque, les Français répondront, ils ne se laisseront pas faire. »

20. Entretien avec l'auteur, le 19 octobre 2005.

ouest du Rwanda afin de protéger les populations civiles. Soutenue par Boutros-Ghali, l'initiative est approuvée deux jours plus tard par la procédure dite « d'adoption silencieuse ».

Le 10 juillet, l'action de la France au Rwanda reçoit l'appui du G7 réuni à Naples.

CHAPITRE 15

Le FPR assassine sauvagement deux gendarmes français et l'épouse de l'un d'eux

Régine vivait dans le quartier de Kacyiru, dans l'une des belles maisons dites du MRND, à quelque cinq cents mètres à vol d'oiseau du Conseil National du Développement (CND), le bâtiment de l'Assemblée nationale où était installé, depuis fin décembre 1993, le bataillon du FPR. Entourée de ses cinq enfants et de quatre de ses voisins, elle tremble depuis le matin de ce 7 avril, car le FPR et la Garde présidentielle (GP) échangent des tirs d'artillerie. Cataloguée MDR à cause de son mari, numéro 3 du ministère des Affaires étrangères, elle redoute une descente des membres de la GP à son domicile. Elle a eu l'idée de solliciter la protection des militaires français qui habitent à deux maisons de la sienne, tout près du rond-point de Kimihurura, afin qu'il la cache, elle, sa famille et les quatre petits voisins. Elle ne leur a jamais parlé, mais ils ont l'air gentil... Elle se sentirait en sécurité chez ces étrangers.

Elle va frapper à leur porte. Un homme lui ouvre.

– J'ai peur. Est-ce que vous accepteriez de me cacher avec mes enfants ? lui déclare-t-elle.

– Je ne peux pas prendre la décision, car je ne suis pas le propriétaire des lieux. Revenez quand mon ami et sa femme seront de retour...

Quelque temps plus tard, Régine aperçoit depuis chez elle

le couple de Français qui rentre chez soi. Grâce à une échelle, elle enjambe la clôture, interpelle les Français et les convainc de l'héberger avec les neuf enfants. Apaisée et folle de reconnaissance pour ses nouveaux amis, Régine passe une nuit à peu près calme.

– Ce couple était d'une gentillesse extrême, se souvient-elle[1], encore toute émue à l'évocation de ses protecteurs. Ils n'avaient rien à manger parce que la femme n'avait pas eu le temps de faire des courses. Nous sommes convenus que le lendemain, je lui ferai acheminer des vivres en les faisant passer par les jardins...

Régine ne connaît pas alors les noms et fonctions de ses hôtes : l'adjudant-chef Didot, sa femme Gilda et l'adjudant-chef Meier. Elle n'a pas entendu ou ne se souvient pas avoir entendu Didot parler par radio avec plusieurs correspondants. Parmi eux, il y avait madame Cussac dont il prenait régulièrement des nouvelles, car son mari avait été rappelé à Paris et elle était restée seule avec son jeune fils. Tout d'abord, Didot lui avait annoncé l'arrivée de Gilda. Finalement, il lui avait dit renoncer à son projet :

– Je ne peux emmener ma femme chez vous, il y a trop d'abeilles [madame Cussac a pensé que Didot voulait désigner par là les tirs d'artillerie]. Je l'emmène chez Sabriès [un commandant de gendarmerie].

Quelque temps plus tard – un flou qui traduit la difficile datation des événements –, des soldats sonnent au portail. Les scènes qui suivent proviennent des seuls souvenirs de Régine :

– Ce doivent être des soldats de la Garde présidentielle, ils parlent *kinarwanda*; allez-vous cacher!

La femme n'éprouvait d'inquiétude que pour Régine et ses enfants, lesquels sont allés se cacher sous les lits. Il s'est avéré qu'il s'agissait en réalité de soldats du FPR. Régine ne se rappelle plus exactement leur nombre : cinq ou six... Ils ont

1. Entretiens avec l'auteur, mi-août 2005.

désarmé les deux hommes et demandé à la femme d'aller chercher les autres armes se trouvant dans la maison. Jusque-là, les soldats n'étaient pas brutaux avec les Français. La femme a fait sortir Régine et ses enfants de leur cache. Les soldats étaient très énervés contre Régine.

– Pourquoi êtes-vous venus vous réfugier chez des Français ?

– Parce que nous avions peur des miliciens et des membres de la GP et que nous pensions que les Français pouvaient nous protéger.

Les soldats du FPR l'interrogent. Régine décline son identité et le nom de son mari. Un officier prend alors son talkie-walkie pour demander des instructions. Elle n'entend pas ses propos, car l'homme parle très doucement. Après avoir raccroché, le ton de l'officier change complètement. Le nom de son mari a probablement provoqué ce revirement. Parce qu'il est du MDR, proche de Faustin Twagiramungu, et donc en très bonne intelligence avec le FPR.

– N'aie pas peur, on ne fait rien aux femmes et aux enfants, on traque seulement les militaires d'Habyarimana.

Quelques militaires sont alors chargés de raccompagner Régine jusque chez elle et se comportent comme s'ils étaient devenus ses amis. Régine et ses enfants doivent donc quitter la maison des Français. Dans le jardin, ils voient le propriétaire des lieux assis par terre, sous le contrôle étroit des soldats, tandis que sa femme et l'autre militaire sont debout. Les Français ne parlent pas... C'est la dernière image qu'elle emporte de ses protecteurs.

Arrivée chez elle et encore sous le choc, elle s'écroule dans le corridor et s'endort... Combien de temps s'est-il écoulé ? Régine ne sait plus : « Une partie de ma mémoire s'est envolée », dit-elle. C'est alors que son veilleur vient la trouver. Il n'a pas l'air dans son état normal. Il tient des propos qui, dans un premier temps, lui semblent complètement incohérents.

– Il faut qu'on quitte la maison parce qu'on va nous tuer, lui répète-t-il.

– Mais pourquoi dis-tu cela ? Les militaires ont été très gentils avec nous et nous ont raccompagnés jusqu'ici…

– J'ai tout vu, ce sont des barbares, ils les ont tous tués…

Par bribes, Régine comprend que son veilleur a, sans être vu, assisté à l'exécution sauvage des deux hommes, de la femme, de leur propre veilleur et du chien. Et de donner des détails macabres : une joue qu'il a vu tomber après avoir été tranchée par une machette ; du sang qui gicle partout, des coups qui pleuvent, des poignards et des machettes qui coupent, tranchent, s'enfoncent dans les chairs…

« Mon veilleur était sous le choc, il était comme fou et voulait partir tout de suite. Il voulait que je parte immédiatement pour me mettre à l'abri à l'hôtel Méridien tout proche. Je pensais que c'était trop dangereux. Après ce que je viens de voir, je n'ai pas le choix, je pars vers le Méridien, m'a-t-il dit. Je lui ai demandé de revenir me chercher s'il estimait que c'était possible. »

Finalement, Régine rejoint le Méridien quelque temps plus tard, avant d'être acheminée vers Byumba, en zone FPR.

Toujours choquée, elle revient sans cesse sur un détail absurde qui l'obsède depuis le 8 avril : « Oh là là, si au moins ils avaient mangé avant de mourir… »

Les deux militaires français assassinés faisaient partie des 24 hommes laissés au Rwanda après le départ de Noroît, en décembre. L'adjudant-chef Didot avait pour mission d'entretenir les postes radio, de type Motorolla et PP13, dont la portée n'excède pas une dizaine de kilomètres, de la mission française et des FAR. L'adjudant-chef Meier était conseiller PJ auprès de la Gendarmerie rwandaise. La femme assassinée, Gilda, était l'épouse de Didot.

Pour quelle raison ces deux gendarmes furent-ils mis à mort ? qu'avaient-ils fait ou quelle menace représentaient-ils pour susciter une telle sauvagerie ? Le colonel Marchal, responsable de l'opération belge KIBAT, a la réponse. Dans le courant du mois de février 1994, alors qu'il rendait visite au chef du bataillon du FPR basé au CND, Charles Kayumba l'emmena dans un lieu qui surplombe Kigali. De ce point, il lui désigna tous les endroits de la capitale où étaient installés des appareils d'écoutes. Il lui montra alors une villa, située près du rond-point de Kimihurura, sur le toit de laquelle des antennes étaient bien visibles. Kayumba lui fit comprendre que, dès qu'il le pourrait, il ferait cesser ces écoutes.

– Saviez-vous que la villa était habitée par des gendarmes français et avez-vous prévenu l'ambassade de France de cette menace ? ai-je demandé à Marchal.

– Non ! Je pensais qu'il s'agissait d'un système d'écoutes des FAR ou de la Gendarmerie, m'a répondu le colonel belge.

Didot n'« écoutait » pas les FPR au CND. Mais le « malentendu » était là. L'adjudant-chef était un radio amateur passionné, qui s'était équipé d'un très bon matériel. Il aimait entrer en relation avec la planète entière. Ses compétences en la matière avaient été mises à profit pour compléter le réseau d'alerte des Français. Sa position en un point élevé de la ville en faisait un bon relais – avec du matériel Yesu – entre la ville de Kigali et Kanombe, près de l'aéroport, que l'ambassade de France ne pouvait joindre directement. Il était donc logique que le FPR, à l'aide d'appareils gonio suffisamment sophistiqués, ait pu localiser l'installation de l'adjudant-chef Didot.

Le patron de KIBAT n'eut connaissance de l'identité des occupants de la villa que lorsque le lieutenant-colonel Maurin lui demanda de récupérer les corps. À la fin de l'après-midi du 8 avril, prévenu par Régine qui avait trouvé refuge dans l'hôtel, le patron du Méridien prévient l'ambassade, qui informe Maurin, de l'assassinat des trois Français. Maurin cumule alors les fonctions d'adjoint à l'attaché de défense, absent, et, à ce titre, de responsable des coopérants militaires Terre, de chef opérationnel de tous les militaires français au Rwanda et de conseiller du chef d'état-major des FAR. Il est d'autant plus affecté par la nouvelle de cette mort qu'il était proche de Didot et de sa femme, et que, la veille, il leur avait intimé l'ordre de quitter leur villa, beaucoup trop exposée...

Maurin prend contact avec la MINUAR pour récupérer les corps. C'est le colonel Marchal qui prend l'affaire en main. Une première fois, il se rend avec son secrétaire dans la parcelle où ont été tués les Français, mais les combats sont si intenses, entre la Garde présidentielle et le CND, qu'ils doivent renoncer à s'attarder sur les lieux. Le lendemain, une nouvelle mission, plus nombreuses, est montée. Alors que le major-médecin belge Théry, accompagné de deux capitaines sénégalais, fouille le terrain, des militaires assurent la sécurité de l'opération. On découvre les cadavres du chien et du veilleur. Plus tard, ce sont, enterrés au fond du terrain, les cadavres abîmés des trois Français. Pendant tout le temps de la fouille, Maurin est inquiet, car les forces spéciales sont sur le départ. Il a décidé qu'il ne partirait pas en laissant les corps des trois Français en terre rwandaise.

Les dépouilles des deux gendarmes et de Gilda lui sont remises à l'aéroport, le 13 avril à 14 h 10, par Théry. Maurin, le chef d'escadron Forgues et l'adjudant-chef Bach procèdent rapidement à leur identification. Les mises en bière sont faites en présence du médecin commandant Grosjean, du 3e RPIMa. Les cercueils quittent Kigali à 17 h 30 pour Bangui, accompagnés par des éléments du 3e RPIMa. Les certificats de décès, datés du 6 avril, mentionnent que les Français sont décédés de « mort accidentelle ». Avant d'être réembarqués dans un avion à destination de Paris, les corps sont déposés à la morgue de Bangui.

Les cercueils arrivent au Bourget le 15 avril. François Léotard et Michel Roussin leur rendent hommage. Les services du ministère de la Coopération ont assuré aux journalistes curieux que « leur mort n'était pas liée à leur fonction, mais à leur résidence, et au fait qu'ils auraient caché des Tutsis chez eux. » Manière discrète d'affirmer qu'ils auraient été assassinés par des miliciens hutus.

Paul Kagame, cynique, s'est amusé de l'embarras des officiels français à évoquer ces trois morts. À François Misser qui écrivait sa biographie, *Vers un nouveau Rwanda*[2], il confie qu'un journaliste de TV5 lui aurait rapporté les confidences d'un général français à propos de ces gendarmes tués par le FPR. Que faisaient donc ces militaires, alors que la France affirmait qu'ils avaient tous quitté le Rwanda ? questionne Kagame avant de lancer ses sous-entendus :

– Quand vous rentrerez, demandez donc au général qui sont ces officiers et ce qu'ils faisaient au Rwanda...

Kagame, comme Kayumba, était persuadé que les gendarmes français étaient postés à Kigali pour intercepter les messages du FPR.

Pour des raisons que j'ignore, la France est restée de la plus grande discrétion sur l'assassinat de ces trois Français. Aucune action judiciaire n'a été notamment diligentée par ses soins.

---

2. Coédité par les éditions Luc Pire et Karthala, 1995.

CHAPITRE 16

Une grande journaliste belge

La scène se déroule, fin octobre 1994, dans le bureau de Michel Roussin, ministre de la Coopération, 20, rue Monsieur, à Paris. Le ministre a fait affréter un avion spécial pour ramener de toute urgence, de Bangui, le lieutenant-colonel Maurin qu'il souhaite rencontrer toutes affaires cessantes. Maurin est alors conseiller d'Ange Patassé, le président de la République Centrafricaine, mais il était encore, au mois d'avril précédent, l'adjoint de l'attaché de défense et le conseiller du chef d'état-major de l'armée rwandaise.

Il est introduit dans le bureau du ministre dès son arrivée. Les deux hommes se jaugent. Deux témoins observent leur face-à-face tendu : le général Huchon et le chef de cabinet.

Sans préambule ni détour, Michel Roussin questionne le militaire. Il veut en avoir le cœur net :

– Mon colonel, les yeux dans les yeux, est-ce que vous pouvez me dire que vous n'avez pas participé à l'attentat contre l'avion d'Habyarimana, contrairement à ce qu'écrit Colette Braeckman ?

– Monsieur le ministre, je n'ai pas participé à cet attentat.

– Je vous crois.

Plus que de longues démonstrations, cette anecdote incroyable donne à mesurer l'impact des accusations portées par Colette Braeckman, la grande journaliste du *Soir* de Bruxelles, spécialiste de la région des Grands Lacs, dans le livre[1] qu'elle vient de publier. Elle y reprend, en les développant, ses articles parus à la mi-juin 1994 ; elle désigne deux soldats du DAMI comme auteurs de l'attentat contre le Falcon 50. Son accusation a éclaté comme un coup de tonnerre dans le ciel médiatique et a été reprise dans le monde entier. En France, elle a un effet de souffle tout particulier, malgré le démenti officiel d'Alain Juppé et le communiqué plus que réservé de Jean-Luc Dehaene, Premier ministre belge.

Pour des journalistes belges curieux comme Colette Braeckman et ses confrères, l'assassinat de dix Casques bleus, le départ précipité des militaires du Rwanda et la mission Lotin, auraient dû ouvrir de vastes champs d'investigation : il y avait là matière à relater de graves événements. Cependant, en choisissant, le lendemain de l'annonce de l'opération Turquoise, le 15 juin, d'attaquer aussi brutalement la France, la grande spécialiste du Rwanda contribue grandement à réorienter les articles et les analyses sur le génocide, la guerre civile et les déplacements massifs de population qui ont alors cours dans le pays.

Pour des raisons que je n'ai pas élucidées, Colette Braeckman concentre donc toutes ses accusations sur la France. À partir de la mi-juin 1994, elle tire à feu continu dans *Le Soir* et nourrit sa critique virulente de « munitions » qui lui parviennent sans discontinuer ; elle ne semble guère se préoccuper beaucoup de leur origine, elle tire, tire et tire encore. Malgré les démentis officiels qui succèdent à ses attaques, elle fait mouche en France : les médias, les milieux anticolonialistes, d'une manière générale, tous les professionnels de l'anti-France, et une large fraction de la gauche se laissent gagner, sans aucune résistance, par la vision qu'elle donne du « rôle de l'État français et de son armée dans le génocide ».

Mais ses articles causent aussi des « ravages » dans l'appareil d'État, qui n'est pas imperméable à la déstabilisation et au

1. *Rwanda. Histoire d'un génocide*, Paris, Fayard. Le livre paraît le 26 octobre 1994.

doute. Ainsi un membre du gouvernement, le ministre Michel Roussin, a-t-il éprouvé le besoin de s'enquérir lui-même auprès d'un des principaux acteurs – qui dépend du ministère de la Défense, et non de son ministère, la Coopération – de sa responsabilité éventuelle dans l'attentat contre le Falcon 50. Plusieurs enquêtes seront aussi lancées au sein des administrations relevant du ministère de la Défense pour vérifier notamment une information publiée par la journaliste belge, selon laquelle le missile qui a frappé le Falcon 50 provenait d'Irak. Aujourd'hui encore, ses contre-vérités ont la peau dure. Il convient donc de revenir sur l'origine de la série d'articles qu'elle donna au moment où se forgea sa conviction qu'il importait pour elle de mener une véritable campagne.

Fin mai, début juin 1994, peu de temps après son retour des zones « libérées » par le FPR, Colette Braeckman reçoit à son bureau une « méchante feuille de papier quadrillé, pliée huit fois et dissimulée dans une enveloppe de fortune », acheminée par porteur. Elle lit : « L'avion du président Habyarimana a été abattu par deux militaires français du DAMI au service de la CDR [le parti extrémiste hutu] dans le but de déclencher le carnage. La mort de Gatabazi[2] est également leur crime, dans ce même but et pour tester l'ONU. Il n'y avait que très peu de CDR au courant de ce complot : quatre personnes plus les deux Français, personne de la famille du Président, quatre chefs CDR, dont moi. »

Et l'auteur anonyme d'en remettre une louche contre les Français :

« Les Français ont mis des uniformes belges pour quitter l'endroit et être vus de loin par deux soldats de la Garde nationale. D'où l'accusation formelle [que les Belges sont responsables de l'attentat]. Depuis 1991, avec la complicité du DAMI, nous avons fait porter le chapeau aux Belges qui ne sont pour rien dans les problèmes du Rwanda, mais qui sont

2. On a vu que Félicien Gatabazi a été assassiné par le FPR.

trop cons pour s'en rendre compte ! Je ne donnerai pas le nom des Rwandais, mais l'un des Français s'appelle, je crois, Étienne et est jeune. Moi, j'ai le bras droit arraché et je vais sans doute mourir faute de soins. C'est pour deux vrais amis belges que j'ai décidé de dire la vérité. Adieu. »

La lettre est signée Thaddée, chef de milice à Kigali.

La première réaction de la journaliste belge est la perplexité. Heureusement ! Mais sa lucidité ne va pas perdurer ; elle s'efface très vite derrière un irrépressible besoin d'en découdre avec les Français. Je connais suffisamment Colette Braeckman pour imaginer qu'elle a très vite pensé qu'ils pouvaient se montrer capables d'un tel acte et de surcroît suffisamment fourbes pour faire accuser les Belges à leur place et provoquer ainsi l'assassinat des dix Casques bleus. Si elle ne s'était laissée emporter par ce ressentiment, elle aurait dû jeter ce torchon à la corbeille, tant les arguments en étaient grossiers et puaient la manipulation. Lorsqu'il lui adresse sa lettre, « Thaddée » sait probablement que Colette est déjà convaincue de la connivence entre militaires français et extrémistes hutus…

Avant de publier l'article qui utilisera les informations fournies par ce mystérieux correspondant, elle me téléphona à deux reprises. Je lui expliquai en quoi pareil scénario était impossible :

– Comment expliques-tu que, soutenant Habyarimana, Mitterrand ait décidé de le faire assassiner ? Néanmoins, si ton scénario était vrai, cela supposerait qu'en cette période de cohabitation, Balladur ait évoqué avec Mitterrand cet attentat, de surcroît contre deux chefs d'État amis de la France. Et que les deux hommes soient ensuite tombés d'accord. Cette conversation et cet accord sont tout simplement impensables.

Elle chercha donc dans ses notes et chez ses informateurs tout ce qui pouvait conforter la version de Thaddée. Trouva que des uniformes de Casques bleus belges avaient disparu à l'hôtel Méridien ; qu'« un mystérieux ressortissant, vraisemblablement français, doté de nombreux équipements radio, avait occupé jusqu'au jour de l'attentat une chambre à l'hôtel Diplomate, à quelques dizaines de mètres du camp Kigali ; et qu'un curieux message radio, capté par les Rwandais, disait que les Belges avaient tiré sur l'avion, ce qui avait encore renforcé leur conviction[3]. D'aucuns se sont demandés s'il ne s'agissait pas là d'un faux message, délibérément lancé par l'hôte de l'hôtel Diplomate afin d'égarer les soupçons. »

Ce passage, publié dans son article du 16 juin, est un chef-d'œuvre journalistique. Voilà donc un *curieux* message radio, attribué à un *mystérieux* ressortissant, *vraisemblablement français* et tel que d'aucuns se sont demandés si, en plus d'être *curieux*, ce message n'était pas *faux*, puisqu'il émanait d'un ressortissant *vraisemblablement français*.

L'enquête de Colette Braeckman ne s'est pas arrêtée là. Des « sources privées » lui confirmèrent qu'Étienne, un des deux auteurs des tirs, existait bien et avait quitté le pays en décembre 1993, mais qu'il « était discrètement revenu au Rwanda en mars 1994 ». Les lecteurs du *Soir* ne connaissent pas leur chance : ils revivent, grâce à la spécialiste de l'Afrique, *Tintin au Congo* revisité par John Le Carré. Colette met l'imagination d'Hergé au service de ses convictions militantes.

Elle estime ainsi avoir « croisé » l'information de Thaddée : « Après quelques jours de confrontations, toutes les informations disponibles se rejoignirent en un seul faisceau : il s'agissait, plus que vraisemblablement, d'un document authentique[4]. »

Toutefois, avant que son article ne paraisse, Colette s'inquiète de ses conséquences : ne va-t-il pas mettre en péril la vie de son informateur, qui pourrait être menacée par le retour des militaires français avec l'opération Turquoise ? !

Car Colette Braeckman ne peut croire un seul instant au discours officiel de la France sur les motifs humanitaires de l'opération. « Il y avait alors de fortes raisons de penser que

3. Colette Braeckman fait allusion au message du FPR intercepté à la fois par les FAR et les Français, qui est reproduit en annexes, et qui mentionne l'aide des Belges.
4. In *Rwanda. Histoire d'un génocide*, *op. cit.*

l'opération Turquoise avait pour véritable objectif de permettre la fuite des responsables des tueries, de stopper l'avance du Front patriotique et d'imposer le gouvernement intérimaire à la table des négociations. Et aussi, sans doute, de récupérer des "coopérants militaires" français qui étaient demeurés aux côtés des troupes gouvernementales et risquaient d'être découverts par le FPR. Certaines informations m'étaient parvenues selon lesquelles deux groupes de trois à cinq "spécialistes" français se trouvaient bloqués dans des camps de l'armée gouvernementale et de la gendarmerie encerclés par le FPR[5]. » Est-il besoin de préciser que toutes ces informations sont elles aussi sorties de l'imagination de Colette Braeckman ou provienne des confidences de ses amis du FPR ?

Dans le dossier relatif à la responsabilité de la France dans l'attentat qui déclencha le génocide, la crainte de la journaliste du *Soir* de mettre en péril son informateur est rapidement supplantée par son souci de faire éclater la vérité : « Cependant, le souvenir de ce pays familier transformé en charnier, la mémoire de tant d'amis assassinés, l'honneur des Casques bleus belges massacrés et leurs compagnons réduits à l'impuissance, le poids de centaines de milliers de victimes contrebalancèrent mon penchant pour la prudence, pour la réserve. Fallait-il garder sous le boisseau une telle information alors qu'elle rejoignait beaucoup de témoignages convergents et qu'elle recoupait aussi de nombreux points de l'enquête menée par l'auditorat militaire en Belgique ? Je ne sous-estimais pas le tollé qu'allait susciter cet élément d'information, les critiques qui ne manqueraient pas de pleuvoir, mais il me sembla que, face à une catastrophe d'une telle ampleur, tout indice crédible devait être rapporté pour faire pièce à l'ignorance, à l'impunité », commente-t-elle dans le livre qu'elle publiera quatre mois plus tard.

Le 16 juin 1994, c'est-à-dire le lendemain de la décision française de lancer l'opération Turquoise, *Le Soir* publie donc

5. *Ibid.*

les informations de « Thaddée ». Par de multiples canaux, le FPR lance parallèlement diverses attaques contre la France. Le hasard donne-t-il une nouvelle fois l'illusion d'une concordance ou d'une opération concertée ?

Après la sortie du terrible scoop de Colette Braeckman, *Minute* dénonce une manœuvre de la CIA. Parce qu'il s'agit de la presse d'extrême droite, personne ne croit bon de s'intéresser à cette piste. Pourtant, Stephen Smith affirmait de son côté dans *Libération* que la CIA insinuait que les Français étaient impliqués dans l'attentat. Rappelons pour mémoire qu'Américains et Belges soutenaient la conquête du pouvoir par Kagame et tempêtaient alors contre les récentes initiatives françaises. La piste méritait d'être prise au sérieux. En tout cas, il était intéressant de chercher l'origine de l'incrimination de soldats français dans l'attentat perpétré contre l'avion présidentiel. L'enquêteur aurait peut-être alors eu vent d'une histoire survenue au printemps 1994, c'est-à-dire en plein génocide.

L'ISTO [International Strategic and Tactical Organization, organisation américaine réunissant des membres de l'armée américaine, des services et des compagnies pétrolières], organisation qui se disait proche de la CIA, proposa ses services à Jean Kambanda, alors Premier ministre intérimaire du Rwanda, pour l'aider à mener « une politique de rupture par rapport aux interventions des anciennes puissances colonisatrices ». Un document – sourcé CIA – lui fut remis, qui accusait deux Français – comme dans le scénario de Colette Braeckman ; mais, au lieu d'appartenir au DAMI, les deux hommes étaient présentés cette fois comme appartenant aux services secrets français, à la DGSE ; ils auraient été épaulés par un mercenaire d'origine marocaine dont le prénom commençait par un E : un « Edmond », non un Étienne.

Dans le document que l'ISTO procura à Kambanda, il est question d'une lettre qu'aurait adressée Paul Kagame, le 24 octobre 1993, à François Léotard, lettre qui aurait appelé à un changement de politique au Rwanda par le gouvernement Balladur : « Je suis assuré de l'aide et de l'appui inconditionnel des États-Unis à la cause du FPR, mais je me pose une question : pourquoi recourir aux Américains, si étrangers à nos souffrances ? » aurait alors écrit le numéro un du FPR. Plus troublant, le document de l'ISTO contient un passage qui évoque Jean-Christophe Mitterrand : « L'appui de la France, lors des offensives de 1990 et 1993, au président Habyarimana, a été octroyé, en fonction de raisons personnelles, par le président Mitterrand, dû à l'amitié et à la sympathie entre son fils Jean-Christophe Mitterrand et le fils d'Habyarimana, Jean-Luc, et non pas en fonction des intérêts de la France. » Une grossière insinuation dont nous reparlerons, car elle se retrouve dans la plupart des attaques lancées par le FPR, et sera reprise fréquemment par ses supporters français et belges[6].

Le document américain explique qu'une copie de la lettre de Kagame aurait été remise à M. Charles Pasqua, alors ministre de l'Intérieur, lequel aurait alors décidé de changer de camp et de soutenir le FPR.

Toujours selon le même document, deux agents de la DGSE, Cyrille Lafortune et Michel Billet, auraient été désignés comme responsables de « l'opération de manipulation de Kagame ». Pasqua, toujours selon l'ISTO, aurait également recommandé au Premier ministre, Édouard Balladur, de passer par la mafia slave pour procurer au FPR du matériel de combat soviétique et rester ainsi dans l'ombre, aucun matériel français ne devant être livré au FPR.

« Cette initiative a été extra-officiellement approuvée par le Premier ministre Balladur : "Le tout doit rester chez vous, si on me demande je ne sais rien. Le Vieux [Mitterrand] ne devra être au courant de rien pour le moment." »

C'est ainsi qu'une petite livraison d'armes légères aurait été

6. L'insinuation sera développée ainsi : Jean-Christophe Mitterrand avait des intérêts communs avec le fils du président Habyarimana dans une plantation de haschisch. Voir chapitre 18.

fournie au FPR : des armes achetées à Kiev, acheminées au Kenya, puis livrées en Ouganda...

« Les services belges apprennent cette livraison, poursuit le document américain. Bruxelles envoie une lettre de protestation à Matignon pour exiger que la France "reste à l'écart d'un conflit qu'ils tiennent sous contrôle". »

Toujours selon le document ISTO, Billet et Lafortune proposent, le 7 janvier 1994, à Charles Pasqua, une opération ayant pour objectif principal de provoquer une violente crise interne au Rwanda et de redorer le blason de la France auprès de Kagame. Mitterrand apprendrait alors l'existence de ce plan et l'approuverait. Le 12 janvier 1994, les deux agents de la DGSE rencontrent Kagame, lequel expose son projet d'assassinat d'Habyarimana. L'idée est transmise à Pasqua qui jubile : l'assassinat du Président provoquera une situation de chaos et de perte de contrôle des autorités sur la population hutue, procédera sans doute à des tueries, des actes de vandalisme, etc., mais, dans le même temps, elle développera chez eux le besoin d'en finir une bonne fois avec le FPR.

Suivons encore le roman de la CIA : le 12 février, nouvelle rencontre des agents de la DGSE avec Kagame. Ils offrent leur collaboration, « en signe de bonne foi ». Billet et Lafortune procèdent à l'étude opérationnelle et demandent les hommes nécessaires pour l'exécution. Pasqua ne veut pas de Rwandais et propose un mercenaire français d'origine marocaine pour presser le bouton. « Edmond Meguira fut payé 60 000 dollars US pour exécuter l'assassinat, lit-on encore dans le document ISTO ; il ne manquait plus que de faire rentrer au pays l'arme choisie : un lance-missiles portatif antiaérien à tête chercheuse de fabrication soviétique. Le lance-missiles, ainsi qu'Edmond Meguira, sont arrivés à Kigali à la mi-mars 1994[7]. »

Cette manipulation américaine va contribuer à semer le

7. Le document ISTO a été remis par Jean Kabanda, l'ancien Premier ministre, qui purge au Mali sa condamnation à la prison à vie, au juge Bruguière.

trouble sur les origines de l'attentat et conforter le « scoop » lancé par Colette Braeckman. Douze jours après la publication de l'article du *Soir* sur l'implication de la France dans l'attentat, et alors que la fièvre provoquée par ses révélations est loin d'être retombée, le FPR écrit le 28 juin à Boutros-Ghali pour dénoncer à son tour le rôle de la France dans l'assassinat d'Habyarimana !

La journaliste du *Soir* ne s'est pas limitée à ce magistral scoop sur l'attentat perpétré contre le Falcon 50. Dans les jours et semaines qui suivent, et jusqu'à la fin de l'opération Turquoise, elle va initier ou relayer toutes les attaques du FPR contre Paris. Le jour-même où elle désignait à la vindicte les deux militaires du DAMI, elle publiait une interview incendiaire de Jacques Bihozagara, représentant du FPR en Europe, membre du bureau politique du FPR :

« Nous disposons d'informations suivant lesquelles des militaires français seraient traqués dans des camps militaires à Kigali et nous croyons que l'opération actuelle a aussi pour but de les faire sortir. Nous croyons même que c'est cela la raison déterminante de l'opération prévue, c'est pour cela qu'il faut aller si vite. La France veut brouiller les traces, et nous nous y opposons [...].

« La France est disqualifiée, elle a participé à l'attentat contre l'avion du président. Depuis le début, nous avons affirmé que la boîte noire de l'avion se trouvait à Paris et on ne nous a jamais démentis sur ce point. Mais les informations de la boîte noire n'ont jamais été analysées et communiquées. [...]

«Nous considérons que la France était au courant, sinon complice du génocide : l'entraînement des commandos a été assuré par les Français. Ce sont eux qui leur ont fourni les armes : 80 % des armes que nous avons saisies sur les forces gouvernementales sont d'origine française... »

En sympathisante consciencieuse, la journaliste du *Soir* va reprendre et développer, les uns après les autres, tous les thèmes énoncés par Bihozagara.

Le 20 juin, elle fait un petit retour en arrière pour dire que dans Amaryllis comme dans Turquoise, le gouvernement français poursuivait des objectifs cachés. Dans Amaryllis, l'opération montée, entre le 8 et le 15 avril 1994, par les forces spéciales pour évacuer les ressortissants français, le sauvetage des ressortissants français n'était en réalité qu'un masque destiné à dissimuler les vrais objectifs : effacer les traces d'une collaboration catastrophique ; brûler les archives, « comme si c'étaient les Allemands qui envahissaient Paris ». Toujours ce 20 juin, Colette Braeckman donne la parole à un réfugié rwandais conduit à l'ambassade de France à Kigali par des Suisses, qui donne une description monstrueuse du personnel en poste à l'ambassade. Ce réfugié raconte qu'« il y avait des centaines de familles accrochées au portail de l'ambassade, auxquelles on refusait l'entrée » ; il retrouva, à l'intérieur, « tous les dignitaires du régime et leurs familles ainsi que le directeur de la radio et ses subalternes connus pour leurs appels aux massacres. » À tout moment, ces dignitaires du régime sortaient avec leurs escortes militaires pour « circuler dans les quartiers en flammes, et, à leur tour, tenaient des réunions à l'ambassade pour parler de l'évolution de la situation, dresser le bilan des victimes ou regretter que telle ou telle personne n'ait pas encore été tuée ou tel quartier pas encore nettoyé. [...] Figuraient sur la première liste des gens à évacuer les noms de certaines personnes connues comme chefs de bande de milices... »

Le 24 juin, continuant à étayer le scénario selon lequel la France, déjà accusée de complicité de génocide, serait à l'origine de l'attentat contre l'avion présidentiel, Colette Braeckman raconte que onze militaires du DAMI seraient revenus secrètement à Kigali. Mais, fin juin, la journaliste reprend le dessus sur la groupie de Kagame : elle est bien obligée de constater que les soldats français se contentent effectivement de sauver les Tutsis menacés. Son papier du 30 juin est donc titré : « Parcours sans faute pour Turquoise ».

Néanmoins, la sympathisante reprend vite ses droits. Dans *Le Soir* daté du 5 juillet, au lendemain de la création d'une zone de sécurité, elle affirme que la France est résolue à contenir la victoire du FPR. Elle ne fait pas mystère des raisons de ce changement : le FPR, dit-elle, a toujours exprimé son opposition à la création d'une telle enclave, assurant qu'elle n'aurait d'autre but que de protéger l'armée hutue et ses miliciens meurtriers. Et, pour elle, tout semble indiquer que l'affrontement est inévitable entre le FPR et les militaires français. Toutefois, le lendemain, elle revient quelque peu sur son analyse et signale que le FPR et la France baissent le ton et souhaitent éviter l'affrontement.

Dans *Le Soir* du 11 juillet, Colette Braeckman lance une nouvelle attaque venimeuse. Les légionnaires français, explique-t-elle, ont couru patrouiller dans la forêt de Nyungwe alors qu'il ne s'y trouvait pas un seul Tutsi. Qu'y ont-ils fait ? interroge-t-elle. Avaient-ils mission d'y effacer les traces d'une exploitation de cannabis compromettante pour certains dignitaires français ? demande-t-elle perfidement. Le point d'interrogation, superfétatoire au bout de cette question toute rhétorique, disparaîtra dans les textes qui mentionneront cette « affaire », notamment ceux de Survie et de ses réseaux satellites, accusation visant nul autre que Jean-Christophe Mitterrand.

À partir de la mi-août 1994, alors que ses analyses sur les objectifs cachés de l'opération Turquoise se sont révélées complètement fausses et que les soldats français s'apprêtent à quitter le pays, Colette Braeckman évoque un « compte à rebours angoissé » au Rwanda et au Burundi. Le 22 août, elle est obligée de constater qu'avec le départ des derniers Français, la peur a repris le dessus. Incorrigible militante, alors qu'elle a dû elle-même se rendre à l'évidence que Turquoise n'avait d'autre but qu'humanitaire, elle n'en démord pas. Le 13 septembre, elle reprend la même antienne, faite d'accusations et d'attaques contre Paris, comme lors de l'annonce de l'opération Turquoise :

«Dans un premier temps, écrit-elle, il est certain que la motivation humanitaire était plus un prétexte qu'une raison majeure [...]. L'élément neuf, lorsque fut prise la décision française d'intervenir, c'était la probable déroute des forces gouvernementales soutenues jusqu'au bout par la France [...]. C'est pour cela, bien plus que pour protéger les derniers survivants tutsis, que furent dépêchés vers le Rwanda les meilleurs éléments des forces spéciales, des soldats d'élite qui auraient pu être efficacement remplacés par des hommes du génie, des médecins, des infirmiers... C'est pour cela que les paras qui s'embarquaient à Bangui affirmaient à qui voulait les entendre qu'ils allaient sauter sur Kigali... Renonçant à sauter sur Kigali[8], obligée de s'incliner devant la chute de Butare et de Kigali aux mains du FPR, Turquoise se recentra sur la zone humanitaire sûre, la protection des quelque 15 000 Tutsis survivants... »

Colette Braeckman a tenu à rassembler et à développer toutes ses révélations et attaques contre les «génocidaires hutus» et leurs complices, les Français et l'Église catholique, dans son livre-apothéose, publié en octobre 1994 et intitulé : *Rwanda. Histoire d'un génocide.* Un livre qui vient en tête de toutes les bibliographies des tenants – majoritaires – de la version officielle de la tragédie rwandaise. Il est un peu le pendant du Rapport de la Commission d'enquête internationale (CIE), de la FIDH, sous la direction de Jean Carbonare, qu'elle reprend d'ailleurs abondamment, le considérant comme un document de référence.

Colette Braeckman a ainsi été une actrice de poids dans la guerre du Rwanda. La journaliste du *Soir,* également collaboratrice du *Monde diplomatique,* a crédibilisé les thèmes de la guerre idéologique menée par le FPR et accompagné, voire amplifié les attaques du FPR contre l'Église catholique et contre la France. En 2004, après les révélations de Stephen

8. Voir dans le Chapitre 1, de la IIIe Partie, comment François Mitterrand, reprenant les propos de MSF, a, lors du Conseil restreint du 15 juin, évoqué la sécurisation de deux ou trois sites à Kigali...

Smith dans *Le Monde,* faisant état des résultats de l'enquête du juge Bruguière sur les auteurs de l'attentat du 6 avril 1994, elle s'entêtait encore, continuant à attaquer la France et les médias français, tout particulièrement le quotidien du soir qui venait infirmer des analyses et faits qu'elle avait accrédités. Consciemment ou non, elle avait pourtant trompé ses nombreux lecteurs. Mais, avec la même obstination, elle ne se montrait pas prête à abandonner ses positions, revenait à la charge, au contraire, affirmant que « la France aussi avait intérêt à la mort du Président. Elle devait absolument encourager les extrémistes hutus à repousser le FPR. Si le FPR prenait le pouvoir, le bastion rwandais était perdu pour l'armée française[9]... » Et, cerise sur le gâteau, alors même qu'elle s'était enferrée dans l'erreur et les contre-vérités pendant quatorze ans, elle se permettait encore de donner des leçons aux médias français, coupables d'avoir obtempéré à des « consignes de silence[10]. »

Plus de dix après son « scoop » sur l'attentat contre le Falcon 50, avant de commencer d'écrire le présent ouvrage, j'ai demandé à Colette Braeckman si elle reconnaissait s'être fait manipuler. « C'est une manipulation, probablement des services belges... », a-t-elle fini par reconnaître à propos de la lettre de Thaddée, tout en affirmant aussitôt n'être toujours pas convaincue que sa thèse – de l'implication des Français – ait été fausse. Elle ne remet donc pas en question les éléments de son enquête qui ont validé la lettre de Thaddée, notamment l'existence du fameux « Étienne »... Dans la foulée, elle maintient complètement sa version sur les vrais buts de l'opération Turquoise ! Elle accepte seulement de réviser en partie son jugement sur Paul Kagame. Pas sur la France.

Colette Braeckman a bien mérité sa plaquette en bois, offerte en 1996 par Denis Polisi, ambassadeur du Rwanda à Bruxelles, en guise de remerciement pour « services rendus »...

9. In *Le Soir.*
10. Interview de Colette Braeckman, publiée le 25 mai 2004 par *Journalpes,* édité par l'École d'application des étudiants en journalisme de Grenoble.

CHAPITRE 17

Le cabinet noir du FPR en France

Toucher à l'association Survie, c'est assurément choquer des dizaines, voire des centaines de milliers de gens de bonne volonté, qui mettent leurs actes en conformité avec leur idéal, qui souffrent des inégalités Nord/Sud, qui ne supportent pas la misère africaine, bref, des gens qui ont été un jour sensibles à ses nombreuses actions politiques, du « Manifeste-appel contre l'extermination par la faim » à « Agir ici, une campagne contre la corruption dans les relations Nord-Sud », en passant par les « lois de Survie et de Développement » (votées en Belgique et en Italie). Ces honnêtes sympathisants ont trouvé grâce à l'association Survie une explication à la malédiction d'une partie du continent noir : le soutien de la France aux dictateurs africains, en particulier dans les pays ayant naguère appartenu à son Empire. Dans un monde sans repère, où les idéologies ne sont plus à la mode, Survie a réussi à faire la fortune d'un concept simplificateur dont la principale vertu est d'être immédiatement intelligible et de produire des analyses « radicales » qui semblent aller de soi : la « Françafrique ».

François-Xavier Verschave, président de Survie de 1995 à 2005 a créé à l'usage des militants un outil des plus pratiques pour dénoncer le « néocolonialisme ». Cependant, ce concept, s'il est séduisant au premier abord, ne décrit pas des réalités par essence mouvante ; surtout, il ne tient aucun compte de l'évolution des rapports entre la France et ses anciennes colonies. Car Jacques Foccart est mort, Pasqua, n'est plus aux manettes, et l'affaire Elf appartient au passé. Qui connaît aujourd'hui le nom du Monsieur Afrique de l'Élysée ? Près d'un quart de siècle après le bref passage de Jean-Pierre Cot au ministère de la Coopération, il ne reste plus grand-chose du pré carré français : Laurent Gbagbo ne manque pas une occasion de couvrir la France d'abominations et se rapproche de Paul Kagame ; quant aux Omar Bongo (Gabon), Denis Sassou-Nguesso (Congo-Brazzaville) et autres Paul Biya (Cameroun), voilà longtemps qu'ils sont sortis du tête-à-tête exclusif avec Paris… Mais qu'importe : l'association Survie est convaincue qu'avec le dossier rwandais, elle tient enfin le moyen de faire exploser le grand scandale de la « Françafrique » et de faire condamner la France pour complicité de génocide.

Comme on l'a vu, c'est Jean Carbonare, alors président de Survie en 1993 et 1994, qui a forgé l'opinion publique française pour le compte du FPR en lançant cette accusation de complicité sur le plateau d'Antenne 2, dans les colonnes du *Figaro*, avant de la répandre lors des innombrables conférences qu'il n'allait cesser de donner dans toute la France. En 1995, il cède sa place à son principal collaborateur, François-Xavier Verschave, pour assumer de hautes fonctions à Kigali. Il est intéressant de suivre durant cette période son évolution tant dans les locaux parisiens de Survie, que dans la capitale du Rwanda « libéré ».

Jean Carbonare, l'homme de l'ombre, celui qui aide le FPR à prendre le pouvoir, a laissé beaucoup moins de traces que le personnage officiel, à la tête de Survie. Combien de militants de l'association savent-ils que son siège social est devenu, au lendemain de l'attentat du 6 avril et dès les premiers jours des massacres, le « QG du FPR à Paris », pour reprendre l'expression de Jean-Marie Vianney Ndagijimana, alors ambassadeur du Rwanda en France ? Ce dernier, aujourd'hui réfugié politique en France, ambassadeur jusqu'à la prise de Kigali, puis ministre des Affaires étrangères du premier gouvernement de Paul Kagame, a été en relations suivies avec les milieux pro-FPR de Paris, qu'ils soient rwandais ou français. « Il n'y avait aucune ambiguïté possible sur le rôle de l'association Survie, déclare-t-il. On y voyait tous les responsables FPR de Paris et les franco-rwandais qui avaient pris fait et cause pour le FPR[1]. » Et de citer Jean Carbonare, François-Xavier Verschave, le docteur François Rutayisire, le patron FPR de Paris, Augustin Gatera, fonctionnaire à l'Unesco et président de la Communauté rwandaise de France, José Kagabo, historien, maître de conférence à l'École des hautes études en sciences sociales, Joseph Ngarambe[2], le journaliste Jean-François Dupaquier[3], marié à une Tutsi, Alain Gauthier, chercheur[4], et son épouse Dafroza Mukarumongi[5], Jean-Paul Gouteux, chercheur à l'Institut de recherche pour le développement, , marié à une Tutsie Jean-Pierre Chrétien, directeur de recherche au CNRS, Madeleine Mukamabano, journaliste à RFI, etc.

« Tout ce monde s'y retrouvait... Toutes les déclarations du FPR contre la France partaient de là. Survie était la pièce maîtresse de la stratégie de communication du FPR ; les grilles d'analyse de la situation étaient fournies au siège de Survie ; c'était encore Survie qui collectait les aides pour subvenir aux besoins des réfugiés rwandais. Après l'installation du FPR à Kigali, Survie a été en relation étroite avec les nouveaux maîtres du Rwanda... Sharon Courtoux était l'opérationnelle du système », expose Jean-Marie Vianney qui tient à évoquer deux femmes :

1. Entretien avec l'auteur, le 5 mai 2005.
2. Voir chapitre 19.
3. En septembre 1994, il part travailler à Kigali pour installer les nouveaux médias, c'est-à-dire les outils de propagande du nouveau régime. Il recueille également des mains des responsables de l'« information » du FPR les cassettes et journaux de l'ancien régime qui serviront à écrire *Les Médias du génocide,* avec Jean-Pierre Chrétien, Marcel Kabanda et Joseph Nagarambe. Évidemment, le FPR ne donnera rien, aucune documentation sur les médias du FPR.
4. Deviendra un peu plus tard président du Collectif des parties civiles pour le Rwanda.
5. Présidente de la Communauté rwandaise de France.

« Madeleine [Mukamabano][6] est une des personnes les plus actives du lobby pro-FPR à Paris. Ses parents ont été tués en 1959. Elle était membre du FPR avant le début de la guerre... Elle a été la missionnaire qui s'est employée à séduire et convaincre les personnalités françaises dans tous les séminaires consacrés au Rwanda. » Et elle a parfaitement « maîtrisé » le dossier Rwanda sur RFI et sur France Culture, aidée en cela par Monique Mas et par Théogène Karabayinga, autre militant engagé en faveur de la cause FPR-tutsie.

Vient ensuite une personne peu connue mais qui a, selon l'ancien ministre du premier gouvernement dominé par le FPR, joué à cette époque un rôle tout à fait déterminant : « Imma T., qui s'installe dans les bureaux de Survie au début 1993. Elle faisait partie du comité FPR de Paris ; les réunions se tenaient à Survie. Imma a joué un rôle discret mais efficace, notamment auprès du docteur Emmanueli, de Bernard Kouchner, ainsi qu'auprès d'Amnesty International... Elle a propagé de nombreuses rumeurs qui sont encore aujourd'hui tenues pour des vérités. La désinformation fonctionnait alors à plein régime. C'est d'elle ou de son entourage qu'est partie la rumeur concernant les liens entre Jean-Christophe Mitterrand et Jean-Pierre Habyarimana, et leurs plantations de chanvre dans la forêt de Nyungwe[7]... Imma parlait bien et pleurait facilement. Elle passait bien à la télé pour le compte de Survie. On la voyait aussi à Roissy récupérer les enfants rwandais... »

Cet aspect des activités de Survie n'était pas ou guère connu de ses militants de base ni des associations qui travaillaient avec elle. Annick Nédelec[8], alors vice-présidente de l'association Tiers-Monde Quintin, se souvient combien elle fut choquée le jour où elle découvrit les dessous des activités rwandaises de Survie. Elle avait effectué un premier voyage au Rwanda en

---

6. Voir, en fin de chapitre, le *post-scriptum* sur Madeleine Mukamabano et RFI.
7. Voir chapitre 18.
8. A été faite Chevalier de l'Ordre National du Mérite, au titre du ministère de la Coopération, en 1997, pour ses actions en faveur des Rwandais.

juillet 1976, puis elle y était retournée huit fois. Elle avait mené de nombreuses actions, notamment en 1988, pour les réfugiés burundais installés dans les camps près de Butare, et en 1993 pour aider les personnes déplacées de la préfecture de Byumba. Elle projetait de séjourner à nouveau dans le pays dans la première quinzaine de mai 1994, lorsque l'attentat contre le Falcon 50 vint remettre en question son programme. « C'est alors que nos associations ont eu connaissance de l'appel lancé par une coordination d'ONG et d'associations importantes, notamment Terre des Hommes, Emmaüs, Volontaires du Progrès, etc., une coordination gérée par Survie et chargée de récupérer des fonds. Comme seule notre association était démunie, nous avons pensé qu'elle pourrait financer notre programme. J'avais connu Survie à ses débuts, participé à des réunions avec d'autres nombreux élus de la région Bretagne à Pontivy. Je pensais personnellement que nous pouvions avoir toute confiance dans cette coordination puisque nous en connaissions les autres organismes et mouvements.

« Le 18 mai 1994, nous fûmes invités par Cités Unies France pour une réunion à Paris au cours de laquelle devait être envisagée avec les autres responsables de nombreuses associations l'aide possible à apporter à ce petit pays en plein chaos. Arrivée tôt en gare Montparnasse, j'ai considéré que j'avais le temps de passer avenue du Maine, au siège de Survie. Mon seul but était d'y obtenir des renseignements sur les modalités d'action. Ma visite n'était pas prévue, j'entrais donc dans les locaux à l'improviste. Mon étonnement fut grand quand je vis partout des ordinateurs et des téléphones. Mon regard fut attiré par des articles bien étalés, qui reprenaient tous les thématiques développées par Survie. J'eus une réaction toute spontanée : "Pour écrire cela, êtes-vous quelquefois allés au Rwanda ?" La réponse de Monsieur Verschave et de Sharon Courtoux fut : "Non". Ces articles parlaient de "nazi tropical de la pire espèce", de "dictateur sanguinaire" pour désigner le président défunt Habyarimana, et ils mettaient déjà la France en accusation. Je suis repartie "soufflée", sans avoir pu en lire davantage. L'après-midi même, lors de la rencontre avec les autres associations qui avaient établi un partenariat avec Survie, je n'ai pu cacher mes réactions de colère face à de telles injustices et de tels partis pris ; je pensai surtout que là n'était pas la priorité du moment. Depuis, je me pose toujours des questions quant à l'utilisation des fonds récoltés en ce printemps 1994, car je n'en ai jamais plus entendu parler et ne sais si les autres membres de cette coordination ont été tenus au courant. »

Annick Nédelec est passée trop rapidement, et trop tôt, dans les bureaux de Survie pour constater la montée en puissance de ses activités dans le courant du mois de juin 1994. C'est alors que l'association fera partir ses principales attaques et ses contre-vérités pour contrecarrer le lancement de l'opération Turquoise. Toujours est-il qu'Annick est l'une des rares personnes à avoir entrevu l'activité d'officine propagandiste dissimulée derrière la façade de Survie.

Dès que la capitale du Rwanda tombe aux mains du FPR, Jean Carbonare, en sa qualité de président de Survie, se rend toutes affaires cessantes à Kigali. Il se tient sur l'estrade le jour de l'investiture officielle du nouveau régime ; il y prononce même un discours. Après une quinzaine passée dans la capitale rwandaise, il est de retour en France : il prépare son installation à Kigali comme conseiller de Pasteur Bizimungu, le nouveau président de la République, il en profite pour parfaire son travail de sape de la politique française au Rwanda et de grand communicateur du nouveau pouvoir rwandais en accordant une interview au *Nouvel Observateur*[9], déjà évoquée. Le titre de l'interview, publiée le 4 août 1994, est sans ambiguïté sur ses rapports avec les nouveaux maîtres de Kigali : « Faites confiance au nouveau pouvoir. »

Jean Carbonare y révèle son engagement résolu aux côtés des conquérants, établissant ainsi de façon formelle et officielle

9. Voir chapitre 8.

le lien entre son association et le pouvoir FPR. Sa proximité avec le nouveau gouvernement est telle qu'il a « pu assister de l'intérieur à la mise en place » de ce dernier. Il regrette que la presse française n'ait pas repris « les déclarations d'investiture des nouveaux dirigeants [dont les] engagements [sont] très précis, notamment en ce qui concerne les droits de l'homme ». Il réfute l'idée selon laquelle le FPR aurait nommé au gouvernement des « Hutus de service » pour donner le change à la communauté internationale. « Il est exclu que ces hommes acceptent d'être de simples potiches », dit-il après avoir nommé Pasteur Bizimungu, Faustin Twagiramungu, Seth Sendashonga et Alphonse-Marie Nkubito. *A posteriori* cette affirmation ne manque pas de sel quand on sait ce que sont devenus lesdits Hutus : le premier est en prison ; le second a dû s'exiler et n'a pas de mots assez durs pour attaquer le régime de Kagame ; quant aux troisième et quatrième, ils ont été assassinés !

Toujours dans la même interview, Jean Carbonare développe ses raisons de se montrer optimiste avant de se lancer dans une nouvelle et brutale attaque contre la France. Après avoir réitéré une fois encore ses mensonges sur l'action des militaires français au camp de Bigogwe, il enchaîne : « À Paris, on savait tout cela et on n'a rien dit. J'ai moi-même été chargé, dans le cadre de l'enquête internationale, de faire des recherches sur les *escadrons de la mort* et sur leurs crimes. Très vite, nous avons pu localiser les principaux responsables dans le clan du chef de l'État, et plus encore dans celui de sa belle-famille[10]. Du côté français, on connaissait même les numéros minéralogiques des camions dont se servait le FPR. Comment aurait-on pu ignorer les agissements des principaux responsables du régime, de l'armée, de la Garde présidentielle, de la gendarmerie, alors que nous avions des instructeurs et des conseillers partout ? [...] On ne dira jamais assez combien la

10. On a vu que les révélations de Janvier Afrika sur les *escadrons de la mort* n'étaient qu'une manipulation du FPR !

tragédie rwandaise est l'aboutissement le plus extrême de trente années d'une politique de coopération franco-africaine profondément dévoyée. » Sa démonstration était une nouvelle fois faite.

Toute honte bue, Jean Carbonare devient à Kigali le conseiller de Pasteur Bizimungu, président de la République du Rwanda. L'ancien professionnel du développement en Afrique de l'Ouest lance un programme intitulé « 10. 000 jeunes pour 10 000 logements à Kigali » et tente de faire fabriquer, en mobilisant « la main-d'œuvre populaire », un million de briques par jour dans les tourbières autour de la capitale. Il crée également un vaste mouvement populaire centré sur une « Charte pour l'unité et la réconciliation ». Il est bientôt rejoint par son ami protestant Ezéchias Rwabuhihi qui prend les fonctions de directeur général de l'ARDEC, une structure de développement montée par Carbonare. Il convient aussi de ne pas oublier qu'il est toujours président de Survie et garde une relation étroite avec François-Xavier Verschave, à Paris, qui « roule » pour le Rwanda de Kagame.

La liste des tâches de Jean Carbonare ne traduit qu'imparfaitement son poids politique dans le nouveau Rwanda. Deux anecdotes permettent de s'en faire une idée :

Boniface Murutampunzi, journaliste à Radio-Rwanda – inutile de préciser que la radio était aux ordres du nouveau régime, c'est même un officier de l'APR, le major Rutayisire, qui la dirige après l'arrivée du FPR –, aujourd'hui réfugié en France, se souvient[11] des interventions sur les ondes officielles d'un Jean Carbonare traité comme un grand personnage officiel : « Il était très connu. Dans les audiences du président de la République, il était à ses côtés. » Boniface rencontre aussi à Kigali celui qui n'était encore que le n° 2 de Survie, François-Xavier Verschave. En novembre 1994, celui-ci participe comme intervenant à la Conférence de réconciliation : Boni-

11. Conversations avec l'auteur.

face réalise son interview pour Radio-Rwanda. Verschave lui laisse sa carte de visite.

À l'époque, Boniface prenait encore pour argent comptant les déclarations du FPR. Également correspondant de RFI, d'Africa N° 1 et de la Voix de l'Allemagne, il effectue quelques reportages qui déplaisent profondément aux nouveaux dirigeants rwandais : le premier concerne l'assassinat de Pierre-Claver Rwangabo, ancien préfet de Butare ; le second celui, par étouffement, de trente détenus dans une prison de Kigali, et quelques autres violations des droits de l'homme. On exerce sur lui des pressions de plus en plus fortes, tant et si bien qu'il ne se sent plus en sécurité. Il préfère prendre le chemin de l'exil. Arrivé à Paris le 17 juin 1996, il entreprend les démarches de tout demandeur du statut de réfugié politique en France. L'administration lui conseille, pour la constitution de son dossier, d'obtenir des attestations d'ONG. La FIDH l'oriente vers l'association Survie. Cela tombe bien : il a conservé la carte de visite de François-Xavier Verschave, auquel il demande rendez-vous. Mais c'est Sharon Courtoux, sa principale collaboratrice, assistée d'un certain Gaspard, d'origine rwandaise, qui le reçoit. En confiance, Boniface raconte les pressions et persécutions qu'il a endurées à Kigali, il s'étend sur les multiples violations des droits de l'homme parvenues à sa connaissance... Le lendemain, il téléphone à un confrère de Kigali pour qu'il lui fournisse un document nécessaire à l'OFPRA ; il apprend que tout ce qu'il a déclaré la veille à Sharon Courtoux a été répercuté à Kigali, jusqu'aux oreilles du major Rutayisire ! Boniface, qui n'a pas décoléré depuis lors, a ainsi appris à ses dépens que Survie était une agence de propagande et *d'intelligence* au service de Kigali, et non, comme il le croyait, une simple organisation de défense des droits de l'homme.

Seconde anecdote qui éclaire l'importance du personnage de Carbonare, rapportée par Jean-Marie Vianney Ndagijimana, alors ministre des Affaires étrangères : début octobre

1994, lors de la première visite officielle du président Bizimungu à l'Assemblée générale de l'ONU, il dîne dans un restaurant de New York avec Pasteur Bizimungu, Jean Carbonare et une partie de la délégation rwandaise[12]. Alphonse-Marie Nkubito, ministre de la Justice, doit les rejoindre et se fait attendre. « Carbonare, qui se comporte comme un superministre, s'impatiente :

« – Où est passé Alphonse ? Pourquoi n'est-il pas avec nous ?

« – Il est avec Alison DesForges [Alison DesForges est un des membres de la CIE, activiste "droit-de-l'hommiste", encore très proche du FPR, mais qui a toutefois commencé à attirer l'attention du gouvernement sur les massacres de populations hutues par les militaires du FPR.]

« Carbonare paraît très préoccupé.

« – Que peut-il faire avec cette folle [il s'agit d'Alison DesForges] qui passe tout son temps à critiquer le gouvernement ?

« Carbonare estimait en effet qu'elle n'était pas encore assez engagée aux côtés du gouvernement. Il était l'œil du FPR auprès du président Bizimungu et des membres du gouvernement qui ne faisaient pas partie du premier cercle de Kagame. »

Le pouvoir rwandais a tellement confiance en Jean Carbonare qu'il l'enverra plus tard à Kinshasa prodiguer ses précieux conseils à Laurent-Désiré Kabila quand celui-ci arrivera à la tête du Zaïre grâce au soutien militaire de Kagame. C'est encore lui qui organisera le 24 avril 1998 à Paris une conférence de presse du ministre congolais de l'Information, pour tenter de corriger la mauvaise image de Kabila à la suite de la publication du rapport Garreton décrivant les massacres perpétrés par les nouveaux maîtres de la République démocratique du Congo…

12. Dont l'actuel ministre des Affaires étrangères, Charles Muligande.

Avant de rejoindre les siens, Jean Carbonare a confié les clés de la boutique Survie à François-Xavier Verschave, ancien séminariste, toujours très pratiquant, et encore plus radical, s'il est possible, que lui. Travailleur infatigable, la haine au ventre, Verschave écrit dans l'urgence, pendant l'été 1994, un livre qui ramasse toutes les rumeurs et calomnies que ses amis et lui ont entendues ou contribué à fabriquer ou à répandre. *Complicité de génocide ?* paraît aux éditions de La Découverte en octobre 1994, en même temps qu'un autre livre qu'il a largement cornaqué : *Le Génocide franco-africain*, dont le sous-titre est explicite *: Faut-il juger les Mitterrand ?*, tandis que l'ouvrage de Colette Braeckman, *Rwanda : Histoire d'un génocide,* complète ce tir groupé contre la France. Les deux premiers livres semblent d'ailleurs avoir été inspirés par la même personne : l'auteur du troisième. Verschave donnait l'impression d'être dépassé par la mission dont il se sentait investi. Il y avait du procureur stalinien chez cet homme qui, jusqu'à son dernier souffle, a tenté de démolir tous ceux qui ne pensaient pas comme lui. Sa dernière diatribe – contre Stephen Smith[13] –, parue sous le titre *Négrophobie*[14] le mois de son décès, en est un ultime exemple. La haine qui suinte de ses propos sur les chefs d'État d'Afrique francophone laisse percer un douteux mépris. Lui qui ne voyait des Africains que dans son bureau parisien ou dans les cafés, n'allait jamais – sauf au Rwanda – à la rencontre des gens dans les rues, sur les marchés. Il n'écoutait que des opposants aigris, feignant de ne pas être libres dans leurs pays ; il était convaincu de savoir où était leur bien et ce qu'il fallait penser. Son sentiment de supériorité sur les « nègres » était si fort qu'il le hantait. Pour exorciser ses démons, il crachait, vitupérait, vomissait des insanités sur son pays et sur les dirigeants africains proches de la France. Il a choisi le parti du mercenaire Kagame qu'il savait mépriser les Africains

13. Voir chapitre 21, la réponse de Stephen Smith.
14. Éditions Les Arènes, Paris, juin 2005.

francophones, vouloir mettre le feu à l'ancien pré-carré français, et qui allait bientôt réaliser ce que lui-même n'avait pas réussi complètement à faire avec ses livres, ses billets et ses conférences. Il était – et c'est aussi vrai de son entourage – persuadé qu'on ne peut aimer l'Afrique sans cracher sur la France. La complexité politique, la réalité, la vérité ? Il n'en avait rien à faire. Ce qui lui importait, c'était de collecter et accumuler des munitions pour dénoncer, stigmatiser, condamner. Dès qu'il lisait une phrase, dans n'importe quel journal, publication ou livre pouvant entrer dans son système caricatural, il la découpait et la déposait dans sa corbeille à méchancetés. Verschave n'enquêtait pas, il faisait du « copier-coller » à partir des papiers des autres et compilait. À ceux qui l'accusaient de ne pas aller sur le terrain, en Afrique, il répondait : « Je n'ai pas besoin d'y aller pour savoir ce qui s'y passe. Pas plus que Fernand Braudel n'a eu besoin de vivre dans la Méditerranée du XVIe siècle pour en reconstituer l'histoire[15] ! » Oui, mais Braudel utilisait de nombreuses sources et les croisait, alors que son prétendu disciple ne voulait tout simplement pas être confronté à la réalité qu'il savait ne pas pouvoir entrer dans ses schémas réducteurs.

François-Xavier Verschave a inventé des complots pour mieux les dénoncer ensuite. Tout cela n'aurait été qu'anecdotique et n'aurait relevé que de la psychanalyse, voire de la psychiatrie, s'il avait gardé la chambre, mais il savait que sa vision manichéenne avait le pouvoir d'entraîner derrière lui des associations respectables et des gens généreux.

En trois livres, *Complicité de génocide, Noir Silence* et *Noir Chirac,* il a fait de François Mitterrand un complice du génocide, d'Omar Bongo, de Sassou Nguesso et d'Idriss Déby des monstres sanguinaires et corrompus[16], et de Chirac un

15. Phrase citée dans un article de Jean-Pierre Dubois dans *Le Monde* du 3 juillet 2005.
16. L'auteur et l'éditeur ont été poursuivis pour délit d'offense à chef d'État étranger, mais la cour d'appel a reconnu que les trois présidents africains avaient été offensés. Elle a le 25 avril 2001 accordé le bénéfice de la bonne foi.

mafieux. À tous ces chefs d'État voués aux gémonies, Survie préfère Kagame en qui Verschave veut voir un héros de l'Afrique nouvelle, celui qui balaiera tous les supposés tyranneaux du pré-carré français, l'homme qui régénérera l'Afrique en effaçant toutes traces de la colonisation et de la période néocoloniale, à commencer par la langue française.

J'ai, en d'autres temps, affronté Bongo et dénoncé le rôle de la France dans *Affaires africaines*. Aujourd'hui, je n'ai pas honte et j'ai même plaisir à rencontrer le président du Gabon et à discuter avec lui de l'évolution de l'Afrique et de la politique française dont il est un fin connaisseur. Si le Gabon n'est pas le paradis, je n'y connais pas d'affrontements ethniques, il y règne la paix civile, chacun peut y critiquer le chef de l'État sans risquer de se retrouver dans un cul de basse-fosse. Le pays n'est pas montré du doigt par Amnesty international. Je sais en revanche que Kagame a déclenché d'épouvantables massacres pour prendre le pouvoir, qu'il a poursuivi sa politique de crimes et de terreur après l'avoir obtenu, et qu'il ne fait pas bon vivre au Rwanda. Je ne voudrais pas être contraint de lui serrer la main, encore moins lui parler.

Verschave utilisait toujours les mêmes méthodes pour monter ses dossiers. Les avocats de Bongo, Sassou Nguesso et Déby les ont bien démontées dans leurs plaidoiries lors du procès que les trois chefs d'État ont intenté à l'auteur de *Noir silence*. Ainsi Me Luc Brossolet : « Si quelqu'un lui dit qu'un chef d'État africain trafique de la fausse monnaie avec la bénédiction du président Chirac, M. Verschave considérera qu'il s'agit là d'une évidence que nul ne pourrait contester… ! S'il entend dire qu'un chef d'État fut un assassin "dès le lycée" et qu'il se rend coupable en France d'une tentative d'assassinat (bien entendu, non poursuivie), il prendra cela pour argent comptant. M. Verschave délire. Il est paranoïaque et, quelles que soient les bonnes intentions dont il se pare, il se montre dangereusement démagogique, partial. C'est le roi de la désinformation. […] M. Vershave, sous ses dehors de chercheur pétri de bonne conscience, trafique la vérité au mépris des règles les plus élémentaires de l'enquête[17]. » Me Jacques Vergès, quant à lui, traite Verschave de colonialiste, car il aspire à devenir le grand sorcier blanc des Africains francophones, lui qui, de Paris, édicte les commandements qu'ils devraient suivre, à commencer par vider, les armes à la main, tous leurs chefs d'État.

Jacques Vergès s'attarde sur « les fantasmes de M. Verschave » et sur la « Françafrique » : « Dans la dénonciation de cet univers manichéen, M. Verschave retrouve les accents de l'extrême droite des années trente, le ton de *Gringoire,* les bons sentiments en plus et le talent en moins. Nous savons déjà le mépris qu'il manifeste pour les dirigeants africains francophones, quels qu'ils soient. [...] Mais cette hargne n'excepte pas la société française dans toutes ses composantes. Seuls les collaborateurs les plus excités au temps de Vichy usaient de tels accents pour insulter leur pays. Tous pourris, comme disaient les ligues factieuses d'avant-guerre en France. »

Survie ne s'en cache pas, comme il est écrit dans un de ses textes de présentation de l'association, c'est le dossier Rwanda qui, « depuis dix ans, [est] une question prioritaire pour ses militants », car elle veut réussir à faire condamner la France. Sous l'impulsion de Verschave, Survie a intégré à la constellation d'associations qui constituait son réseau initial les milieux pro-FPR qui gravitaient autour d'elle en 1993 et 1994 en incluant dans ses statuts, en 1995, la lutte contre la « banalisation du génocide ». Elle a lancé une campagne visant à l'arrestation de « trois figures clés du génocide ». Surtout, elle a su susciter et développer une vingtaine de groupes locaux répartis dans toute la France, avec quelque 1 500 adhérents particulièrement actifs et qui diffusent l'information centrale, font signer des pétitions, organisent des débats, des projections et

17. In *Noir silence et blancs mensonges,* de Jacques Vergès, Dior Diagne & Luc Brossolet, Jean Picolec éditeur, 2001.

des manifestations. Il a su agréger nombre d'ONG en un comité « Solidarités France-Rwanda » pour mobiliser la société civile. Il a su créer des synergies, notamment en utilisant Internet, avec d'autres groupes et personnalités qui partageaient la même idéologie que lui et avaient le même rapport, très distant, avec la vérité. Tous ces gens se citent, se reprennent et se valorisent les uns les autres.

Outre des groupes très actifs liés à des Rwandais, comme le Collectif des parties civiles pour le Rwanda, la Communauté rwandaise de France, Liaison Rwanda, Ibuka France, Survie entretient des liens avec la revue *Golias*, animée par Christian Terras, qui s'est fait une spécialité de dénoncer des prêtres[18] et de stigmatiser l'Église catholique pour sa prétendue complicité dans le génocide.

Plus révélateurs encore sont les liens entre Laurent Beccaria, fondateur de la maison d'édition Les Arènes, et Thierry Meyssan, créateur et animateur du Réseau Voltaire. Le premier, qui va devenir l'éditeur de Verschave (*Noir Silence* et *Noir Chirac*), fonde sa maison d'édition en publiant une imposture intitulée *La Bombe,* de Dominique Lorentz, après que Claude Durand, président de Fayard, alors aussi gérant de Stock, son employeur, refuse le manuscrit. Laurent Beccaria y voit un cas de censure inacceptable : « Stock, la maison d'édition où je travaillais alors, était la propriété de Jean-Luc Lagardère, par ailleurs fabriquant de missiles nucléaires. Il suivait personnellement l'évolution de l'enquête d'étonnantes attentions. Nous nous demandions ce qu'il fallait en penser. La réponse ne tarda pas. Au printemps 1997, le pdg de Stock refusa le manuscrit de Dominique Lorentz. Je me souviens encore de la sueur qui perlait sur son front et ses tempes pendant notre discussion. Cet éditeur prestigieux aurait pu jouer cartes sur tables et me dire : "C'est trop dangereux, vous n'y arriverez pas." J'aurais renoncé dans la minute. Il a choisi de nier l'évidence. C'était

18. Voir chapitre 22.

Ubu roi. Je me suis retrouvé sur le trottoir de la rue des Saints-Pères. Un manuscrit sans maison d'édition dans une sacoche. Un auteur sans toit et sans argent en face de moi. Une vérité trop grande pour nous. Et un trou noir devant nos pas[19]. »

Cette version est tout simplement grotesque. Sa manière de présenter les raisons du refus de publication par un éditeur qui a à son actif des ouvrages bien plus audacieux est plus que tendancieuse : elle laisse croire à un cas de censure, glorieux pour sa prétendue victime, quand il ne s'agit que de la contestation de la valeur d'un manuscrit, de la rigueur intellectuelle de son auteur – désaveu qui n'est certes pas flatteur pour Laurent Beccaria. Claude Durand a discerné dans le texte une compilation paranoïaque d'extraits de livres et de journaux lus en bibliothèque, dont l'auteur, reçu par l'éditeur dans son bureau en présence de Beccaria, ne prétendit à aucun moment au statut de journaliste, mais à celui de « documentaliste ». L'ensemble n'est que la construction d'un vaste complot, parsemé de morts mystérieuses, où l'on apprend que « la France de Mitterrand a fourni la bombe atomique à l'Iran »... Le livre a pour nœud la phrase suivante : « Maintenant, j'en ai la conviction : Michel Barouin [patron de la GMF-Fnac, haut dignitaire franc-maçon] est assassiné parce qu'il s'est opposé à un marché d'armes avec l'Iran. » Au fil du livre, cette conviction se fait certitude, laquelle entraîne de fil en aiguille de nombreuses autres affirmations invérifiées. *La Bombe* aurait pu passer pour un roman plein de rebondissements invraisemblables et distrayants... Malheureusement, le texte ne prétendait pas revendiquer sa nature de fiction et sa parution ne suscita guère d'échos dans une presse pourtant déjà friande de « scoops » forgés de toutes pièces.

Après ce premier « coup » éditorial, Les Arènes devient l'éditeur de François-Xavier Verschave, et a développé une intense activité éditoriale sur la prétendue complicité française dans le

19. Voir le site des éditions Les Arènes : www.arenes.fr

génocide. Mehdi Ba, auteur en 1997 d'un *Rwanda, un génocide français*[20], directeur de collection dans la nouvelle maison, développe les mêmes « certitudes » que les Verschave, Krop, Gouteux et Braeckman sur « la responsabilité écrasante de la France dans la mise en œuvre de cette "solution finale" à l'africaine ». L'auteur, Mehdi Ba, ne perd pas de temps à enquêter à charge et à décharge. Il pousse lui aussi à l'extrême les principes qui guident toute cette mouvance : un officiel français ne peut jamais dire la vérité, sauf s'il dit ce qu'on souhaite entendre ; en bonne logique, c'est aux autorités françaises qui, par essence, mentent, d'apporter les preuves que toute accusation, même farfelue, est fausse ; seuls les accusateurs de la France, surtout s'ils sont rwandais et proches du FPR, détiennent la vérité, parce que la France est par essence coupable de tout, et d'abord des malheurs de l'Afrique. Mehdi Ba est ainsi l'éditeur du livre le plus virulent contre la France, *L'Inavouable*, de Patrick de Saint-Exupéry[21], et celui du dernier livre de Verschave, *Négrophobie*, charge furieuse contre Stephen Smith[22], le seul journaliste français qui, dans *Le Monde*, a opposé faits et arguments solides aux fantasmes de ces pseudo-procureurs.

Le Réseau Voltaire, proche de Survie et des éditions Les Arènes, a connu une renommée mondiale retentissante, reposant sur ce même type de « crédibilité », lorsque son président, Thierry Meyssan, a publié en 2002 *L'Effroyable Imposture*, sous-titré « Livre-enquête sur la plus grande manipulation de l'histoire », livre qui est lui-même une effroyable imposture[23], puisqu'il affirme contre toute évidence que l'avion du vol American Airlines 77 n'est pas tombé sur le Pentagone, lors des attentats du 11 septembre 2001. Vendu à plus de 300 000 exemplaires, traduit en plus de vingt langues, l'ouvrage illustre

20. Publié par *L'Esprit frappeur*, en 1997, réédité en 2004.
21. Voir l'analyse de ce livre, chapitre 24.
22. Lire la réponse de Stephen Smith, chapitre 21.
23. Lire sur le sujet *L'Effroyable Imposteur*, de Fiammetta Venner, publié par Calmann-Lévy en 2003.

fort bien le fait que mensonges et manipulations peuvent faire recette. Dans un éditorial du 20 mars 2002, *Le Monde* affirmait que la thèse de Thierry Meyssan était révisionniste : « L'information est un travail, avec ses règles, ses apprentissages, ses vérifications. Grâce à la liberté qu'offre le Net, certains croient pouvoir s'en émanciper et propager le faux sans rencontrer les obstacles professionnels. » La même analyse pourrait être faite – et a été faite également par *Le Monde* – à l'égard des prétendues enquêtes menées par la mouvance Survie sur le dossier Rwanda. Il n'est donc pas surprenant que Survie, Les Arènes et tous ceux qui se battent pour faire reconnaître la complicité de la France dans le génocide rwandais font, depuis des années, une fixation sur *Le Monde* et son journaliste reporter, spécialiste de l'Afrique, Stephen Smith. Avant même la publication de *Négrophobie* en juin 2005, depuis son papier révélant, en mars 1995, les massacres perpétrés par le FPR à Kibeho, le journaliste du *Monde* s'est fait régulièrement insulter, et le quotidien a même fait l'objet d'un livre intitulé *Le Monde, un contre-pouvoir ? Désinformation et manipulation sur le génocide rwandais* [24].

Revenons à Jean Carbonare, résident à Kigali, qui n'est plus que président d'honneur de Survie. Il comprend très vite que son association ne pourra à elle seule mener à bien son combat premier, la condamnation de la France. Il faudrait qu'elle soit épaulée par une ou plusieurs institutions de poids. Comme ils travaillent encore ensemble à Kigali, Ezéchias Rwabuhihi [25] et Jean Carbonare cherchent donc la meilleure façon d'impliquer les protestants de France dans leur combat. Les deux militants, eux-mêmes protestants, estiment en effet que la communauté ne s'est pas encore collectivement engagée dans le soutien à leur cause, c'est-à-dire dans la condamnation des autorités

24. De Jean-Paul Gouteux et publié en octobre 1999 par L'Esprit frappeur.
25. Ezéchias Rwabuhihi est le médecin tutsi qui dirigeait l'hôpital de Dakar. Très engagé dans la cause du FPR, il y entraînera Jean Carbonare, son ami protestant.

françaises ; elle doit partager la responsabilité des protestants en tant que Français dans la complicité de génocide de leur pays.

Leur démarche colle évidemment à la stratégie de Paul Kagame. En effet, ce dernier cherche, depuis 1994, à culpabiliser la France afin d'amener ses gouvernants à suivre l'exemple des Clinton, Boutros Boutros-Ghali, Guy Verhofstadt qui ont accepté de demander pardon au nom des États-Unis, de l'Onu et de la Belgique. Leur entreprise coïncide aussi pleinement avec l'obsession personnelle de Carbonare qui initie cette mobilisation dans la paroisse de Dieulefit, village de la Drôme provençale, où sa femme Marguerite est active.

Marguerite Carbonare, présidente du Conseil presbytéral de Dieulefit, fait ce qu'elle peut, mais le rayonnement de la petite paroisse ne s'étend pas jusqu'à Paris, et les attentes d'Ezéchias sont déçues.

C'est en 1997 que Jean Carbonare réussit un très beau coup. Il persuade le protestant Michel Rocard – également président de la Commission du développement et de la coopération au Parlement européen – de se rendre au Rwanda, suite à une invitation lancée par son patron, le président de la République, Pasteur Bizimungu. En trois jours, du 28 août au 1er septembre, Michel Rocard comprend tout du Rwanda : grâce à son guide, il fait sienne la vision FPR de la tragédie rwandaise. C'est ainsi que Carbonare dont l'un des objectifs est d'impliquer la communauté protestante de France dans son combat, lui fait rencontrer le vice-président de l'Alliance réformée mondiale, qui n'est autre que le pasteur André Karamaga, ami de Paul Kagame, un théologien protestant laïque qui n'est autre qu'Ezéchias Rwabuhihi – son ami, très lié à Kagame et à Kamaraga –, mais aussi un prêtre catholique proche du FPR et dissident de l'Église rwandaise. À l'issue de ce séjour-minute, le président d'honneur de Survie obtient l'adhésion d'un ex-Premier ministre de la France à toutes ses idées, et plus encore à sa condamnation de la France.

Dans son rapport de mission, Michel Rocard livre non sans ingénuité les intentions de son mentor et souscrit à la propagande de Paul Kagame en des phrases que celui-ci aurait pu écrire :

« Le génocide de 1994 au Rwanda n'est pas une de ces péripéties incompréhensibles propres au continent africain. Il est le résultat de l'image que ses premiers colonisateurs allemands lui ont fabriquée, que ses administrateurs et ses missionnaires belges lui ont appliquée, que ses élites ont adoptée, qu'un pouvoir menacé a transformé en "nazisme tropical"[26]. » Ou encore : « Il nous faut comprendre la passivité et la complicité du gouvernement français et les ambiguïtés de l'opération Turquoise. »

Comment comprendre une telle attitude alors que Michel Rocard était Premier ministre quand la France, en octobre 1990, a envoyé ses premiers militaires au Rwanda ? Michel Rocard n'avait alors pas donné sa démission. Cette grave condamnation du gouvernement français peut-elle être comprise autrement que par la haine que l'ancien Premier ministre de François Mitterrand nourrit à son endroit ? Quoi qu'il en soit, Jean Carbonare – et donc le FPR – peuvent désormais compter sur son soutien.

Le nouveau bon petit soldat du FPR[27] écrit ainsi une « Libre opinion » dans *La Croix* du 18 octobre 1997, intitulée « Droits de l'homme et méticulosité », dans laquelle il décrit sa vision du Rwanda et reprend au passage une accusation sans preuve contre le père Wenceslas[28], que ses guides lui ont très probablement soufflée au Rwanda : « On massacre dans l'église de la Sainte-Famille à Kigali sans que le curé bouge ni s'interpose. »

---

26. Michel Rocard reprend la formule de Jean-Pierre Chrétien, le théoricien du FPR.
27. Il a même cette superbe phrase : « Les Hutus ont assassiné le Jean Moulin du Rwanda, Fred Rwigema ! » Fred Rwigema commandait l'attaque contre le Rwanda, le 1er octobre 1990. Deux versions de sa mort. La première : il a été tué au combat contre l'armée régulière du Rwanda. La deuxième, plus probable : il a été assassiné par ses pairs du FPR.
28. Lire chapitre 22.

Dans la revue *Passages*[29], et alors que la Mission parlementaire d'information sur le Rwanda a entamé ses auditions, Michel Rocard manifeste haut et fort ses nouvelles convictions en se livrant à une très violente attaque contre François Mitterrand et la France. « Au Rwanda, nous nous sommes mal conduits [...] ; la France a maintenu en activité un traité d'assistance militaire beaucoup trop longtemps et bien longtemps après qu'on eut découvert que le régime d'Habyarimana n'était rien de plus qu'une forme jusque-là inconnue de nazisme tropical, un régime raciste et génocidaire. De plus, nous avions des raisons fortes, qui ont été niées par le pouvoir, de le savoir à temps. »

Rappelant que « constitutionnellement, la politique étrangère est faite en direct par le président de la République », et soupçonnant François Mitterrand d'avoir peut-être agi « pour des raisons linguistiques[30] », Michel Rocard affirme dans cet entretien que « la responsabilité est celle du président de la République et de tout un gouvernement, qui est celui de M. Balladur et celui de M. Juppé ». Exprimant « le regret que l'honneur de mon pays soit compromis dans cette affaire », Michel Rocard estime que « la France est en complicité inconsciente dans quelque chose qui, au total, a tourné à la mauvaise action. C'est-à-dire au soutien trop long du régime Habyarimana. » Selon l'ancien Premier ministre, « les militaires ont fait leur métier », mais « ils étaient voués à obéir à des consignes politiques venues trop tard et incomplètes ». « Le fait est que l'opération "Turquoise" s'est déroulée dans des conditions telles qu'elle a permis à une centaine de milliers des tueurs de l'armée d'Habyarimana d'échapper à la victoire » de la rébellion « et d'aller se cacher au Zaïre ».

L'ancien Premier ministre fait aussi part de ses nouvelles convictions dans une interview accordée à Jean-François

29. 27 juin 1998.
30. Rappelons que le Rwanda est un État francophone.

Dupaquier, sympathisant FPR de la première heure, pour *L'Événement du Jeudi.* Il précise pour la circonstance qu'il éprouve une certaine compréhension de l'attitude des États-Unis à l'égard du FPR : « Ne mettons donc pas sur le dos du gouvernement ou de l'administration des États-Unis un certain nombre de problèmes que l'on peut observer ici et là. [...] La diplomatie américaine a réagi avant la diplomatie française à la dérive fascisante du président Habyarimana. À quoi bon en tenir rigueur aux Rwandais ? Et aux Américains ? » Des déclarations peu courantes dans la bouche d'un ancien Premier ministre de la France.

Le ralliement de Michel Rocard à la clique des dénonciateurs du « génocide français au Rwanda » ne saurait être mis au compte du hasard, ni être imputé seulement à son acrimonie envers celui qu'il a toujours considéré comme son grand rival, François Mitterrand. La facilité avec laquelle nombre de militants de gauche ou associatifs, et de journalistes se considérant comme engagés, ont été bernés par la propagande kagamiste renvoie à la façon dont s'est perpétuée et transmise la tradition anticoloniale de la gauche française.

Sur le front intellectuel, une cohorte de chercheurs, qui se font les avocats d'une « mémoire coloniale » qui serait niée par la France, son université et ses livres d'histoire, nourrissent cette radicalisation, attisée par les communautaristes de tous poils. Ils ont popularisé la thèse que la France (et une grande partie des Français) demeure dans un déni de tout ce qui concerne le long et douloureux épisode des guerres coloniales. Ce « passé qui ne passe pas » resurgirait – par la grâce d'un « inconscient historique » bien commode – dans le traitement discriminatoire réservé aux Arabes, aux Antillais et aux Africains. En somme, la France ferait payer à ses ressortissants une décolonisation qu'elle n'a jamais acceptée de bon cœur. La dénonciation d'une « Françafrique » qui se serait perpétuée après l'ère Foccart va dans le même sens, dénonçant une exploitation coloniale qui se serait poursuivie après qu'il eut fallu octroyer l'indépendance aux peuples. Finalement, tout un tas d'événements et de phénomènes d'essence différente, ou en tout cas dont la parenté demanderait à être validée, se trouvent ramenés à une seule et même réalité supposée et en tout cas dénoncée : la nature coloniale de la France, dont elle ne se serait jamais vraiment départie.

Quelques semaines plus tard, Michel Rocard, devant les parlementaires de la Mission d'information sur le Rwanda, va jusqu'au bout de sa logique en se désolidarisant de François Mitterrand : « J'ai tacitement admis que l'action diplomatique et militaire de la France dépendait du président de la République. Je ne trouvais pas pertinent de m'en mêler. » Il s'attire alors une cinglante réplique de Roland Dumas : « Mais tu étais au courant, nous en avons discuté en Conseil des ministres. »

Mais un Rocard ne fait pas, à lui seul, le printemps de Kigali. Malgré les actions de Carbonare, de Survie et des réseaux pro-FPR qui ont mis sur pied le Comité Vérité pour le Rwanda, et qui ont contribué, avec l'appui de Patrick de Saint-Exupéry, à son ouverture, les premiers résultats des auditions de la Mission d'information à la mi-1998, – qui sont loin d'être terminées – ne sont pas à la hauteur des attentes de Kigali. Si, à titre individuel, des protestants ont épousé la Cause, les principales institutions protestantes françaises restent bien en retrait sur les autres Églises d'Europe, comme l'Église romande. Celle-ci, grâce à Ezéchias et plus encore à son ami Monseigneur André Karamaga, président de l'Église presbytérienne du Rwanda, mais aussi et surtout proche de Paul Kagame, marche, depuis longtemps, comme un seul homme derrière le leader du FPR[31].

31. En bon militant FPR, Karamaga met toute sa science religieuse – il est docteur en théologie –, son intelligence et sa finesse au service de l'influence qu'il entend exercer sur les instances internationales du protestantisme. Après la Conférence des Églises de Toute l'Afrique (CETA), il est parti à l'assaut du Conseil Œcuménique des Églises à Genève où il dirige déjà le « desk Africa » avant, espère-t-il, de prendre la direction de l'institution.

Déçus par la manière dont a été conduite la Mission d'information parlementaire sur le Rwanda, Carbonare et Rwabuhihi savent déjà qu'ils ne doivent rien en attendre. Après moult échanges, ils conçoivent un plan destiné à mobiliser les protestants et à les impliquer dans le lancement d'une nouvelle Commission d'enquête qui viserait à aboutir cette fois à la condamnation de la France.

Le 8 septembre 1998, Ezéchias Rwabuhihi adresse à l'Église réformée de France (ERF) un long rapport dans lequel un œil exercé aurait pu détecter les références habituelles du FPR. Le pasteur, habité par « un profond sentiment d'impasse » pour ce qui est de la position de l'Église, y exprime les tourments de sa conscience et pose avec grandiloquence la question lancinante :

« Jusqu'à quand l'Église se contentera-t-elle d'être en aval de l'histoire en train de se faire, se justifiant après coup grâce à quelques rares cas qui ont "sauvé l'honneur de l'Église" ? Comment faire pour que l'Église reconnue souvent comme l'autorité morale par excellence accepte de se remettre en cause pour ne pas s'ériger en pouvoir, mais se distribuer comme la lumière ou le sel du monde ? Comment faire pour qu'elle cesse de "s'embastiller", pour être plus proche des humains, pour aider les innombrables accablés du Rwanda à se remettre debout ? » Rwabuhihi interpelle sans détour l'Église réformée de France, il la rappelle à sa mauvaise conscience qu'elle se devrait d'examiner : « Le génocide est un crime contre l'humanité même non croyante. *A fortiori* contre l'Église universelle et contre l'ERF. Dès lors, l'ERF est non seulement en droit de poser des questions ou de s'en poser, mais encore elle doit s'approprier cette tragédie et initier des débats et des actions concrètes pour que personne ne se croie autorisé à escamoter la chose sans risque de s'exposer à la même réalité, tôt ou tard. Dès lors, l'ERF ne peut pas tolérer que le génocide rwandais soit une occasion manquée pour l'Église en général de se remettre en question. Comme le dit si bien EbenZeder, cet ami camerounais : "Ces innombrables tués seraient perdus pour l'Afrique et même pour l'Église dans le monde entier si, sur ce charnier, ne naissait une Église de l'espérance, qui traduise le projet biblique pour la vie, une chrétienté dotée d'une parole génératrice d'être, dont le discours est initiateur d'histoire, capable de prévenir les horreurs dont le monde entier vient d'être témoin, et même d'éviter bien d'autres malheurs et contradictions avec lesquelles notre héritage religieux, nos Églises cohabitent parfois si harmonieusement, lorsqu'elles ne les intègrent pas". Il est probable que les amis de l'ERF comprendront mieux ma révolte sur la relation Nord-Sud fondée sur des besoins d'argent, parce que moi, ce que je demande, est plus précieux que l'argent. Plus difficile aussi sans doute.

« Pourquoi l'ERF ? Mise à part l'amitié que j'ai pour quelques membres de cette Église, je pense que l'ERF, qui a le privilège d'être minoritaire, ne peut pas rester indifférente au drame humain d'un pays où une minorité a été persécutée il y a quatre ans (et au Congo ça continue !) alors qu'elle vient de commémorer les 400 ans de l'Édit de Nantes.

« L'absence d'antécédents missionnaires entre l'ERF et les Églises rwandaises peut être un gage de rapports ne souffrant pas de complexes ou de réflexes regrettables pour une rencontre vraie.

« Ma fraternelle revendication est d'un devoir moral de l'ERF vis-à-vis de mon pays par rapport aux engagements militaro-diplomatiques de la France officielle aux côtés du gouvernement génocidaire de 1994. Ceci n'est évidemment pas une facilité, mais, devant un séisme pareil, rien n'est facile pour personne. Malgré cela, c'est possible, et Monsieur Michel Rocard n'a pas hésité à affronter cette réalité. »

Ce texte ne pouvait qu'émouvoir des hommes habités par la foi, par la volonté farouche de l'appliquer ici-bas, et par une méfiance viscérale à l'égard des pouvoirs. Des hommes qui ne pouvaient deviner une quelconque manœuvre politique derrière cet argumentaire serré.

Moins de trois semaines après l'envoi de cette lettre, et à la suite d'une intervention de Jean Carbonare, le Réseau des envoyés du service protestant en mission met le Rwanda à l'ordre du jour de son week-end de travail, les 26 et 27 septembre, à Oullins. Jean Carbonare est présent. À la veillée de samedi, les *envoyés*, qui sont revenus récemment d'Afrique, témoignent. Il est d'abord beaucoup question de la Bible et de la traduction des textes. Puis c'est au tour de Jean Carbonare de prendre la parole. Il parle brièvement de son parcours au service de l'Afrique, qui a commencé par sa prise de conscience de la "légalisation" de la torture lors de la guerre d'Algérie. Puis il aborde le problème rwandais et les responsabilités du gouvernement français dans le génocide, et constate que l'Église ne dit rien. Il lit ensuite la lettre d'Ezéchias Rwabuhihi qui impressionne fortement les participants. Autour de Jean et Marguerite Carbonare se forme ainsi un groupe comprenant une douzaine de personnes qui décident de se réunir le lendemain pour parler du Rwanda et « faire quelque chose ». Après le culte célébré dans la paroisse d'Oullins, le groupe émet le désir de s'engager « pour comprendre et ne pas faire table rase du génocide du Rwanda ». Il formulera ainsi dans un texte ses résolutions :

« Parce que, comme Ezéchias Rwabuhihi, nous croyons qu'un génocide est un crime contre l'humanité, a fortiori contre l'Église universelle dont fait partie l'ERF, nous voulons agir.

« Parce que nous avons à partager une réflexion urgente sur tout ce qui s'est passé au Rwanda, dans ce pays réputé chrétien.

« Parce que nous voulons que les Églises du Sud et celles du Nord soient des Églises sœurs, et non filles et mères. Parce que nous voulons croire au rêve de Dieu et croire que le monde entier est notre maison. »

La Commission interpellation Rwanda vient de naître. Elle décide de tenir sa première journée d'échanges et de travail le

7 novembre à Dieulefit, chez les Carbonare... Ce jour-là, après le dîner, la Commission Interpellation Rwanda réécoute la lecture de la lettre d'Ezéchias et, pour mettre un visage sur ces mots graves, les Carbonare font passer la cassette enregistrée d'une émission de la télévision belge dans laquelle Ezéchias apparaît et parle. Après ce moment émouvant, les douze décident de la réponse à donner à son appel. Ils envoient d'abord une lettre à Jean Tartier, président de la Fédération protestante de France, pour lui demander « de se donner les moyens de favoriser les relations entre les Églises protestantes de France et les Églises du Rwanda au regard des problèmes soulevés par le génocide, ainsi que de continuer à interpeller le gouvernement français sur ses responsabilités à cet égard ». Toujours obsédé par la « Françafrique », Jean Carbonare fait envoyer par la Commission Interpellation Rwanda un vœu à l'Église Réformée pour qu'elle mène une action contre la politique africaine de la France à l'occasion du prochain sommet franco-africain sur la sécurité qui doit se tenir les 26, 27 et 28 novembre au Louvre, à Paris. Un vœu qui aurait pu être rédigé de la main de son successeur à la présidence de Survie, François-Xavier Verschave :

« Profondément préoccupé par la tenue du prochain sommet franco-africain sur la Sécurité où sont invités des chefs d'État africains qui prennent beaucoup de libertés avec l'application de la Charte universelle des droits de l'homme, le Synode demande : 1. À l'ERF d'intervenir auprès de notre gouvernement pour dénoncer une certaine politique africaine qui privilégie les relations affairistes au détriment du respect des droits de l'homme. 2. Aux Églises locales d'être particulièrement attentives au déroulement de ce sommet. 3. Au Synode national de transmettre notre préoccupation concernant la politique française en Afrique et notre Espérance de la voir radicalement changer. »

Le groupe lance aussi plusieurs autres bouteilles dans la mer protestante de France, contenant le même message. Avant même la réunion suivante de la Commission, prévue le 5 décembre chez les Bienvenüe, Jean Carbonare sait que l'opération qu'il a imaginée avec Ezéchias Rwabuhihi est en train de réussir. Jean Tartier a en effet mordu à l'hameçon. Il répond à la Commission Interpellation Rwanda et lui annonce, après réunion du Conseil de la Fédération, la création d'« une cellule de crise avec la CEVAA et le DEFAP[32], entre autres, pour mettre en place une stratégie concertée, d'une part en direction de nos Églises protestantes, d'autre part en direction du gouvernement français ». Et Jean Tartier de mettre toutefois une condition à l'implication de l'institution : « Le Conseil a néanmoins insisté sur le fait que nous ne pouvons vraiment agir qu'après avoir été interpellés de façon précise par les Églises de là-bas. Or, elles restent très silencieuses à ce propos. De plus, il faut agir aussi en étroite concertation avec telle ou telle de nos Églises européennes qui ont un passé missionnaire plus conséquent que nous dans ce pays. Je pense, par exemple, à la Belgique ou à la Suisse à propos du Rwanda. Tout cela prend du temps, mais je préfère en arriver peu à peu à une action véritablement concertée. » Grâce aux actions menées par André Karamaga et Ezéchias Rwabuhihi auprès des Églises européennes, les réserves et préventions de Jean Tartier vont être rapidement levées. Peu de temps après est effectivement lancée une invitation officielle conjointe de la Fédération protestante de France, du DEFAP, de la CIMADE[33] et de la CEVAA, à Rwabuhihi pour qu'il se rende en visite en France pour une vingtaine de jours.

Le lundi 11 janvier, lendemain de son arrivée à Paris, toutes les autorités du protestantisme français, le pasteur Jean Tartier en tête, sont à la Maison du Protestantisme pour accueillir le

32. Le CEVAA, est la Communauté évangélique d'action apostolique qui regroupe 46 Églises protestantes du monde entier et qui a pris la place, en 1971, de la Société des missions évangéliques de Paris.
Le DEFAP est le service de mission des Églises protestantes de France.
33. La CIMADE est le service œcuménique d'entraide, constitué d'un réseau d'équipiers qui se consacrent à l'accompagnement des étrangers migrants.

docteur Ezéchias Rwabuhihi. Dans sa réponse au discours de bienvenue du président de la FPF, celui-ci rappelle, pour donner mauvaise conscience à ses interlocuteurs, qu'en 1989 il avait rendu visite au pasteur J. Stewart, prédécesseur de Tartier, pour lui faire part de son inquiétude concernant la situation de son pays. À l'époque, lui et la communauté protestante de France n'avaient pas entendu « le cri sourd de ces réfugiés politiques du Rwanda ». Et le docteur Rwabuhihi d'expliciter ensuite sa lettre et les raisons de son interpellation de l'Église protestante de France.

« Comment un génocide a-t-il été possible dans un pays à majorité chrétienne ?... Les Églises officielles ont été impliquées dans ce drame. Donc les missionnaires et les Églises des pays qui les ont envoyés sont aussi coresponsables ! » assène-t-il.

Le Relais, petit journal du Réseau des envoyés du service protestant en mission, relatera la rencontre en ces termes : « Il est en somme venu, comme laïc, pousser un cri pour que nous aidions les chrétiens rwandais dans leur effort de reconversion. Si on ne se lève pas ensemble pour travailler à la paix, il y aura des risques d'autres génocides, ailleurs en Afrique. La France, qui a été sérieusement impliquée dans la politique passée du Rwanda, a un rôle à jouer pour éviter d'autres drames. »

Rwabuhihi évoque ensuite la vraie raison de son voyage en France en levant le voile sur le plan qu'il a concocté avec Jean Carbonare. Ezéchias, poursuit *Le Relais*, « cite le rapport parlementaire sur le génocide au Rwanda, récemment paru sous la présidence de P. Quilès. La conclusion, qui tend à absoudre la France, lui paraît un peu problématique et il pense qu'on ne fait pas un rapport de 1 000 pages si on n'a rien à se reprocher ! Le Dr E. Rwabuhihi est venu demander que les Églises de France aident les Églises du Rwanda à retrouver la paix. »

Pendant son séjour en France, Ezéchias enchaîne conférences et rencontres sans qu'apparemment personne ne relève qu'il se contente de reprendre très exactement le discours de propagande du FPR, articulé principalement sur trois points : la discrimination des Tutsis depuis 1959, l'entremise de la France au service des extrémistes hutus génocidaires, la pression extérieure exercée par les membres des FAR réfugiés en République démocratique du Congo, depuis juillet 1994. En revanche, pas un mot sur les massacres perpétrés par les hommes de Kagame contre les réfugiés hutus au Congo… Son exposé répète de façon lancinante que « ce crime [le génocide] a été commis avec la complicité de la France ». Avant même la fin de sa visite, il peut crier victoire : les institutions protestantes de France (FPF, ERF, DEFAP, CIMADE) ont décidé de réclamer une nouvelle Commission d'enquête qui a évidemment pour objectif de mettre la France en accusation pour complicité de génocide. Ezéchias célèbre sa victoire avec les Carbonare le 24 janvier 1999 à Dieulefit.

L'association Survie n'est donc pas seule à lancer une Commission d'enquête citoyenne sur le rôle de la France durant le génocide perpétré au Rwanda. Appuyée par tous les protestants de France, avec la CIMADE, comme institution opérationnelle, elle dispose ainsi d'un poids accru pour faire pression sur la justice et atteindre ainsi son objectif ultime.

Gérard Sadik, secrétaire exécutif de la CIMADE, va ainsi, en bonne intelligence avec Sharon Courtoux, la directrice de Survie, mais aussi avec Alain Gauthier, président du Collectif des Parties Civiles pour le Rwanda porter une attention toute particulière à ce que l'Office français de protection des réfugiés et apatrides (OFPRA) ne délivre pas le statut de réfugié à des Rwandais qui n'ont pas leur agrément. Sans forcer le trait, on peut dire que la mouvance Survie-CIMADE-FIDH s'est érigée en vigile à la porte d'entrée des demandeurs d'asile rwandais en France… Ce sont ainsi des militants pro-FPR qui définissent les critères d'accueil des Rwandais sur le territoire national. Inutile de préciser que les Hutus ont les plus grandes difficultés à obtenir le statut de réfugié.

Dimanche 26 octobre 2003. En fin de matinée, Bertrand Delanoë, Robert Badinter et Danielle Mitterrand, entourés de nombreux amis et anciens collaborateurs de François Mitterrand, prononcent un discours à l'occasion de l'inauguration du quai François-Mitterrand, à Paris. Des cris s'élèvent au loin… François-Xavier Verschave et une trentaine de militants de l'association Survie tentent de perturber le bon déroulement de la cérémonie, et surtout d'attirer les caméras de télévision qui ont fait le déplacement – ce à quoi ils parviendront au début de l'après-midi lors d'une contre-inauguration. Symboliquement, Verschave débaptise alors le quai en lui apposant des plaques factices sur lesquelles on peut lire : « Homme politique français – Serviteur de la Françafrique néocoloniale – Complice du génocide des Tutsis au Rwanda en 1994. » Deux lignes qui résument bien l'idéologie radicale que recouvre le terme *Françafrique.*

La Commission d'Enquête Citoyenne[34] (CEC) prépare une réunion qui va durer cinq jours, du 22 au 26 mars 2004, et qui précède de peu la commémoration des dix ans du début du génocide. Son objectif est limpide : « Faire sauter le verrou historique, médiatique, juridique et judiciaire sur la question de la complicité présumée de notre pays. » Le jugement était connu d'avance, mais un incident imprévu vient quelque peu gripper la machine à falsifier l'histoire : les révélations sur l'attentat contre l'avion présidentiel, publiées par *Le Monde*… Ce qui n'empêche pas, en attendant le bouleversement que produiront les éléments de l'enquête du juge Bruguière, et faute d'une quelconque réaction des autorités françaises, les thèses mensongères de Survie de progresser encore dans l'opinion.

34. Pour donner un peu plus de poids à la Commission, deux petites associations, AIRCRIGE (Association Internationale de Recherches sur les Crimes contre l'humanité et les Génocides) et l'Observatoire des transferts d'armes ont rejoint Survie et la CIMADE.

Les travaux de la CEC ont débouché sur le soutien apporté à des « victimes rwandaises », défendues notamment par Maître William Bourdon, ancien dirigeant de la FIDH ; celles-ci ont, en février 2005, déposé des plaintes contre X devant le Tribunal des Armées, qui visent des militaires français ayant participé à l'opération Turquoise. Leurs plaintes s'appuient non seulement sur les travaux de la CEC, mais surtout sur *L'Inavouable,* le livre réquisitoire de Patrick Saint-Exupéry, publié en 2004[35].

C'est en ce moment de commémoration et de bataille judiciaire qu'est diffusé par la télévision française le documentaire *Tuez-les tous !,* de Raphaël Glucksmann, Raphaël Hazan et Pierre Mezerette. Son montage, le choix des témoins illustrent parfaitement le travail mené par le « cabinet noir » du FPR et ses honorables correspondants en France, qui a jusqu'à maintenant porté ses fruits. Il met en valeur les tenants de la version Survie – Chrétien, Alison DesForges, Saint-Exupéry, Gérard Prunier, Kouchner… – et dénigre ceux qui, comme Alain Juppé, essaient de faire entendre une autre voix. Le film a provoqué à juste titre les droits de réponse d'Hubert Védrine – « Une fois de plus, c'est un réquisitoire, c'est une vision vraiment particulière de ce qui était la politique française qui est, je trouve, injuste et par ailleurs incomplète… » ; et d'Édouard Balladur : « Le documentaire que nous venons de voir est un modèle de sectarisme, de partialité et de déformation de la vérité. »

POST-SCRIPTUM

RFI, voix de la France ou voix de Kagame ?

Depuis octobre 1990, l'ambassade de France à Kigali s'est plainte de l'attitude partisane de RFI en faveur du FPR. La

35. Voir IIIe Partie, chapitre 24.

première dépêche en ce sens date du 25 octobre 1990 : alors que l'ensemble des médias a rendu compte objectivement de la mission de la FIDH au Rwanda, RFI n'en a retenu que les éléments négatifs à l'égard du régime d'Habyarimana.

Un télégramme diplomatique du 11 mars 1993, toujours en provenance de Kigali, signale deux Rwandais d'origine tutsie, Madeleine Mukamabano et Théogène Karabayinga, comme jouant un « rôle majeur dans la sélection des informations diffusées par notre radio nationale concernant le Rwanda. Le poste a déjà pu constater – ainsi qu'une grande partie de la population française locale – qu'une place privilégiée était souvent accordée par RFI aux communications et interviews en provenance du Front Patriotique Rwandais :

« Des Français aussi bien que des Rwandais se plaignent fréquemment que les mises au point tendant à faire entendre un son de cloche différent seraient systématiquement occultées.

« Ces accusations méritent d'être vérifiées, s'agissant d'un instrument médiatique considéré à l'étranger, à tort ou à raison, comme la voix de la France. »

Une semaine après l'attentat qui a coûté la vie aux présidents du Rwanda et du Burundi, et alors que tout le monde craint l'embrasement du Burundi à la suite de celui du Rwanda, RFI annonce que la situation se dégrade et que des combats sont en cours dans le nord du pays. Lors du Conseil restreint du 13 avril 1994, Michel Roussin, ministre de la Coopération, soulève le problème en soulignant « l'attitude scandaleuse de RFI ». Le président de la République saisit la balle au bond :

« Je regrette que cette station qui dépend administrativement du Quai ne soit pas sous le contrôle des Affaires étrangères. Je sais que c'est délicat. Ils agissent à l'égard des gouvernements locaux comme ils le font vis-à-vis du gouvernement français. La solidité de nos structures nous permet de le supporter sans gravité majeure. Ce n'est pas le cas pour les gouvernements locaux. Je souhaite très vivement que le ministre des Affaires étrangères, qui en a la responsabilité, s'occupe de cette affaire.

« ALAIN JUPPÉ : Ils dépendent du Quai administrativement et financièrement.

« MICHEL ROUSSIN : J'ai déjà rendu compte au Premier ministre de l'attitude scandaleuse de RFI[36]. »

C'est effectivement Madeleine Mukamabano qui suit de près le dossier Rwanda depuis le début octobre 1990. Elle a rejoint Radio France Internationale en 1986. Elle y anime "Le débat africain", hebdomadaire, et anime également des émissions sur France-Culture. Dans son combat pro-FPR, elle est assistée par Monique Mas, auteur d'un livre dont le titre, *Lunettes coloniales, politique du sabre et onction humanitaire pour un génocide en Afrique*[37], suffit à définir l'orientation, par Théogène Karabayinga, lui aussi militant très engagé, et par Catherine Ninin.

Madeleine est écoutée de la direction car elle sait parfaitement jouer le rôle de rescapée de la barbarie hutue. Cette posture de victime et un énorme carnet d'adresses font peur. Aussitôt après les révélations du *Monde* sur l'enquête du juge Bruguière, Madeleine a très vite réagi en organisant, le 14 mars 2004, un "Débat africain" et en faisant venir autour d'elle les "spécialistes" du Rwanda, autrement dit des pro-FPR de Paris, Jean-François Dupaquier en tête. »

36. Archives de la Présidence de la République. Voir aussi chapitre 14.
37. Publié par L'Harmattan, 1999.

CHAPITRE 18

La sale rumeur : les fils Mitterrand et Habyarimana cultivaient du cannabis dans la forêt de Nyungwe !

Quelles ont été les « vraies raisons » de l'implication française aux côtés du « nazi tropical », Juvénal Habyarimana, dès octobre 1990 ? Pourquoi l'armée française, sous l'impulsion principale de François Mitterrand, a-t-elle trempé dans le génocide des Tutsis ? À ce stade du récit, le lecteur qui reste convaincu de la complicité de génocide de la France – puisque tant de choses ont été dites à ce sujet – aimerait l'apprendre.

Après le début du génocide, mais surtout après la décision française de lancer l'opération Turquoise, articles et livres ont en effet expliqué doctement et à profusion que Jean-Christophe Mitterrand était à l'origine de l'envoi des paras, parce qu'il entretenait des liens étroits avec Jean-Pierre Habyarimana.

La rumeur est venue du FPR et a été relayée par Colette Braeckman et par Survie, puis propagée avec empressement et délectation par tous ceux qui ne se sont pas aperçus que les relations franco-africaines avaient changé et, évidemment, par ceux qui ont toujours un compte à régler, en l'occurrence pour de mauvaises raisons, avec François Mitterrand – et Dieu sait qu'ils étaient et sont toujours nombreux ! Les « liens fraternels » dont parlent les premiers articles se transforment un peu plus tard en « liens d'affaires ». C'est une fois de plus la pasionaria belge pro-FPR, Colette Braeckman, qui a mis au point la version de l'histoire dans un éditorial intitulé « Ombres sur un sanctuaire », paru dans *Le Soir* du 11 juillet 1994. La spécialiste des Grands Lacs y laisse entendre en effet qu'une des missions de Turquoise, dans la forêt de Nyungwe, était d'effacer les traces de l'implication du fils de la République dans la culture de champs de cannabis !

Sans vérifier rien, elle colporte la rumeur lancée à Kigali.

Deux semaines avant la publication de son article, le 24 juin, des réfugiés rwandais avaient en effet, lors d'une manifestation dans les rues de la capitale rwandaise, brandi des pancartes sur lesquelles on pouvait lire : « Jean-Christophe Mitterrand, marchand de drogue ! »

Après que Colette Braeckman a donné forme écrite à la rumeur, écrivains, journalistes, philosophes, responsables d'ONG la reprennent en soulignant la qualité professionnelle de l'émettrice de l'« information ». Quelques semaines plus tard, Pascal Krop entama la rédaction de son livre-réquisitoire *Le Génocide franco-africain* par cette stupéfiante rumeur-information. Ainsi donc, la France s'est engagée au Rwanda, a armé, entraîné les milices hutues, et s'est faite complice du génocide pour couvrir les intérêts du fils du président français associé au fils du « nazi tropical » dans des cultures de chanvre ! Ainsi donc, l'opération Turquoise n'aurait été qu'un moyen de faire disparaître les preuves compromettantes de l'existence de ces champs ?

À l'occasion de la Mission d'enquête parlementaire sur le Rwanda, au printemps 1998, on évoque le prétendu lien étroit entre les fils des deux présidents, et le rôle déterminant que Jean-Christophe Mitterrand est supposé avoir joué dans l'envoi de Noroît. À l'Assemblée nationale, c'est l'universitaire Gérard Prunier qui témoigne. Il affirme d'abord avoir été témoin, dans le bureau du fils du Président, d'un coup de fil de ce dernier avec Habyarimana, le 2 octobre 1990, et de l'avoir entendu dire : « Nous allons lui envoyer des bidasses, au petit père

Habyarimana. Nous allons le tirer d'affaire. En tout cas, cette histoire sera terminée en deux, trois mois. » De cette phrase le spécialiste de l'Ouganda conclut que c'est le conseiller pour les Affaires africaines qui a pris la décision d'envoyer les « bérets rouges » sur place. Les documents et archives de la Présidence balaient pourtant ce bobard[1]. Non seulement Jean-Christophe n'a pas participé à la décision, mais il était de surcroît bien plus réservé que son père sur l'engagement français.

Concernant les liens de Jean-Christophe Mitterrand avec Jean-Pierre Habyarimana, Gérard Prunier expose devant les parlementaires qu'il y eut des témoins oculaires de leurs relations, et il affirme que l'on pourrait donner les dates où ils ont été vus ensemble au Rwanda. Il ajoute qu'il est étonnant que la mémoire de M. Mitterrand fils soit défaillante au point d'oublier ces rencontres, et que la dernière fois où il a été vu en compagnie de Jean-Pierre Habyarimana dans un lieu public, c'était en avril 1992. S'interrogeant sur l'attitude extrêmement défensive de Jean-Christophe Mitterrand lorsqu'on mentionne le nom de Jean-Pierre Habyarimana, et sur le fait qu'il dise ne pas l'avoir connu, alors qu'il est on ne peut plus facile, selon lui, d'apporter la preuve du contraire, Gérard Prunier déclare en revanche que sur la nature de leurs relations, sur le contenu de leurs conversations, il serait bien incapable d'apporter la moindre précision.

J'avais beau savoir que toutes les affirmations de Gérard Prunier étaient fausses, que Jean-Christophe Mitterrand n'avait pas été au Rwanda en avril 1992, qu'il n'avait jamais parlé en tête-à-tête avec Jean-Pierre Habyarimana, pas plus à Paris qu'au Rwanda, certains de ces propos – l'existence de « témoins oculaires », l'affirmation selon laquelle il serait « facile d'apporter la preuve du contraire » – ont quand même semé un léger doute en moi. J'ai donc pris contact avec Gérard Prunier[2], désormais installé en Éthiopie. Les « témoins oculaires » n'étaient plus

1. Voir chapitre 2.
2. Contact téléphonique, le 27 mai.

qu'une seule et unique personne : une Rwandaise dont il avait oublié le nom, mais dont il se souvenait qu'elle était mariée à un Français. Il me conseilla de prendre contact avec Jean-Pierre Chrétien pour connaître l'identité de celle qui savait tout des relations entre Jean-Christophe Mitterrand et Jean-Pierre Habyarimana. J'envoyai un courriel à Jean-Pierre Chrétien. J'attends encore la réponse…

Quant à Jean-Christophe Mitterrand, il n'a jamais apporté de démenti à cette histoire de champs de cannabis tant il la trouvait inepte.

CHAPITRE 19

« J'ai fait de la propagande pour le FPR... »

Joseph Ngarambe a fait partie du noyau dur des militants pro-FPR de Paris aux côtés de Jean-Pierre Chrétien, de Jean-Paul Gouteux, de Jean-François Dupaquier, de Marcel Kabanda et de Sharon Courtoux après avril 1994. Il a même cosigné avec Chrétien et Kabanda un livre sur les médias du génocide[1]. Pourtant, il a lui-même grandement participé à installer la vision du FPR dans les médias, et a mesuré depuis lors que presque tout ce qu'il racontait était faux. Et il le regrette[2].

Le 6 avril 1994 au soir, Joseph Ngarambe regardait à la télévision la demi-finale de la coupe d'Afrique de football ; il ne sait donc rien du crash de l'avion présidentiel sur le moment. Il n'apprend la nouvelle que le lendemain matin par la radio. Des fusillades ont déjà éclaté un peu partout dans Kigali.

– Je suis fait, je n'ai que quelques minutes pour me décider... Je tente de me réfugier à l'ambassade du Kenya, puis du Zaïre... Mes amis ne sont pas là. Je me cache finalement dans le faux plafond de ma maison et y reste terré du 7 au 10 avril. »

Joseph se fait recueillir par une colonne de l'armée française, agissant dans le cadre de l'opération Amaryllis, qui se dirige

1. Éditions Karthala, Paris, 1995.
2. Interview avec l'auteur, le 23 juin.

vers l'école française. Il a fait valoir ses bonnes relations avec l'ambassade de France. Membre du conseil d'administration de l'Association économique franco-rwandaise, il avait, à ce titre, déjeuné plusieurs fois avec l'ambassadeur, mais n'est pas pour autant évacuable selon les critères définis par le Quai d'Orsay. Heureusement, il connaît bien l'homme chargé du tri à l'école française et obtient la faveur d'être acheminé à l'ambassade.

« Je trouve beaucoup de gens du MRND et suis choqué que sur les 200 personnes, 95 % soient du régime. La dispute avec eux commence.

« – Nous aussi, nous sommes pourchassés, me disent-ils ; le FPR s'est répandu dans la ville avec des uniformes des FAR et de la gendarmerie et pourchasse les gens du MRND…

« – Vous exagérez…

« Et là, ils m'ont donné des noms de personnes qui avaient été tuées, dont Daniel, un ancien directeur de banque, et deux autres que je connaissais. À partir de ce moment-là, je les ai crus, mais je trouvais cela normal que le FPR pourchasse les gens du MRND… »

S'il reste traumatisé par le souvenir d'une femme enceinte que l'on a empêchée de franchir les grilles, mais qui a néanmoins survécu – Joseph l'a revue à Kigali –, en revanche il n'assume pas les propos que *Le Nouvel Observateur*[3] lui a prêtés et qui donnent à penser qu'un tri anti-Tutsi aurait été effectué à l'ambassade de France à Kigali :

« Marlaud [l'ambassadeur alors en poste] n'a pas fait de tri. Je n'ai pas vu de gens écartés parce qu'ils étaient tutsis. Ce qui a été écrit là est une manipulation. »

La « carrière » médiatique de Joseph Ngarambe débute après la publication d'une première interview de lui dans *La Croix*, le 29 avril : « Même si je ne suis pas FPR, on m'a toujours pris pour tel. Je prends contact avec le représentant à Paris du FPR,

3. Numéro du 6 au 13 juillet 1994.

François Rutayisire qui m'a ouvert toutes les portes. Il avait un réseau énorme avec des relais au Mouvement des Citoyens, au PCF (je me souviens d'une rencontre avec Alain Bocquet), un député UDF... J'avais un grand avantage par rapport à ceux qui parlaient alors du Rwanda : j'en venais et je connaissais tout le monde, y compris dans l'entourage d'Habyarimana. Je ne me suis pas fait prier pour attaquer Habyarimana qui était pour moi l'assassin de Félicien Gatabazi [Joseph Ngarambe a appris depuis que Gatabazi avait été en fait assassiné par le FPR]. J'ai accepté de bonne grâce de faire de la propagande. Toutes les chaînes de télévision m'ont alors contacté... Je gobais tous les trucs de Colette Braeckman.

« Sur l'opération Turquoise, ma position était claire : je ne pouvais pas croire que c'était une intervention humanitaire. À ce moment-là, j'aimais le FPR. Au vu du passé français dans la région, cette intervention était indécente. C'est ce que j'ai dit à Bruno Masure...

« Tout ce qu'on a dit sur Turquoise est une honte. La seule chose qu'on peut regretter, c'est qu'elle ne soit pas venue plus tôt au Rwanda. »

Pour forger sa nouvelle opinion sur Turquoise, Joseph Ngarambe s'appuie sur l'analyse qu'il a faite pour le Tribunal pénal international pour le Rwanda (TPIR) de trois cents enregistrements vidéo :

« On y voit nettement l'affrontement entre extrémistes hutus et l'armée française, après le démantèlement des barrières pour laisser passer les Tutsis, déclare-t-il. Les extrémistes se sont demandé s'ils devaient attaquer les Français. On voit les militaires français arriver dans le grand camp de Tutsis de Nyarushishi pour les protéger, on voit les évacuations, mais aussi comment les Français malmènent les FAR. »

À l'époque, Joseph Ngarambe s'est ainsi dévoué corps et âme à Paul Kagame et au FPR. Il a milité pour aider la justice rwandaise à se reconstruire : « J'ai utilisé mes relations personnelles pour aider le nouveau régime. Je voulais rentrer chez moi, car les méchants étaient morts et ne restaient que les bons [après juillet 1994]. Je suis retourné à Kigali en janvier 1995. J'étais euphorique de me retrouver à une manifestation à deux mètres de mon héros, Kagame. J'y croyais tellement que j'ai renoncé à mon statut de réfugié, ce qui ne se fait jamais. Et suis devenu consultant au TPIR, fin 1996, parce que le Tribunal était intéressé par le livre que j'avais cosigné avec Jean-Pierre Chrétien et Marcel Kambanda et Jean-François Dupaquier. Je luttais pour la Justice et contre l'Impunité… »

Joseph Ngarambe se souvient aussi d'avoir pris part aux accusations infondées lancées contre André Sibomana, journaliste et prêtre. Correspondant de Reporters sans frontière au Rwanda, celui-ci avait été accusé par la revue *Golias* d'avoir participé à des assassinats. Persécuté par le nouveau régime rwandais, il est mort, faute d'avoir reçu à temps son passeport pour aller se faire soigner en Suisse. « Sur le cas Sibomana, j'ai honte, avoue Ngarambe. J'ai raconté des sottises. J'ai participé à une campagne médiatique dont Jean-François Dupaquier était le pivot. Je n'aimais pas l'Église, et ça n'a pas été difficile de me convaincre d'attaquer un curé. Comme Robert Ménard défendait André Sibomana, Dupaquier a raconté qu'il était manipulé par Sibomana ; il a vraiment essayé de le démolir. La réalité était que le régime voulait casser Sibomana pour qu'il ne devienne pas évêque. J'ai honte quand j'y pense. » Il poursuit : « Dans l'affaire du père Wenceslas, j'ai également répondu présent. Je suis allé à Privas, en Ardèche, pour être l'interprète et le conseil de Rose, un témoin à charge dans l'instruction menée contre le curé de la Sainte-Famille.

À propos des syndicats de délateurs, il lance : « J'ai vu accuser des gens qui n'avaient rien fait… J'ai commencé toutefois à me poser des questions quand des gens que je connaissais m'ont raconté ce qu'ils avaient vu et enduré au Congo. On tuait des gens uniquement parce qu'ils avaient fait des études. J'ai appris également qu'il y avait beaucoup de disparitions de commerçants hutus à Kigali… J'ai commencé à éprouver un malaise... De mars 1998 à avril 1999, j'étais à Kigali comme enquêteur du TPIR. J'ai appris que des familles entières avaient été décimées.

« Le point qui a été le plus déterminant pour m'ouvrir les yeux a été l'histoire de l'avion. J'étais à Kigali en 1998, et lors d'une discussion avec deux amis tutsis du PSD – auquel appartient le président de l'Assemblée nationale –, on parle, on parle et je dis :

« – Ce salaud de Bagasora [colonel des FAR, qui passe pour le cerveau du génocide] qui a tiré sur l'avion pour qu'on nous assassine...

– Pourquoi es-tu si sûr que c'était Bagasora ? me demande-t-on.

« La question émanant de copains, j'ai pris peur à ce moment précis. Je n'ai pas posé de question. J'ai commencé à voir les choses autrement...

« Ces gens [qui ont organisé l'attentat] sont des salauds ; ils savaient ce qui allait se passer. En rentrant en France, j'ai créé un parti politique, mais j'ai été démoli : "ils" m'ont empêché de travailler, je suis surveillé... J'ai essayé d'ouvrir les yeux aux Chrétien, Dupaquier, mais ils ne veulent rien voir. Ils se détournent de moi parce que j'ai changé. »

CHAPITRE 20

Jean-Pierre Chrétien, ou le cachet universitaire des sornettes du FPR

Qui dira un jour la responsabilité de Jean-Pierre Chrétien dans la tragédie rwandaise ? L'homme avance masqué, protégé par ses titres. Directeur de recherches au CNRS, il est classé comme le meilleur spécialiste français du Rwanda. C'est à lui que fait appel le Parlement français et le Sénat belge pour fournir la toile de fond de la tragédie rwandaise. Il est l'expert des « médias de la haine » au Tribunal pénal international du Rwanda. Dans tout livre francophone sur le Rwanda, il est la référence première, ses ouvrages figurent en très bonne place dans toute bibliographie. C'est lui que la presse interroge pour son savoir sur l'origine des crises dans la région des Grands Lacs. Bref, il est l'homme incontournable quand il est question du Burundi et du Rwanda, et plus généralement de Hutus et de Tutsis. Son statut a fait également de lui le gardien qui veille sur le contenu des articles diffusés sur le sujet par les principales publications scientifiques françaises.

Du haut de l'autorité magistrale qui lui est conférée, il régit le petit monde des spécialistes de son domaine : hors de lui, point de salut, et malheur à ceux qui s'écartent de ses thèses ou osent le contredire. Il a légitimé « scientifiquement » l'écriture de l'histoire du Rwanda par le FPR, sa conquête par les armes, et corroboré le discours ethnicisant qui donne à 10 % de la population le droit de diriger le pays sans partage ; il a aussi légitimé les attaques du nouveau régime contre l'Église catholique et contre la France. Par sa caution, la « version officielle » de l'histoire du Rwanda est estampillée de quatre lettres prestigieuses, qui ne sauraient être soupçonnées de couvrir la partialité, l'engagement partisan ni la fabrication : CNRS.

Et pourtant ! Jean-Pierre Chrétien mène en réalité, avec une efficacité redoutable, ses actions militantes d'idéologue pro-Tutsi. Son combat est brutal contre ceux que le FPR qualifie de « génocidaires », au point qu'il n'hésite pas, aux côtés de ses amis Dupaquier et Gouteux, à les dénoncer, à les harceler et à manifester contre eux[1]. On le verra même pratiquer la délation en visant l'ancien ministre de la Défense d'Habyarimana, James Gasana, tout en s'abritant derrière Jean Ziegler et un groupe d'excités pro-FPR installés en Suisse. Avant que le gouvernement helvétique ne balaie toutes ces accusations, Gasana s'est retrouvé sans travail.

Jean-Pierre Chrétien est l'invité de marque des principales manifestations montées par les organisations pro-FPR rwandaises pour commémorer le génocide. Il écrit, menace les organisateurs de débats sur le Rwanda quand ceux-ci osent inviter des auteurs ou des chercheurs qui expriment une vision autre que la vulgate FPR de l'histoire ; il brandit alors l'injure suprême : révisionnisme, voire « négationnisme ». Ainsi a-t-il, en octobre 2003, tenté d'intimider Alain Lebouc, président du Festival du Scoop et du Journalisme d'Angers, en lui déclarant qu'il retirerait la caution morale et économique du CNRS, partenaire de la manifestation, s'il persévérait dans son idée d'inviter au débat Charles Onana et Robin Philpot, deux auteurs qu'il qualifie de « faurissoniens[2] » : les deux hommes ont, à ses yeux, surtout le « tort » d'insister sur l'importance de l'attentat contre l'avion présidentiel dans la lecture des événements, et donc de remettre en cause la version qu'il a large-

1. Voir Chapitre 21.
2. Faurisson est l'un des principaux théoriciens négationnistes de la Shoah en France.

ment contribué à imposer. Le débat sur le Rwanda fut bel et bien annulé.

À une étudiante de DEA, à l'université Paris-I, qui commençait à travailler sur son mémoire consacré au Rwanda et qui cherchait auprès de lui des informations, Chrétien conseilla vivement de prendre contact avec Sharon Courtoux, de Survie, qu'il lui présenta comme la « personne la mieux renseignée sur le Rwanda ».

Plus inquiétante est la façon dont il a constitué le corpus de documents qui lui a servi à rédiger l'ouvrage *Les Médias du génocide*[3] avec Joseph Ngarambe, Jean-François Dupaquier et Marcel Kabanda. N'ont été retenus que les cassettes et documents fournis par le secrétaire permanent à l'information du FPR, en particulier des numéros du journal *Kangura* et des enregistrements de la Radio des Milles Collines. L'universitaire ne s'en est pas offusqué et n'a pas pris le pas sur le militant. Il n'a pas cherché à récupérer le matériel éditorial du FPR, notamment les archives de Radio Muhubura qui attisait elle aussi la haine. Les exemples de sa partialité militante dans le dossier Rwanda pourraient être multipliés à l'envi.

Or, son travail « scientifique » a eu un impact énorme. Quel est le message de l'universitaire, de ses centaines de pages savantes ? Sa démonstration est simple, voire simpliste : « On a parlé d'un antagonisme ancestral entre Tutsis et Hutus. C'est faux !... Il n'y a pas deux races au Rwanda... Il n'y a pas de trace d'invasion extérieure[4]. Ce sont les colonisateurs qui ont introduit la racialisation au cœur de la société rwandaise et le clivage Hutus-Tutsis a été essentiellement une construction post-coloniale[5]. »

Pour comprendre d'où vient l'absurdité de son affirmation, contestée par tous les chercheurs qui n'appartiennent pas au

3. Éditions Karthala, 1995, avec Reporters sans frontières.
4. *La Croix*, 27 mars 2004.
5. Audition devant la Mission d'information sur le Rwanda, menée par l'Assemblée nationale française.

courant qui est appelé l'école burundo-française, il convient de s'attacher à quelques éléments biographiques sur Jean-Pierre Chrétien. Après avoir commencé sa carrière dans un lycée de Rouen, le professeur enseigne l'histoire de 1964 à 1968 à l'École supérieure du Burundi. Et parce que l'enseignement, comme tous les secteurs dirigeants, était entre les mains des Tutsis, il se lie avec des élèves, des enseignants et des dirigeants tutsis. Chrétien noue ainsi des rapports affectifs forts. L'empathie de l'enseignant français s'est transformée en une adhésion à la cause tutsie qu'on retrouve dans tous ses textes ; il instille ce parti pris à nombre de ses étudiants et aux maîtres qu'il a agrégés autour de lui, d'abord en tant que chercheur au CNRS, puis comme directeur, de 1986 à 2001, du laboratoire de l'Université Paris-I, intitulé « Mutations africaines dans la longue durée ».

Pierre Erny, professeur émérite d'ethnologie à l'université Marc-Bloch de Strasbourg, n'hésite pas à parler de son « école » comme d'un « groupe de pression aux allures scientifiques, mais idéologique dans son fond, qui depuis une trentaine d'années est arrivé en France à faire en sorte que l'opinion savante, et ce jusqu'aux plus hautes instances de l'État, finisse par prendre des vessies pour des lanternes [...]. On a voulu faire croire, au nom de la génétique et en dépit de tout bon sens, que les races n'existent pas, que c'est là une notion vide de sens, et que parler "encore" de races relève précisément de ce racisme qu'il faut combattre [6] ». Qu'on ne s'y méprenne pas le professeur Erny ne prône pas l'exacerbation des clivages raciaux, il ne fait que constater que l'ethnicisation reste en Afrique un outil politique particulièrement opérant.

Dans les années 1970, Jean-Pierre Chrétien a dirigé la thèse de doctorat d'Émile Mworoha, qui deviendra par la suite secrétaire général de l'UPRONA, le parti dominant, et numéro 2 du régime burundais. Quels sont les traits marquants du

6. In *Dialogues,* Bruxelles.

programme de l'élève de Chrétien? Il a conceptualisé la doctrine de l'UPRONA, laquelle définit la *majorité politique* par rapport à la *majorité ethnique* pour légitimer la prise de pouvoir et le maintien au pouvoir par une minorité. Si les références ethniques étaient bannies, un nouveau système d'éducation serait mis au point pour privilégier – sans le dire, évidemment – les Tutsis. La thèse de l'élite tutsie repose sur la négation de l'existence des ethnies hutue et tutsie, une « invention des colonisateurs et de l'Église catholique ».

En 1983, son livre intitulé *Développement rural et démocratie paysanne, un dilemme? L'exemple du Burundi,* valut à Chrétien une première et violente attaque. L'africaniste Roger Botte[7] lui reprocha d'avoir fait l'impasse sur le contexte ethnique et de s'être ainsi livré à une véritable entreprise de désinformation[8]. Une critique reprise en 1990 par le professeur franco-américain René Lemarchand dans un texte intitulé « L'école historique franco-burundaise : une école pas comme les autres[9] ». Reconnaissant les qualités d'historien de Jean-Pierre Chrétien, il critique en revanche le « politiste » qui « n'a que trop tendance à chausser les bottes du griot et à donner une résonance par trop officielle à son discours ».

René Lemarchand raconte dans le détail et avec humour comment, en 1981, Chrétien prononça un vibrant hommage à l'action de l'UPRONA en faveur de la démocratie paysanne dans un colloque organisé conjointement par l'Université du Burundi et le Centre de recherches africaines dirigé par Jean-Pierre Chrétien. L'universitaire français appuya les efforts de son étudiant Mworoha pour promouvoir une nouvelle mentalité qui serait à même de se traduire notamment par une lutte farouche contre l'Église. Pourquoi une telle bataille? Officiellement pour « liquider les derniers vestiges du colonialisme ».

7. Chercheur au Centre d'études africaines de l'École des hautes études en sciences sociales.
8. Les textes choisis et l'analyse du travail de Jean-Pierre Chrétien qui suit sont largement empruntés à un texte non publié du professeur Pierre Erny.
9. *Revue canadienne des études africaines,* n° 24,2, pp 235-248.

Officieusement pour casser la promotion, facilitée par les Églises, des Hutus rejetés par le système d'éducation officiel au Burundi. En 1986 et 1987, les écoles secondaires passèrent ainsi sous le contrôle de l'État, les écoles privées ainsi que les mouvements catholiques furent supprimés…

Analysant la façon dont Chrétien avait rendu compte des événements survenus au Burundi dans les années 1980, Lemarchand soulignait son « non-dit ethnique » et la reproduction du discours officiel du gouvernement burundais : l'universitaire français « oubliant » de dire que les Hutus, qui formaient l'essentiel de l'exode rural, étaient victimes des intimidations policières et n'avaient pratiquement pas accès à l'école ni à l'université. Si la démocratie paysanne était en panne, c'était tout simplement que la minorité tutsie bloquait par tous les moyens l'ascension de la majorité hutue.

De la même façon, quand il a rendu compte des massacres perpétrés en août 1988 par des Hutus contre des Tutsis, Chrétien a encore omis de faire état du climat particulièrement lourd qui régnait dans le pays, conséquence de l'attitude provocatrice de notables et fonctionnaires tutsis. « On ne sait jamais très bien où finit le plaidoyer et où commence l'analyse scientifique, où se situent l'exhortation, la vindicte ou l'affirmation gratuite et où s'amorce le discours de l'historien-politiste […]. Ignorer les ethnies sous prétexte que celles-ci sont une invention pure et simple du colonisateur… est une supercherie[10] », conclut Lemarchand.

Filip Reyntjens, professeur à l'université d'Anvers, émet une critique[11] de même nature. Il parle lui aussi d'une « école » qui « semble revendiquer le monopole de la vérité scientifique sur le Burundi », et pointe du doigt des techniques prohibées dans le monde universitaire : sélection des données, affirmation de semi-vérités, usage unilatéral de sources officielles, le tout

10. René Lemarchand, dans *Dialogues*, Bruxelles, n° 218, 2000, p. 4

11. *Du bon usage de la science : l'école historique burundo-française*, dans *Politique africaine*, n° 37, mars 1990.

« ponctué d'excès sémantiques qui dévoilent la passion ». Mais, surtout, Reyntjens relève la constance de Chrétien à fournir des interprétations biaisées tendant à prouver qu'à chaque crise, « c'est la faute des Hutus[12] ». Et, comme les autres universitaires, il regrette son soutien « scientifique » apporté aux Tutsis.

Quinze ans après cette critique féroce, Reyntjens, évoquant l'attitude de Chrétien dans la tragédie rwandaise, prononce des mots encore plus durs à l'endroit de son collègue français. Il parle de sa « responsabilité » dans le drame rwandais. Chrétien a reproduit toute la grille d'analyse qu'il avait forgée en faveur de l'élite tutsie du Burundi pour la plaquer sur la réalité du Rwanda.

Mais c'est au professeur Erny, auteur du premier livre écrit après le génocide, *Rwanda 1994. Clés pour comprendre le calvaire d'un peuple*[13], qui n'a jamais adopté pour lui-même la version du FPR, que revient le mot de la fin contre le mandarin Chrétien. Après avoir expliqué qu'il n'était pas le seul à s'être plongé dans la culture tutsie et que beaucoup y avaient même trouvé beaucoup d'excitation, il écrit : « Mais aller jusqu'à adopter certains traits dont celui-ci [le peuple tutsi] s'enorgueillit traditionnellement – je pense à l'*ubgenge*, l'art de la dissimulation, du discours oblique, de la restriction mentale, de la duplicité par ruse ou par jeu –, ne me semble guère compatible avec l'activité scientifique au sens où on l'entend habituellement[14]. »

Dans un mémoire produit devant la Chambre I du TPIR d'Arusha, rédigé avec une terminologie différente, Me Jean-Marie Biju-Duval, l'avocat français de Ferdinand Nahimana, un des fondateurs de la Radio des Mille Collines, a réfuté le rapport produit par l'expert Chrétien. Ainsi, au chapitre 5 consacré exclusivement à la personne de Ferdinand Nahimana,

12. Expression empruntée à l'universitaire belge Filip Reyntjens.
13. L'Harmattan, 1994.
14. Texte non publié.

celui-ci commence par reprendre l'acte d'accusation sans aucune réserve, sans citer sa source ; il l'appuie ensuite par les déclarations d'un seul témoin et ne fait même pas mention des explications fournies par Nahimana qui contredisent complètement la thèse du procureur. Signalons au passage que Chrétien a été le directeur de thèse de Ferdinand Nahimana ; il avait bine noté son travail de recherche.

Après avoir expliqué comment l'expert avait, à quatre reprises, dénaturé gravement un document concernant l'implication supposée de Radio Rwanda dans les événements du Bugesera, l'avocat conclut : « En réalité, on constate une dénaturation systématique procédant, soit d'un manque total de sérieux dans la vérification des sources, soit d'une volonté délibérée de manipulation. »

Lorsqu'il livre son analyse de pièces écrites par Nahimana, l'expert a pris soin de supprimer une phrase particulièrement significative, ce qui fait dire à l'avocat : « Ce retrait délibéré et non moins significatif d'une phrase allant à l'encontre des accusations portées contre Ferdinand Nahimana sur le plan idéologique trahit une volonté constante de l'expert d'écarter tout élément contraire à la thèse de l'accusation. » Plus loin il affirme que le rapport de Chrétien se « caractérise par des affirmations péremptoires, exprimées sous une forme superlative, mais dépourvues de bases factuelles sérieuses. » Plus grave encore, Chrétien n'hésite pas à diffuser des noms qui figurent sur les listes de suspects de génocide faites à Kigali, sans émettre la moindre réserve, ne serait-ce que celle de la présomption d'innocence. « L'expert Chrétien démontre ainsi la dangereuse et irresponsable légèreté avec laquelle, sans aucun souci critique, il s'autorise [...] à rapporter des faits non vérifiés ou des accusations infondées, et ce, quelles que puissent en être les conséquences pour les personnes visées[15]. »

15. Lire à ce sujet le chapitre 22.

L'avocat a eu l'élégance de ne pas souligner que le rapport dont il n'avait rédigé intégralement que deux chapitres sur vingt et un, est pour l'essentiel, un montage de passages « copiés-collés » du livre *Les Médias du génocide* – écrit en 1995 avec Kabanda, Dupaquier et Ngarambe, avec le soutien de Reporters sans frontières –. Et que Chrétien avait été pour ce travail somptueusement payé : 15 000 dollars, sans compter de substantiels *per diem*...

CHAPITRE 21

Stephen Smith répond à Survie qui a écrit sur lui Négrophobie, *un pamphlet honteux*

Du jour où Stephen Smith a publié un long article sur les massacres du 22 avril 1995 perpétrés par l'APR contre des déplacés du camp de Kibeho, il n'a plus été fréquentable. Ses révélations sur quatre pages, plus la couverture de *Libération*, le 27 février 1996, dans lesquelles il montrait le vrai visage du FPR et estimait les victimes de ces massacres commis par le FPR à plus de 100 000 morts hutus, déclenchèrent aussitôt des réactions violentes, voire hystériques. Le conseiller du président de la République rwandaise, président d'honneur de Survie, monta lui-même au créneau pour désigner Stephen Smith à la vindicte populaire dans une lettre ouverte qui commençait par : « Monsieur Smith, vous n'êtes pas un journaliste honnête. » Il enchaînait sur un soupçon qui sera dès lors décliné sur tous les tons par Survie : « Pour qui travaillez-vous, monsieur Smith, et où voulez-vous en venir ? Grave question […]. » Survie, par la voix de son poursuivit le journaliste de sa hargne diffamatoire en lui consacrant un livre entier qui chercha à décrédibiliser l'homme de presse, un des plus en vue, celui qui entravait pour la première fois sérieusement leur propagande et menaçait d'ébranler leurs constructions mensongères.

Ces attaques visant le seul journaliste français qui a honnêtement suivi toute la tragédie rwandaise et qui, malgré l'émotion et les traumatismes subis, n'a pas été emporté par l'idéologie dominante, m'ont écœuré et révolté. Je n'ai pas partagé – et je ne partage pas aujourd'hui encore toutes ses analyses. Pour la énième fois, j'étais même en froid avec lui quand ce livre infâme est sorti. J'étais dès lors complètement à ses côtés. Je lui ai demandé de répondre, ici, dans mon livre, à l'agression de Survie :

« Pour la génération d'africanistes à laquelle j'appartiens, le génocide au Rwanda a été l'épreuve. C'est peu dire au regard de tant de morts, de la première tentative – par des Africains et sur leur propre continent – d'exterminer toute une population ciblée au prétexte de sa « race ». Il ne s'agit pas d'ériger un monument à la « Shoah africaine » dans le vain espoir d'y enfermer à jamais le Mal. En tant que journaliste, « historien du quotidien », il faut dire ce que l'on voit, chroniquer scrupuleusement les événements. Cela paraît simple, mais n'est pas toujours facile. Le génocide au Rwanda a été une leçon professionnelle : justement parce qu'on ne nous demande pas de faire profession de morale, mais preuve de lucidité. On n'a pas besoin de journalistes pour rallier le camp du « Plus jamais ça ! », qui fait de toute façon l'unanimité des gens de bonne foi (et pour les autres, on ne peut rien). On a besoin de journalistes comme greffiers de l'actualité, comme rapporteurs du tout-venant, tragique ou heureux, que projette la grande roue du Temps.

Au Rwanda, depuis que j'y vais, faire du journalisme revient trop souvent à reconstituer des squelettes. Je n'aime pas ce travail, et je me suis donc limité au strict minimum : en 1990, pour le compte de *Libération*, j'ai assisté à la tentative de reconquête du Rwanda lancée depuis l'Ouganda voisin par des Tutsis de la diaspora regroupés au sein du FPR (Front patriotique rwandais) ; j'ai témoigné des massacres commis en représailles par le régime du président Habyarimana contre les « Tutsis de l'intérieur », pris en otages ; j'ai informé de l'intervention militaire de la France au Rwanda, cette « guerre secrète » contre le FPR dont le seul secret était, en fait, le désintérêt total que lui portait alors l'opinion publique française, laquelle a cru se racheter lors du génocide, en 1994, en découvrant « avec horreur » ce qu'on lui avait prétendument caché : le forfait de la France, son soutien à un régime indéfendable, et non pas un génocide à ciel ouvert organisé et perpétré par un pouvoir africain. Pour ma part, en même temps que le « crime des crimes » qu'a été l'extermination des Tutsis, j'ai rapporté les tueries de Hutus commises par le FPR, au risque de « banaliser » le génocide ; après le massacre de Kibeho, l'exécution à froid de plusieurs milliers de réfugiés hutus en 1995, j'ai enquêté sur les exactions du FPR, le nouveau pouvoir dont la victoire militaire avait mis fin au génocide ; en 1996, la révélation – à la « une » de *Libération* – d'une épuration ethnique mise en œuvre par le FPR qui avait fait au moins 100 000 victimes, et de l'existence d'une usine de crémation de cadavres dans le parc de l'Akagera, m'a valu d'être déclaré persona non grata au « nouveau » Rwanda (ce fut, hélas, la seule réaction à mon alerte) ; entre octobre 1996 et mai 1997, j'ai couvert la persécution par l'armée du FPR de quelque 400 000 réfugiés hutus à travers l'ex-Zaïre, qui, selon une enquête de Médecins sans frontières, a coûté la vie à la moitié d'entre eux ; en 2000, toujours interdit au Rwanda, j'ai cosigné, avec la sociologue Claudine Vidal et Rony Brauman, une radiographie du régime du FPR – « un pouvoir assassin qui jouit du privilège d'impunité parce qu'il se sert du génocide comme rente de situation » – dans la revue *Esprit*; j'ai également répercuté les premières informations accréditant la responsabilité du FPR dans l'attentat du 6 avril 1994 qui avait tué le président Habyarimana et déclenché le génocide ; ces informations ont été confirmées, en 2004, par l'enquête du juge Bruguière et par le témoignage de l'un des membres du commando du FPR ayant abattu l'avion présidentiel, le sergent Abdul Ruzibiza ; la même année, l'élection triomphale – avec 93 % des suffrages – du général Paul Kagame à la présidence rwandaise, après l'incarcération sans procès de son prédécesseur – hutu – Pasteur Bizimungu, faisait enfin coïncider le pouvoir réel avec l'apparence légale.

Voilà les pierres blanches d'une histoire du Rwanda qui reste à écrire. Je me suis refusé à entreprendre ce travail, non seulement parce que cette histoire – l'extermination de près d'un million de Tutsis, le massacre de centaines de milliers de Hutus par le FPR et, comme fil conducteur de cette mort en masse, la non-assistance à population en danger de la part de la communauté internationale – est extrêmement lourde. Mais, aussi, parce qu'il me semblait que la vérité n'était pas (encore ?) recevable, à la fois pour de bonnes et pour de mauvaises raisons.

Les « bonnes » raisons, humainement compréhensibles : à l'ombre portée du premier génocide africain, il était bien trop pénible pour beaucoup d'entre nous d'accepter l'idée qu'en face du Mal il n'y avait rien de bien, que le régime « issu des fosses communes » pût à son tour commettre des crimes contre l'humanité. D'où une cécité au moins passagère face aux turpitudes du FPR, le rejet viscéral du constat, affligeant il est vrai, qu'on tuait des deux côtés, que le racisme inoculé au temps colonial avait été assimilé au point d'ancrer la conviction que « les » Hutus et « les » Tutsis étaient irréconciliablement différents, des ennemis à mort.

Quant aux mauvaises raisons de regarder la réalité en face, elles ajoutaient à l'erreur un combat politique : pour le régime du général Paul Kagame, soutenu comme la dictature des rescapés, ou contre « la » France, présentée comme une puissance d'oppression en Afrique, sciemment complice des « génocidaires » au Rwanda. Incroyablement sectaires et sans cran d'arrêt quant aux moyens employés pour arriver à leurs fins, l'association Survie – dirigée par François-Xavier Verschave – et Jean-Pierre Chrétien, directeur de recherches au

CNRS, ont entraîné nombre de militants ou, au bénéfice du doute, d'« idiots utiles » pour instruire des procès en « négationnisme » contre quiconque critiquait le pouvoir du FPR ou exonérait « la » France des pires ignominies dont ils la chargeaient. C'était mon cas. J'ai donc eu droit à des campagnes de dénigrement et, au moindre débat de quartier auquel je participais à Paris, quel qu'en fût le sujet, à des contradicteurs dispersés dans la salle qui me prenaient à part : « raciste », « révisionniste » ou « négationniste » ; un désagrément qui m'était épargné quand Jean-Pierre Chrétien (« le Chrétien de nuit », comme l'appelaient ses collègues chercheurs) avait pris la peine d'envoyer d'avance des messages fielleux aux organisateurs de tables rondes pour me faire désinviter. Enfin, des confrères, dont aucun n'a jamais engagé le débat dans les colonnes de son journal, pourfendaient mon « révisionnisme » dans des termes sans appel.

En mai 2004, trois mois après la révélation dans *Le Monde* de l'enquête du juge Bruguière et du témoignage du sergent Ruzibiza sur la responsabilité du FPR dans l'attentat du 6 avril 1994, il y a eu un tir groupé. En réponse à un questionnaire de l'École d'application des étudiants en journalisme à Grenoble, Patrick de Saint-Exupéry, du *Figaro*, affirmait : « Le traitement du *Monde* est vraiment léger, c'est inadmissible, indigne du *Monde*. Sur la base de ce qu'ils ont écrit, si on veut faire une comparaison provocatrice, on pourrait dire que l'incendie du Reichstag a provoqué la Shoah. » De son côté, Laurent Bijard, du *Nouvel Observateur*, nommait au moins le « négationniste » à l'œuvre : « J'étais, et je reste, dégoûté du comportement de mon pays. C'est comme si j'apprenais qu'une partie de ma famille avait collaboré à la Shoah. [...] Le rôle de la France est évident, elle a toujours soutenu Habyarimana, elle a couvert les génocidaires contre le FPR. [...] J'ai honte que la France n'admette toujours pas sa responsabilité, alors que tous les autres l'ont fait, y compris les États-Unis et la Belgique. Et je n'ai pas trop d'espoir... surtout quand je vois que des confrères, comme Stephen Smith, continuent de soutenir la France. » Enfin, ma consœur du *Soir* de Bruxelles, Colette Braeckman, s'indignait du « timing » des révélations sur l'attentat du 6 avril : « Publier une telle enquête à dix jours de la commémoration [du génocide], c'est un acte politique. L'article affirme en effet que le pouvoir en place a appuyé sur le détonateur. L'objectif est de fragiliser le régime et, franchement, ce n'est pas ce qui me dérange. Seulement, cela attise la douleur de la population qui est encore à vif. Dire que les gens qui vous dirigent sont ceux qui ont causé votre malheur, c'est un acte politique qui n'est pas gratuit, et qui fragilise encore plus l'équilibre du pays. Si on prouve à une autre époque que le FPR est coupable, tant mieux, mais à ce moment-là c'est une mauvaise action envers les victimes. »

Bertolt Brecht disait qu'il fallait toujours donner aux maux dénoncés « un nom et une adresse postale ». C'est seulement à cette fin que je cite ces propos et leurs auteurs. Pour ma part, ce que j'avais à dire au sujet du livre de Patrick de Saint-Exupéry sur la participation de la France au génocide rwandais, *L'Inavouable*, paru en 2004 aux éditions Les Arènes, je l'ai écrit dans *Le Monde*. De la même façon, depuis 1994, j'ai exprimé mes réserves, dans *Libération* puis dans *Le Monde*, au sujet des thèses successives de Colette Braeckman sur l'attentat du 6 avril (les tireurs antillais que l'armée française aurait commis à cette tâche, reconnaissables à leur « képi coiffé à l'envers », et, dix ans plus tard, « l'avion Falcon touché de plein fouet par deux missiles tirés par des mains d'expert, vraisemblablement blanches et françaises selon certaines sources »). Mais il est vrai que je n'ai pas répondu et que je ne répondrai pas au livre – *Négrophobie*, publié en 2005 également aux Arènes – de François-Xavier Verschave, Odile Tobner et Boubacar Boris Diop. Simplement parce qu'il s'agit d'une attaque personnelle dont la réfutation impliquerait, entre autres, que je me dévêtisse en public pour prouver l'absence des « nombreux tatouages et cicatrices » sur mon corps dont je me vanterais soi-disant à tout bout de champ... Plus sérieusement, comment répondre à un pamphlet qui me présente en impénitent défenseur de la « Françafrique », logé à un poste de commande au sein du *Monde*, six mois après mon départ de ce journal et trois mois après la publication, avec Antoine Glaser comme coauteur, d'un livre intitulé *Comment la France a perdu l'Afrique*?

Sur le fond, ce qui fascine dans ces vénéneuses querelles, c'est la balkanisation des esprits. On peut donc, un jour, s'indigner avec MSF de la mort de 200 000 réfugiés hutus dans l'ex-Zaïre et, le lendemain, réclamer que la France se fasse pardonner sa responsabilité dans le génocide de 1994 par le régime de Paul Kagame qui a envoyé ses commandos pour les tuer ; on peut dénoncer le trucage électoral au Tchad, au Gabon ou en Azerbaïdjan, et se taire sur le plébiscite à la soviétique que s'est organisé l'homme fort à Kigali ; on peut accuser de « racisme » et de « négationnisme » le monde entier et ne pas couvrir – contrairement au procès Milosevic – les activités du Tribunal pénal international pour le Rwanda (TPIR), censé démonter le projet génocidaire du régime Habyarimana ; on peut écrire que le meurtre de masse au Rwanda a débuté dans les heures suivant l'attentat du 6 avril 1994, puis soutenir que cet événement déclencheur ne mérite pas une enquête du TPIR, et, si jamais la responsabilité en incombait au FPR, qu'il n'avait eu aucune incidence sur le démarrage du génocide ; on peut pourfendre, avec les enquêteurs de l'ONU, le « pillage » de l'ex-Zaïre par ses voisins de l'Est, et réclamer davantage d'aide au développement pour le Rwanda « post-génocidaire », l'un des protagonistes de cette guerre d'écorcheurs qui a causé la mort de plus de 4 millions de Congolais...

Dans ces conditions, pourquoi m'étonnerais-je qu'on veuille faire accroire qu'un journaliste ayant rapporté l'interventionnisme français au Rwanda en temps utile, avant le génocide, moi qui étais alors considéré par les autorités françaises comme « l'ami du FPR », sinon comme un agent de la CIA en raison de ma nationalité américaine, serait devenu le valet de la « Françafrique » après le génocide, soucieux de justifier l'alliance jusqu'au-boutiste de Paris avec le régime Habyarimana ? C'est tellement gros que François-Xavier Verschave et ses camarades de lutte ont insinué que j'avais été recruté, à l'été 1994, par la DGSE, les services secrets français. Évidemment, cela explique tout !...

Qu'on en soit réduit à débattre de telles coquecigrues sur la place publique en dit long sur la paranoïa ambiante dans des sociétés démocratiques « surinformées », vouées au culte de la « transparence ». Et aussi sur le goût du martyre qu'on y cultive avec le concours – sans doute involontaire – de journalistes qui, tout bonnement, ne font pas leur travail. Car comment peut-on faire passer Survie pour le dernier carré des justes, aux prises avec des « réseaux françafricains » tout-puissants, et régulièrement citer les communiqués de cette association, sans jamais la présenter à ses lecteurs ou – idée apparemment saugrenue – enquêter sur elle et son secrétaire général qui explique n'être jamais allé en Afrique par crainte pour sa vie ? Qu'on me pardonne, mais quel est ce continent noir où l'on disparaîtrait si facilement ? Sûrement pas la terre bénie des « afro-optimistes », ce jardin florissant de la démocratie et de l'état de droit auquel nous sommes priés de croire... En ce qui me concerne, je suis retourné au Rwanda en 2002, malgré tout ce que j'avais écrit sur le régime du FPR, et je continue de me rendre en Côte-d'Ivoire après avoir fait état des « escadrons de la mort de la présidence » (et gagné le procès en diffamation que m'a intenté le président Gbagbo). Enfin, comment peut-on rédiger une nécrologie de François-Xavier Verschave, décédé d'un cancer en juillet 2005, sans la moindre référence à l'ouvrage *Négrophobie* sur lequel il a travaillé jusqu'à son dernier souffle de vie ? C'est simple : cette charge contre les « ingénieurs de l'âme » de la « Françafrique », dont je serais le chef de file, aurait jeté une lumière trouble sur le grand contempteur « du plus long scandale de la République », la présence française en Afrique. Il suffisait donc de la passer sous silence…

Quand j'ai commencé à travailler comme africaniste en France, à la fin de l'année 1992, un journaliste de droite qui s'assumait comme tel, Jean-Marc Kalflèche, m'avait étrillé dans un éditorial du *Quotidien de Paris* expliquant que je ne pouvais rien comprendre aux relations franco-africaines puisque je n'avais « pas été élevé dans ces idées-là ». À l'époque, je l'avais mal pris. À présent, je serais tenté de lui donner raison. Car si, hier, j'étais en effet stupéfait par le silence qu'observait une « France unie » et par l'absence d'interpellations parlementaires ou de tintamarre médiatique chaque fois qu'un 2e REP [Régiment Étranger Parachutiste] (r)établissait un « pouvoir ami » au sud du Sahara, aujourd'hui, je ne comprends pas davantage les états d'âme de mon pays hôte, sa tardive frénésie d'autolacération au sujet des crimes, voire du « crime des crimes » qu'il aurait commis en Afrique. Est-ce pour cause d'extranéité que je ne saisis pas cette dialectique des extrêmes ? J'en doute quand même, car un confrère français, Jean Hélène, qui a été tué le 21 octobre 2003 par un policier à Abidjan, avait dénoncé, comme moi, d'abord la dictature du président Habyarimana, puis celle du FPR – et s'est trouvé vilipendé pour cela, bien plus que moi, par les mêmes qu'on n'avait pas entendus avant le génocide, quand il était encore temps, et qui assurent aujourd'hui la défense du nouveau pouvoir à Kigali. Or, le seul hommage qu'on puisse rendre à tous les morts qu'il y a eu au Rwanda ne consiste-t-il pas à être plus vigilants que par le passé sur les violations des droits de l'homme, sans parti pris aucun ?

La démocratie est un pari sur la bonne foi – et le bon sens – du plus grand nombre. C'est pourquoi je suis persuadé que la vérité sur le Rwanda finira par se faire jour et l'emporter.

STEPHEN SMITH

CHAPITRE 22

L'histoire exemplaire de l'abbé Wenceslas

L'histoire de l'abbé Wenceslas, depuis son arrivée en France, en septembre 1994, vaut d'être racontée, car elle illustre la persécution de l'Église catholique par le pouvoir tutsi de Kigali et expose les modes de fonctionnement des réseaux français pro-FPR quand ils usent du harcèlement, de la délation et des faux témoins.

Alors même qu'il n'était pas encore arrivé au pouvoir, le FPR assassinait le 5 juin 1994 l'archevêque de Kigali, les évêques de Kabgayi et de Byumba ainsi que monseigneur Innocent Gasabwoya, ami et vicaire tutsi de l'abhorré monseigneur Perraudin, évêque suisse au Rwanda de 1956 à 1989. Depuis lors, persécutions et meurtres n'ont pas cessé. Aloys Ruyenzi, un des témoins importants dans l'enquête du juge Bruguière, raconte : « Kagame manifestait une haine toute spéciale à l'encontre des religieux. Quand ils étaient repérés, les commandants locaux demandaient toujours à Kagame que faire, et invariablement celui-ci ordonnait leur massacre. Je me rappelle les entretiens qu'il a eus avec le lieutenant-colonel Fred Ibingira avant que les évêques aient été tués à Kabgayi. »

Il y a eu des dizaines d'autres assassinats. Citons le père canadien Claude Simard, tué le 17 octobre 1994 ; quatre frères maristes espagnols, le 31 octobre 1996 ; le père canadien Guy Pinard, le 2 octobre 1997 ; le père croate Curic Vijeko, le 31 octobre 1998. À cette élimination physique s'ajoutent des tentatives continuelles de discréditer et d'intimider les missionnaires en Afrique, notamment les Pères Blancs, tentatives généralement relayées par la revue française *Golias.* L'exemple le plus connu est l'acharnement contre le père belge Guy Theunis et sa revue *Dialogue.* Depuis 1996[1], dans *La Nouvelle Relève,* éditée par l'Office rwandais d'information (ORINFOR) et dirigée par le major Wilson Rutayisire, le prêtre est traité de négationniste pour avoir écrit : « Une dictature est remplacée par une autre dictature plus intelligente. » Un acharnement qui a abouti à son arrestation en septembre 2005 alors qu'il était en transit à l'aéroport de Kigali…

Les Tutsis en général et le pouvoir FPR en particulier n'ont jamais accepté le revirement de l'Église catholique, à la fin des années 1950, en faveur des Hutus et le rôle important qu'a joué monseigneur Perraudin dans cette évolution. « Nous vous reprochons d'avoir soutenu les tueurs depuis 1959 jusqu'à ce jour, vous les couvrez aussi », résume un article publié dans *Umusemburo* en octobre 1995. Un article dans lequel le nom de l'abbé Wenceslas est cité parmi « ceux qui se sont promenés avec des fusils ou autres armes (grenades, épées, massues) », parmi « ceux qui se sont livrés aux harcèlements sexuels à l'égard des jeunes filles et des dames » et parmi « ceux qui ont livré les personnes en refuge pour qu'elles soient tuées »…

À la paroisse de la Sainte-Famille à Kigali, tout le monde l'appelait le « prêtre des jeunes ». Il était effectivement très populaire et très connu non seulement parce qu'il avait des manières pas toujours « très catholiques », n'hésitant pas à fréquenter les bars de Kigali à des heures où les bons pères sont déjà au lit, mais aussi parce qu'il s'était beaucoup démené pour empêcher l'irréparable. Le père Wenceslas avait été un des principaux animateurs d'un mouvement œcuménique, *Duharanire Amahoro,* qui militait pour la paix et la tolérance. Il avait réussi à rassembler quelque 15 000 personnes, le 1er janvier

1. *Nouvelle Relève,* n° 330, p. 16, et le magazine *Golias,* n° 48-49, spécial été 1996.

1994, dans une marche pour la paix. Sa démarche avait exaspéré autant les extrémistes hutus que le FPR. Les premiers lui avaient envoyé une lettre très virulente alors que les seconds l'avaient attaqué dans *Le Tribun*. Cohérent avec lui-même, il avait toujours refusé d'enterrer religieusement les miliciens...

Le père Wenceslas reste dans la tourmente, d'avril à juillet 1994, dans sa paroisse de la Sainte-Famille transformée en camp de déplacés : celle-ci recueille jusqu'à 18 000 personnes entassées sur moins d'un kilomètre carré. Compte tenu des graves accusations lancées très tôt contre lui par les organes officiels du FPR, il est nécessaire de choisir des témoins incontestables pour essayer de décrire ce qui s'est passé vraiment à la Sainte-Famille, avant de compléter cette narration par des témoins moins connus et même par l'abbé Wenceslas lui-même.

Personne ne mettra en doute le témoignage de Jean Népomuscène Gahururu, coordonnateur de la Croix-Rouge rwandaise dans la région de Kigali et officier local du CICR, d'autant que l'homme a été considéré « comme au-dessus de tout soupçon » par un des porte-parole de cette organisation[2]. L'homme s'était vu confier la gestion, pendant ces quelques mois horribles, d'une antenne médicale de la Croix-Rouge destinée à venir en aide aux réfugiés. Il témoigne :

« La paroisse de la Sainte-Famille, devenue pour la circonstance un camp de déplacés de guerre, avait, à ma connaissance, trois centres informels mais distincts :

« D'une part, il y avait l'école primaire et toute la cour extérieure qui hébergeaient des paysans modestes en provenance de différents coins de la ville, mais aussi des communes environnant la capitale. Contrairement à ce que la presse a fait circuler, il n'y avait pas d'affrontements interethniques dans cette cour qui prenait l'allure d'un grand marché la journée et d'une ruche d'abeilles la nuit, Hutus et Tutsis confondus, soli-

2. In *Tribune [de l'Ardèche]*, jeudi 28 septembre 1995, enquête de Hugues Leclerc.

daires pour la survie. Le père Wenceslas circulait dans cette masse de personnes et encourageait moralement les gens à s'entraider dans les conditions particulièrement misérables, là-bas, où les gens dormaient à la belle étoile.

« D'autre part, il y avait le Centre des sœurs de la Congrégation de la mère Thérèse de Calcutta. Plus ou moins indépendant de l'emplacement de l'église de la Sainte-Famille, mais contigu à lui dans la partie inférieure de la colline où se trouve la paroisse, ce centre accueillait les enfants orphelins et abandonnés. Le père Wenceslas déplaçait les sœurs et s'occupait de tout un tas de tâches logistiques également pour ce centre. Je crois qu'il était également une autorité morale à laquelle les sœurs avaient constamment recours.

« Mais il y avait surtout et enfin l'intérieur du presbytère fermé et gardé à la porte par des agents de sécurité. Ce lieu était particulièrement réservé aux personnes menacées. Elles y étaient cachées dans différents coins et recoins de l'église et à l'intérieur des bâtiments de la paroisse. C'est là que l'on rencontrait les personnes poursuivies, les malades, les femmes et les enfants, bref toutes les personnes du groupe vulnérables. Je connais des personnes rescapées qui furent cachées dans ces coins les plus reculés de la paroisse [...].

« Le prêtre était préoccupé par la survie de tous les déplacés hébergés dans sa paroisse [...]. À un certain moment, le nombre record de 16 000 personnes fut atteint dans sa paroisse, et ce, sur un espace de moins d'un kilomètre carré. Il a pu se démener pour nourrir tous ces gens, les faire soigner, mobiliser une unité de gendarmes commandés par un capitaine et un lieutenant en vue de protéger jour et nuit cette population qui n'avait d'autre recours que lui, seul, fatigué, stressé. Il ne dormait que très peu d'heures : souvent dans la journée pour veiller la nuit, nous disait-il. Il a pu assurer l'accompagnement spirituel et il a entrepris des démarches auprès de la MINUAR et des différentes autorités civiles et militaires et aussi auprès des *Interahamwe* en vue de la libération ou de l'évacuation de certaines personnes qu'il savait en danger…

« Au cours du mois de mai, et profitant des trêves offertes par les belligérants – poursuit l'ancien patron de la Croix-Rouge à Kigali le père Wenceslas mobilisa pour le compte de la Croix-Rouge –, des équipes importantes formées de déplacés de sa paroisse pour le chargement de vivres et de médicaments en entrepôts dans les Magasins généraux du Rwanda. Ces secours appartenaient à certaines organisations non gouvernementales qui les avaient confiés au CICR pour être distribués aux différents déplacés.

« Vers la fin du mois de mai 1994, le blocus des voies routières avait asphyxié le ravitaillement de l'aide humanitaire sur Kigali. Là encore, l'abbé Wenceslas n'hésita pas à ouvrir les dépôts de l'Église catholique, partout où ils étaient disséminés dans la ville, pour nourrir les affamés en commençant par les femmes et les enfants. J'ai assisté personnellement à la distribution gratuite aux nécessiteux d'une partie du stock de l'économat général de l'Église catholique logé dans l'enceinte de sa paroisse. Le père Wenceslas a joué un rôle important dans l'action humanitaire de la Croix-Rouge, car il avait accepté d'aider à désengorger les effectifs de l'hôpital de fortune du CICR… »

Difficile de trouver meilleur témoignage pour balayer les accusations émanant de Kigali. Par ailleurs, pendant la trêve, l'abbé Wenceslas faisait charger discrètement des camions du CICR de vivres, au profit de Tutsis affamés se trouvant sur le territoire placé sous contrôle FPR – à l'hôpital Fayçal, à l'hôtel Méridien, et sur le site de Kabuga. Au moindre soupçon, lui et ses collègues auraient été massacrés par les miliciens hutus, sous l'accusation d'entente avec l'ennemi.

Pourtant, African Rights, en 1995, publiait un long témoignage du père Célestin Hakizimana, collègue et voisin du père Wenceslas, qui, pendant tout le génocide, avait été au centre pastoral de Saint-Paul jouxtant la Sainte-Famille. Celui-ci accusait violemment son collègue. Le père Célestin réclamait même avec force que la justice passe. Un témoignage qui prit au fil du temps un poids considérable, car, dans une publication de 2003 intitulée « Hommage au Rwanda », African Rights en vint à classer le père Célestin parmi les 19 héros du Rwanda qui furent célébrés officiellement à Kigali : « À lui seul, il défendit les réfugiés, pour ainsi dire sans le moindre soutien. Il demanda de l'aide, mais en l'absence de toute réaction, il se rangea aux côtés des réfugiés, malgré la gravité du danger », lit-on à propos du père Célestin.

Alors ? Alors, rien. Rakiya Omar, responsable d'African Rights, proche des autorités de Kigali, avait tout simplement fait formuler au père Célestin des accusations que celui-ci n'avait jamais portées. Le père Wenceslas m'avait déjà remis deux lettres du père Célestin qui contredisaient entièrement les allégations d'African Rights, mais cela ne suffisait pas. Je devais obtenir du père Célestin sa version des faits. Je le rencontrai enfin. Où ? Chez son ami, le père Wenceslas, au presbytère de Gisors où il résida plusieurs jours au début du mois de juillet 2005…

Le père Célestin identifia d'abord comme étant siennes les deux lettres – une du 11 février 1996, l'autre du 3 novembre 1998 – que j'avais en ma possession. Lettres dans lesquelles il relatait les actions du père Wenceslas « pendant la guerre d'avril 1994 ». Il déclara avoir été très surpris quand il apprit – tardivement – les propos qu'on lui prêtait sur Wenceslas. Dans les années qui suivirent le génocide de 1994, de nombreux journalistes, expliqua-t-il, s'étaient pressés pour l'interviewer sur le père Wenceslas et sur ce qu'il avait fait à la Sainte-Famille au cours de ces terribles mois. Il ne faisait que constater leur désappointement quand il prononçait des mots qui ne cadraient pas avec le récit qu'ils attendaient de lui. Écœuré par leur comportement, le père Célestin décida alors de ne plus leur parler…

Avant de dérouler son histoire, il tient à préciser préalablement « trois choses » sur Wenceslas qui ont pu être mal interprétées et qui ont probablement desservi celui-ci :

« Wenceslas est un homme de relations. Il connaissait des grandes personnalités. Si bien qu'en voyant ses amis, on pouvait se tromper sur lui alors que ce sont justement ces gens, ces personnalités qui nous ont aidés pendant la guerre. Tous ensemble, collectivement, les prêtres de Kigali se sont partagé les responsabilités de la gestion des réfugiés et de leur protection. En tenant compte de sa personnalité et de ses relations, nous avons chargé Wenceslas du service de la sécurité et de l'approvisionnement en nourriture. Nous lui avons dit :

« – Procure-nous des gendarmes pour nous protéger, et comme tu es courageux, tu es Hutu, tu peux sortir, passer les barrages et aller chercher la nourriture des réfugiés...

« Wenceslas est un type qui s'habille comme un jeune, c'est un artiste... Quelqu'un qui ne le connaissait pas pouvait mal interpréter sa façon de s'habiller, surtout quand il a revêtu un gilet pare-balles et qu'il a porté un pistolet à la ceinture. C'est son style, mais c'est aussi ce qui l'a aidé à faire tout ce qu'il a fait. Il n'a tué personne, et, au contraire, ce pistolet l'a aidé à faire peur aux miliciens pour défendre les réfugiés. Il faut faire un effort pour ne pas se méprendre sur la personne de Wenceslas. »

Après avoir brièvement brossé le portrait du prêtre, l'abbé Célestin entre dans le vif du sujet et évoque ce qui s'est passé à Saint-Paul et à la Sainte-Famille entre le 7 avril et la fin juin 1994. Il raconte les quatre « visites » de miliciens, dont deux se sont soldées par des rafles suivies d'exécutions. Au fil de la narration, il fait apparaître un Wenceslas inaccessible à la peur, toujours sur la brèche, avec son gilet pare-balles et son pistolet, se démenant pour « ses » réfugiés. Les couleurs en plus, la description ressemble à celle faite par l'homme du CICR.

« Wenceslas a transporté beaucoup de réfugiés de la maison à la paroisse, de la paroisse à l'hôtel des Mille-Collines. Il était devenu comme le fournisseur de l'hôtel ; il donnait aux réfugiés le lait en poudre, les flocons d'avoine, l'huile, les boîtes de conserves. Quand le climat est devenu tendu, les miliciens rôdaient autour de la paroisse, Wenceslas n'a pas eu peur, n'a pas voulu partir à Kabgazi avec les autres prêtres ; même si des gens ont été tués à la Sainte-Famille, c'est l'une des rares paroisses qui ont pu en cacher jusqu'à la fin de la guerre, puisque le prêtre n'a pas laissé les réfugiés aux mains des miliciens.

« À Kigali, la vie est devenue dure, Wenceslas a pris la camionnette Mazda de l'Économat général ; pour approvisionner les stocks en aliments des réfugiés, il allait en ville à la Caritas nationale, à Nyamirambo, au CICR. En cours de route, il a été maintes fois menacé parce qu'il apportait de la nourriture aux "complices du FPR". »

Le père Célestin tient à raconter une anecdote qui s'est déroulée lors de la prestation de serment de la vice-présidente de l'Assemblée nationale de transition : « Le Premier ministre Pierre Célestin Rwigyema m'a ainsi présenté aux hautes autorités à Kimihurura, lieu de résidence de la vice-présidente : "Celui-ci s'appelle Célestin, le grand ennemi de l'abbé Wenceslas, parce que quand Wenceslas massacrait les gens et incitait les gens au massacre, Célestin, lui, faisait le contraire, il sauvait les gens." Moi, j'ai affirmé que ce n'était pas vrai, et qu'au contraire on travaillait ensemble, on s'entraidait. Tout de suite il m'a conseillé de me taire et de ne pas louer la bravoure de Wenceslas publiquement. Cette scène a eu lieu à Kimihurura, en présence de plusieurs ministres et autres hautes autorités du pays. »

Du témoignage de l'abbé Wenceslas je ne retiendrai que quelques aspects qui permettront de mieux comprendre l'acharnement du FPR contre lui.

Le père Wenceslas observe un jour d'avril 1994 que sur la ligne de Kacyiru, en face de la paroisse, le FPR envoie des enfants qui se font exterminer dans les combats. Il dénonce ces comportements aux Casques bleus, qui ne réagissent pas, de peur de s'attirer les foudres du commandement FPR. Il dénonce aussi violemment le pilonnage déclenché par l'APR, le 1er mai, contre la Sainte-Famille, qui fit 12 morts et 115 blessés (dont la plupart mourront de leurs blessures). A-t-il trop énervé les militaires du FPR? Dans la nuit du 16 au 17 juin 1994, ils ont mené une action commando sur Saint-Paul, puis sur la Sainte-Famille, qui avait pour objectif de le tuer.

À la suite cette opération de l'APR, la Sainte-Famille a été, cette fois, l'objet d'une sauvage attaque des miliciens qui a fait une cinquantaine de morts, suivie d'un pillage total... Le 22 juin, un obus tiré par l'APR pulvérisait la chambre du père Wenceslas; le 24 juin, deux obus explosaient près de l'église, tuant six personnes et en blessant quatre autres; le 27 juin, un obus, toujours du FPR, détruisait le mur du presbytère où Wenceslas aurait dû se trouver...

Je fais grâce au lecteur de tous les témoignages favorables à l'abbé Wenceslas que j'ai collectés, à l'exception d'un seul que j'ai trouvé nécessaire de publier, tant il est paradoxal. Charles Karemano, cadre du PSD, raconte en effet qu'il a failli mourir à cause du père Wenceslas, parce qu'il était hutu..., ou plutôt parce qu'il n'était pas tutsi!

«Vers 10 heures [le 15 avril 1994], on m'annonce que l'abbé Wenceslas Munyeshyaka se trouve dans ma rue en compagnie d'un autre abbé. Le premier a accueilli des Tutsis à la paroisse de la Sainte-Famille. Ils sont de passage dans le quartier pour recueillir des rescapés. Je me précipite vers eux et leur demande de nous aider, ma famille et moi, à nous réfugier à l'église de la Sainte-Famille. L'abbé Wenceslas m'a répondu qu'il n'avait pas à s'occuper des Hutus qui, selon lui, n'avaient rien à craindre; qu'il devait s'occuper d'abord des Tutsis, plus menacés.

«L'abbé est originaire de ma région. Je sais que l'un de ses parents est Tutsi. Je n'ai pas eu le temps de discuter sa réponse et de lui expliquer que moi aussi, j'étais en danger.

«À ce moment, j'ai conclu qu'il refusait de me secourir parce j'étais Hutu et qu'il préférait secourir les Tutsis comme lui. Par la suite, j'ai compris qu'en refusant de me transférer dans sa paroisse, il m'a rendu service. J'y aurais été facilement localisé comme les autres Hutus dits modérés, et probablement tué. Toutefois, c'est parce que je suis en vie que je peux m'accorder le loisir de faire de telles conjectures. Et si j'avais été trouvé chez moi et tué ? Ma femme ou l'un ou l'autre membre de ma famille qui aurait survécu n'aurait-il pas traîné l'abbé en justice[3] ? »

Le témoignage de Florida Mukeshimana, veuve de Boniface Ngulinzira, ancien ministre des Affaires étrangères, permet de suivre le père Wenceslas lors de sa fuite de Kigali. Sauvée par le Père qui avait réussi à la faire sortir de Kicukiro avec ses enfants et à la cacher ensuite au couvent des sœurs missionnaires de la Charité, elle est en effet partie de Kigali, dans la nuit du 3 au 4 juillet, dans un convoi où avaient pris place une vingtaine de personnes, dont Wenceslas et trois gendarmes. Les voilà tous arrêtés à un barrage tenu par des miliciens *Interahamwe*. « Ils nous ont fait sortir des camionnettes où nous étions entassés. Les miliciens ont commencé à nous frapper, nous traitant d'*Inkotanyi*. Ils ont pris les trois fusils des gendarmes et ont commencé à les tabasser. Monsieur l'abbé Wenceslas Munyeshyaka était avec nous. Quand il leur a dit : "Je suis l'aumônier des jeunes de la Sainte-Famille", ils lui ont répondu : "Tais-toi ! Les prêtres sont les complices du FPR ! D'ailleurs, toi et les gendarmes de la Sainte-Famille, vous nous avez empêchés de tuer les *Inyenzi* [combattants du FPR] qui étaient dans l'église ! Aujourd'hui, vous allez mourir à leur place !" »

« L'abbé, les gendarmes et nous tous avons été enfermés dans une maisonnette au bord de la route. Ils disaient qu'ils prendraient plaisir à nous tuer tous à tour de rôle ; ils prendraient un plus grand plaisir encore à tuer le prêtre et les gendarmes ! Heureusement pour nous, sous la pression des combats, la ville de Kigali se vidait de ses habitants et les miliciens n'ont pas eu

3. *Au-delà des barrières,* Paris, L'Harmattan.

le temps de mettre leur plan à exécution. Ils ont pris les camionnettes et sont partis ! [...]Nous avons pu atteindre Goma le 7 juillet[4]. »

Dans le camp de déplacés qu'il avait rejoint, le père Wenceslas et d'autres prêtres signent une lettre qu'ils adressent à Jean-Paul II : ils lui déclarent que le FPR est à l'origine de nombreux massacres et que l'imputation du génocide aux seuls Hutus relève d'un complot international. En posant cet acte, le père Wenceslas aggrave son cas.

Il arrive en France le 25 septembre 1994 et est installé comme vicaire dans la paroisse de Bourg-Saint-Andéol, dans l'Ardèche. Commence alors pour lui une seconde traque, cette fois française.

L'ancien séminariste Christian Terras n'aura pas assez de toute sa vie pour régler ses comptes avec l'Église catholique, avec le Vatican et le haut clergé. À lui tout seul, il voudrait changer le dogme, amender Vatican II et élire le pape. Dans sa revue *Golias*, il a également pris fait et cause pour le FPR et adhère donc complètement à sa vision de l'Histoire, qui désigne la France et l'Église catholique comme complices du génocide et, pour ce qui est de la seconde, une complice dont la collusion commence dès la fin des années 1950. Terras travaille en collaboration étroite avec Kigali et livre à la vindicte populaire française ceux que lui signalent ses amis rwandais. Il n'est pas avare en anathèmes : surtout ceux de « révisionnisme » (comme à l'encontre du père Theunis), de « négationnisme », de comportement « génocidaire ». Certains de ceux qu'il a accusés ont été tués ou ont connu de sérieux ennuis. Rien d'étonnant à ce qu'il soit le premier à relayer la traque décidée à Kigali contre le père Wenceslas. Dès novembre 1994, il publie dans *Golias* un article intitulé « Une odeur de révisionnisme », où il dénonce la lettre des prêtres de Goma (Zaïre) à

4. *Dialogue* n° 183, mai-juin 1995.

Jean-Paul II. La communauté internationale ne parle alors que du génocide des Tutsis. Le père Wenceslas est déjà classé dans la catégorie des révisionnistes. L'article ne mentionne pas encore que l'abbé s'est réfugié en France. C'est tout simplement parce que Terras ne le sait pas.

En janvier 1995, le père Wenceslas est inscrit, sous le numéro 421, sur la liste des « génocidaires » publiée par le gouvernement de Kigali. Ces listes sont l'arme absolue du nouveau pouvoir. Elles lui permettent, de façon absolument arbitraire, d'éliminer, au moins moralement, toute personne qui, pour une raison ou une autre, dérange la clique dirigeante du Rwanda. Si invraisemblable que cela puisse paraître, des pays comme les États-Unis, la Grande-Bretagne et la Belgique lui confèrent un grand crédit. Figurer sur cette liste, c'est avoir une épée de Damoclès au-dessus de la tête. Cette seule inscription libère tous les chiens de meute…

Une Française découvre que le père Wenceslas est vicaire à Bourg-Saint-Andéol et diffuse l'information parmi le réseau français pro-FPR. Une petite pause est nécessaire pour comprendre le cheminement de cette indicatrice.

Yvonne Mutimura est une Française d'origine tutsie et rwandaise. Elle n'a pris la nationalité française que le 6 juin 1994, par son mariage avec Pierre Galinier qu'elle a connu à Kigali alors qu'elle était la secrétaire du Projet santé de lutte contre le Sida, et lui Volontaire du Progrès. Tous deux vont raconter, devant les médias et devant la justice, comment Yvonne a échappé au génocide. Ils décrivent les péripéties de son arrivée à l'hôtel Méridien et une première occasion manquée de partir avec des soldats belges ; puis Pierre Galinier affirme : « Finalement, le mardi, nous avons pu partir avec le dernier convoi des commerçants et des ecclésiastiques. Là, nous avons caché Yvonne sous des vêtements. Nous sommes arrivés à l'aéroport et nous avons pris un avion militaire pour Nairobi. Là, l'ambassade de France nous a donné des billets d'avion pour Paris. »

Le couple, qui milite activement pour mettre la France en accusation pour complicité de génocide, a tout simplement « oublié » le rôle déterminant de Jean-Marie Milleliri, un colonel-médecin français, dans le sauvetage d'Yvonne Mutimura qui n'était autre que sa secrétaire. Milleliri raconte[5] :

« Yvonne m'appelle pour me demander si je peux me porter garant pour elle afin qu'elle puisse être évacuée sur la France [...]. Elle doit quitter le Rwanda pour se marier en France avec [Galinier] lorsqu'il aura terminé son contrat. Mais elle craint, comme lui, que leur liaison n'ayant aucun caractère officiel, elle soit contrainte de rester au Rwanda en cas d'évacuation des Français. Elle est Tutsie, et a raison de se faire du souci, avec ce qui se passe dans la ville. Je la rassure. [...] Bien sûr, je me porterai garant pour elle, mais, pour l'instant, je leur dis de faire attention à eux. [...] Cette certitude d'un futur appui potentiel semble leur donner plus d'espoir, et à la voix d'Yvonne avant qu'elle ne raccroche, je devine qu'elle va se mettre à pleurer [...].

« Au passage dans le centre de décision de l'école, je demande à Alain – le directeur qui continue d'œuvrer pour l'organisation des évacuations – s'il a des nouvelles de ma secrétaire Yvonne et de son fiancé Pierre, probablement encore bloqués vers l'hôtel Méridien.

« Tiens, me dit-il, énervé, en me tendant le combiné de phonie, contacte l'Ambassade et demande-le-leur.

« En fait de contact avec l'ambassade, c'est un militaire belge de la MINUAR qui interrompt ma demande pour me dire que les deux personnes recherchées sont avec lui. Je me porte aussitôt garant pour Yvonne à qui son statut de Rwandaise, sans attache française officielle, peut faire courir le risque d'un abandon dans son pays à feu et à sang.

« – Oui, il s'agit de la secrétaire du projet du Ministère français de la Coopération sur la lutte contre le sida. J'insiste sur

5. *Un souvenir du Rwanda,* Paris, L'Harmattan, 1997.

"français", craignant trop que mon interlocuteur en vienne à la laisser ici. Mais non. Il acquiesce :

« – Bien, nous la prenons en charge avec son fiancé et nous nous chargeons de leur évacuation, me répond à l'autre bout de la ville mon Onusien anonyme. Je suis rassuré. »

L'attitude antifrançaise d'Yvonne n'a pas commencé sitôt après son arrivée en France. C'est après un séjour à Kigali, en septembre 1994, où elle est allée récupérer des membres de sa famille, qu'elle s'est mise à militer pour les thèses FPR. La toute puissante DMI (Directory of Military Intelligence), au travers de l'organisation Ibuka[6], a-t-elle exercé un chantage sur elle ? A-t-elle marchandé avec elle ? Nous ne sommes pas en mesure de l'affirmer.

En février 1995, la « Communauté rwandaise » tutsie pro-FPR écrit à Mgr Duval, président de la Conférence épiscopale, pour dénoncer la présence au sein de l'Église de prêtres directement impliqués dans le génocide ou les massacres. Tous les réseaux pro-FPR sont alors en chasse pour trouver des éléments permettant de mettre le père Wenceslas en accusation.

Christian Terras fait feu de tout bois. En mai, le magazine, *Golias* finance le voyage d'un envoyé spécial qui n'est autre qu'Eugène Mutabazi, président d'Ibuka-Mémoire et Justice, c'est-à-dire un militant pro-FPR, voire un proche de la DMI. Il prend également contact avec un réseau pro-FPR installé à Londres, African Rights, dirigé par Rakiya Omar qui n'est autre, elle aussi, qu'une militante hyperactive, proche de la DMI. Alors même que le FPR n'avait pas pris le pouvoir, elle était, en juin 1994, à Byumba, en compagnie d'officiers de l'APR et, après l'installation du nouveau gouvernement, ses bureaux se trouvaient dans des bâtiments officiels. Elle était

6. Ibuka est une organisation puissante qui, au Rwanda et dans les pays où vit une diaspora rwandaise, milite activement pour entretenir le souvenir du génocide frappant les seuls Tutsis. Elle est un relais très actif du FPR et de la DMI.

intimement liée au major Richard Masozera, le médecin personnel de Kagame, puis avec un des dirigeants des renseignements extérieurs de l'APR, Rudasingwa, ancien secrétaire général du FPR et chef de cabinet de Paul Kagame. « Cette dame est trop proche des services de renseignements du gouvernement rwandais pour qu'on l'accorde un quelconque crédit à ses révélations sur le génocide[7]. »

Parce que Bourg-Saint-Andéol est dans le sud de la France, c'est le réseau pro-FPR *Liaison-Rwanda*, installé à Montpellier et dirigé par Thierry Laniesse, qui est chargé d'assurer la traque du père Wenceslas. Précisons que Thierry Laniesse, qui est un enragé de la « Cause », est marié avec Sara, une Tutsie rwandaise exilée, qu'il a rencontrée au Burundi.

Le 28 mai 1995, peu avant midi, Thierry Laniesse, Sara et Jean-Louis Nyirinkwaya entrent dans l'église de Bourg-Saint-Andéol où le père Wenceslas, assisté de deux enfants de chœur, est en train de terminer de célébrer un baptême. Thierry Laniesse commence par prendre des photos, puis s'approche du prêtre, l'agresse, l'insulte – le traitant notamment de « génocidaire » – et lui promet une campagne médiatique au nom de son association. Les trois agresseurs quittent l'église et collent des coupures de journaux mettant le prêtre en cause à la porte de l'église, à la mairie et au couvent des sœurs.

Quasi simultanément, la revue *Golias* publie un dossier intitulé « Le "Touvier" rwandais sous haute protection de l'Église de France[8] ». Article monstrueux où l'abbé est présenté comme un milicien qui a fait obstruction à l'évacuation des Tutsis pour les livrer aux milices, et, de surcroît, un violeur. Une certaine

7. Témoignage de Jean-Baptiste Mberabahizi, ancien du FPR, rapporté par Gaspard Musabyimana dans *La Vraie Nature du FPR/APR d'Ouganda en Rwanda*, Paris, L'Harmattan, 2003.

8. La revue *Golias* a été condamnée en avril 1997 par le tribunal correctionnel de Lyon à deux mille francs d'amende pour avoir diffamé l'abbé Wenceslas en l'accusant d'avoir participé au génocide. Dans son jugement, le tribunal souligne que « la chambre d'accusation de la Cour d'appel de Nîmes n'a, en aucun cas, prononcé la culpabilité de Wenceslas Munyeshyaka du chef de génocide », contrairement à ce qu'avait écrit la revue dans son numéro de l'été 1996.

Chantal Mugabushaka y affirme : « Non seulement il violait lui-même, mais il faisait violer par les gendarmes. » Ces accusations sont relayées par FR3 Montpellier et *Libération*. La chasse à l'homme bat son plein et des journalistes se joignent à la meute.

Pendant ce temps-là, la procédure judiciaire destinée à condamner le père Wenceslas se prépare à Paris. Elle est élaborée par Me William Bourdon qui cumule le métier d'avocat et le titre de secrétaire général de la FIDH dont on a vu l'engagement militant aux côtés du FPR depuis longtemps. William Bourdon est lui aussi un enragé de la Cause. Il est aidé par quelques militants pro-FPR comme les inévitables Jean-François Dupaquier et Jean-Paul Gouteux (qui fait partie notamment du comité de rédaction de *Liaison-Rwanda*), accompagnés tous deux de leurs femmes d'origine tutsie, Eugénie Gatari et Marie Mukashema Kabano. La présence, dans le dossier instruit contre le père Wenceslas, de ce [...] secrétaire général de la Fédération internationale des droits de l'homme, bénéficiant à ce titre d'une très grande autorité morale, va évidemment donner un poids considérable à l'accusation auprès de la justice et des divers médias.

Le 21 juin 1995, un huissier délivre une sommation interpellative au procureur de Nîmes, rédigée par Me Bourdon, d'avoir à procéder à l'arrestation immédiate du père Wenceslas Munyeshyaka. Cette plainte est accompagnée de 16 attestations certifiant que, au sein de la paroisse de la Sainte-Famille, à Kigali, le père Wenceslas avait, au cours des mois d'avril et mai 1994 notamment, maltraité des réfugiés tutsis en les privant de nourriture et d'eau, les avait livrés à la milice hutue, et avait contraint les femmes à avoir des relations sexuelles avec lui en échange de leur vie sauve... On l'accuse aussi d'avoir monnayé ses services. Le 26 juillet 1995, le juge d'instruction de Privas délivre un mandat d'amener contre le prêtre qui est exécuté deux jours plus tard. Le père Wenceslas nie évidemment les faits et est mis en liberté sous contrôle judiciaire le

11 août 1995, la cour d'appel de Nîmes ayant jugé les témoignages sans consistance. Malgré cette clémence apparente, le calvaire du père Wenceslas – mis en examen des chefs de génocide, torture, mauvais traitement et actes inhumains et dégradants – ne fait que commencer…

Alors que le père est en prison, le groupe des militants français se constitue parties civiles. On y trouve les deux couples Dupaquier et Gouteux, mais aussi un autre couple mixte, Pierre Galinier et Yvonne Mutimara, qui prend la tête de l'accusation, ainsi que Jean-Louis Nyilinkwaya – celui qui accompagna le couple Laniesse à Bourg-Saint-Andéol – et sa femme Marie-Louise, lesquels seront rejoints par six Rwandais, dont Clémence Safari, une nièce d'Yvonne Mutimura.

Dupaquier crée, avec l'universitaire Jean-Pierre Chrétien l'association Mémorial International, qui n'est ni plus ni moins qu'un outil *ad hoc* pour continuer la traque. L'association loi 1901 se propose notamment d'aider les institutions judiciaires à se doter de moyens d'action pour pourchasser plus efficacement les « génocidaires ».

Mais le militantisme ne donne pas droit à se constituer partie civile. Le 9 janvier 1996, le juge déclare irrecevables les plaintes du couple Dupaquier. Dupaquier qui n'était pas là au moment des faits, affirmait sans aucun élément de preuve que le père Wenceslas avait livré aux miliciens le plus grand journaliste du Rwanda, André Kameya, alors même que ce journaliste était un ami du Père. « Il y aurait des dizaines de témoins sur le rôle de Wenceslas pendant le génocide. Pour tous ces gens, son implication est plus qu'évidente. » Quant à madame Dupaquier, née Eugénie Gatari, elle accusait le Père en s'appuyant sur le témoignage de sa cousine qui affirmait s'être réfugiée à la Sainte-Famille : « Elle m'a dit que le Père Wenceslas se baladait en gilet pare-balles avec une arme, qu'il était du côté des miliciens hutus, il coupait l'eau aux réfugiés, parfois sans raison. Il s'était fâché quand il avait appris que tant de personnes voulaient être évacuées dans les camps du FPR. Il appelait les Tutsis des cancrelats. Il rédigeait des listes et mettait les femmes les plus belles dans des chambres particulières à la Sainte-Famille. Avant même le génocide, il était connu pour avoir des rapports intimes avec les femmes. »

Les Dupaquier sortis judiciairement du dossier, Yvonne Mutimura devient la principale accusatrice du père Wenceslas, alors même qu'elle n'était pas présente à la Sainte-Famille au moment des prétendus faits. Elle utilise pour cette sale besogne on-dit et rumeurs (« Il se disait qu'il aidait les extrémistes à faire disparaître ceux qui le gênaient ») et exploite – à son tour – le témoignage d'une nièce, Clémence Safari : Wenceslas tenait des listes des réfugiés en fonction de leur âge et de leur ethnie ; il les communiquait au préfet Renzaho Tharcisse et lui livrait des gens qui étaient contraints de sortir de l'église. Ils étaient alors massacrés. Clémence rapporte aussi que son frère Christophe est mort pour avoir interpellé Wenceslas : pourquoi livrait-il donc des Tutsis innocents, pas même complices du FPR ? Wenceslas l'a désigné Christophe au préfet et aurait dit à celui-ci : « Celui-là, tuez-le en premier. »

La mécanique FPR tourne alors à plein régime, en France comme à Kigali. Ibuka fait le nécessaire à Kigali pour envoyer Clémence Safari dans l'Hexagone afin de confirmer les accusations d'Yvonne Mutimura-Galinier. Ladite Clémence confirme effectivement, huit jours après sa tante, la responsabilité du père Wenceslas dans l'assassinat de son frère Christophe. Elle ment. Et son premier mensonge, qui entraîne tous les autres, est d'affirmer qu'elle était réfugiée à la Sainte-Famille alors qu'elle se trouvait à Saint-Paul, « dans la chambre 21, tout près de la Chapelle », ainsi que me l'a précisé le père Célestin. Or, Clémence a complété son accusation, déjà grave et fausse, par quelques horreurs supplémentaires parmi lesquelles : Wenceslas ouvrait les portes de l'église aux miliciens, leur désignait des jeunes gens pour qu'ils exécutent des corvées. On n'a plus revu bon nombre d'entre eux. Wenceslas choisissait des jeunes filles qui étaient contraintes de l'accompagner, parfois à l'hôtel des Mille-Collines. Elles devaient coucher avec lui.

L'opération montée autour de Clémence Safari par Ibuka, associée aux réseaux pro-FPR de France, n'est que l'illustration d'une pratique courante du nouveau régime de Kigali : la fabrication de faux témoins, dénoncée à maintes reprises. Ainsi Seth Sendashonga, ancien ministre de l'Intérieur du premier gouvernement pro-FPR, a-t-il été assassiné, le 16 mai 1998, dans la banlieue de Nairobi, alors qu'il s'apprêtait à témoigner devant le Tribunal pénal international et à apporter des éléments sur la « fabrication » de témoins pour les procès devant les juridictions rwandaises et devant le TPIR[9]. Beaucoup plus récemment, une enquête a été lancée, le 11 juillet 2005, pour savoir si des témoins se sont rendus coupables de parjure devant le TPIR[10]. En mai 2005, deux témoins à charge contre Jean de Dieu Kamuhanda ont ainsi déclaré avoir été entraînés dans une campagne de délation contre l'accusé.

Clémence Safari n'en était pas à son coup d'essai en matière de délation. Elle avait déjà fait emprisonner des gens pour participation au génocide, notamment en accusant un certain Pacôme Nshimyumukiza, arrêté dans sa classe, et qui allait passer sept ans en prison à Kigali sur la base de ce faux témoignage.

De retour au Rwanda et mission accomplie, Clémence Safari obtint, grâce à l'intervention de sa tante Yvonne, un visa de l'ambassade de France pour revenir dans l'Hexagone. De là, elle est partie en Hollande où elle a obtenu l'asile politique. Prise de remords, Clémence Safari a envoyé le 9 novembre 2000 une lettre aux parents de Pacôme pour le disculper. Elle y reconnaissait avoir « contribué à accuser faussement » leur fils, sous le coup de la colère de l'après-guerre : « J'ai menti contre lui », concluait-elle[11].

9. *Le Monde*, daté du 19 mai 1998.
10. Dépêche AFP du 19 août 2005, d'Arusha (Tanzanie).
11. Copie de la lettre dans les archives de l'auteur.

Yvonne Galinier ne s'est toujours pas rétractée, continuant ainsi à se montrer une bonne militante du FPR. Elle réussissait à se faire embaucher dans les services de Carla del Ponte, alors procureur du TPIR, cependant que son mari travaillait dans les services de documentation du Tribunal international de La Haye.

Le père Wenceslas a attiré sur lui d'autres faux témoins. Le plus emblématique est sûrement Yolande Mukagasana. Protégée par MSF-Belgique, celle-ci est devenue une institution qui, après avoir écumé les plateaux de télévision, de radio, les conférences, les débats, enseigne maintenant le génocide rwandais dans les écoles belges. Si elle a bien vécu un drame horrible en perdant son mari et ses enfants, elle a mis sa souffrance au service d'un combat douteux en revêtant l'uniforme des témoins militants. « Partiel, son témoignage devient partial et tend à exonérer la rébellion tutsie de sa part de responsabilité dans l'engrenage implacable qui transforma le Rwanda en annexe de l'enfer [...]. À force de battre et de rebattre les cartes de manière à laisser penser que les assassins se recrutent dans un seul camp, Yolande Mukagasana et Patrick May [qui aide Yolande Mukagasana à écrire ses ouvrages] s'égarent dans une vision manichéenne des causes et des effets du conflit rwandais. Ils font la part belle au cliché du "FPR investi du rôle de libérateur". La vérité n'y trouve pas son compte et oblige à lire entre les lignes[12]. » Les accusations de Yolande Mukagasana sont terriblement efficaces, car elle bénéficie d'un très grand poids médiatique. Elle accompagne ses diatribes de pleurs. Ces larmes désarçonnent ses contradicteurs. Yolande écrit aussi beaucoup : *La mort ne veut pas de moi,* publié par Fixot en 1997, *N'aie pas peur de savoir,* chez J'ai lu en 1999.

Que raconte-t-elle sur ces terribles journées qu'elle a vécues à Kigali ?

Dans son premier livre, elle rapporte comment elle a été

12. *Jeune Afrique* du 6 au 12 juillet 1999.

sauvée à deux reprises par des prêtres qu'elle remercie. « Aujourd'hui, je suis redevenue une femme, et je veux vivre. Merci, père Vanoverschelden. Merci, père Tadeuz. Vous venez de m'apporter la foi. Ce n'est peut-être pas une foi très catholique, mais elle me soutient. » Le seul arrangement avec ce bout de vérité est le nom des pères : il s'agit en réalité des pères Blanchard et Meyer. Elle quitte ce havre religieux pour le Conseil national de la Pastorale Saint-Paul, qui jouxte la Sainte-Famille. Elle y est reçue par le père Célestin, qu'elle décrit comme « un petit père à la peau comme du charbon ». Puis elle se livre à une attaque violente contre le père « Stefano », pseudonyme qui cache mal le père Wenceslas : « Cet homme de Dieu passe ses journées à discuter le coup avec les miliciens et à boire de la bière. Il fait semblant de protéger les Tutsis et les livre régulièrement aux miliciens, comme au compte-gouttes. Parfois il viole une femme qu'il trouve à son goût ». Information qu'elle a obtenue en entrant en communication avec un jeune homme réfugié à la Sainte-Famille, qu'elle connaissait et qui a été assassiné. Yolande Mukagasana utilise la même méthode qu'Yvonne Galinier, Jean-François Dupaquier et sa femme : elle fonde toute son accusation sur un témoin dont on ne connaît même pas le nom et qui ne démentira jamais l'information, puisqu'il est mort... Yolande Mukagasana raconte ensuite qu'elle a pris contact avec l'hôtel des Mille-Collines, dont elle connaissait le directeur, et qu'un officier des FAR est alors venu la chercher...

Dans son deuxième livre, Yolande Mukagasana reprend succinctement son premier témoignage pour mieux faire passer une profession de foi FPR contre la France (alors qu'elle n'en disait rien dans le premier) et contre l'Église catholique. Soit sa mémoire avait été particulièrement infidèle lors de la rédaction du premier, soit, beaucoup plus probablement, nombre d'arguments de propagande lui ont été soufflés pour le second. Dès la page 21, elle écrit : « Quant à l'ambassade de France, mieux vaut ne pas l'appeler, ce serait donner mon adresse aux

FAR». Quant au passage sur les pères Tadeuz et Vanoverschelden, il a été épuré du passage consacré aux remerciements, et quelques détails y ont été ajoutés. L'un d'eux ne semble avoir aucune importance, sauf que l'anecdote sera rapportée aussi par un des pères : «Le lendemain, je me sens presque fraîche. Je prends une douche, soit une casserole d'eau que je me renverse sur la tête.» Mais, surtout, le ton a changé à l'égard de ses deux sauveteurs : «Je m'engueule régulièrement avec mes protecteurs de prêtres. Ils me reprochent de ne pas communier, me nourrissent à peu près convenablement : une poignée de fèves par jour, et, parce que j'ai le "mal de lune", vont me chercher des serviettes hygiéniques sur les cadavres, dans l'église voisine où les génocidaires ont fait leur travail.»

Yolande Mukagasana reprend mot pour mot son attaque contre le père Stefano, alias Wenceslas. À la fin du dernier chapitre, charriant une accumulation de toutes les rumeurs contre la France véhiculées par le FPR, elle apostrophe :

«Vous tous qui avez fait ou laissé faire le génocide, vous tous qui cherchez à le nier ou à le justifier, je vous tiens pour aussi coupables les uns que les autres. Sachez que je passerai devant vos chaumières jusqu'à la fin de ma vie, mes enfants morts sur le dos!» Et suit une liste de dix noms parmi lesquels ceux de James Gasana, l'ancien ministre de la Défense, exilé en Suisse depuis la mi-1993, attaqué par Chrétien et Ziegler, que le gouvernement helvétique a lavé de tous soupçons, et du père Wenceslas.

Que répond ce dernier?

«Les affirmations de Yolande Mukagasana ne sont que pures affabulations. Yolande comme les autres qui m'accusent ne me connaît pas, je ne les connais pas et ils n'ont jamais été dans ma proximité pour savoir ce qui s'est passé. Les gens avec qui je travaillais, Hutus et Tutsis, sont les seuls qui savaient comment on fonctionnait. Et aucun de ceux-là ne m'a reproché quoi que ce soit. Au contraire, ils sont tous solidaires de mon action.»

Le père Wenceslas rappelle que ce sont des prêtres qui ont sauvé Yolande de l'enfer. Et il se met à me raconter l'histoire de celle-ci telle qu'il l'a apprise des pères Blanchard, Meyer et Célestin.

Le père Otto Meyer, toujours à Kigali, se rappelle[13] bien Yolande Mukagasana et est très déçu par son comportement. Il lui a même téléphoné pour lui dire sa façon de penser : « Je la connaissais depuis 1991 et je la savais proche du FPR. Je savais qu'elle allait souvent au CND[14]. Elle est arrivée, le soir du 25 avril 1994, à la paroisse de Nyamirambo, avec Jacqueline qu'elle appelle Bernadette dans son livre. Jacqueline, une Hutue qui ne craignait rien, l'avait hébergée. Yolande m'a dit que Joseph, son mari, Christian et Tinette, deux de ses enfants ainsi qu'un autre, adopté, avaient été tués à la machette...

« Elle était sale et voulait absolument prendre une douche. Mais la douche était à l'extérieur, dans le garage. Ça tirait beaucoup dans la rue. Elle a quand même voulu y aller, mais voulait un slip pour ne pas être toute nue. Je lui en ai prêté un. Je l'ai installée dans une chambre avec une certaine Geneviève. Elle nous a aidés et s'est occupée d'une petite fille qui avait reçu un coup de machette.

« Yolande est repartie le 7 mai à la tombée de la nuit avec une gendarmette à qui le père Blanchard avait donné 50 dollars. Elle a été emmenée chez le colonel Munyengango qu'elle connaissait.

« Celui-ci l'a conduite à Saint-Paul où elle a été accueillie par le père Célestin. Après un court séjour, le père Célestin l'a remise à la MINUAR, à l'hôtel des Mille-Collines. De là, des Casques bleus l'ont transportée à Kabuga, et de là elle a rejoint Mulindi où était basé l'état-major du FPR. Elle a travaillé comme infirmière à l'hôpital du FPR. »

Le père Célestin confirme ces deux récits en donnant quelques détails : « Elle est arrivée à Saint-Paul avec d'autres personnes. Elle

13. Conversation téléphonique avec l'auteur.
14. Où était cantonné le bataillon du FPR à partir de la fin décembre 1993.

a été très rapidement considérée comme une menace, y compris par les Tutsis, car elle était suspectée d'être une collaboratrice du FPR. Il y avait notamment un docteur, aujourd'hui président de la Commission pour l'unité nationale, qui insistait beaucoup pour qu'elle parte tant elle mettait en danger tout le monde par sa seule présence. J'ai négocié avec les gendarmes qui nous gardaient pour qu'elle soit emmenée à l'hôtel des Mille-Collines. Elle est restée environ une semaine à Saint-Paul. Son histoire sur le père Wenceslas est complètement fausse. »

Le père Wenceslas a été également victime d'un autre couple français, plus activiste encore – si c'est possible – que les couples Dupaquier, Galinier et Gouteux : Alain et Dafroza Gauthier. Alain Gauthier est en effet président du Collectif des parties civiles pour le Rwanda, et sa femme, Dafroza Mukarumongi, est présidente de la Communauté rwandaise de France et trésorière de l'Association pour un Jardin de la mémoire des victimes au Rwanda. Tous deux n'ont pas hésité à se rendre à Kigali pour collecter des témoignages afin d'accabler le père Wenceslas. Leur militantisme leur a fait oublier toute prudence : ils ont ainsi laissé leurs coordonnées, tant en France qu'à Kigali, aux personnes sollicitées. Leur agitation n'est pas passée inaperçue, car ils frappèrent à beaucoup de portes. Ils ont ainsi demandé à un employé des Mille-Collines qui s'est mis en quatre pour les aider. Celui-ci a contacté une femme dont nous tairons le nom pour raisons de sécurité et lui a promis tout ce qu'elle voudrait à condition d'affirmer que l'abbé Wenceslas l'avait violée en échange de la vie sauve. « J'ai répondu qu'il m'était impossible de faire un faux témoignage contre une personne qui m'a sauvé la vie. Par contre, je lui ai demandé qu'il me conduise jusqu'à ces Blancs pour que je témoigne en faveur du père Wenceslas. Il m'a répondu qu'il ne cherchait que des témoignages sur les exactions du père[15]. »

---

15. Copie du témoignage dans les archives de l'auteur.

Que d'énergie dépensée pour obtenir la condamnation du père Wenceslas !

Après que les constitutions de parties civiles de Jean-François Dupaquier et de sa femme eurent été déclarées irrecevables, Dupaquier s'est livré à un véritable harcèlement physique et moral à l'encontre du Père sous le fallacieux prétexte que ce dernier bénéficiait d'une impunité judiciaire. Lui et/ou ses proches se livrèrent dès lors à des menaces, des filatures, des agressions verbales dans des églises...

Samedi après-midi 15 mars 1997 : une cinquantaine de personnes, en majorité d'origine rwandaise, défilent dans le centre-ville d'Évreux avec des pancartes « Justice pour les victimes du génocide ! » « Pas d'impunité pour Wenceslas ! », « Non à la barbarie, jugez le père Wenceslas ! ». Le défilé va du palais de justice à l'évêché. La manifestation a le soutien de *Golias*, d'African Rights et de Memorial International, trois organisations pro-FPR. Christian Terras est présent. De nombreuses photos sont prises et transmises à Kigali. L'hebdomadaire de propagande d'État rwandais *Imvaho,* dans son numéro 1177 daté des 14-20 avril 1997, publie huit photos pour illustrer un très violent article dirigé contre le père Wenceslas.

Début avril 1998, Dupaquier conduit une nouvelle manifestation à la fin de la bénédiction des Rameaux sur la pelouse de la collégiale des Andelys. Des banderoles injurieuses sont déployées et des tracts distribués. Dupaquier s'approche du père Wenceslas dans la procession qui se rend à l'église et l'interpelle jusqu'à ce que les fidèles repoussent le chef dénonciateur...

En janvier 2001, Dupaquier, accompagné de quelques amis, agresse encore verbalement le père Wenceslas dans l'église où il dit la messe.

Nouvelle opération montée par Dupaquier, mais cette fois en impliquant la télévision de service public. Après avoir refusé d'accorder une interview à une équipe d'*Envoyé spécial*, parce qu'il avait compris qu'elle ne servirait qu'à cautionner les *a priori* des auteurs, le père Wenceslas a été filmé contre son gré, le dimanche 18 mars 2001, à Guiseniers, à l'intérieur même de l'église et à la sortie de la messe.

Le père Wenceslas a alors adressé deux lettres au directeur de l'information de France 2, les 13 et 14 avril, pour lui demander que son nom ne soit pas mentionné dans l'émission programmée le 26 avril 2001, tout en signalant de surcroît que l'équipe de télévision était accompagnée de Dupaquier « que la justice a débouté comme partie civile dans l'affaire en cours ». Et il ajoutait que « les services de la gendarmerie nationale sont au courant des agissements de monsieur François Dupaquier contre ma personne ». Le père Wenceslas attendit en vain une réponse, et *Génocide sans coupables* passa à la date prévue. L'émission comptait des images volées d'une extrême violence qui traduisaient une évidente volonté de nuire. Ce n'est pas un reportage, c'est une charge. Le journaliste s'est borné à écouter en guise d'enquête. Il s'est contenté d'écouter le « spécialiste » Dupaquier que l'on voit pérorer devant l'église. Pour cautionner la délation de Dupaquier, la caméra montre un Africain et deux femmes noires – Immaculée et Clémence – qui, disent-elles, ont « fait des centaines de kilomètres ». « Elles ne pardonnent pas… elles sont là… un curé qu'elles accusent d'avoir livré des membres de leurs familles aux tueurs. Depuis six ans, il est réfugié en France, six ans que l'Église le protège depuis six ans… il est mis en examen sans que rien ou presque ne se passe », commente le journaliste.

Selon la traductrice, Immaculée lance au père Wenceslas en *kinyarwanda* :

– Nous sommes là, nous sommes encore vivantes, alors qu'à cause de toi on devrait être mortes !

– Allez vous faire foutre ! riposte le curé.

(Précisons que la scène se passe à l'intérieur de l'église et que les images sont toujours volées.)

Devant l'église, Immaculée s'exprime en français face à la caméra :

– En Europe, en France, il y a pas mal de gens qui circulent, qui ont trempé leurs mains dans le génocide, et nous, les rescapés, ça nous choque. Est-ce que le génocide est quelque chose qui peut passer inaperçu ? [...] Je ne réclame que justice.

Au-delà du contenu de l'émission, fausse et diffamatoire en ce qui concerne le père Wenceslas, les conditions de réalisation posent certaines questions déontologiques. Le téléspectateur ne sait rien sur Immaculée, Clémence et l'Africain. Si les CV de Clémence et de l'Africain muet ne sont pas très importants, puisqu'ils ne font que de la figuration, celui d'Immaculée est plus digne d'intérêt, puisque c'est elle qui accuse. Immaculée est fonctionnaire à l'Unesco et elle a bien perdu son mari et une partie de sa famille pendant le génocide. Son mari – un Indien qui travaillait au magasin Costa – a été tué aux côtés d'Irénée Kayibanda, à une barrière de Kacyiru, le 12 avril, devant la Caisse sociale du Rwanda, par des soldats du FPR[16] et non par des *Interahamwe*. Les autres membres de sa famille ont été tués près de Kanombe, et non à la paroisse de la Sainte-Famille – et là encore par des *Interahamwe*. Quant à Immaculée elle-même, elle n'a jamais été à la Sainte-Famille et ne connaît pas le père Wenceslas.

Le documentaire ne fournit pas d'indication sur les raisons de la présence à l'écran du grand Blanc, ni sur son identité. Monsieur Dupaquier est courageux mais pas téméraire. Il est vrai que son exercice de dénonciation n'est pas très glorieux.

Mais il y a encore mieux. Les téléspectateurs, pas plus d'ailleurs que la direction de France 2 et les responsables d'*Envoyé spécial*, n'ont su que les trois participants africains à l'agression étaient payés pour effectuer leur prestation devant la caméra !

Joël Baillager, qui habite l'ancien presbytère voisin de

16. Témoignage donné à l'auteur par Emmanuel Rwangira.

l'église, taillait ses rosiers quand Dupaquier et les Africains agressèrent verbalement le père Wenceslas devant les caméras. Il a également assisté à un vigoureux échange entre les deux Africaines et les deux hommes de télévision. Il raconte[17] :

« Je n'ai pas d'affinités spéciales avec ce personnage [il désigne ainsi le père Wenceslas], mais, sans connaître le fond de l'histoire, je trouvais que l'intervention de la télé, guidée par un grand Blanc [il s'agit de Dupaquier] accompagné de deux Africaines et d'un Africain un peu en retrait, avait quelque chose de malsain. Puis, je me suis retrouvé à une vingtaine de mètres d'un petit groupe composé des deux de l'équipe de télévision et des deux Africaines. La discussion a été animée. J'entendais tout :

« – Quand allez-vous nous payer ? répétait en boucle, et avec quelques variantes, l'Africaine la plus âgée.

« – Oui, nous allons vous payer, mais vous savez, la télé, c'est l'administration, c'est long, répondit un des deux membres de l'équipe de TV.

Ça a duré longtemps... »

Le 30 mars 2003, Jean-François Dupaquier, poursuivant son harcèlement, organise une manifestation devant l'église de Gisors, où le père Wenceslas venait de célébrer la messe. Une quinzaine de personnes entourent Dupaquier, président de Mémorial International, sa femme, ses deux filles, des Tutsis burundais et Jean-Pierre Chrétien, le vice-président de l'association. Des tracts à la teneur d'une rare violence sont distribués. L'un d'eux stigmatise l'inertie de la justice française contre le père Wenceslas, accusé d'implication dans le génocide de 1994. Un autre se présente sous la forme d'une photographie représentant un charnier de crânes humains sans indication de lieu, sous le titre : « Munyeshyaka, rappelle-toi ». Les manifestants interpellent l'évêque d'Évreux, l'appelle à se

17. Entretien avec l'auteur, le 21 juin 2005.

départir de la « regrettable arrogance d'une Église qui continue à s'estimer au-dessus des lois humaines », et lui demandent de suspendre le père Wenceslas.

Deux semaines de suite, *L'Écho-Le Régional*, journal appartenant à Jean-François Dupaquier et lu par les paroissiens du père Wenceslas, va consacrer une page entière à cette manifestation et à ses suites. Le patron du journal et président de Mémorial International obtient une interview « exclusive » de Jean-Pierre Chrétien, le scientifique du CNRS. Sous le titre : « Jean-Pierre Chrétien : "Ne pas cacher ou justifier l'innommable" », il légitime de son autorité scientifique le harcèlement « innommable » du père Wenceslas. Dans le second numéro consacré à l'affaire, le journal de Dupaquier titre : « L'évêque d'Évreux prend la défense du curé accusé de génocide », et s'insurge sur un ton toujours aussi violent contre la confiance accordée par monseigneur David au père Wenceslas.

Pour terminer (provisoirement, car le père Wenceslas est toujours mis en examen et n'a pas été jugé), j'ai demandé à Emmanuel Habyarimana, l'ancien ministre la Défense de Paul Kagame, si les accusations portées contre le père Wenceslas étaient fondées. « D'après les informations que j'ai obtenues, m'a-t-il répondu, j'affirme que tout ce qu'on lui reproche est faux. Il est absolument innocent. Je crois que c'est une personne qui militait de toute son âme pour la paix. J'ai donné mes conclusions au ministre de la Justice et au procureur de Kigali. Toutes les accusations étaient montées par Ibuka et les extrémistes. La justice finira par triompher[18]. »

Embarqué dans un discours sur la justice, ou plutôt sur l'injustice, Habyarimana ne s'arrête pas au seul cas de l'abbé Wenceslas et se met à me conter un dialogue qu'il a eu avec Paul Kagame sur les *gacaca*, les tribunaux populaires chargés de désengorger les prétoires et les prisons et de favoriser la réconciliation nationale.

18. Entretien avec l'auteur, le 3 juin 2005.

« – C'est une bonne idée, à condition que les *gacaca* s'intéressent à tout le monde, et pas seulement aux « génocidaires » hutus, qu'ils cherchent la vérité sur les vraies causes de ce qui est arrivé, sur tous les acteurs…

– Voilà que tu commences à propager à ton tour les idées génocidaires…, m'a répondu Kagame.

Et Emmanuel Habyarimana de commenter : « S'il avait pu, sur l'instant, Kagame m'aurait lancé un coup de pied… »

Même en France, l'affaire Wenceslas n'est pas un cas unique. Le docteur Sosthène Munyemana, installé à Bordeaux, a été également victime d'une manipulation du même type et à la même époque. Dans une note du 19 avril 1995, Gasana Ndoba écrivit que le médecin « avait été vu en avril 1994 par plusieurs témoins, armé, habillé de feuilles de bananier, tuant et pourchassant des Tutsis à la tête des miliciens ». En août 1995, le médecin était accusé par le journal belge *De Morgen* d'avoir participé au génocide. L'association African Rights relaie alors et amplifie l'accusation en recueillant de nombreux témoignages à Kigali, grâce aux relations étroites de Rakiya Omar avec la DMI. Laquelle publie, en mars 1996, une monstrueuse brochure intitulée *Le Boucher de Tumba en liberté en France*. À partir de faux témoignages, le rapport explique que le médecin aurait exhorté les villageois à tuer systématiquement tous les Tutsis de sa commune de Tumba, organisant et prenant même une part active aux massacres. Le Collectif girondin pour le Rwanda, qui avait déjà obtenu le licenciement du docteur de l'Université, décida d'entamer une action en justice et en arriva à produire un document émanant prétendument de l'ONU, qui accusait le médecin d'avoir participé aux massacres à Butare. Mais ce document était un faux, comme l'attestera un responsable de l'ONU[19]. Le Collectif girondin fut pris en flagrant délit d'utilisation de faux

19. Dans une lettre datée du 16 juillet 1997 émanant de l'Office des Nations unies à Genève, et signée de Georg Mautner-Markhof.

documents, mais le médecin rwandais, victime du soupçon, n'a pas retrouvé son poste…

Dans tous les pays où les Rwandais ont trouvé refuge, des syndicats de délateurs travaillant en réseau sont à l'œuvre. James Gasana, ancien ministre rwandais, a, comme on l'a vu, fait l'objet d'une manœuvre identique initiée au début par Chrétien, puis Ziegler, et, dans la foulée, la Communauté rwandaise suisse, Ibuka, l'Association Suisse-Rwanda, lesquels ont entraîné des journalistes. Comme dans toutes ces affaires, l'accusation était fondée sur de faux témoignages. James Gasana a été acquitté par la justice suisse au terme d'une enquête accablante pour l'accusation. « Le Rwandais James Gasana totalement blanchi par le Conseil fédéral », titrait, le 4 juin 1998, le Journal *24 heures.*

Les délateurs n'interviennent pas qu'auprès de la justice qui, pour eux, est un instrument destiné non pas à éclater la vérité, mais à persécuter les opposants. Ils mènent des campagnes pour que les Rwandais inscrits sur les listes arbitraires élaborées à Kigali perdent leur travail ou n'obtiennent pas les documents d'asile nécessaires à l'octroi du droit d'asile. Ils ont, comme on l'a vu, des relais à l'intérieur de l'OFPRA, comme Gérard Sadik, secrétaire général de la CIMADE, membre de la Commission d'enquête citoyenne (CEC).

CHAPITRE 23

Le lavage de cerveau des élèves belges francophones

Depuis février 2004, on distribue aux élèves belges francophones du secondaire un manuel qui leur donne une vision « correcte » de ce que fut le génocide. Le Mouvement réformateur (MR), successeur du Parti libéral, qui défend le FPR depuis son attaque militaire du 1er octobre 1990, impose ainsi à tous les adolescents la vision propre à un clan politique, une vision complètement partiale et biaisée de l'Histoire. Il n'est pas surprenant que la Belgique doive cette initiative à Hervé Hasquin (MR), ministre-président du gouvernement de la communauté française, mais surtout grande figure de l'Université libre de Bruxelles (ULB) et de la maçonnerie, et administrateur délégué du Centre Jean-Gol, qui s'est donné pour objet d'alimenter la réflexion et l'action politique dans une orientation libérale. Hervé Hasquin ne fait que relayer ici l'engagement aux côtés du FPR de Jean Gol[1], l'homme d'État belge décédé en 1995. Il a lancé ce projet avec Pierre Hazette, ministre de l'Enseignement secondaire et, évidemment, membre lui aussi du Mouvement réformateur. Les jeunes générations vont ainsi apprendre à détester leur propre pays – à l'exception de la famille libérale –, à haïr la France pour sa complicité de génocide, et à estimer un criminel de guerre,

1. Voir chapitre 4.

doublé d'un dictateur, Paul Kagame, présenté comme le libérateur du Rwanda qui aurait mis fin au génocide.

Le manuel est intitulé *Rwanda. 10 ans après... Du déni des droits à l'engagement citoyen.* La liste des principales personnalités qui ont participé à sa rédaction est déjà très instructive. L'introduction est écrite par l'ambassadeur du Rwanda à Bruxelles ; deux chargés de cours à l'ULB se sont occupés de la partie historique et de la Justice internationale ; la majeure partie du manuel est signée par Yolande Mukagasana, intrigante contre le père Wenceslas, proche du FPR[2] ; Gasana NDoba, l'initiateur du rapport de la Commission internationale d'enquête de 1993, signe un texte sur mémoire et solidarité. Quant aux autres signataires, ce sont des émanations directes du FPR et du pouvoir de Kigali, comme l'Association des étudiants et élèves rescapés du génocide (AERG) ou Ibuka-Mémoire et Justice. Si un jeune élève veut en savoir davantage, les auteurs du manuel n'ont recensé dans la bibliographie que les ouvrages des tenants de la version officielle du FPR : il pourra se plonger dans les livres de Colette Braeckman, d'Alain Destexhe, de Jean-Pierre Chrétien, de Jean-Paul Gouteux et de l'inévitable François-Xavier Verschave. Avec de telles références, les élèves belges – et leurs enseignants – n'ont guère de chances d'apprendre un jour la vérité, d'entrevoir la complexité d'une histoire, car à aucun moment n'affleure le moindre doute sur la fable rwandaise telle que contée par le pouvoir à Kigali.

L'ambassadeur du Rwanda impute toute la responsabilité du génocide à la communauté internationale qui a « retiré du Rwanda son contingent de 2 500 militaires au moment où le génocide commençait à se dérouler », oubliant de dire que, si effectivement les gouvernements belge et américain portent une responsabilité dans ce retrait, Paul Kagame en a lui-même une très lourde pour avoir refusé de négocier avec le gouver-

2. Voir chapitre 22.

nement intérimaire et pour avoir exigé le départ de toutes les forces étrangères, à défaut de quoi le FPR les eût considérées comme des forces *hostiles*. Il reprend en outre deux principaux thèmes de propagande du FPR sur la responsabilité des Églises chrétiennes pendant le génocide et sur celle de l'Église catholique et du colonisateur pour avoir imposé de « soi-disant ethnies ».

Comment un jeune Belge élevé dans un pays très respectueux des règles démocratiques peut-il interpréter les phrases suivantes : « C'est ce duo [l'Église catholique et le colonisateur] qui a posé l'équation totalement fausse : démocratie égale majorité numérique. Le pouvoir doit-il appartenir à telle ethnie car elle est numériquement majoritaire dans le pays ? », phrases qui remettent en effet complètement en cause la base même du fonctionnement de son pays, comme de ceux du reste de l'Europe, lequel donne à la majorité numérique le pouvoir de diriger pays, région, ville et jusqu'à la plus petite association : Mandela ne considère-t-il pas la règle « un homme, une voix » comme impérative partout, y compris dans la région des Grands Lacs ? Les dirigeants actuels du Rwanda, eux, la tiennent pour une « équation totalement fausse ».

Une série de considérations doit aussi laisser l'élève perplexe. On a vu que l'ambassadeur vient en effet de lui affirmer que les ethnies du Rwanda sont une pure et simple invention de l'Église catholique et du colonisateur. Or, pour disqualifier tout à fait l'équation politique qu'il juge totalement fausse – le pouvoir revient à la majorité –, il réintroduit lui-même l'existence des ethnies en se demandant : « Le pouvoir doit-il appartenir à telle ethnie ? » Enfin, pour boucler son raisonnement et masquer le fait que 10 % de la population en dirige le pays, l'ambassadeur du Rwanda suggère que le gouvernement de Kagame dispose de la « majorité d'idées ».

Le morceau d'anthologie de ce manuel est constitué par le cours d'histoire dispensé par Alain Verhaagen. L'universitaire belge est si engagé dans le combat militant qu'il n'a pas pris la peine, pour son texte destiné à un public scolaire, de faire la part entre son engagement, respectable, et sa responsabilité d'enseignant : il n'a pas changé un iota à la profession de foi qu'il délivre depuis des années dans ses conférences, notamment en France, à l'invitation d'associations pro-FPR. Mais analyser tout son texte reviendrait à refaire mon livre. Je me contenterai d'en souligner le passage relatif à l'attentat contre le Falcon 50 présidentiel, écrit à un moment où le scénario mettant en cause des extrémistes hutus était déjà sérieusement mis en doute.

Après avoir imputé aux seuls jusqu'au-boutistes du régime Habyarimana la responsabilité de la non-application des accords d'Arusha, le professeur enchaîne : « Face à la tension qui s'accroît de jour en jour, le président Habyarimana accepte la tenue d'une réunion au sommet en Tanzanie, qui semble être, aux yeux de tous, celle de la dernière chance. Le 6 avril 1994, le président de la République signe, à Dar es-Salam, capitale tanzanienne, un accord susceptible de normaliser définitivement le processus de démocratisation. Mais il ne sait pas qu'il vient de signer son arrêt de mort. En effet, l'avion présidentiel est abattu à son retour, le soir même, au-dessus de Kigali.

« Moins d'une demi-heure après l'assassinat du chef de l'État et, comme le précisera le rapporteur spécial des Nations unies, “avant même que la mort du Président n'ait été annoncée à la radio”, la chasse à l'homme systématique est lancée à travers la capitale, avec une rapidité et une précision telles qu'il était techniquement impossible, en termes militaires, qu'une telle opération d'envergure n'ait pas été programmée pour ce moment précis. Cette réalité incontestable incline à penser que, en fait, les durs n'avaient pas hésité à envisager le sacrifice de leur chef si celui-ci les lâchait, ce qu'il venait de faire en Tanzanie. »

La seule *réalité incontestable* de ce passage est que Dar es-Salam est bien la capitale de la Tanzanie. Pour le reste, et quand l'enquête du juge Bruguière sera rendue publique, je préfère laisser le soin à ce professeur de s'expliquer devant les enseignants et les élèves auxquels il aura délivré un récit entièrement faux.

Ce manuel pédagogique est emblématique de la façon dont la Belgique a « digéré » le dossier rwandais. L'ULB n'a pas produit que des enseignants. Magistrats et juges ont été inspirés par la même analyse de la tragédie rwandaise pour instruire les dossiers de quatre Rwandais, dont deux sœurs coupables d'avoir frileusement protégé leur communauté dans la tourmente et de ne pas être mortes en martyres. Ainsi Alain Winants, l'avocat général du procès d'assises qui les a jugés, a-t-il déclaré dans son réquisitoire : « On va dire que la Belgique porte une responsabilité morale dans tout cela ; on va dire que la France et les États-Unis portent une responsabilité ; on va dire que le retrait des forces de la MINUAR a eu des conséquences ; on va dire que la communauté internationale n'a pas réagi à temps ; on va dire que l'ONU a sa part de responsabilité ; c'est probablement vrai. Mais tout cela ne peut faire oublier que le génocide avait été planifié depuis longtemps. » Ce que personne n'a prouvé jusqu'à maintenant, malgré les efforts du TPIR. Et qui laisse de côté toute la responsabilité du FPR.

Dans la même logique, Alain Winants compare le génocide rwandais à l'Holocauste, ce qui est une absurdité. L'avocat général ne s'est apparemment pas posé de questions sur l'origine et le déroulement de l'instruction, qui a conduit au procès dans lequel il représentait la Belgique. Ce sont en effet des personnalités du FPR ou proches de Kigali qui ont initié ce procès. Gasana Ndoba[3], aux côtés d'Éric Gillet, a joué un rôle

3. Gasana Ndoba a été récompensé par le FPR pour son travail à la tête du CRDDR, depuis 1990. Nommé d'abord membre du Conseil d'administration de Petrorwanda, il devient ensuite président de la Commission nationale des droits de l'homme du Rwanda où il va pouvoir facilement approvisionner les cours de justice étrangères saisies de plaintes rwandaises (souvent initiées par lui) en faux témoins puisés dans le vivier des nombreux syndicats de délateurs du Rwanda.

déterminant dans le lancement des plaintes, dans la fabrication du contexte historique et dans la production des témoins. Les principaux accusateurs de ce procès composaient une sorte de club où le discours de chacun était rodé depuis belle lurette et où, le temps d'un témoignage, ils accueillaient de vieilles connaissances comme Colette Braeckman, Alison DesForges, Yolande Mukagasana…

Le manuel d'Hervé Hasquin ne contredit en rien tout ce que racontent Colette Braeckman et Marie-France Cros dans les deux principaux quotidiens francophones. Il est en harmonie également avec les actes du gouvernement belge qui ne manque pas une occasion de témoigner sa sympathie à « l'ami Kagame », malgré les massacres et les pillages des richesses du Congo, depuis 1994, et malgré les révélations sur la vraie nature du régime de Kigali. C'est Guy Verhofstadt, Premier ministre, qui, en avril 2000, a demandé pardon au dictateur rwandais, et s'est excusé pour l'attitude de son prédécesseur CVP Jean-Luc Dehaene, qui avait décidé le retrait des Casques bleus belges du Rwanda. Après lecture de leur manuel, les jeunes Belges francophones comprendront mieux pourquoi, en 2003, Louis Michel, alors ministre libéral des Affaires étrangères, jugea « spectaculaires » les avancées du plan de réconciliation rwandais, puis trouva « logique et cohérente » la politique de Kagame de réduire au silence ses adversaires politiques, suspectés de jouer la carte de l'ethnisme. Le même Michel voit en Kagame, le même que Filip Reyntjens traite de « plus grand criminel de guerre en fonction aujourd'hui[4] », « un homme libéré, aimable, plein d'humour, dégageant une sérénité tranquille et déterminé à se faire aimer de son peuple[5] ».

Dans ces conditions et ce contexte politique que restitue parfaitement l'ouvrage scolaire, comment s'étonner des propos des dirigeants belges à Kigali lors de la célébration du dixième

4. In *Le Soir* du 13 janvier 2005.
4. *Le Vif-L'Express*.

anniversaire du génocide ? Verhofstadt avait, quelques jours auparavant, jugé « très claires » les réactions de Kagame aux premières révélations et accusations émanant du dossier du juge Bruguière...

Cet emblématique manuel pédagogique représente en fait la synthèse d'une histoire politique qui a débuté en octobre 1990. C'est en effet Jean Gol, avec l'appui de son parti – dont le numéro 2 était alors Hervé Hasquin – et des milieux maçons, libre-exaministes, juifs laïcs, soutenu par la plupart des médias, qui a imposé sa façon de voir aux principales institutions belges. L'impulsion qu'il donna, reprise après sa mort, le 18 septembre 1995, par Alain Destexhe et Guy Verhofstadt, a finalement balayé les sociaux-chrétiens tant abhorrés de la CVP et a remis la famille libérale au pouvoir en 1999. Les jeunes Belges, manipulés par la brochure d'Hervé Hasquin, comprendront peut-être un jour que l'histoire qu'on leur a racontée sur le Rwanda était en réalité celle de la conquête du pouvoir de deux associés, le FPR et le MR, qui se sont fait la courte échelle pour battre leurs ennemis respectifs : le régime d'Habyarimana et ses soutiens belges, CVP en tête, avec les Eyskens, Martens et Dehaene...

Jean Gol n'a jamais manqué une occasion de monter au créneau pour défendre le FPR. Il fut le premier homme politique belge à s'engouffrer dans la brèche ouverte par le pré-rapport de la CIE : le 10 février 1993, il interpelle le gouvernement et lui demande de suspendre toute aide à Kigali. Au passage, et comme à chaque intervention, il se « paie » l'Internationale démocrate chrétienne (IDC) et la CVP. Toujours dans l'outrance, il évoque des « centaines de milliers de morts qui dérivaient au fil des fleuves » au Zaïre, parle de « l'État CVP », ou de « la dixième province du CVP » pour désigner le Rwanda. Il adopte une fois de plus la position du FPR pour fustiger la guerre, pourtant relancée le 8 février 1993 par ses propres amis, « amenés à reprendre la lutte armée à cause du génocide ». Jean Gol se montre également très actif pendant le génocide pour épauler ses amis et pour demander au gouvernement belge, dès qu'il a été question de l'opération Turquoise, de ne pas s'associer à la France. À l'occasion de cet épisode, il fait siens les arguments du FPR. Et dès que le FPR prend le pouvoir, Jean Gol, toujours président du parti libéral (PRL), mais député européen, se démène pour sortir ses amis de leur isolement. Il fait une visite de quatre jours à Kigali à la mi-octobre 1994 et, à son retour, plaide pour une aide belge et européenne accrue au nouveau régime, en dénonçant toute « attitude frileuse vis-à-vis du Rwanda : cela n'a pas de sens d'imposer au gouvernement rwandais [...] une foule de conditions [...] alors que la réalisation de la plupart d'entre elles dépend précisément de l'aide internationale. »

Il est important de se rappeler le traumatisme causé par l'assassinat des dix Casques bleus belges pour comprendre l'évolution du traitement du dossier Rwanda à partir du 7 avril. Si Jean-Luc Dehaene, Premier ministre, a, dans un premier temps, satisfait l'opinion publique en retirant ses soldats de la MINUAR, il paiera plus tard, au prix fort, le fait de ne pas avoir éprouvé le besoin de faire la lumière sur ces assassinats, et donc d'avoir refusé une commission d'enquête, avant que ne lui soit aussi reproché d'avoir retiré les Casques bleus belges du Rwanda. Un agrégat va progressivement se former entre les victimes belges et les victimes du génocide. « Tous ceux qui ont trempé dans la préparation du génocide, dont la haine des Belges était un des ingrédients, ont aussi du sang belge sur les mains », écrira en 1996 Alain Destexhe[6], personnage que nous allons bientôt voir entrer en scène.

Les acteurs pro-FPR installés à Bruxelles, qui, aux côtés de Jean Gol, ou parallèlement à lui, s'activent depuis 1990, vont évidemment s'employer à entraver la diffusion des informations sur les massacres commis par le FPR dans la zone « libérée » par l'APR. Et réserver aux seuls Tutsis le statut de

6. In *Qui a tué nos paras ?*, Éditions Luc Pire, Bruxelles, 1996.

victimes. Le lobbying de la diaspora tutsie ainsi que l'action de Gasana Ndoba, d'Éric Gillet et de leurs amis ne vont pas se ralentir après la victoire de Kagame. Dès juillet, Gasana Ndoba, Mes Gillet et Graindorge, profitant de la compétence universelle du tribunal, introduisent, pour le compte de quelques familles rwandaises, des plaintes contre inconnu auprès du parquet de Bruxelles...

Un Belge, Alain Destexhe, secrétaire général de Médecins sans frontières (MSF), commence à exprimer son indignation contre la résolution 918 du Conseil de sécurité, complètement inadaptée, selon lui, pour faire face à la tragédie rwandaise, dans un éditorial publié le 23 mai dans le *New York Times*. Sous le coup de l'émotion après l'assassinat d'une centaine d'employés rwandais de MSF, il adopte la même tonalité et les mêmes arguments que Rony Brauman et les autres dirigeants de MSF. Dans une libre opinion publiée par *Libération* le 27 juillet 1994 sous le titre « Génocide et choléra », il regrette qu'on mette sur le même plan le génocide des Tutsis et les morts du choléra dans les camps de Goma, et que la communauté internationale ne soit pas intervenue pour arrêter le génocide : « Dans nos sociétés, la compassion a acquis une sorte de quasi-monopole sur la morale et l'action internationale [...]. Derrière l'humanitaire, sous le masque de la générosité, se profilerait une fantastique régression du genre humain. » Puis il va sortir un essai intitulé *Rwanda, essai sur le génocide*, où il s'immerge un peu plus dans ce dossier sensible. Et commence à reprendre ce qui se dit et s'écrit sur le sujet. Tout en gardant encore les yeux grand ouverts sur le monde, il se recentre sur la Belgique et frappe, en mars 1995, à la porte de Jean Gol, parce que, comme il l'a écrit, l'humanitaire ne peut rien contre un génocide. Il veut être en position d'agir. Il a vu que, même à l'intérieur d'un parti minoritaire, Jean Gol a pu peser sur les événements. Celui-ci a remarqué son essai sur le génocide et apprécié sa combativité. Il lui ouvre toutes grandes les portes du PRL, lui proposant même de le placer sur la liste PRL-FDF en position éligible, pour les prochaines élections sénatoriales qui se tiennent le 21 mai. « Cet hyperactif (atavisme militant, tendance rebelle, inclinations originales, arrière-fond angoissé) empoigne à bras-le-corps des dossiers délicats comme autant de combats[7]. » Le dossier le plus délicat, il le connaît bien : c'est le Rwanda. Et c'est avec ce dossier-là qu'il fait sa campagne, tient des meetings devant la communauté rwandaise tutsie. Il a chaussé les bottes de Jean Gol pour s'en prendre aux gens du CVP et à leur « dixième province », à la responsabilité du colonisateur et des missionnaires... Alain Destexhe est adopté par la diaspora tutsie, les milieux pro-FPR belges et les milieux journalistiques – eux aussi pro-FPR – qui apprécient son franc-parler, sa sincérité et son engagement. Le 8 mai 1995, deux responsables du FPR – Serge Rwighemera et Jean-Baptiste Ndahumba – adressent une lettre circulaire aux Tutsis installés en Belgique pour leur recommander de voter pour Gol, Destexhe et Simonet :

« Comme nous le savons tous, il y a encore au Rwanda beaucoup de souffrance, beaucoup de tristesse et de désolation. Dans ce pays meurtri, il y a toujours des victimes du génocide qui n'ont pas encore reçu de sépulture. Il y a des veuves et des orphelins. Aujourd'hui, c'est l'un d'entre nous qui est touché. Demain, ce pourrait être un de nos enfants.

« Nous ne pouvons plus laisser faire. Nous devons réagir. Comment ? Par exemple, en concentrant nos efforts sur les élections du 21 mai 1995. En désavouant les hommes politiques qui exigent encore du gouvernement actuel de Kigali de travailler avec les bourreaux et de leur pardonner, alors qu'il faut aider ce gouvernement à reconstruire le pays, à juger les coupables, à secourir les orphelins.

« Pour ceux d'entre nous qui peuvent voter, utilisons notre voix en faveur d'hommes politiques et d'un parti – le PRL –

7. In *La Libre Belgique* du 3 mars 2005. Portrait intitulé « Alain Destexhe, chevalier bleu et poil à gratter », de Paul Piret.

qui nous soutiennent dans notre combat depuis 1990. Nous pensons en particulier à Messieurs Gol et Destexhe (premier et troisième candidats au Sénat sur la liste PRL-FDF n° 7), ainsi qu'à Monsieur Simonet (troisième candidat à la Chambre des représentants, dans l'arrondissement de Bruxelles sur la liste PRL-FDF n° 7).

« À ceux qui ne peuvent pas voter, nous demandons de sensibiliser leurs amis et connaissances à cette cause. »

Alain Destexhe est élu sénateur. Et, après la mort de Jean Gol, le 18 septembre 1995, il devient la figure emblématique de tous les combats tournant autour de la tragédie rwandaise.

Et d'abord des combats judiciaires. En mai 1995, le ministre de la Justice a en effet joint l'enquête sur la mort des dix paras belges et les plaintes des familles rwandaises. Le mois suivant, les familles des Casques bleus assassinés portent plainte contre leurs chefs, Dewez et Marchal. En novembre, les victimes rwandaises, soutenues par Mes Éric Gillet et Graindorge, portent plainte contre Léo Delcroix, ministre de la Défense au moment des faits.

Ensuite, des combats politiques. Comme Jean Gol depuis 1990, le sénateur Alain Destexhe va se servir du dossier Rwanda pour attaquer le CVP ; comme Gol il noue de bonnes relations avec le régime de Kigali et va l'aider à sortir de son isolement.

Destexhe est un bûcheur. Il enquête et complète son dossier avec passion, mais ne remet pas en cause la grille d'analyse qu'il a forgée, en 1994, sous l'empire de l'émotion ; une vision qui n'a cessé d'être confortée et renforcée par Jean Gol, Éric Gillet, Gasana Ndoba et tous ceux qui, à Bruxelles, gravitaient dans cette mouvance. Il adopte les positions des Colette Braeckman, Jean-Pierre Chrétien, etc., en y mettant toutefois sa griffe personnelle et en choisissant un nouvel « angle d'attaque », celui de la mort des dix paras. En fin connaisseur de la société civile, il sent bien que le refus de Jean-Luc Dehaene de créer une commission d'enquête à la suite d'articles de *De Morgen* et du livre d'Alexandre Goffin, *Dix commandos vont mourir*, est une grossière erreur et ne pourra pas être longtemps tenu. Il entre en contact avec les veuves et notamment avec madame Lotin dont le mari, on s'en souvient, avait accompli une mission mystérieuse toute la journée du 6 avril. Il prend leur défense, les accompagne dans leur combat pour la vérité et contre le gouvernement, par exemple en lançant une pétition. Et sort bientôt un livre intitulé *Qui a tué nos paras?* [8] qui va servir de plateforme à toute l'action politique des libéraux à partir de 1996, et déboucher sur la création d'une commission d'enquête sénatoriale dont les travaux se concluront fin 1997. Cette enquête va orienter la lecture officielle belge de la tragédie rwandaise qui aboutira *in fine* à la rédaction du manuel scolaire d'Hervé Hasquin en 2004.

Durant le premier semestre 1996, les libéraux déposent au Sénat deux propositions visant l'instauration d'une commission d'enquête sur la politique belge au cours des mois qui ont précédé le génocide au Rwanda ; la proposition Destexhe lie astucieusement l'assassinat des dix Casques bleus et la préparation du génocide. Ce qui donne un impact immédiat à l'initiative parlementaire dans le grand public. Suite aux réticences du gouvernement Dehaene de livrer aux sénateurs l'information brute en possession des ministres des Affaires étrangères et de la Défense, en raison de la nécessité qu'a l'État de protéger leurs sources – diplomatiques et du service de renseignement –, un compromis est négocié avec le Sénat. On aboutit le 24 juillet 1996 à la mise en place d'un « groupe ad hoc » chargé de consulter discrètement les documents disponibles dans les deux ministères concernés et de faire rapport sur cette documentation à la commission des Affaires étrangères du Sénat.

Même si Alain Destexhe ne figure pas parmi les six membres de ce « groupe ad hoc », son parti y est représenté par

8. Éditions Luc Pire, Bruxelles, 1996.

Armand De Decker, une personnalité plus mesurée et prudente qui préside alors le parlement de la Région de Bruxelles. L'impétueux sénateur ne manque pas d'exercer une pression constante afin que les sages hâtent le pas dans la bonne direction et surtout que leurs travaux débouchent sur une commission d'enquête dotée de pouvoirs quasi judiciaires.

Destexhe a acquis une bonne connaissance de l'organisation technico-militaire de la mission de paix de l'ONU, et il sait aussi combien il est difficile pour des non-professionnels d'évaluer correctement les informations brutes transmises, surtout celles du renseignement militaire. En outre, et non sans raison, il dénonce la tentative judiciaire de faire de l'adjoint de Dallaire, le colonel Luc Marchal, le bouc émissaire des graves carences politiques et autres qui entachent le dossier.

Quels sont les principaux éléments étayant l'enquête d'Alain Destexhe ?

C'est une reprise de la vision FPR de l'Histoire, avec le rôle néfaste du colonisateur et de l'Église catholique ; avec la planification du génocide ; avec la responsabilité exclusive du régime d'Habyarimana dans le génocide ; avec le FPR installé comme mouvement de libération ; avec l'assassinat d'Habyarimana « lâché par les siens »... Mais Alain Destexhe apporte néanmoins sa touche personnelle. Il livre ainsi beaucoup d'éléments nouveaux sur le retrait du bataillon belge de la MINUAR et surtout, il se fait polémiste sur le traitement des « responsabilités belges ». Il reprend l'analyse outrancière faite par Jean Gol à partir d'octobre 1990 et notamment ses attaques contre l'Église catholique, la CVP, et il y ajoute, ce qui sera désormais un de ses chevaux de bataille, le soutien de l'Internationale démocrate-chrétienne (IDC) au régime d'Habyarimana. Il traite de « négationnistes » ceux qui, comme les évêques de Belgique et l'IDC, osent parler de « folie meurtrière collective », mots qui peuvent pourtant recouvrir à la fois le génocide des Tutsis et les massacres massifs commis par le FPR. Plus généralement, ses affirmations relatives à l'IDC relèvent de fantasmes anti-cléricaux, et non d'une enquête sérieuse. Il fait d'Alain de Brouwer, ancien conseiller politique de l'IDC, une tête de Turc en déformant ses propos et ses actes. Pour simplifier, de Brouwer et l'IDC, à ses yeux, partageaient la même analyse que celle de la France…

Le gouvernement de Kigali a toutes raisons de se féliciter de l'action du sénateur qu'il a contribué à faire élire, et tient à le lui faire savoir. Denis Polisi, ambassadeur du Rwanda en Belgique, organise un cocktail en l'honneur des victimes du génocide, auquel sont notamment conviés Alain Destexhe et Colette Braeckman. Dans son allocution, il fait l'éloge de l'action des deux amis du Rwanda avant de leur remettre une plaquette en bois en guise de remerciements pour *services rendus* au Rwanda. « Je n'étais pas au courant de cette remise et n'y ai pas vu malice. Si j'avais su… », a déclaré Alain Destexhe[9], attaqué dans la presse flamande à propos de la remise de cette plaque honorifique.

Les choix idéologiques d'Alain Destexhe pèseront sur le choix des témoins et des documents pris en compte par la commission sénatoriale, dont il devient le principal animateur aux côtés de Guy Verhofstadt qui en devient lui-même le rapporteur. Grâce au dossier Rwanda, ce dernier va rebondir après l'échec électoral des libéraux du VLD en novembre 1994 (lors du « dimanche noir » qui vit la poussée de l'extrême droite du Vlaamse Blok). Guy Verhofstadt avait en effet été écarté de la présidence du VLD au profit d'Herman De Croo, vieux « sage » du parti. Il s'est alors saisi lui aussi du dossier Rwanda, et ce tremplin lui a permis alors de repartir d'un bon pied : en 1996, il est, avec Alain Destexhe, un des principaux animateurs des investigations sénatoriales…

La commission d'enquête fera la part belle à tous les tenants de la thèse FPR, notamment Colette Braeckman, Éric Gillet, Jean-Pierre Chrétien, Christian Terras, Alison DesForges,

9. Entretien avec l'auteur, le 12 octobre 2005.

Pierre Galand, Gasana Ndoba... Elle ne mènera pas une enquête sérieuse sur l'attentat contre l'avion présidentiel et privilégiera la thèse de la responsabilité de miliciens hutus. Alors même que les veuves des Casques bleus assassinés avaient remis à Alain Destexhe des documents sur la mission Lotin, aucune enquête ne sera non plus conduite sur ce sujet. Les enquêteurs se montreront très agressifs vis à vis de Dehaene, de Martens, de Rita De Backer, du CVP et de l'IDC. Ce qui fera écrire à l'historien allemand Helmut Strizek : « Influencé par l'anticléricalisme du sénateur Alain Destexhe, le "père" libéral de la Commission d'enquête, le rapport belge accorde une grande priorité à l'examen de la question d'une éventuelle responsabilité de l'IDC dans la préparation du génocide en soutenant trop longtemps le président Habyarimana. »

Alors qu'une analyse non partisane aurait montré qu'à partir de la même vision que celle de François Mitterrand, et notamment celle des conséquences dramatiques qu'aurait une prise de pouvoir de Kigali par la force, l'IDC essaya d'empêcher l'inéluctable. D'où ses appels en faveur de pressions internationales sur l'Ouganda, ses démarches auprès des conservateurs britanniques qui défendaient Kampala, ses missions insistant sur la priorité absolue du respect d'un programme rigoureux de démocratisation, plutôt que des tractations pour un partage de pouvoir entre le FPR et les partis rwandais, et surtout ses tentatives pour favoriser une entente entre l'ex-parti unique, le MRND, et son principal concurrent, le MDR. L'échec de cette politique – et ceci vaut aussi pour la France – ne permet pas pour autant d'en faire un « parrain idéologique du génocide »...

Cette commission d'enquête va donc légitimer la vision FPR de la tragédie rwandaise, mais aussi imposer une relecture partisane de l'histoire des relations entre la Belgique et le Rwanda depuis les années 1920, histoire dans laquelle les Belges, et particulièrement les « cathos », jouent un très sale rôle jusqu'à l'arrivée des libéraux au pouvoir. Dans le combat sans merci que se livrent laïcs (ULB, maçons, libéraux...) et démocrates-chrétiens, le dossier Rwanda est l'un des éléments clés qui ont permis aux premiers de prendre l'avantage sur les seconds en 1999.

Depuis lors, Alain Destexhe, s'il a pris quelque distance avec un dossier qui en a fait un personnage incontournable de la vie politique belge, n'est pas un ingrat et n'oublie ni la Cause, ni ceux qui l'ont aidé à s'imposer. Il répond présent aux invitations d'associations, comme Ibuka-Mémoire et Justice, qui défendent le souvenir d'un génocide exclusivement tutsi. En 1999, il a aussi été l'initiateur et animateur d'un Bus mémorial ambulant consacré au génocide rwandais. Et le 15 avril 2005, il parrainait, avec Ibuka, une réunion au cinéma Aventure, à Bruxelles, où était projeté le scandaleux documentaire *Tuez-les tous*, avant d'animer le débat avec ses auteurs...

CHAPITRE 24

Bisesero, ou l'inavouable manipulation

1 220 Tutsis[1] qui erraient dans les collines de Bisesero, condamnés à une mort certaine, ont été sauvés, le 30 juin 1994, par les forces spéciales du COS. Et pourtant, trois Tutsis de Bisesero, assistés par Mes Antoine Comte et William Bourdon[2], ont déposé plainte, le 17 février 2005, auprès du Tribunal des Armées. Plainte contre X, visant des militaires français accusés de complicité de génocide et de complicité de crimes contre l'humanité au Rwanda, appuyées explicitement sur le livre de Patrick de Saint-Exupéry, *L'Inavouable*[3].

Patrick de Saint-Exupéry a accompagné le 27 juin un petit détachement militaire à Bisesero il y est revenu le 1er juillet, au lendemain de l'arrivée en masse des forces spéciales. L'intervalle de trois jours – du 27 au 30 juin – entre la première reconnaissance et le sauvetage, constitue le nœud du livre. Trois jours pendant lesquels l'état-major a, selon le journaliste du *Figaro*, délibérément laissé les miliciens tuer des milliers de Tutsis qu'il savait en danger de mort. *L'Inavouable* est utilisé par Kigali et ses supporters français comme une pièce à charge contre l'armée française. Or, ce livre est une terrible manipulation.

1. 1 100 ont demandé à être acheminés en ZHS, 120 vers les zones FPR.
2. L'ex-secrétaire général de la FIDH, toujours en pointe dans le combat pro-FPR.
3. Publié aux éditions Les Arènes, Paris, 2004.

« Ce livre est mon histoire. Mais ce n'est pas seulement mon histoire. C'est aussi l'histoire d'un génocide. » Ainsi commence *L'Inavouable.* C'est effectivement l'aboutissement d'une histoire commencée en mai 1994 devant un charnier de Birenga, village situé dans le sud-est du Rwanda, aux côtés d'un guide militaire FPR et qui se termine par la reprise, dans un style de lecture agréable – et donc efficace – de tous les thèmes et accusations de Survie visant la France. Bien écrit, il se présente comme une interpellation de Dominique de Villepin – ce qui a provoqué sa colère –, pour avoir parlé *des* génocides, et non *du* génocide.

Pour comprendre la charge du journaliste du *Figaro* contre la France, il convient de le suivre depuis son retour de Birenga. Marqué par ce qu'il a vu, persuadé que les charniers étaient l'œuvre des seuls miliciens hutus, convaincu par ses guides que la France portait une lourde responsabilité dans cette horreur, il revient à Paris la rage au ventre. Dans un article publié le 3 juin, il attaque François Mitterrand en utilisant les rumeurs lancées alors par le FPR. L'implication de la France au Rwanda s'expliquerait, selon Saint-Ex, par les liens de famille entre les Habyarimana et les Mitterrand ! Elle remonterait au début des années 1990, alors que la politique africaine de la France s'écrit à l'Élysée, hors de tout contrôle. Pour enfoncer le clou, le journaliste du *Figaro* fait appel à Jean Carbonare, président de Survie, mais surtout homme des relations publiques du FPR. « J'accuse aujourd'hui le président Mitterrand d'être coupable, au minimum d'association de malfaiteurs », lit-on dans *Le Figaro.* Le grand reporter prend manifestement plaisir à ouvrir les colonnes de son journal à cet imposteur qui poursuit : « Aujourd'hui que l'on parle de juger les coupables de ce crime contre l'humanité, je pose la question : jusqu'où faut-il aller ? » Le sous-entendu de Jean Carbonare ne prête guère à l'hésitation, il dit : doit-on juger les Mitterrand ? Question rhétorique qui sera reprise les semaines suivantes sur le bandeau du livre de Pascal Krop intitulé *Le Génocide franco-africain*[4], lequel abonde dans le sens de Carbonare et Verschave.

Selon Saint-Exupéry, « en mettant sur pied Turquoise, le gouvernement a répondu à l'urgence et a agi au mieux ». Le génocide battait alors son plein. Saint-Exupéry avait alors choisi son camp et était très perméable aux idées lancées par les « bons ». Il ne vérifiait pas ce que les « bons », les « victimes » et leurs amis lui disaient. Quoi de plus humain ? Il manifestait l'envie d'en découdre avec ceux qu'ils croyaient, de bonne foi, être les complices des génocidaires qu'il avait rencontrés dans le sud-est du Rwanda. C'est dans cet esprit qu'il retourne au Rwanda pour suivre le déploiement des troupes françaises dans l'opération Turquoise, vilipendée violemment par ses nouveaux amis du FPR qui voyaient en elle la volonté française de réinstaller les génocidaires hutus à Kigali.

Arrivé sur les lieux, aux côtés des forces spéciales françaises du COS, le journaliste, malgré les nouvelles horreurs qu'il découvre, prend le pas sur le nouveau militant. Il livre une nouvelle fois aux lecteurs du *Figaro*[5] un brillant papier chargé d'émotion qui rend parfaitement compte de la tragédie qui se joue à quelques milliers de kilomètres d'eux. Intitulé « Rwanda : les assassins racontent leurs massacres », l'article décrit les quelques heures que Saint-Exupéry a passé avec « Diego », le chef d'un groupe de combattants d'élite, lors d'une mission de reconnaissance en deux endroits, à une trentaine de kilomètres de Kibuye, où de sérieux incidents ont été signalés.

Le petit groupe de reconnaissance arrive d'abord dans le village de Nyagurati. « L'unique policier de cette localité perdue au milieu des collines raconte sans ambages : "Nous avons tué quelques Tutsis, ça ne dépasse pas la cinquantaine. C'étaient des adultes, mais il y avait aussi des femmes et des enfants. Vous voyez cette rangée de maisons à gauche ? Ils habitaient là.

4. Éditions Jean-Claude Lattès, Paris, 1997.
5. Publié dans *Le Figaro* daté du mercredi 29 juin.

Opération Turquoise autour de Bisesero
27-30 juin 1994

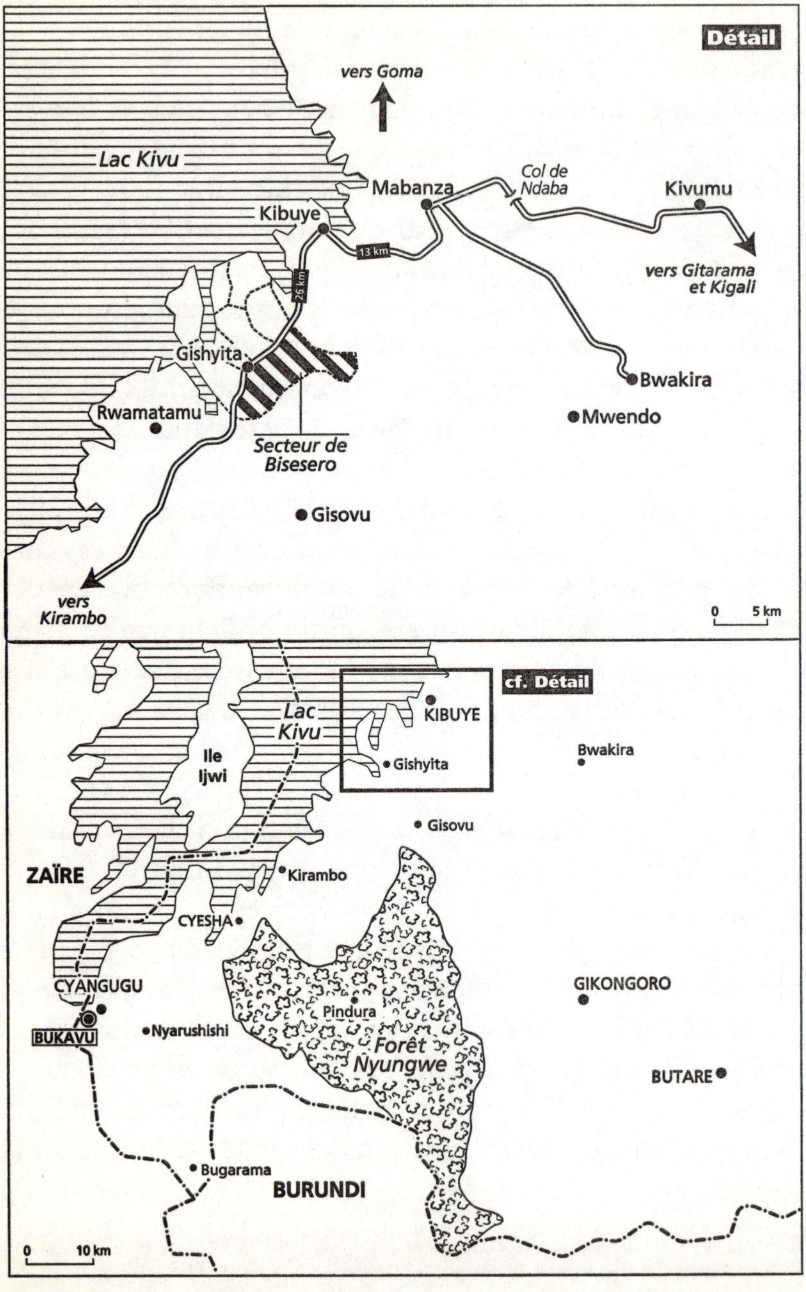

On a tout incendié. Il fallait qu'il ne reste rien." L'instituteur, hutu lui aussi, se joint à la discussion. "Il y a eu beaucoup de morts ici, avoue Atanase Kafigita. Tous les soirs des malfaiteurs descendent des collines pour nous attaquer. Nous, on se défend. Moi-même, j'ai tué des enfants." »

Saint-Exupéry continue à rapporter ce qu'il voit et entend, ainsi que les états d'âme de soldats français, dégoûtés par ce qu'ils découvrent : « Le lieutenant-colonel Diego reste pensif : la mission attribuée à ses hommes se révèle plus compliquée que prévu : comment intervenir tout en restant neutre face à de tels agissements ? Comment calmer les esprits des montagnards enflammés par une propagande raciale officiellement déversée depuis des années par un gouvernement aux mains des extrémistes[6] ? Comment intervenir dans un pays à la géographie aussi difficile avec une logistique aussi modeste ? [...] Diego n'a pas terminé sa mission en cette journée du 27 juin. Il doit reconnaître la zone de Bisesero. "Là-bas, selon des religieuses, des Hutus extrémistes se rassemblent pour exterminer 5 000 Tutsis réfugiés dans les collines. Selon le gouvernement rwandais, ce sont au contraire des Tutsis du FPR qui se regroupent pour lancer des assauts contre les villages 'purifiés'." »

Un instituteur hutu est embarqué pour servir de guide. « En quelques kilomètres, le paysage idyllique bascule dans le cauchemar [...] C'est la guerre. Ici, on est en train de s'assassiner. »

Et le journaliste de raconter l'irruption des véhicules français au beau milieu d'un groupe d'hommes qui s'égaillent aussitôt. Ne reste qu'un seul homme à la rencontre duquel il va : « Il s'appelle Éric Nzabihamana. Il est tutsi. Il enseignait à l'école primaire de la compagnie de Gisovo. Trempé de sueur, épuisé, il raconte : "Nous sommes un groupe de 200 Tutsis.

6. Une affirmation fausse comme on l'a vu : le gouvernement étant, depuis avril 1992, entre les mains d'opposants à Habyarimana et le plus souvent proches du FPR.

Depuis deux mois, l'armée et les miliciens rwandais nous poursuivent. Nous survivons ici, au sommet de ces collines, mais tous les jours ils viennent nous attaquer [...]." Éric Nzabihamana continue à raconter le calvaire des Tutsis. Puis, la nuit va bientôt tomber, Diego va prendre congé des Tutsis. "Nous allons revenir, assure-t-il aux réfugiés, avec beaucoup d'émotion. Ne vous en faites pas : dans deux ou trois jours, nous serons là. En attendant, il faut se cacher et survivre!

«– Mais ils vont nous tuer, lance un jeune Tutsi. Restez ici! Ne partez pas! Je vous en supplie!

«– Nous devons partir, tente d'expliquer l'officier. Mais nous reviendrons, je vous le promets!

«– Non, on va mourir! Restez, ou bien dites-nous où nous pouvons vous rejoindre! Regardez, il ne reste plus que quelques hommes et quelques enfants. Toutes nos femmes ont déjà été assassinées. On ne peut plus tenir...

«– Pour l'instant, reprend avec une patience infinie le lieutenant-colonel Diego, nous ne pouvons rien faire. L'important pour vous, c'est de survivre encore deux ou trois jours. On reviendra, on sait où vous êtes..."»

Saint-Exupéry revient avec les militaires au campement de Kibuye et écoute les militaires «écœurés et amers». «Le lieutenant-colonel est encore sous le choc : "J'ai de l'expérience mais ça." Il ne se fait pas d'illusion : "Avant que l'on puisse intervenir à Bisesero, au moins 2000 autres réfugiés seront assassinés."»

Le journaliste restitue les états d'âme de Diego. «L'air épuisé et plein de remords, l'officier français envoie ses informations à l'état-major : "À eux, dit-il, de prendre une décision. Si on part là-haut protéger ces milliers de gens traqués comme des animaux, on s'engage d'un côté et on risque d'avoir toutes les milices et les autorités locales contre nous. Nous, on est prêts. Nous obéirons aux ordres. Mais sont-ils prêts à Paris?"»

Un encadré inséré dans son article souligne l'état d'esprit de Saint-Exupéry à l'égard des soldats français. Il raconte que les soldats rwandais en déroute s'abritent derrière le drapeau tricolore pour mener d'ultimes opérations de chasses à l'homme. « Les réfugiés tutsis, qui savent que la France intervient de manière neutre, sortent naturellement de leurs caches devant des troupes qu'ils identifient comme françaises... » – et se font massacrer.

Le journaliste a été à la hauteur de sa réputation. La très forte émotion qu'il a ressentie n'a pas déformé la réalité, c'est-à-dire la difficulté de la mission des forces spéciales qui ont été envoyées au Rwanda pour « ouvrir la porte » à l'opération humanitaire censer commencer dans les jours suivants. Son reportage ne laisse filtrer aucune trace d'accusation contre la France et l'armée française, manifestant seulement une grande compassion à l'égard des victimes tutsies et une profonde haine envers les bourreaux. Les reportages des journalistes français qui sont « montés » à Bisesero en même temps que Saint-Exupéry ont *grosso modo* la même tonalité et ne mettent pas davantage en cause le comportement des forces spéciales. Christophe Boisbouvier, journaliste à RFI, écrit dans le numéro du *Point* daté du 2 juillet que le commandant français (Diego) est « visiblement ému » de ce qu'il a vu. Il met en scène le même Éric Nzabihimana qui essaie de convaincre les Français de l'emmener. Le détachement est trop faible pour assurer la protection d'une centaine de personnes. « La mission française se complique dangereusement dans ces collines surpeuplées où les communautés sont imbriquées », souligne-t-il. Dans *Libération* daté du mercredi 29 juin, Dominique Garraud est moins précis que Saint-Exupéry sur la promesse de revenir. Au lieu des « deux ou trois jours » promis, il rapporte : « Il sera possible de venir vous chercher quand l'aide humanitaire sera arrivée. Nous allons revenir dans quelques jours. » Et le journaliste de commenter : « Avec quarante hommes présents sur sa base de Kibuye, et disposant seulement de Jeep T4 [*sic* – P4], il n'a pas les moyens de faire plus pour eux. [...] Pour l'instant et pour quelques jours encore, leur travail se limite pour l'essentiel à des reconnaissances de terrain. Pour les Tutsis des montagnes de Misesero [*sic*], chaque jour qui passe signifie 10, 20, 100 morts ou plus. »

Trois jours après le passage de Diego, Omar, à la tête d'un autre détachement, arrive à son tour à Bisesero. Laissons la parole à Corine Lesnes, du *Monde*, arrivée le lendemain en même temps que Saint-Exupéry, alors de retour à Bisesero : « L'armée française est arrivée à Bissessero [*sic*] il y a moins de vingt-quatre heures. Auparavant, elle a pris le temps de reconnaître le terrain, de recueillir des informations. Elle a entendu des tirs, hésité, puis envoyé ses meilleures unités, les hommes du commando Trepel, l'escadron parachutiste de la gendarmerie nationale (EPIGN). Les renseignements obtenus faisaient état de la possible présence de combattants du FPR en avant de la ligne de front. Comme ne cesse de le répéter le général Lafourcade, le commandant de l'opération, "nous ne sommes pas une force d'interposition". De leur côté, les réfugiés tutsis étaient méfiants. La première patrouille ne les a pas trouvés. Elle n'a pu que longer des maisons brûlées, dispersées entre de minuscules parcelles de maïs et de bananiers. Il ne reste que les murs, quelques pages de cahier. Les tuiles elles-mêmes ont été cassées, les tôles emportées. Jusqu'aux bananiers qui ont été étêtés. Mais, jeudi 30 juin, alors que les expéditions punitives avaient repris, après une accalmie depuis le début de l'opération française au Rwanda, les responsables du groupe ont décidé de se montrer. "C'était la dernière chance", explique un ancien infirmier. Un à la fois, ils sont sortis des fourrés et bientôt ce sont les blessés eux-mêmes qui se sont approchés, à pied et sans une plainte, selon les témoins. "À leur place, on aurait été dans le coma", dit un médecin de l'armée. Le diagnostic a été rapide : "Évacuation immédiate." Quatre-vingt-quatorze blessés (vingt-huit hommes, dix-neuf femmes, quarante-sept enfants) ont été transportés à Goma, au Zaïre, dont quarante-huit devaient être opérés. »

Les femmes, elles, couraient moins vite. « Pendant une partie de la nuit, les Tutsis ont chanté, et de la forêt de sapins de nouveaux rescapés sont arrivés. Vendredi, à l'heure de la distribution des biscuits protéinés, ils sont huit cent quarante, soit trois cents de plus que la veille, serrés autour du carré d'herbe à peu près plat qui sert de piste aux hélicoptères français. Des gens d'un autre âge – les hommes avec leurs lances –, et les militaires ont dû employer des arguments forts pour que les blessés acceptent de s'en séparer pour le voyage en hélicoptère. Une jeune fille de dix ans, blessée samedi dernier par balle. Quelques femmes autour des braseros où chauffent les haricots, rares survivantes de massacres qui ne semblent avoir épargné que ceux qui savaient courir et se cacher. Des enfants qui marchent malgré les pansements. Des hommes en veste kaki invariablement appuyés sur une perche de bois. La distribution des rations ressemble à un défilé de pèlerins. Ils demandent aux troupes françaises de les protéger sur place ou de les évacuer. "Vers le Zaïre, ou vers une zone où il n'y a pas de Hutus qui attaquent", et, curieusement, le nom du FPR n'est pas prononcé. Une brume de novembre est tombée et quelques survivants, les francophones, les enseignants, ceux qui encadrent le groupe, conduisent de petits cortèges vers les cadavres. »

Et voici que, comme le 27, lors de la reconnaissance de Diego, entouré de Saint-Exupéry et de quelques autres journalistes, Éric Nzabihimana apparaît comme le porte-parole du groupe. C'est encore lui, en effet, qui sert de guide aux journalistes :

« Éric Nzabihamana se souvient de la voix de ses agresseurs, qui l'appelaient, dit-il, par son prénom. "Viens, tu ne pourras pas t'échapper !" Un chant monte de la brume. Dans l'herbe, une sorte de messe commence. Une messe pour les hommes et les lances, en cercle autour d'un rescapé. L'un était l'assistant du pasteur de l'église pentecôtiste. Il tient à "remercier le Bon Dieu qui a fait venir les étrangers" et va, espère-t-il, les encourager à rester. Mais l'armée, très sollicitée, ne cesse déjà de procéder à des évacuations de petits groupes, ici des religieuses, là trois orphelins. À une centaine de mètres du camp de fortune, les militaires montent la garde et observent à travers la lunette de visée de leurs fusils les silhouettes qui se découpent sur la ligne de crête, ils n'ont pas quitté les lieux depuis la veille. Les hommes sont armés de lances, de machettes et de kalachnikovs. "Tiens, signale un soldat. Ils viennent de descendre jusqu'aux sapins." Sous une pluie battante, la radio du véhicule donne une information préoccupante : "Au village en bas, l'armée rwandaise a distribué des munitions." »

Au petit matin, les rescapés – quelque 800 ont été retrouvés – entourent Omar et entonnent un chant pour remercier les soldats français. Et Éric Nzabihimana, le premier, ne donne pas l'impression de leur en vouloir d'avoir mis trois jours à revenir…

Même Colette Braeckman ne trouve pas davantage contre les Français, dans *Le Soir* à la date du 30 juin : « Mais si les troupes françaises, dont la moitié des effectifs est à pied d'œuvre, se contentent effectivement de sauver les Tutsis menacés (et la position du FPR devant ce constat s'assouplit de jour en jour), l'attitude des miliciens pourrait se modifier très rapidement et devenir dangereuse. »

Et le 12 juillet, toujours dans *Le Figaro*, Saint-Exupéry conserve le même état d'esprit : « En l'état actuel de l'opération Turquoise, Paris n'a pourtant rien à se reprocher. […] En mettant sur pied Turquoise, le gouvernement a répondu à l'urgence et a agi au mieux. »

Cette attitude de reconnaissance envers les soldats de Turquoise est également perceptible, en 1996, dans le rapport publié par le gouvernement rwandais et intitulé *Rapport préliminaire d'identification des sites du génocide et des massacres d'avril-juillet 1994 au Rwanda*, dans lequel il est question du secteur de Bisesero comme d'une « colline de résistance jusqu'au 30 juin où les Français sont arrivés dans cette partie de la zone Turquoise ». Il parle de l'arrêt des massacres observés à cette date et ne porte encore aucune attaque contre la France à propos du secteur de Bisesero.

Pourtant, Patrick de Saint-Exupéry va supposer que l'opération Turquoise s'est accompagnée d'« ambiguïtés ». Il publie dans *Le Figaro* des 27, 28 et 29 novembre 1997 une série d'articles après avoir témoigné à Arusha, cité par l'accusation. Dans le troisième, intitulé « Génocide rwandais : la part d'ombre française », il met la France en cause pour sa responsabilité dans le génocide, attaque le cercle proche de François Mitterrand, et reproche à Paris de ne pas collaborer avec le TPIR. Mais, c'est le 12 janvier 1998 que *Le Figaro* lance, pour le centenaire de *J'accuse*, une série de quatre articles de Saint-Exupéry. Ses attaques redoublent d'ampleur. Dans celui du 15 janvier, intitulé « France-Rwanda. Le temps de l'hypocrisie », il revient sur Bisesero sans évoquer, cette fois, l'intervalle des trois jours séparant la reconnaissance opérée par le lieutenant-colonel Diego et celle conduite par le capitaine de frégate Marin Gillier. De Turquoise il signale surtout l'« ambiguïté » : « Réussite médiatique, puisqu'elle permet de gommer tout débat, cette intervention est aussi un terrible révélateur de l'ambiguïté qui a présidé à sa mise en place. » Et de reprendre les thèmes ressassés par Survie et le FPR, y compris les accusations contre le père Wenceslas et contre le docteur Sosthène Munyema, de l'université de Bordeaux. Cette série d'articles sera le facteur déclenchant de la mission d'enquête parlementaire lancée sous la direction de Paul Quilès au printemps suivant...

Alors même que Saint-Exupéry, Survie et tous les pro-FPR de France mettent Paris en accusation, Kigali tente d'accrocher à l'armée française une « casserole » supplémentaire : les fameux trois jours de Bisesero.

African Rights, dont le lecteur connaît les liens étroits avec la DMI et Paul Kagame, publie en effet « *Resisting genocide.*

Bisesero», en avril 1998. Omar Rakya y évoque la fameuse promesse faite par Diego aux rescapés tutsis et le délai de trois jours pris par les Français pour revenir à Bisesero. « La décision prise par les soldats français de laisser 2 000 personnes terrorisées – implorant leur secours – était inexcusable. » Et d'affirmer que, pendant ces trois jours, 1 000 d'entre elles ont été tuées. L'étude enchaîne sur des témoignages dénonçant l'attitude bienveillante des Français envers les miliciens : « Ceci a conduit à une détérioration des relations entre les troupes françaises et les survivants. » Et les témoignages de prétendre que les survivants qui avaient décidé de rejoindre la zone FPR furent privés de nourriture... Dans les semaines qui suivent la publication d'African Rights, cette thèse du délai « inexcusable » est reprise par les canaux habituels du FPR, sans toutefois faire recette auprès des parlementaires français.

Saint-Exupéry n'est évidemment pas content des conclusions de la mission Quilès. Il publie alors une nouvelle série d'articles signalant les « trous noirs » de l'enquête, sans mentionner encore l'affaire de Bisesero...

Son journal l'expédie comme correspondant à Moscou. En septembre 2003, Dominique de Villepin parle de « génocides », au pluriel, dans une émission de RFI. Le journaliste adresse alors une lettre au ministre des Affaires étrangères pour lui faire part de son indignation. Quinze jours après les propos de Villepin, Laurent Beccaria, patron des éditions Les Arènes, dont on connaît l'engagement aux côtés de Survie, téléphone à Patrick de Saint-Exupéry, puis débarque à Moscou pour discuter avec lui du projet de livre qui va devenir *L'Inavouable*. Laurent Beccaria et Mehdi Ba – qui, avant d'être directeur de collection aux Arènes, a été journaliste à *Golias*, *Maintenant* et Réseau Voltaire., et qui a écrit *Rwanda, un génocide français* – vont mener à bien le projet. Saint-Exupéry expose lui-même auprès de qui il s'est renseigné pour mettre bout à bout et renforcer ce qui était déjà ses certitudes : Jean-Pierre Chrétien et Gérard Prunier ! Il prend également contact avec le colonel

Diego, le militaire qui l'avait emmené à Bisesero et avec lequel, il avait sympathisé. Les deux hommes se revoient longuement durant la rédaction du livre. Patrick de Saint-Exupéry l'inscrira d'ailleurs dans sa dédicace : « À Diego et à ses hommes qui ont vu. »

Inutile de feuilleter les 288 pages du livre : elles reprennent *grosso modo* tous les poncifs de Survie. Limitons-nous à ce qui en constitue l'originalité, l'affaire de Bisesero.

À quelques détails près, Saint-Exupéry reprend son article publié le 29 juin, qui racontait son après-midi aux côtés de Diego à Bisesero. Les détails sont ici très importants. Au fur et à mesure du récit du journaliste du *Figaro*, je me permettrai de relever ce que je crois être la réalité au terme de ma propre enquête. En début d'après-midi, donc, il quitte l'auberge de Kibuye pour se rendre à l'école où est installé le détachement de Diego, et discute avec deux religieuses, l'une américaine, l'autre rwandaise : « Elles sont épuisées. Comme au terme d'un calvaire. » Elles parlent de la chasse à l'homme qui s'est déroulée à Kibuye depuis trois mois, puis expliquent que des survivants se terrent à Bisesero. Elles citent à plusieurs reprises ce nom de Bisesero. C'est alors qu'arrive Diego. Saint-Exupéry rapporte la conversation qui a lieu en présence des religieuses. Diego, impressionné, décide d'aller dans ce secteur. « Une carte est déposée sur le capot de la Jeep. Des doigts s'y sont posés. Une religieuse a pointé la direction de l'est [...]. Sans un mot, le colonel français a traversé la cour de l'école à grandes enjambées, revenant avec, à la main, un fusil à canon scié. Il l'a jeté en travers du siège d'une Jeep. "Partons !" » Et une douzaine de militaires et quatre journalistes partent, répartis en deux Jeep et un minibus.

Le contexte de cette scène, dans laquelle un officier n'écoute que son cœur et, à l'instigation de deux religieuses et d'un journaliste, part à la rencontre de rescapés qui se terrent, est nécessaire pour comprendre la suite de l'histoire. Le lieutenant-colonel Diego, à la tête d'un commando de l'air venant de Nîmes, est le chef d'un des trois détachements des forces spéciales qui, sous les ordres du colonel Rosier, basé à Bukavu (Zaïre), sont chargés « d'ouvrir » le Rwanda à l'opération Turquoise, dirigée par le général Lafourcade. Les deux autres détachements sont commandés par le capitaine de frégate Marin Gillier, à la tête d'un commando de marine, et par le colonel Tauzin, qui dirige les « paracolos » du 1er RPIMa. Diego, Gillier et Tauzin doivent rendre compte de leurs actions au colonel Rosier, lequel a reçu ses instructions, avant de quitter Paris, de l'état-major des armées et plus particulièrement du général Germanos, l'adjoint opérationnel de l'amiral Lanxade. Le groupement du COS doit éviter le contact avec le FPR, mais reconnaître néanmoins la zone, adopter une attitude de stricte neutralité, faire cesser les massacres et affirmer le caractère humanitaire de l'opération. Dans la journée, le colonel Rosier, basé la nuit à Bukavu, va sur le terrain avec son hélicoptère. Il rend compte régulièrement à l'état-major des armées, c'est-à-dire à Germanos et à son équipe. Pour la suite de l'histoire, il faut également savoir que cette mission est la première d'importance du COS, nouvellement créé, et que l'intégration entre ses différentes composantes n'est pas encore parfaite. Les « paracolos » estiment être les meilleurs pour ce genre d'opération. S'ils reconnaissent le professionalisme des commandos de marine, ils estiment que ceux de l'air, en revanche, ne sont pas adaptés à cette situation. « Les *cocoyes* ["Fier comme un coq et con comme un coyote"] savent seulement sauter en parachute », disent-ils. Les commandos de l'air, on s'en doute, ne débordent pas de tendresse à l'égard des « paracolos ».

Diego est arrivé à Kibuye le 24 juin, mais n'a réceptionné ses véhicules que le 26. Rosier lui a demandé de partir en reconnaissance vers Bwakira, ville située à une quarantaine de kilomètres à l'est de Kibuye. À lui de repérer les positions de l'APR en évitant le contact. En fin de matinée du 27 juin, le colonel Rosier, guidé par une « porteuse » émise par Diego, se pose sur la route, et fait le point de la situation avec lui. Diego lui parle notamment du bombardement, à coups de 120, du marché de Bwakira, et des difficultés rencontrées dans sa mission. Rosier modifie alors ses instructions : il lui demande de faire demi-tour et de revenir sur Kibuye. Il estime en effet que le chef *cocoye* n'est pas l'homme de la situation et « qu'il est dangereux de le laisser grenouiller » vers Bwakira. Rosier le charge de sécuriser Kibuye. Cette rencontre entre Rosier et Diego est décrite par Saint-Exupéry, mais il la situe à une mauvaise date[7] (les 28, 29 ou 30 juin) : « La discussion a duré une trentaine de minutes. L'officier est reparti à bord de son hélicoptère [...] Diego s'est approché pour nous expliquer qu'il venait de recevoir interdiction d'aller plus loin. »

Quelques heures après cette franche discussion, l'hélicoptère de Rosier se pose à Kibuye pour que celui-ci fasse le point avec Diego. Le colonel se dirige vers l'école où est cantonné le détachement. Diego lui signale la présence de quelques religieuses tétanisées par la peur. La supérieure rwandaise n'arrive même pas à s'exprimer devant les militaires. Le colonel Rosier la prend à part :

– Est-ce que vous avez peur ?

– Oui...

– Est-ce que vous voulez partir ?

– Oui...[8]

Rosier décide sur-le-champ d'évacuer les bonnes sœurs. Il en fait part à Diego à qui il demande de faire le nécessaire pour les protéger jusqu'au lendemain matin. Et lui fait part de son plan. Au lever du jour, il arrivera en hélico, restera présent pour surveiller l'évacuation des religieuses avec plusieurs autres appareils et repartira avec la dernière. Diego accompagne son chef jusqu'à son hélicoptère et revient vers l'école. C'est là qu'il

7. *L'Inavouable*, p. 84.

8. Les scènes de l'hélicoptère et de l'entretien avec les religieuses sont écrites à partir du témoignage du général Rosier.

retrouve les religieuses en train de discuter de Bisesero avec le journaliste du *Figaro.* celui-ci est déjà sensibilisé depuis la veille à ce qui se passe sur les hauteurs de Bisesero car, sur la route de Kibuye à Kirambo, il a assisté à une discussion entre trois journalistes – deux Anglo-Saxons et Vincent Hugeux, de *L'Express* – et Marin Gillier. Les journalistes qui ont sillonné en 4x4 les collines de Bisesero ont déplié une carte sur le command-car. Ils désignent à Marin Gillier les lieux où ils subodorent que se sont probablement déroulés de graves événements, eux-mêmes n'ayant cependant aperçu que des colonnes de fumée[9]...

Diego décide donc de partir immédiatement vers Gishyita avant d'obliquer à l'est, vers Bisesero, situé à deux heures de Kibuye. Un geste humainement admirable, mais militairement contestable, puisqu'il enfreint les instructions formelles de ne pas quitter Kibuye et de ne pas emmener des journalistes en opération. C'est sans doute pour ces raisons que Diego ne rend pas compte à Rosier de sa décision. Lui qui sait lire une carte ne peut pas ignorer que Bisesero est situé dans le secteur de responsabilité de Marin Gillier ou à son extrême limite, et qu'il aurait donc dû l'avertir.

Sur l'équipée de Bisesero elle-même, les deux versions de Saint-Exupéry, celle du *Figaro* et celle de *L'Inavouable,* sont identiques. Mais c'est à partir de son retour à Kibuye et pendant les fameux « trois jours » qu'il convient de suivre le journaliste pas à pas.

« Cette nuit-là, Monsieur, nous avons bien mal dormi [...]. *À quelques centaines de mètres, Diego restait pendu à son téléphone crypté, adressant à Paris rapport sur rapport.* Il avait trois jours. Il faudrait attendre [...]. Diego a fait ce qu'il fallait, je n'ai aucun doute : il a agi en homme et en soldat. En revanche, ce qui m'est resté mystérieux, c'est qu'il ait fallu effectivement compter trois jours avant que les voués à la mort ne soient

9. Entretien avec Vincent Hugeux.

sauvés [...]. Trois jours. Ce fut très long et très bref. De ces trois journées, il ne me reste qu'un souvenir confus[10]. »

Saint-Exupéry situe avec raison le passage de François Léotard, ministre de la Défense, en visite à Kibuye, le 29 juin, soit à l'intérieur de l'intervalle de ces trois jours.

Le 1er juillet, Saint-Exupéry, ayant appris l'arrivée de Marin Gillier la veille à Bisesero, décide à son tour d'y retourner. Il y apprend que Marin Gillier était parvenu sur les hauteurs de Bisesero *par hasard*, et non sur décision du commandement après réception des rapports de Diego. C'est à partir de cette constatation que le journaliste récapitule les événements et que son interprétation va basculer. Du moins est-ce ce qu'il affirme dans son livre, car on ne trouve aucune trace de cette réflexion dans ses articles de 1994 et de 1998. Bref, consultant ses carnets de notes pour écrire *L'Inavouable*, il interprète le *hasard* de la découverte de Marin Gillier, trois jours après celle de Diego. Continuons à suivre pas à pas le journaliste du *Figaro*.

« Dès le 27 juin 1994 au soir, Diego avait transmis son rapport sur Bisesero. Il ne l'avait pas tronqué, nous en étions persuadés. L'état-major de Turquoise et le capitaine de frégate Marin Gillier – supérieur direct de Diego durant l'intervention – en avaient donc eu connaissance le soir même. Pourquoi, en ce cas, Marin Gillier faisait-il mine de découvrir [la situation] trois jours plus tard et par hasard ? »

Saint-Exupéry affirme que Diego et Marin Gillier sont des hommes bien, sans doute pour mieux les opposer à un état-major qui, lui, est l'antre du Mal. Ces deux militaires « ont forcé le destin, ils n'ont pas désobéi », mais « contourné l'interdit ». Il en tire une conclusion définitive : le volet humanitaire de Turquoise n'était qu'un paravent destiné à cacher les turpitudes de François Mitterrand et de la France. Les responsables de Turquoise n'avaient donc, selon lui, aucune intention

10. Au point d'y placer la scène de la rencontre entre Diego et Rosier qui a eu lieu le 27 au matin.

de sauver les Tutsis. De ce fait, sans le « contournement de l'interdit » opéré par Marin Gillier, tous les Tutsis de Bisesero seraient morts : « Turquoise était un tour de passe-passe [...] Et les emplâtres humanitaires, ces masques si pratiques pour dérober à la vue ce qu'il convient de ne pas voir, s'effilochèrent [...]. Voyons, Monsieur, cette intervention "strictement humanitaire" était une farce, une mascarade ! »

Après avoir ainsi démontré, à partir de ces fameux trois jours, que Turquoise était « un tour de passe-passe », Saint-Exupéry termine son livre par une véritable réécriture de l'histoire récente des forces armées françaises. Il explique tranquillement que, en 1992, la création du COS avait été en réalité un coup d'État monté par les forces spéciales « coloniales » avec l'assentiment de François Mitterrand. Que ces forces spéciales avaient trouvé au Rwanda un « laboratoire » où elles pouvaient se livrer à une « guerre totale ». Explication censée permettre – enfin – de comprendre pourquoi l'état-major n'avait pas répondu aux appels angoissés de Diego, et pourquoi Marin Gillier était tombé « par hasard » sur les rescapés de Bisesero ! Le souci prioritaire de l'état-major, toujours selon Saint-Exupéry, était ailleurs : aider les "génocidaires". Oui, selon le journaliste, la France et François Mitterrand en tête, ont bel et bien été complices du génocide rwandais.

« Notre président de la République et notre chef de l'état-major ont placé sous leur autorité directe, à l'exception de toute autre, les unités les plus aguerries de notre armée, dotées d'un équipement de pointe et rodées aux techniques des "opérations grises". Ces deux hommes décident seuls. Ils sont maîtres de leur choix et ont toute licence pour faire usage de nos forces spéciales. Les "objectifs" affichés dans les textes ne prêtent à aucune confusion. Ceux-ci sont "militaires", mais également "paramilitaires". En clair : le COS est une structure politico-militaire. »

Dans *L'Inavouable,* le militant pro-FPR a décidément pris le pas sur le lauréat du prix Albert-Londres, du prix Bayeux des correspondants de guerre et du prix Mumm. Voici pourquoi et surtout comment.

Revenons donc à Kibuye dans la nuit du 27 au 28 juin, après le retour de Saint-Exupéry de Bisesero. « À quelques centaines de mètres, Diego restait pendu à son téléphone crypté, adressant à Paris rapport sur rapport », écrit-il dans *L'Inavouable.* Puis, un peu plus loin : « dès le 27 juin 1994 au soir, Diego avait transmis son rapport sur Bisesero. Il ne l'avait pas tronqué, nous en étions persuadés. L'état-major de Turquoise et le capitaine de frégate Marin Gillier – supérieur direct de Diego durant l'intervention – en avaient donc eu connaissance le soir même. Pourquoi, en ce cas, Marin Gillier faisait-il mine de découvrir [la situation] trois jours plus tard et par hasard ? » Ces quelques phrases traduisent bien le drame qui, selon Saint-Exupéry, est en train de se jouer.

Le lecteur sait déjà que Diego a enfreint les règles impératives de fonctionnement du COS pour n'écouter que son cœur et foncer sur Bisesero. Celui-ci n'a déjà pas rendu compte à son supérieur direct, lequel n'est absolument pas Marin Gillier, mais le colonel Rosier. En fait, Marin Gillier est situé au même niveau hiérarchique que Diego et Tauzin, tous trois dépendent directement de Rosier. Autrement dit, Gillier, qui passe la nuit à Gishyita, à vingt-six kilomètres au sud de Kibuye, et dont la mission a été parfaitement définie, n'a aucune raison d'être prévenu de la découverte faite par Diego. Et de fait, il en est absolument ignorant.

Sans l'avoir de ses yeux vu, puisqu'il est à *quelques centaines de mètres* de lui, Saint-Exupéry affirme que Diego était *pendu à son téléphone crypté, adressant à Paris rapport sur rapport.* Diego disposait bien d'une valise Immarsat, servant aux transmissions par satellite, mais en aucun cas il ne devait entrer en relation directe avec Paris. Les ordres étaient clairs : Diego ne devait être en relation qu'avec le colonel Rosier lui-même ou avec son équipe basée à Bukavu.

1. *A-t-il enfreint les règles et téléphoné directement à Paris ?*

Techniquement, il le pouvait grâce à sa valise Immarsat. J'ai demandé à l'amiral Lanxade s'il avait entendu parler du ou des messages de Diego. La réponse a été catégorique : « Non ! » J'ai posé la même question au général Lepage qui était alors le patron du COS, basé à Taverny, et la réponse a été tout aussi catégorique : non.

2. *A-t-il téléphoné au colonel Rosier ou à son équipe de Bukavu ?*

La réponse du général Rosier est tout aussi formelle. Elle laisse percer de surcroît sa colère : « Non, Diego ne m'a pas rendu compte de ce qu'il a découvert à Bisesero. Je l'ai vu à Kibuye, quelques minutes avant qu'il ne parte vers Bisesero, et il ne m'a rien dit. Il est parti avec des journalistes et a enfreint les instructions. Néanmoins, il aurait dû immédiatement me rendre compte de ce qu'il a vu à Bisesero. J'aurais pris alors les dispositions qui s'imposaient. Pour nous, cette affaire aurait été une aubaine à un moment où l'engagement au Rwanda était très contesté. Et, de toute façon, je l'ai encore vu le lendemain matin au lever du jour ; il avait tout le loisir de me parler de sa mission de la veille, mais il ne m'en a pas soufflé mot. C'est pire qu'une faute, un manquement à l'honneur. »

Le 28 juin, autour de 7 heures du matin, le colonel Rosier est revenu à Kibuye. Arrivé par hélicoptère de Bukavu, il a supervisé l'exfiltration des religieuses. Pendant les vingt minutes qu'a duré l'opération, Diego est resté à ses côtés sans lui souffler mot de son équipée à Bisesero.

Si Diego avait envoyé un message dans les formes convenues, celui-ci aurait pu arriver à Bukavu, au PC de Rosier. J'ai donc interrogé le colonel Leduc qui s'occupait du site. Il était, à ce titre, tout particulièrement chargé de collecter toutes les informations provenant des unités en action au Rwanda. Les éventuels messages pouvaient arriver par radio VHF, par satellite, voire par écrit. Leduc est tout aussi formel que son patron : « Je n'ai aucune souvenance de l'arrivée d'un tel message. Si on avait eu connaissance de choses aussi claires et à ce moment précis, cela aurait été la justification de notre intervention. On aurait pu l'exploiter médiatiquement. »

J'ai cherché à joindre Diego qui a préféré ne pas entrer en relation avec moi. Je sais néanmoins qu'il affirme avoir rendu compte à Rosier et le lui avait déclarait juste avant que celui-ci ne témoigne, le mercredi 17 juin 1998, devant les parlementaires. Le général Rosier avait souhaité faire un rapide tour d'horizon avec ses anciens subordonnés pour se remettre en mémoire la chronologie des événements. Un Rosier qui avait été intrigué, quelques jours plus tôt, par une accusation contre l'armée française proférée par une Rwandaise à la télévision, à propos de Bisesero. alléguant notamment que les militaires avaient attendu trois jours pour intervenir, une version à laquelle il n'avait strictement rien compris. Alors que Marin Gillier déroulait l'enchaînement des événements jusqu'à son arrivée à Bisesero, Diego l'avait interrompu :

– Mais moi, j'avais découvert Bisesero le 27 juin, et je vous ai rendu compte, mon général...

– Vous ne m'avez jamais rendu compte, avait rétorqué Rosier...

L'affaire en resta là, parce que les parlementaires n'interrogèrent pas sur Bisesero. Et ce n'est qu'en janvier 2005 que le patron du SHAT apprit à Rosier qu'il existait un message écrit de Diego qu'il venait de retrouver dans les archives. Voici donc ce message daté du 29 juin et intitulé *Fax N° 3 :*

« Objet : C/R de situation

1. Mission du 27-06-94

« Dans le secteur de Bisesoro nous avons rencontré une centaine de Tutsis réfugiés dans la montagne. Ils se sont présentés spontanément sur la piste en voyant les véhicules militaires. Ils seraient environ 2 000 cachés dans les bois.

« D'après eux, la chasse aux Tutsis a lieu tous les jours,

menée par des éléments de l'armée, gendarmerie, milices encadrant la population.

« Ils nous ont montré des cadavres de la veille et du jour même, dont un enfant blessé témoin de combats du jour. Ils sont dans un état de dénuement nutritionnel, sanitaire et médical [illisible].

« *Ils ont directement impliqué les autorités locales de Kibuye comme participants aux chasses à l'homme.*

« Ils espéraient notre protection immédiate ou leur transfert en lieu, protégé. Je n'ai pu simplement leur promettre que nous reviendrons les voir et que l'aide humanitaire arriverait bientôt.

« Il y a là une situation d'urgence qui débouchera sur une extermination si une structure humanitaire n'est pas rapidement mise en place ou tout au moins des moyens pour arrêter ces chasses à l'homme.

« Il est à noter qu'un véhicule des militaires FAR est passé sans s'arrêter et qu'il affichait un grand drapeau français sur son capot.

« Les reportages du *Figaro* et de *Libé* sortent le 29 juin en première page.

« 2. Fax mission du 27-06 et visite du MINDEF suit. »

Le message corrobore donc parfaitement la thèse de Saint-Exupéry et de ceux qui dénoncent un « génocide français ». Le problème est que ce message a été rédigé *deux jours* après la découverte de Bisesero. Il n'est donc pas opérationnel. Ensuite, il n'a pas été reçu par les militaires qui auraient pu le traiter. Enfin, il annonce que, dans un prochain fax, sera relatée la visite de François Léotard à Kibuye, alors que Rosier, son supérieur, n'avait nul besoin de savoir comment s'était déroulée cette visite du ministre, puisqu'il était avec Diego aux côtés du ministre ! Ce message a probablement été envoyé à un supérieur hiérarchique de Diego dans la « filière aviateurs », hors de la chaîne de commandement du COS.

Diego n'a pas envoyé de message à Rosier, à Leduc, à

Germanos, à Lepage, il n'a pas rendu compte oralement à Rosier, entre 7 heures et 7 h 20, le matin du 28 juin, c'est-à-dire quelques heures seulement après être rentré de Bisesero. À ce moment-là, les autorités françaises n'avaient pas encore perdu de temps, car, compte tenu des risques inhérents à la situation, il aurait été impossible de lancer une opération de sauvetage en pleine nuit : si le message était arrivé ce matin-là, Rosier aurait parfaitement pu déclencher une opération – lourde – de sauvetage en mobilisant non seulement les hommes de Diego, mais aussi ceux de Marin Gillier qui patrouillaient à proximité de Bisesero.

Le lendemain 29 juin, Diego voit encore Rosier à Kibuye, toujours sans lui parler de Bisesero. Ce même jour, il voit également François Léotard à Kibuye. Il aurait donc pu, encore une fois, en parler directement au ministre s'il avait estimé que le commandement n'avait pas mesuré la gravité de la situation. L'observation vaut d'ailleurs également pour Saint-Exupéry qui avait entraîné Diego dans cette opération et qui se tenait aussi aux côtés du ministre de la Défense...

Saint-Exupéry n'a rien dit. Diego n'a pas bougé. Ce dernier avait-il du remords d'avoir enfreint les règles ? A-t-il évité de prévenir Rosier par peur des sanctions, après avoir « joué au cow-boy » ?

Pour résumer, Diego n'a pas rendu compte de la découverte de Bisesero à ceux qui assuraient le commandement du détachement du COS chargé d'« ouvrir la porte au Rwanda ». Toute l'argumentation de Saint-Exupéry dans *L'Inavouable* s'écroule. Si l'état-major n'a pas réagi à la découverte de Bisesero par Diego, c'est tout simplement parce qu'il n'en a rien su !

Qu'aurait fait le commandement français s'il avait bien reçu les messages de Diego ? La réponse à la question est aisée. Il suffit en effet de suivre les pas de Marin Gillier, qui avait entendu parler de Bisesero dès le 26 juin par Vincent Hugeux, et qui se trouve à Gishyita, non loin du secteur de Bisesero, le lendemain matin 27 juin, au moment où Rosier demande à Diego de rebrousser chemin et de revenir sur Kibuye. Marin Gillier décrit bien le contexte des débuts de l'opération Turquoise, les appréhensions des soldats, les difficultés d'analyse de la situation, la prudence qui en découle. On perçoit également dans son rapport un officier constamment en liaison avec Rosier, son patron. À la différence de Diego, il rend compte de tout ce qui se passe sur son secteur. Bref, c'est un chef de détachement qui applique strictement ses instructions. Laissons-lui la parole [11] :

« Des missions de recherche de renseignement sont lancées le 27 juin vers Gishyita – limite nord de ma zone de responsabilité [...]. C'est alors qu'un élément léger rend compte d'avoir découvert, dans l'est de Gishyita, un prétendu point avancé des éléments infiltrés du FPR. Il s'agit d'assertions de la population, rien n'est visible. [...] Sur place, j'interroge la population qui affirme que les collines à l'est sont infestées d'éléments du FPR infiltrés pour semer la terreur. Nous nous établissons pour pouvoir intervenir au profit de la population, si nécessaire, *puis rendons compte.*

« Vers midi, des bruits de rafale d'armes automatiques et d'explosions – que nous attribuons à des obus de mortier – attirent notre attention vers la zone suspecte (c'est-à-dire vers Bisesero). Une inspection à la jumelle ne permet guère d'analyser la situation. L'observation par le système de visée d'un poste de tir de missiles Milan nous permet de constater, dans le lointain, une certaine agitation. La population alentour est immédiatement questionnée : il s'agirait d'une centaine de villageois qui s'attaqueraient aux éléments infiltrés du FPR.

« Après une demi-heure environ, les bruits décroissent, et plus rien n'est visible. Tout ceci se passe à une bonne distance de notre lieu d'observation – cinq kilomètres ?

« *Les comptes rendus vers les autorités militaires* présentent la

11. Marin Gillier a fait un rapport de sa mission à Bisesero pour les parlementaires de la mission Quilès.

situation telle que nous la percevons : de l'agitation, des échos de tirs nourris, mais rien de précis sur une éventuelle situation tactique ni sur les forces en présence. Ils relatent les assertions des personnes qui nous entourent, selon lesquelles des miliciens s'attaqueraient au FPR, propos que nous ne pouvons confirmer ni infirmer. Les bruits prouvent néanmoins l'utilisation d'armes de guerre, ce qui étaye la thèse d'un engagement avec le FPR. *Enfin, je sollicite des consignes, en particulier je demande si je dois me rendre sur place.*

« La réponse à cette dernière question tarde à arriver. Je n'en suis pas surpris, car les ordres sont clairs : ne pas s'opposer au FPR ni prendre parti dans le conflit. De plus, je ne dispose pas des effectifs ni des soutiens (appui feu) me permettant d'intervenir de façon efficace. Un engagement ferait courir à mes troupes un danger certain alors que nous ne connaissons ni le terrain, ni les forces en présence. Nous ne saurions d'ailleurs pas dans quel sens intervenir. »

Toutes ces observations sont faites, et ces questions posées alors que Diego arrive à Bisesero, puis discute avec Éric Nzabihamana. Une partie de l'agitation observée par l'équipe de Gillier est probablement provoquée par le passage de Diego. Et quand Marin Gillier demande à Rosier s'il doit se rendre sur place, Diego y est, lui, et connaît la situation qu'il cherche désespérément à élucider. Autrement dit, si Diego avait rendu compte de ce qu'il avait découvert à Bisesero, comme Gillier le fait constamment, il aurait répondu à toutes les questions que se posent Gillier et, avec lui, Rosier. Ordre aurait alors été donné à Gillier de rejoindre Diego avant la tombée de la nuit, et Rosier aurait également mis tous les moyens possibles à sa disposition.

On sait en effet que s'il a tardé à répondre aux demandes de consigne de Gillier, Rosier n'est pas resté inactif pour autant :

« J'ai appris, poursuit Marin Gillier, que le commandement avait alors cherché à regrouper des hélicoptères-canon pour pouvoir envoyer mon détachement sur place avec une puissance de feu susceptible de donner quelques chances de succès à une intervention. Nous étions cependant encore dans la phase de mise en place des moyens et de prise de contact avec la zone, et il n'a pas été possible de réunir le soutien nécessaire avant la tombée de la nuit. »

En soldat très prudent, Marin Gillier continue, le lendemain 28 juin et dans la matinée du 29, à chercher à comprendre ce qui se passe à l'est de Gishyita… Durant l'après-midi du 29 juin, il se retrouve, à Gishyita, dans un petit PC face à François Léotard et aux côtés de son chef Rosier. « Je lui expose la situation et nos interrogations sur ce qui s'est passé deux jours plus tôt, et conclut qu'après une reconnaissance infructueuse il conviendrait de se rendre sur place en force pour se faire une idée précise de la situation. » Si Rosier n'est pas intervenu, c'est parce qu'il avait le matin un briefing complet en présence du ministre, à Kavumu, l'aérodrome de Bukavu. Il complète les souvenirs de Marin Gillier en précisant que ce dernier avait insisté sur les infiltrations FPR. Après la visite de François Léotard, Rosier donne instruction à Gillier de partir le lendemain à l'aube avec tous les moyens disponibles… Voilà comment, en milieu de l'après-midi du 30 juin, soit trois jours après Diego, Gillier découvre les rescapés tutsis. « C'est alors que nous avons été confrontés pour la première fois à la tragédie rwandaise », écrit Marin Gillier.

Tous les moyens nécessaires à la sécurisation des Tutsis de Bisesero sont alors mis en œuvre. Et, dès la fin d'après-midi du 30 juin, 94 blessés graves sont évacués par hélicoptère. Marin Gillier a fait ce que Diego aurait dû faire trois jours plus tôt. Diego a seul commis une erreur qui a provoqué le fameux « retard de trois jours » de l'intervention de l'armée française. Un décalage qui n'a, en tout cas, rien à voir avec une complicité de génocide, mais que Kigali a décidé d'exploiter, dès 1998, pour attaquer la France. Emmanuel Habyarimana, qui était encore ministre de la Défense de Kagame en 2003, raconte une anecdote intéressante à ce sujet. Lors d'une visite faite à Bisesero à l'occasion d'une journée de commémoration en 1998, un Tutsi avait affirmé publiquement que, sans les Français, il serait mort. « Le rescapé a été immédiatement obligé de se taire et on lui a fermement recommandé de ne plus jamais dire une chose pareille. » Emmanuel Habyarimana fait mine de ne pas comprendre la passivité du gouvernement français face à des attaques dont il sait pertinemment qu'elles ont été fabriquées par Kigali.

En même temps que Patrick de Saint-Exupéry écrivait, avec l'assistance éditoriale de deux pourfendeurs professionnels du rôle de la France en Afrique – Laurent Beccaria et Mehdi Ba –, Survie et la CIMADE préparaient les dossiers de l'« enquête citoyenne » dont l'objectif avoué était de traduire en justice des militaires français. Le livre sort en mars 2004 en même temps que se réunit la commission d'enquête devant laquelle doit témoigner Saint-Exupéry. À Kigali, le 26 mars 2004, c'est-à-dire au dernier jour des auditions de la commission d'enquête, à Paris, Éric Nzabihamana – le fameux instituteur tutsi qui, fin juin 1994, parlait aux journalistes à Bisesero, manifestant sa joie à l'arrivée des militaires français – accuse violemment l'armée française qui l'a sauvé : « Ces 7 500 personnes étaient en danger à quelque 2 kilomètres du campement de l'armée française qui n'a finalement réagi que sous la pression des ONG, mais trop tard ; nous n'étions plus que 1 000 survivants environ. » Et Éric Nzabihamana demande à la communauté internationale de « presser la France de reconnaître sa responsabilité dans le génocide rwandais ».

Au cours des mois suivants, tous les procureurs de la Commission d'enquête citoyenne (CEC) travaillent d'arrache-pied, à la fois pour sortir un volumineux rapport d'accusation et pour préparer avec les deux avocats, Mes William Bourdon et Antoine Comte, les plaintes à déposer devant le Tribunal des Armées. Deux membres de la CEC se sont fait particulièrement remarquer : Annie Faure, une doctoresse, ex-MSF au

Rwanda, auteur en 1995 de *Blessures d'humanitaire*[12], et Raphaëlle Maison, une spécialiste de la justice internationale. Une seule phrase d'Annie Faure suffit à traduire son état d'esprit d'enquêtrice : « L'opération Turquoise n'a pas fait que protéger des tueurs, elle a permis de tuer plus de Tutsis[13]. » Ces deux enquêtrices sont parties, fin octobre 2004, au Rwanda, recueillir les témoignages de six Rwandais pour étayer six plaintes contre des militaires français. Elles étaient accompagnées d'un traducteur rwandais, Vénuste Kayimahe, autre spécialiste de l'accusation anti-France[14]. Le temps de rentrer dans l'Hexagone, de mettre au propre les déclarations obtenues dans ces conditions, de laisser les deux avocats préparer les six plaintes, le 16 février, Mes Bourdon et Comte déposaient celles-ci.

La plupart des plaintes sont pitoyables. Aaron Nshymiryaro affirme avoir vu à trois reprises, au camp de Murambi, des militaires français mettre des Tutsis, désignés par des miliciens, dans des sacs et les jeter ensuite d'hélicoptère au-dessus de la forêt de Nyungwe. François Bagirubwira raconte comment il a été arrêté et battu par des Français dans ce même camp de Murambi. Jean Ndihokubwayo tente d'accréditer l'accusation de Kigali sur les relations étroites entre militaires français et officiers "génocidaires", etc., etc.

Le témoignage de Jean-Bosco Habimana, qui servait au 64e Bataillon, est particulièrement intéressant parce qu'il tente d'accréditer les fables de Jean Carbonare[15] à propos des instructeurs français présents au camp de Bigogwe, dirigé par des Belges : « Une dizaine d'instructeurs français apprenaient les "trucs de méchanceté" pour tuer les Tutsis… En avril

12. Paris, Balland, 1995.
13. *L'Humanité* du 4 février 2005.
14. Auteur de *France-Rwanda : les coulisses du génocide*, publié à L'Esprit frappeur, janvier 2002. C'est le premier qui a voulu accréditer l'idée que, lors de l'opération Amaryllis, l'ambassadeur de France avait pratiqué un tri pour ne pas sauver les Tutsis qui avaient travaillé à l'ambassade et au Centre culturel. Un mensonge éhonté de plus !
15. Voir chapitre 8.

1992, on est parti avec un instructeur français tuer les *Bagogwe...* »

Trois plaignants ont la redoutable tâche d'accréditer le roman de Bisesero.

Le premier a été probablement plus loin que le texte qu'on lui avait soufflé. Le 27 juin à Bisesero, Innocent Gisanura, qui a vu arriver les Français accompagnés de Rwandais, a en effet assisté à une scène qui avait échappé à Saint-Exupéry et aux autres journalistes : les Français, « visages camouflés par des couleurs », assistaient aux tueries qui s'effectuaient à la lumière des phares des véhicules. Le deuxième plaignant, Bernard Kayumba, explicite sa version, traduite par Vénuste Kayimahe, devant Annie Faure et Raphaëlle Maison : « Les Français sont revenus le 30, je crois qu'il n'y avait plus personne à Bisesero. Je crois que leur action a été intentionnelle. Une autre chose me laisse penser que les Français avaient une autre mission, sous couvert de nous protéger : je ne comprends pas que les Français, au courant de la préparation du génocide, aient attendu trois mois pour nous porter secours. »

Le témoin-clé est notre vieille connaissance d'Éric Nzabihamana qui est maintenant maire du district d'Itabire, ville de 97 400 habitants. Après avoir raconté le calvaire vécu par ses compatriotes pendant trois mois, il entame une relation des faits, sur l'arrivée des Français qui ne diverge pas fondamentalement de celle de Saint-Exupéry. Après quoi, pour étayer l'accusation, il affirme que, suite au départ des Français, « les tueries ont continué avec une intensité supérieure, car les tueurs étaient essentiellement, à ce moment, des militaires rwandais. J'ai perdu ma sœur Joséphine Zaninka et ma fiancée Mukamenaca à ce moment-là. Après les trois jours, les Français sont revenus à Bisesero dans la soirée. Nous n'avions plus confiance, mais nous n'avions pas le choix. » Or cette affirmation ne correspond en rien aux reportages de l'époque.

Éric Nzabihamana affirme qu'au bout d'un mois, les militaires ont demandé aux rescapés vers où ils souhaitaient être dirigés : vers la zone FPR ou vers les zones ZHS, et que les soldats n'ont pas été contents que « tout le monde décide d'aller vers la zone FPR » et « ont commencé à ne plus nous donner à manger et à boire ». Cette version des faits ne tient pas debout : seuls 120 rescapés ont demandé à rejoindre la zone FPR, les autres ; soit 1100, c'est-à-dire la très grande majorité, ont préféré rester dans la ZHS tenue jusqu'à fin août par les Français.

Éric Nzabihamana utilise ensuite un procédé employé par tous les accusateurs rwandais : la reproduction des confidences d'un témoin-accusateur non identifié : « Pendant que nous étions dans le camp, j'ai été ami avec Éric, un militaire français d'origine indienne, a-t-il confié à Annie Faure et Raphaëlle Maison le 29 octobre 2004. Il m'a dit que les Français ne venaient pas nous sauver, mais épauler le gouvernement rwandais, mais que c'était trop tard. Il me l'a confié comme un secret. J'ai constaté de mes yeux que, lors de la fuite des FAR, ils leur retiraient leurs armes – lorsqu'il y avait des journalistes – pour les leur remettre plus loin. J'accompagnais à ce moment les Français pour rechercher les survivants cachés dans les familles, et je circulais. Je les ai donc vus remettre les armes à Gishyita. Les Français allaient aussi au front contre le FPR à Gikongora. J'ai vu des cadavres de militaires français amenés par hélicoptères à Bisesero. »

Or, il n'y a jamais eu de véritable affrontement avec le FPR à Gikongoro, mais un simple accrochage le 3 juillet. Le groupe Tauzin a été rafalé près de Gikongoro, ce qui a provoqué une réplique des hommes de Tauzin. Il n'y a pas eu de morts français, mais un blessé au genou : dans la précipitation, une jeep s'est retournée sur le lieutenant-colonel Charpentier. Le blessé a été transporté par hélicoptère vers le Zaïre-Congo avant d'être rapatrié sur Bangui.

Conclusion d'Éric Nzabihamana : « Si les Français n'étaient pas venus, s'ils n'avaient pas créé la Zone Turquoise, il y aurait eu beaucoup moins de morts ; le FPR aurait sauvé beaucoup plus de gens. Si les Français n'étaient pas repartis après leur arrivée à Bisesero, il y aurait eu beaucoup moins de morts, car les attaquants sont devenus alors plus agressifs : c'étaient des militaires et ils prenaient beaucoup moins d'heures qu'avant pour tuer. »

Bref, une version qui contredit totalement ce qu'il avait déclaré en juin et juillet 1994 aux journalistes.

Le procédé de mise en accusation monté par Kigali est toujours le même. Contre les prêtres, contre leurs ennemis, contre les militaires français, contre la France, il commence par la collecte de faux témoins dont les déclarations sont ensuite relayées par leurs réseaux : African Rights, Survie, CIMADE, *Golias*, Ibuka, Communauté rwandaise de France, Collectif des Parties civiles, FIDH, et les Chrétien, Dupaquier, Gauthier, Gouteux, Mehdi Ba...

Saint-Exupéry s'est prêté à cette grave et monstrueuse manipulation que son livre a, qu'il le veuille ou non, accréditée et qui a été montée à Kigali par des autorités étatiques dans le but de nuire gravement à la France. Cette histoire est représentative de tous les mensonges et accusations, toujours initiés au Rwanda, – trop souvent pris pour argent comptant ailleurs. Au terme de mon enquête, j'affirme que Turquoise a été une opération vraiment humanitaire, « totalement claire et sans arrière-pensées », pour reprendre les mots de l'amiral Lanxade. Elle n'avait cependant pas l'heur de plaire à Paul Kagame qui a su sonner la charge contre Paris. Le dossier Bisesero n'est que trucages, tout comme ceux concernant les instructeurs français du camp de Bigogwe, entre autres accusations monstrueuses de complicité de génocide[16].

16. J'ai recueilli de nombreux témoignages sur la réalité de Turquoise. Tous disent l'attitude non ambiguë des Français, leurs relations très tendues avec les miliciens et les FAR. Joseph Ngarambe a ainsi analysé, pour le compte du TPIR, quelques centaines de vidéos et confirme cette attitude des militaires français : « Tout ce qu'on a dit sur Turquoise est une honte. La seule chose qu'on puisse regretter, c'est qu'elle ne soit pas venue plus tôt au Rwanda. »

Post-scriptum. Le parquet du Tribunal des Armées, saisi depuis le 16 février 2005 des six plaintes de Rwandais, estime qu'elles ne sont suffisamment pas étayées pour ouvrir une information judiciaire. Le procureur a toutefois autorisé, mi-octobre 2005, l'unique juge de ce tribunal à se rendre au Rwanda pour y entendre les six Rwandais à propos de leur plainte contre l'armée française pour « complicité de génocide ».

EN GUISE DE CONCLUSION

Une guerre sans fin ?

La guerre civile rwandaise n'a pas cessé en juillet 1994. Le conflit s'est porté au-delà de la frontière ouest du Rwanda, dans les provinces de l'est du Zaïre. La longue comptabilité des morts, après le génocide des « cent jours », n'a toujours pas pu être arrêtée : Tutsis, Hutus, populations déplacées et réfugiées dans des camps... Le bilan ne fait que commencer. Pourtant, de cette guerre sans fin – pour combien de temps encore ? –, qui a déstabilisé toute la région des Grands Lacs il n'est rien dit. Malheureusement, le génocide de 1994 n'en constitue qu'un épisode. Qui, bientôt, acceptera de reconsidérer cette guerre dans son ensemble, sur une période longue, depuis l'agression lancée par le FPR contre le Rwanda en octobre 1990 ? Qui commencera d'écrire toute l'histoire de ce conflit majeur ? Qui reviendra sur la stratégie du FPR et de son leader Paul Kagame ?

Le « plus grand criminel de guerre encore en vie », selon le mot de Reyntjens, a raison de détester la France. Longtemps elle a été le seul véritable obstacle à son entreprise de conquête du pouvoir et d'expansion territoriale – tout au moins d'expansion de son influence régionale – par les massacres et la terreur. Pendant trois années, Paul Kagame a dû ronger son frein : par son entremise diplomatique, par son assistance technique et militaire au gouvernement rwandais, Paris lui barra la route de Kigali et contraignit les deux parties à une tentative de solution politique équilibrée. Kagame ne put user de la force. Jusqu'au 6 avril 1994. Dès le lendemain du coup d'État qui vaut déclenchement des hostilités, parce que Paris, déjà, entrevoit le coût humain de la guerre, le gouvernement français tente de mobiliser la communauté internationale. L'opération Turquoise fut certes décidée tardivement, alors que les massacres avaient déjà dépassé par leur ampleur tout ce que l'entendement humain peut supporter. Cependant, deux mois durant, elle a non seulement arrêté la chasse au Tutsi, mais elle a aussi stoppé la chasse au Hutu sur une partie du territoire rwandais. Cette opération constitua une réelle action d'interposition et de dissuasion dans le conflit. Quelques jours avant de quitter la Zone humanitaire sûre (ZHS), les pilotes des Mirages basés à Kisangani ont été tout près de larguer leurs bombes sur les artilleurs du FPR qui avaient pris pour cibles les camps de réfugiés autour de Goma, en territoire zaïrois. L'amiral Lanxade, chef d'état-major des armées, par la voix du général Lafourcade, leur avait donné l'autorisation, sans avoir à lui en référer, d'utiliser leurs missiles si les forces du FPR décidaient, malgré les avertissements, de poursuivre leur sinistre besogne de pilonnage des populations civiles. Un vol en rase-mottes suffit à faire comprendre aux *Inkotanyi* le message français. Aucune bombe *made in France* n'eut besoin d'être larguée…

En août 1994, les militaires de Turquoise quittèrent le pays. Dès lors, Paul Kagame sut exploiter à fond le sentiment de culpabilité d'une communauté internationale déjà meurtrie de n'avoir cessé de répéter « Plus jamais ça » alors que l'ex-Yougoslavie s'entre-déchirait au cœur de l'Europe, et qui se réveillait soudain confrontée à un désastre humain plus considérable encore. Elle n'avait pas su arrêter le génocide? Lui, Paul Kagame, le « libérateur » y avait mis un terme. En s'en remettant au vainqueur, elle lui laissa les mains libres, lui accordant un permis de chasse au Hutu non seulement sur l'intégralité du territoire rwandais, mais aussi sur celui de l'État voisin, le

Zaïre. L'APR traquera le gibier hutu jusque dans les lointaines forêts du Congo-Zaïre... La communauté internationale a détourné les yeux. Il ne faut rien dire, rien voir, rien entendre. Elle ne lui demanda pas de comptes sur le bilan de la guerre civile et ses 1, 1 million de morts, ses 2 millions de réfugiés, son million de déplacés à l'intérieur et ses centaines de milliers de traumatisés. La politique de Kagame a reçu un blanc-seing : le dictateur « gère » comme bon lui semble la question « hutue ». À l'intérieur du Rwanda, son déni de l'ethnisme lui sert à asseoir l'hégémonie des Tutsis pro-FPR. Les élites hutues n'ont pas cessé d'être harcelées, emprisonnées, décimées : arrestations, disparitions et intimidations d'opposants et de ceux qui sont considérés comme tels sont le lot quotidien des Hutus. Tout Hutu est potentiellement classable parmi les « génocidaires ». Il suffit que le pouvoir de Kigali l'inscrive sur une liste, et la traque commence.

Dans la région des Grands Lacs, depuis 1994, les droits de l'homme sont bafoués en toute impunité. Y règne une insécurité générale, si ce n'est bien souvent une guerre larvée qui chasse les populations rurales de leurs villages, les arrache de leurs champs et les jette dans la misère. La communauté internationale, comme paralysée, ne trouve rien à redire à cette désastreuse situation. L'existence même du rapport Gersony, document interne du Haut-Commissariat aux réfugiés rédigé en 1994 et qui concluait à des « massacres systématiques de grande ampleur de civils non armés » perpétrés par l'Armée patriotique rwandaise lors de la prise de pouvoir du FPR, a été niée jusqu'en 2004. Depuis, on reconnaît qu'il existe, mais personne à l'ONU ne sait où il se trouve !

L'ONU a une fois de plus été incapable d'arrêter les massacres de réfugiés hutus par les mêmes soldats de l'APR, sous le fallacieux prétexte que ceux-là étaient des miliciens « génocidaires ». Et, comble d'une odieuse ironie, la justice internationale, incarnée par le Tribunal pénal international du Rwanda à Arusha, cède constamment aux pressions de Kigali qui refuse catégoriquement toute investigation mettant en cause le gouvernement en place et les militaires du FPR. Le 28 août 2003, Paul Kagame a ainsi réussi à évincer Carla del Ponte, procureur près le TPIR. Ce tribunal s'est jusqu'à aujourd'hui déconsidéré en écartant toute enquête sur l'attentat perpétré contre le Falcon 50 – que la plupart des experts considèrent désormais comme le facteur déclenchant des génocides. Pourtant, le jour où il sera formellement prouvé que Kagame a, en toute connaissance de cause, fait exploser l'avion présidentiel, c'en sera fini des faux-semblants et de l'équilibre de la terreur que le dictateur rwandais a imposé à tous. Y compris à Kofi Annan lui-même qui, dans une lettre au Conseil de sécurité du 29 juin 1998, reconnaissait que Laurent-Désiré Kabila, l'homme installé à Kinshasa par Kagame, avait empêché l'ONU de mener une enquête sur les massacres commis dans l'est du Zaïre par les militaires FPR :

« Il est profondément regrettable que, entre la date où elle a été déployée pour la première fois, en août 1997, et son retrait en 1998, l'équipe n'ait pas été autorisée à accomplir sa mission pleinement et sans entrave. Néanmoins, en dépit des difficultés décrites dans le rapport, l'équipe a pu parvenir à un certain nombre de conclusions qui sont étayées par de solides preuves. Deux de ces conclusions retiennent l'attention :

« La première est que toutes les parties aux violences qui ont déchiré le Zaïre, en particulier ses provinces orientales, durant la période de l'examen, ont commis de graves violations des droits de l'homme ou du droit international humanitaire.

« La seconde est que les tueries auxquelles se sont livrés l'AFDL et ses alliés, y compris les éléments de l'Armée patriotique rwandaise, constituent des crimes contre l'humanité, tout comme un déni d'assistance humanitaire aux réfugiés hutus. Les membres de l'équipe pensent que certains de ces meurtres peuvent constituer des actes de génocide. »

L'AFDL et ses alliés ? En 1997, un mouvement armé regroupant des Rwandais et des Congolais voit le jour sous le nom d'Alliance des forces démocratiques pour la libération du Congo (AFDL). Son objectif affiché est de libérer le Zaïre de la dictature de Mobutu. L'AFDL, qui préconise la lutte armée, place à sa tête Laurent-Désiré Kabila, vieil opposant au maréchal Mobutu. Avec un Congolais à sa tête, l'Alliance cherche surtout à dissimuler la forte présence militaire rwandaise dans ses rangs. Car le véritable chef de l'AFDL est basé à Kigali et n'est autre que Paul Kagame, qui a pris soin de placer son bras droit, James Kabarebe, aux côtés de Kabila. L'Alliance entreprend la « libération », forme de reconquête de l'immense Zaïre, depuis les régions de l'est. James Kabarebe était l'homme responsable des attaques des camps des réfugiés hutus au Zaïre en 1997, où près de deux millions de Rwandais furent massacrés ; il est alors épaulé par un certain Joseph Kabila, que l'on appelle à ce moment Joseph Kanambe… Kabarebe est chargé de mener les opérations militaires qui vont conduire à la chute du président Mobutu en mai 1997.

En refusant l'enquête de l'ONU, Kabila a tout simplement voulu éviter à son mentor les conséquences des découvertes des charniers de l'est du Zaïre.

Mais Paul Kagame pourra-t-il encore maintenir longtemps un semblant de légitimité en faisant obstruction à toute enquête ? Il semblerait que le temps soit venu de faire la lumière sur ses crimes.

Dès que l'enquête du juge Bruguière, chargé d'instruire les conditions de la mort du personnel de bord du Falcon 50 de Juvénal Habyarimana, sera rendue publique, ses conclusions devraient commencer de lézarder l'édifice de la version officielle ; la conspiration du silence ne devrait plus être longtemps tenable, qui entoure les agissements monstrueux d'un mouvement, puis d'un régime. Certes, aux yeux de ceux qui toujours préfèrent la mauvaise foi à la reconnaissance de leurs erreurs et de leurs égarements pro-FPR, qui ne sauraient donc accepter que l'État français ne soit pas toujours dirigé par les intentions et les intérêts les plus vils, l'enquête présentera une grande faiblesse : elle aura été menée par un juge français ; elle ne manquera donc pas d'être violemment contestée, comme ce fut le cas lorsque *Le Monde* publia, à la suite de fuites, quelques-uns de ses éléments. Mais Paul Kagame ne pourra bientôt plus faire donner la même argumentation – la complicité génocidaire –, car la justice espagnole devrait, dans les prochains mois, délivrer des mandats d'arrêt internationaux contre des membres de son entourage, en particulier contre James Kabarebe, son chef d'état-major et principal collaborateur. Ses proches, inculpés, devront répondre des assassinats de ressortissants espagnols. En quoi l'Espagne pourrait-elle être suspectée ou accusée de complicité de génocide ? Elle, qui n'a envoyé au Rwanda que des missionnaires, des religieuses et des humanitaires ?…

Tout a commencé par la grève de la faim de 42 jours de Juan Carrero, candidat au prix Nobel de la paix, menée au début de 1997 pour dénoncer les massacres perpétrés au Congo et qui se déroulaient dans l'indifférence générale. Le 18 janvier 1997, au neuvième jour de sa grève, l'Armée patriotique rwandaise tua trois ressortissants espagnols de Médecins du Monde. Autour de Juan Carrero a été créé un Forum international pour la vérité et la justice en Afrique des Grands Lacs, qui a été rejoint par Adolfo Pérez Esquivel, prix Nobel de la paix argentin. Après quatre ans d'enquête en Europe, en Afrique et aux États-Unis, le Forum a déposé plainte, le 22 février 2005, contre James Kabarebe, chef d'état-major de l'APR et plus proche collaborateur de Paul Kagame, et contre neuf autres militaires rwandais, pour l'assassinat de neuf Espagnols au Rwanda et en RDC (deux missionnaires, quatre frères maristes, trois membres de l'ONG Médecins du Monde). Se sont joints à cette plainte Cynthia McKinney, congressiste américaine, ex-envoyée spéciale du président Clinton pour négocier avec Kabila les conditions de sa prise du pouvoir ; les familles des victimes, trois villes espagnoles et de nombreuses associations.

« Durant ces quatre années, nous n'avons pas voulu faire de théorie, explique Jordi Palou-Loverdos, l'avocat porte-parole des victimes et du Forum. Nous avons cherché à réunir des preuves, c'est-à-dire des témoignages et des documents qui puissent être pris en compte par un juge ayant pouvoir d'instruire. Pour le moment, nous avons offert au juge 41 témoins qui sont protégés, des Hutus comme des Tutsis, et qui connaissent les auteurs des crimes commis contre les Espagnols, les Rwandais ou les Congolais. Pour leur sécurité, nous avons déposé leur témoignage auprès de notaires assermentés en Europe et aux États-Unis. Ceux-ci ont instruction de livrer leur témoignage s'ils venaient à être assassinés. Nous avons aussi des témoins occidentaux, c'est-à-dire des personnes qui ont mené des enquêtes approfondies et qui ont eu une connaissance directe des faits.

« Notre plainte est plus large que l'attentat contre le Falcon 50 qui fait l'objet d'une enquête du juge Bruguière. » Elle concerne les crimes “contre les Espagnols” et “les crimes contre les Rwandais et les Congolais commis entre le 1er janvier 1990 et juillet 2002”.

« Les enquêteurs espagnols estiment que, de 1990 à 2004, près de sept millions de personnes ont été tuées. Selon l'organisation International Rescue Committee, cité par le Forum, près de quatre millions de personnes sont mortes directement ou indirectement à cause du conflit en RDC. Allant bien au-delà de l'enquête Bruguière, les plaintes espagnoles veulent montrer que, derrière l'objectif affiché de renverser Mobutu, il y avait la volonté de Kagame et de son entourage de criminels de piller les richesses de l'est du Congo (or, diamants et surtout le coltan, qui entre dans la fabrication des téléphones portables, des missiles, etc.) où interviennent de grandes firmes multinationales. »

Paul Kagame et tous les blancs menteurs qui l'ont soutenu ont du souci à se faire. Vient le temps où toutes les manipulations déployées autour de la souffrance humaine seront mises au jour. Kagame et son entourage apparaîtront alors pour ce qu'ils sont, des criminels de guerre doublés de chefs mafieux responsables de millions de morts, qui ont pour longtemps déstabilisé l'Afrique centrale et asservi leur propre peuple.

ANNEXES

1

Lettre de François Mitterrand du 30 janvier 1991 au président Habyarimana où il fixe les conditions du soutien de la France

LE PRÉSIDENT DE LA RÉPUBLIQUE

Paris, le 30 Janvier 1991

Monsieur le Président,

Ainsi que je vous le rappelais lors de notre dernier entretien téléphonique, j'ai attentivement suivi l'évolution de la situation au Rwanda depuis le 1er octobre dernier. Je suis en effet profondément préoccupé par les conséquences néfastes que peuvent avoir pour la paix dans la région la poursuite d'actions militaires déstabilisatrices, encore récemment intervenues à Ruhengeri. Dans les épreuves que votre pays traverse, je tiens à vous assurer de nouveau du soutien de la France.

Mon pays n'a pas ménagé ses efforts afin qu'une solution pacifique puisse être trouvée. Dans cette perspective j'ai envoyé au début du mois de novembre mon Ministre de la Coopération, M. Pelletier, en mission de bonne volonté, dans votre pays et dans les Etats voisins concernés par le problème des réfugiés rwandais. Comme il vous l'a exposé et comme je vous l'ai dit moi-même, ce conflit ne peut trouver de solution durable que par un réglement négocié et une concertation générale dans un esprit de dialogue et d'ouverture.

.../...

Son Excellence le Général Major Juvenal HABYARIMANA
Président de la République du Rwanda

- 2 -

.../...

A cet égard, trois conditions me paraissent devoir être remplies : la non-intervention d'Etats voisins en appui direct ou indirect à des actions dirigées contre le Rwanda ; l'ouverture d'un dialogue direct avec toutes les composantes de la nation dans un esprit de réconciliation et l'avènement d'un état de droit parfaitement respectueux des Droits de l'Homme ; le règlement le plus rapide possible de la question des réfugiés grâce notamment à la tenue d'une conférence régionale sur ce sujet, sous les auspices de l'OUA, avec la participation de tous les Etats concernés et du HCR.

Sensible aux arguments que vous m'avez fait valoir, j'ai décidé, dans cette période de mise en place de la politique d'ouverture que vous avez annoncée et de préparation de la conférence sur les réfugiés, de maintenir provisoirement et pour une durée liée aux développements de la situation, la compagnie militaire française envoyée en octobre dernier à Kigali et chargée d'assurer la sécurité et la protection des ressortissants français.

Je forme des voeux pour le succès de vos efforts en faveur de la démocratie et pour le retour à la paix.

Je vous prie d'agréer, Monsieur le Président, les assurances de ma haute considération et de mes sentiments les meilleurs de mon amical souvenir

François Mitterrand

François Mitterrand

2

Étude sur le terrorisme au Rwanda depuis 1990 Des gendarmes français du DAMI montrent que le FPR commet des attentats et les attribue à Habyarimana et à son entourage.

RÉPUBLIQUE RWANDAISE
GENDARMERIE NATIONALE
Centre de Recherche Criminelle et de
Documentation à KIGALI

ÉTUDE SUR LE TERRORISME AU RWANDA DEPUIS 1990

DAMI P.J. – C.R.C.D.

I. LOCALISATION DES ATTENTATS :

Les attentats perpétrés au RWANDA depuis 1991 peuvent être localisés de façon générale dans les régions suivantes :

- la capitale KIGALI ;
- la région de RUSUMO ;
- la région du BUGESERA ;
- la région de NYANZA (de GITARAMA à BUTARE) ;
- la région de CYANGUGU ;
- la région de GISENYI.

II. TYPE DE MATÉRIELS UTILISÉS :

Plusieurs types de matériels ont été utilisés pour commettre ces attentats. En voici la liste avec la nomenclature précise :

- mines ANTI CHAR M3 Lot LAR 1.7 et 1.9 ;
- mines ANTI PERSONNELLE M409 lot BMP 1.20 ;
- mines ANTI CHAR TM 57 lot 55-6-71 ;
- allumeurs MUV2 lot 156.

21. Mine ANTI CHAR M.3 :

La mine antichars PRB-M3 est une mine de chenille équipée d'un allumeur de type à pression. Elle est pratiquement exempte de matériaux métalliques et est indétectable par les moyens de détection électromagnétiques actuellement en usage dans les armées modernes.

Du fait de son indétectabilité, la mine PRB-M3 convient tout particulièrement pour la pose de champs de mines de cloisonnement, en barrages et de harcèlement. Elle constitue un complément idéal aux mines à influences à action ventrale.

La mine a été conçue pour la pose manuelle ou semi-mécanique. Dans ce dernier cas, l'engin poseur dépose les charges explosives dans les trous de mines tandis que deux hommes insèrent les allumeurs et vissent les plateaux à pression sur ces charges déposées.

La charge explosive ou corps de la mine peut être exécutée, au choix, de forme parallélépipédique ou de forme cylindrique. Cette charge comporte une enveloppe extérieure en polyéthylène teintée en gris-vert. L'enveloppe extérieure confère à la mine une excellente résistance mécanique. La mine résiste aux manipulations brutales et à la fragmentation sous l'effet des balles des petites armes automatiques. L'enveloppe peut être ou non pourvue d'une poignée de portage imputrescible, en tissu nylon.

Le poids total de la mine assemblée est de 6,8 kg environ pour une charge explosive de 6 kg de trialène coulé. Le trialène est constitué de 75% de TNT, de 15% d'héxogène et de 15% de poudre d'aluminium atomisé.

Des alvéoles de piégeages sont ou peuvent être prévues sur le côté ou la surface inférieure du corps de la mine.

Le plateau de pression a 11 cm de diamètre et est exécuté en bakélite exempte d'ammoniac. Il fonctionne par cisaillement de goupilles en matière plastique. Il comporte un dispositif spécial qui garantit le fonctionnement normal lorsque la charge est appliquée à la périphérie du plateau. L'ensemble est robuste et résiste efficacement aux manipulations brutales. Le plateau de pression est étanche lorsqu'il est assemblé sur le corps de la mine. Cet assemblage se fait par vissage.

L'allumeur à pression est exécuté en matière plastique. Il est rigoureusement étanche à l'eau. Il est amovible et s'assemble avec la mine par dépose dans une alvéole située sous le plateau de pression. L'amorçage est réalisé par un double système amorce percuteur qui exclut pratiquement toute possibilité de non fonctionnement. L'énergie de percussion des amorces est totalement indépendante de la vitesse d'application de la charge de fonctionnement.

La course de fonctionnement de la mine, ou enfoncement nécessaire du plateau pour assurer le fonctionnement est très faible, de l'ordre de 2 à 4 mm seulement. Cette caractéristique rend la mine aussi sensible dans les terrains durs ou rocailleux que dans les terrains meubles ou sablonneux.

La charge totale de fonctionnement est comprise entre 250 et 500 kg. La mine offre une bonne résistance aux souffles des explosions classiques. Sa conservation dans le sol est parfaite. Les essais effectués à ce jour, après deux ans de conservation dans un sol humide, n'ont pas fait apparaître de défaillances caractérisées.

La mine PRB-M3 peut être emmagasinée dans des conditions de températures variant entre −40°C et +60°C.

L'efficacité de la mine est certaine.

Les mines PRB-M3 découvertes, portaient les marquages suivants :
- LOT LAR 1.7 et 1.9
- LOT BMP 1.11

Le marquage « LAR » signifie : LIBYEN ARAB REPUBLIC

Le marquage « BMP » signifie : BELGIAN MILITARI PRODUCT

Toutes les mines découvertes sont d'origine belge et ont été livrées à la LIBYE.

22. Mine ANTIPERSONNEL NR 409 :
Il s'agit d'une mine antipersonnelle de forme cylindrique, en matière plastique, de couleur vert armée ou sable. Sur le dessus de la mine se trouvent les marquages de couleur jaune. Sur la partie supérieure et au centre, l'on trouve une tête de pression percée d'un trou où vient se loger une goupille de maintien du plateau de sécurité. Sur le côté de la mine, on distingue un orifice bouché, derrière lequel se trouve le détonateur. Le plateau de sécurité est de forme circulaire, percé en son centre d'un trou d'où rayonnent six grosses nervures. C'est dans ce trou que vient se loger la tête de pression. Le plateau de sécurité et la mine sont rendus solidaire par une goupille de maintien.

La mine a un diamètre de 80 mm, une hauteur de 25 mm et elle pèse 80 g. Son chargement est composé de trialène.

La mine fonctionne à l'endroit comme à l'envers. Un poids suffisant (2 kg) sur la mine va faire s'enfoncer la tête de pression, poussant sous elle un piston sur les côtés duquel des ouvertures vont laisser passer les extrémités du ressort maintenu précédemment en extension. Les pointes du ressort viennent frapper deux amorces placées de par et d'autre du détonateur qu'elles initient. La mine explose.

Elle est aussi d'origine belge.

23. Mine ANTICHAR TM 57 :

C'est une mine métallique dérivée de la TM 46. De forme cylindrique et de couleur kaki foncé, elle possède un plateau de pression centrale. Celui-ci présente deux épaulements. Au centre, l'alvéole de mise à feu. Fixée au-dessous, une poignée de transport amovible. Sur la circonférence une alvéole de piégeage.

Elle a un diamètre de 31,5 cm, une hauteur de 10 cm, un poids de 9,5 kg et un chargement de type concentré en TNT de 7 kg. L'influence de pression de 150 kg.

Une fois la mine armée, un effort sur le plateau de pression déforme les épaulements de celui-ci. À ce moment, l'allumeur se déclenche et il y a explosion de la mine. Pour l'armer, il suffit de déboucher le capuchon d'obturation. Elle peut être posée à la main ou par moyen mécanique.

Elle est d'origine soviétique mais produite et en service dans tous les pays membres du pacte de Varsovie.

24. Allumeur à traction MUV2 :

Le MUV2 est un allumeur équipé d'un mécanisme de retard à l'armement permettant sa mise en œuvre, son camouflage et la mise à l'abri du personnel avant l'armement complet du dispositif. Le MUV2 est constitué de deux parties principales solidarisées par le percuteur, lui même maintenu en position grâce à deux goupilles métalliques. La partie corps, cylindrique, est filetée intérieurement à sa base afin de recevoir un ensemble détonateur MUV2.

La partie supérieure, appelée aussi manchon, est coiffée d'un capuchon de protection en caoutchouc noir. Celui-ci enlevé, laisse apparaître le dispositif de retard d'armement composé de deux profondes rainures formant une croix au centre de laquelle on peut apercevoir d'une part la boucle en fil métallique reliée par sa base au sommet du percuteur, d'autre part une lamelle de plomb positionnée de façon à traverser la boucle perpendiculairement. Cette lamelle présente le retard qui sera doucement tranché par le fil métallique au cours de la phase armement de l'allumeur. À noter que ce retard peut varier en fonction du type de lamelle de plomb utilisée ainsi que de la température ambiante.

Deux goupilles équipent la partie supérieure du MUV2. La première située au plus près du sommet, est une goupille classique maintenant au repos le mécanisme de retard. La seconde est une goupille de retenue à ailettes arrêtant la course du percuteur dès la fin du délai d'armement.

Le MUV2 est métallique et tout équipé, mesure 125 mm. Le délai d'armement varie entre 10 et 20 minutes.

REMARQUE :
Dans certains cas, le MUV2 peut être utilisé comme retard de mise à feu. La goupille de retenue est enlevée en laissant en place que la goupille de sécurité. Lorsque cette dernière est arrachée à son tour, la phase de retard d'armement débute. Dès rupture de la lamelle de plomb, le percuteur plongera vers l'ensemble détonateur. **C'EST AINSI QU'IL EST EMPLOYÉ SUR LES ATTENTATS AU RWANDA.** Il est lui aussi d'origine soviétique.

III. DIFFICULTÉS RENCONTRÉES AU COURS DES ENQUÊTES :

–Nombreux sont les attentats où aucune constatation n'a été faite et même aucune procédure établie. Ce qui rend extrêmement difficile les investigations à venir.

–Quelques enquêtes ont fait l'objet d'ingérence de la part des politiques et de la hiérarchie. Quand un attentat a lieu, certains responsables politiques politisent ces dossiers et essayent d'influencer les enquêteurs. Certains responsables veulent une clôture rapide des dossiers. Il est impossible de conclure ces derniers en un temps court. Ils demandent une attention particulière. Les O.P.J. et le Ministère Public doivent être à l'abri de toute pression.

–Absence de moyens. Tous les O.P.J. et O.M.P. se plaignent du manque de moyens matériels. Il faut une grande mobilité pour se porter sur les lieux et pouvoir vérifier toutes informations sur place.

– Absence d'information. Là aussi nous pouvons constater que le renseignement ne circule pas d'un service à l'autre. Il faut impérativement un service centralisateur de tous les renseignements, soupçons aussi insignifiants qu'ils soient. Il faut une diffusion rapide du renseignement opérationnel et une centralisation de celui-ci.

REMARQUE :
Malgré toutes ces difficultés, les investigations menées par la Gendarmerie Rwandaise ont permis d'obtenir des résultats certains

et de dégager quelques idées quant à l'origine et la motivation des poseurs de bombes.

IV. RELATIONS ENTRE LES ATTENTATS :

Nous pouvons dire que tous les attentats ou du moins la majeure partie, sont liés entre eux.

Une étude du matériel employé, de son origine et de sa mise en œuvre confirme cette hypothèse.

4.1. Attentats commis à l'aide d'un explosif muni d'un allumeur MUV2 :

Nous trouvons ce type d'attentat dans toutes les zones touchées sauf au BUGESERA, à KIGALI, RUSUMO, GISENYI, BUTARE, GITARAMA et CYANGUGU.

En outre, chaque fois que nous avons pu trouver l'allumeur à traction MUV2 avec ses marquages visibles, nous avons constaté que tous portaient les inscriptions suivantes :

Gravées : MBY-2
583-69

Imprimées : 156 (il s'agit d'un numéro qui se modifie selon le lot).

EXEMPLES :

Le 07.04.92	MUV2 découvert intact à BUTARE.
Le 19.03.92	Explosion véhicule tanzanien à KIGUNGO
Le 19.03.92	Explosion à la gare routière de KIGALI
Le 25.04.92	Explosion à la gare routière de KIGALI
Le 02.06.92	Explosion à Pétrowanda KIGALI
Le 31.12.92	Explosion hôtel IBIS à BUTARE
Le 31.03.93	Explosion bar Gloria à GITARAMA
Le 19.04.93	Explosion marché de BUTARE
Le 22.04.93	Explosion poste centrale à KIGALI
Le 03.05.93	Explosion marché de GISENYI

et surtout le 12.04.1992 plusieurs MUV2 intacts à la centrale de MURURU-CYANGUGU.

4.2. Attentats commis à l'aide de mines ANTICHAR M.3 :

Mêmes constatations que pour les attentats précédents, nous retrouvons des mines de ce type et de la même origine dans tous le pays.

Les interpellations qui ont été faites tant au RWANDA qu'au

ZAÏRE et en TANZANIE, ont amené la découverte de mines M.3 de même provenance.

EXEMPLES :

Le 17.12.91 découverte mine ATK M.3 à KANZENZE KIGALI

Le 23.08.91 découverte mine ATK M.3 à RUBAVU GISENYI

Le 12.12.91 découverte de 2 mines ATK M.3 à la frontière du RWANDA et de la TANZANIE

Le 10.11.92 découverte mine ATK M.3 sur MURERA Aphrodite à GAFUNZO-CYANGUGU.

V. PERSONNES INTERPELLÉES :

–le 12 février 1992, interpellation de BAKINA François suite à l'explosion d'une mine ANTIPERSONNEL à BIRYOGO-NYARUGENGE ;

–le 18 février 1992, arrestation de LIMPAME Anastase pour l'incendie de la station essence à GATSATA ;

–le 19 février 1992, explosion d'un taxi sur une mine ATK à MAYANGE KANZENZE et interpellations des nommés RWANTIGIGI, KAREMANGINGO, MUDAHINDURWA, NTIDENGEREZA, GAHIMA François, HABIYAMBERE, MINANI et BWANAKEYE ;

–le 19 février 1992, suite à l'explosion du camino ACI 1735 à la station FINA gare routière à KIGALI, interpellation de NTAMUGABUMWE et BIENVENU Pascal ;

–le 23 février 1992, explosion du camion GB 1549 à la station FINA et arrestation de MUHIZI Pascal ;

–le 19 mars 1992, explosion à la gare routière de KIGALI et arrestation des nommés MUGABO Vénuste et NSENGIYUMVA Anastase ;

–le 13 mai 1992, attentat à la grenade piégée au marché de GISENYI, interpellation de RWANGANO Anastase ;

–le 10 novembre 1992, série d'attentats et tentatives à la mine ATK M3 dans la région de CYANGUGU suivie de l'arrestation de MURERA Aphrodice et MUKARULINDA Odette (Présence des assistants techniques de la Gendarmerie Française).

Toutes ces personnes interpellées avant notre arrivée et depuis, ont été mises à la disposition de la justice qui seule pourra donner leur destination.

VI. PÉRIODES :

Une projection dans le temps de ces attentats nous permet de façon générale d'affirmer que lorsque les combats F.A.R./F.P.R. sur le front se calment, nous avons une recrudescence de troubles intérieurs dont des attentats.

VII. BUT :

Des investigations menées, il ressort que ces attentats font partie d'une opération quasi militaire ayant plusieurs objectifs.

Des objectifs d'ordre général comme :
– la déstabilisation du pays en mettant en cause le Président et son entourage comme commanditaires de ces attentats et en discréditant le gouvernement multipartis pour son incapacité à enrayer cette vague de terrorisme.

Des objectifs plus précis comme :
– à RUSUMO et KIGALI, attaques contre les transports de carburant venant de TANZANIE. Si cet objectif avait été atteint, c'est une artère vitale pour le RWANDA qui aurait été coupée ;
– dans le BUGESERA, agressions contre les militaires du camp de GAKO en vue de provoquer des troubles et une répression aveugle à caractère ethnique.

Mentionnons aussi que ces attentats sont commis dans les zones où il y a une proportion de TUTSI importante. Comme ces attentats sont aveugles et touchent indifféremment les deux ethnies, ils attisent la haine entre les hommes, provoquent des combats intérieurs et ainsi favorisent la fuite des jeunes qui vont s'enrôler dans le F.P.R. ou favorisent aussi une offensive de l'A.P.R. comme le 08 février 1993.

VIII. COMMANDITAIRES :

Nous pouvons affirmer que le **commanditaire** de la majeure partie de ces attentats est le **F.P.R.** POURQUOI ?

Des éléments matériels nous permettent d'affirmer cela. Le 12 avril 1992, une tentative d'attentat a eu lieu sur la centrale électrique de MURURU-CYANGUGU. Une mauvaise manipulation des explosifs entraîne la mort de deux auteurs. Sur les corps des nommés MUGABE Sélémani et RUTAYISIRE WANYIRINKINDI sont découverts des explosifs et allumeurs à traction MUV2. Ces allumeurs présentent des inscriptions identiques à ceux qui sont depuis découverts sur les attentats et surtout sont du même lot (Lot 156). MUGABE et RUTAYISIRE sont des réfugiés Rwandais membres combattants du F.P.R.

En décembre 1991, les forces de Police du ZAÏRE interpellent à la frontière Rwando-Zaïroise à CYANGUGU, quatre réfugiés rwandais travaillant pour le F.P.R., en possession de quatre mines TAK M.3 belges. Ces mines étaient à destination du RWANDA. Ces quatre individus : BIHIBINDI chef de poste hygiène à la douane de KANARGALA, MUNANA Théophile agent d'émigrations, KAGERUKA Lambert maçon et HABIYAMBERE vétérinaire à KAMANYOLA sont incarcérés puis remis en liberté après paiement d'une amende forfaitaire par des commerçants de BUKAVU dont le nommé KASONGO propriétaire de l'hôtel Tanganika. Établissement connu pour recevoir les gens du F.P.R. et les recrus du RWANDA qui doivent rejoindre l'UGANDA à bord du bateau « l'ALLÉLOUIA » et remontant le lac KIVU.

Le 12 décembre 1991 à KASANGE en TANZANIE à la frontière du RWANDA, un certain NDAYAMBAJE originaire de la commune de BIRENGA en compagnie de KAVARUGANDA sont appréhendés par la Police Tanzanienne en possession de deux mines ATK M.3 et quatre mines ANTIPERSONNELLES. NDAYAMBAJE se suicide, son complice est détenu à la prison de NGARA en TANZANIE. La police tanzanienne détient aussi des documents en rapport avec les attentats qui mettent en cause le F.P.R.

Ces interpellations ont couté la vie à NDAYAMBAJE mais également blessées 29 sujets tanzaniens.

Le 10 novembre 1992 à CYANGUGU sont interpellés les nommés MURERA Aphrodice et MUKARULINDA Odette en possession d'une mine ATK M.3. Ils reconnaissent être des combattants du F.P.R. et venir du ZAÏRE. Ils avouent aussi la pose de trois autres mines ATK M.3 dont deux ont causé la mort de plusieurs personnes TUTSI et HUTU confondus.

En conclusion outre les aveux, revendications ou origines des gens interpellés, des éléments de preuve mettent en cause de façon formelle le Front Patriotique Rwandais comme étant le commanditaire de ces attentats.

IX. CONCLUSION :

Cette étude montre la difficulté de lutter contre ce terrorisme. Les poseurs de mines appartiennent à des régions différentes, certains sont combattants, d'autres seulement payés pour la mission. Un cloisonnement aussi strict interdit bien souvent le démantèlement de toute cette opération de déstabilisation.

Par contre, il serait judicieux que par voie diplomatique le RWANDA et sa Gendarmerie obtiennent l'extradition des personnes interpellées au ZAÏRE et en TANZANIE ainsi que la communication des pièces et documents saisis.

L'étude sur l'origine de ces matériels a permis d'établir qu'ils avaient été vendus par le fabricant à la LIBYE. Puis on les retrouve en possession du F.P.R. (attentat du MURURU), au ZAÏRE et en TANZANIE avant de rentrer au RWANDA.

3

Le FPR remercie François Mitterrand pour l'action de la France dans l'accord de paix d'Arusha, signé le 4 août 1993

FRONT PATRIOTIQUE RWANDAIS
RWANDESE PATRIOTIC FRONT

FPR

3, Av. de l'Observatoire, boîte 8
1180 Bruxelles - BELGIQUE

Byumba, le 28 août 1993

A Son Excellence Monsieur François MITTERRAND
Président de la République Française
Paris/FRANCE

Excellence,

J'ai l'honneur de Vous présenter mes compliments, au nom du Front Patriotique Rwandais, et de Vous exprimer mes remerciements les plus sincères pour le rôle d'observateur à nos négociations joué par la France.
Les efforts et la persévérance des deux parties en négociation nous ont permis de surmonter bien d'obstacles et de poursuivre le dialogue qui nous a mené à la signature de l'Accord de Paix d'Arusha le 4 août 1993.
Cet Accord constitue pour tout le peuple rwandais un evènement historique, le début d'une ère nouvelle de respect des droits de l'homme, d'Etat de droit et de paix. Cependant, nous restons conscients du défi majeur que constitue sa mise en oeuvre. Nous pensons en particulier à la nécessité d'un déploiement rapide d'une Force Internationale Neutre et du départ des troupes françaises tels que prévus par l'Accord, pour permettre la mise en place du Gouvernement de Transition à Base Elargie qui devrait conduire le pays aux élections.

Excellence, la France et le Front Patriotique Rwandais n'ont pas toujours partagé le même point de vue quant à la position du Gouvernement français dans ce conflit. Cependant, nous restons convaincus qu'un appui total de la France à la mise en oeuvre de l'Accord d'Arusha devrait permettre au peuple rwandais de réaliser ses aspirations à un Etat de droit, à la démocratie et au développement.

Excellence, permettez-moi de saisir cette occasion pour Vous réitérer notre gratitude et Vous rassurer de l'engagement total du Front Patriotique Rwandais au respect de l'Accord de Paix d'Arusha.

Veuillez croire, Excellence Monsieur le Président, en l'expression de ma très haute considération.

Col. Alexis KANYARENGWE
PRESIDENT DU FRONT PATRIOTIQUE RWANDAIS

4

Message radio du FPR, intercepté* par les FAR le 7 avril 1994 – D'où il ressort que c'est bien le FPR qui a abattu l'avion

Groupe – date – heure
071010B

SECRET

N° DE L'EXPÉDITEUR
INT/OPS/94/691 (–)

MSG ENI CAPTE CE 070815B AVR 94 (–)

DE KY POUR TM-LB-SD-GZ (–) (Mbarara-Kisoro-Kamwezi-Gatuna-Kasese. Nous vous informons que la mission de notre Escadron renforcé s'est soldée à une réussite brillante contre le MRND-CDR et le FRODEBU-Palipehutu (–)

Sachez que le chef du pays du sud a succombé avec son Ministre du Plan et celui de la Communication (–)

Dans la ville principale on tire dans toutes les rues (–) Il y aurait aussi des arrestations arbitraires dans ladite ville (–) Souvenez-vous non seulement de l'expérience d'Angola que nous avons échappé de justesse mais aussi celle du Libéria (–)

Nous continuons d'attendre la réaction de nos amis du pays du Sud pour vous donner des nouvelles instructions (–) Le chef a regagné Kampala sans problèmes et la communication de ses services avec nos éléments intérieurs s'est passée dans des meilleures conditions et cela avec l'aide de la communauté belge et les éléments du pays du Sud nous ont beaucoup aidés pour la réussite de notre mission qui n'était pas facile à réaliser (–) Nous remercions sincèrement tous ceux qui ont contribué à la réussite de la Mission de notre Escadron renforcé (–) Le chef est prêt à nous tenir comme d'habitude la main forte et nous promet de nous accompagner jusque dans la ville principale (–) Il reste à savoir si Bikomagu serait d'accord pour monter à partir du sud afin que nous nous rencontrions dans la ville principale et ainsi mettre fin au régime de terreur dans le pays ennemi et du sud actuellement sans têtes (–) Courage et reste sur le « qui vive ». Veillez sur la zone

* L'opérateur radio, officiellement inspecteur du travail à Gisenyi, chargé des interceptions radio couvrant les zones frontières avec l'Ouganda, la Tanzanie et le Zaïre s'appelait Richard Mugenzi.

tampon (toute) afin que l'ennemi ne l'occupe en 1re minute lors de la reprise de la guerre (–)

Les éléments Palipehutu en entraînement dans le pays ennemi pourraient combattre du côté des forces gouvernementales, mais cela n'augmente rien à une armée retranchée de son Chef et Chef d'État-Major très apprécié par les hommes de troupe (–) Courage notre réussite est irréversible et on pourra nous donner rendez-vous tous dans la ville principale d'ici peu =/=

5

Dix-neuf jours après l'attentat, l'ambassadeur de France au Rwanda inscrit cet acte criminel dans la stratégie du FPR

MINISTÈRE
DES
AFFAIRES ÉTRANGÈRES

RÉPUBLIQUE
FRANÇAISE
Paris, le 25 avril 1994

L'AMBASSADEUR DE FRANCE
AU RWANDA

– NOTE –

A/S : RWANDA

L'attentat qui a coûté la Vie au Président HABYARIMANA et qui est la cause immédiate des événements que connaît aujourd'hui le Rwanda est probablement l'œuvre du FPR. L'avenir de ce pays et de la sous-région dépend de l'équilibre qui s'instaurera, sur la base duquel devra être négocié un accord politique.

*
* *

La destruction de l'avion du Président HABYARIMANA, le 6 avril dernier, a été selon toutes probabilités provoquée par un attentat. Trois témoignages directs (directeur de cabinet et fille du chef de l'État, commandant de la garde présidentielle de Kanombe) font état de tirs. Ces témoignages sont corroborés par d'autres, qui ne sont pas toujours issus de milieux favorables au Président HABYARIMANA.

Aucun élément matériel ne permet à l'heure actuelle de déterminer la responsabilité de cet attentat. Le FPR nie en être l'auteur et l'attribue à des éléments hostiles aux accords d'Arusha, notamment de la garde présidentielle.

Certes, aucune hypothèse ne peut être définitivement écartée. La thèse d'une responsabilité de proches du Président HABYARIMANA est cependant d'une très grande fragilité. Elle repose sur le fait que les tirs provenaient de Kanombe, où se trouve un camp de la garde présidentielle. Mais rien ne prouve qu'ils venaient de l'intérieur de ce camp. Le désarroi des autorités rwandaises au lendemain de l'attentat et leurs premières décisions (désignation d'un chef de l'État et d'un gouvernement intérimaires, appel au dialogue avec le FPR) ne cadrent pas avec l'idée d'un coup monté par elles. Enfin, la, mort dans un même attentat du Président de la République, du Chef de la Sécurité et du Chef d'État-Major de l'Armée a affaibli gravement l'armée rwandaise, qui aurait pu trouver le moyen de saboter les accords à un moindre coût pour elle.

La responsabilité du FPR, sans être prouvée, est beaucoup plus vraisemblable. Les indices matériels sont peu nombreux : rumeurs persistantes selon lesquelles le Front disposait à Kigali de missiles Sam, départ pour Mulindi de la quasi-totalité des responsables du FPR dans les jours précédant l'attentat.

Surtout, il semble bien que le FPR ait pris conscience au cours de ces derniers mois du fait que la transition prévue à Arusha ne débouchait pas pour lui sur une prise du pouvoir. Les accords semblaient a priori très favorables au Front. Sa stratégie reposait, semble-t-il, sur les éléments suivants :

–s'allier aux partis d'opposition de l'intérieur pour obtenir une majorité systématique des 2/3 à l'Assemblée et au gouvernement,

–remplacer totalement l'administration locale avant l'issue de la transition,

–déconsidérer le Président HABYARIMANA et son entourage par des procès touchant aux Droits de l'Homme et à des affaires de corruption, avec l'issue possible d'une destitution (selon le mécanisme prévu à Arusha),

Or, il apparaissait de plus en plus clairement au fil des semaines que le succès de cette stratégie n'était pas assuré :

–les partis d'opposition de l'intérieur, alliés au FPR lors des négociations d'Arusha pour enlever ses pouvoirs au chef de l'État, ont eu tendance après avoir atteint ce résultat à reprendre leurs distances vis-à-vis du FPR pour qu'il n'en soit pas le seul bénéficiaire. Cette évolution se faisait, soit par recentrage progressif de l'ensemble du parti (cas du PSD, sous l'influence de M. GATABAZI jusqu'à son assassinat), soit par éclatement des partis en tendances (cas du PL, divisé en deux factions nettement marquées en faveur du FPR et du Président ; cas du MDR, où le futur Premier Ministre, indulgent à l'égard du FPR, n'était pas soutenu par la majorité de son parti se réclamant de la révolution anti-Tutsi de 1959 et du Parmehutu),

–l'assassinat du Président NDADAYE du Burundi, en octobre 1993, a recomposé le paysage politique en fonction des clivages ethniques, qui se sont brutalement aggraves. Dès lors, le langage du FPR – récusant les différences ethniques et se présentant comme un mouvement politique – était en décalage par rapport à l'opinion rwandaise. Le fossé ne séparait plus les camps du "changement" (FPR + opposition) et du conservatisme (le parti présidentiel), mais les « républicains » (héritiers de la révolution de 1959 qui a porté les hutus au pouvoir) et les partisans du FPR,

–Enfin, l'opinion internationale, qui depuis le début de la guerre en octobre 1990 s'était généralement montrée ouverte aux thèses du FPR, évoluait dans un sens qui n'était pas toujours favorable au Front, comme en a témoigné la déclaration conjointe des pays observateurs et du représentant spécial du secrétaire général des Nations Unies, publiée à Kigali et donnant tort au FPR sur la question spécifique de l'entrée de la CDR dans les institutions.

Le FPR se trouvait donc dans une situation inconfortable : l'arithmétique parlementaire et gouvernementale ne lui donnait plus le contrôle des institutions, les obstacles à la mise en place de ces dernières se multipliaient, des problèmes logistiques sérieux (notamment d'approvisionnement) commençaient à se poser dans la zone qu'il contrôlait.

Il semble qu'une réédition du scénario de janvier-février 1993 l'ait alors tenté : pousser les FAR à la faute pour avoir le prétexte d'une reprise des combats. Plusieurs incidents en zone démilitarisée et assassinats n'ont cependant pas suffi à susciter une réaction des autorités rwandaises, qui craignaient effectivement un piège de ce type.

La mort du Président et des principaux responsables de l'armée et de la sécurité, en déclenchant le cycle de représailles meurtrières exercées par une partie de la garde présidentielle à l'encontre de l'opposition et des tutsis, a donné un prétexte à l'intervention militaire du FPR.

*
* *

L'avenir du Rwanda se joue aujourd'hui d'abord sur le terrain. Le FPR a remporté des succès militaires, mais la résistance des FAR ne lui a pas permis pour l'instant de prendre un avantage décisif. La nomination du Colonel BIZIMUNGU, commandant du secteur opérationnel de Ruhengeri, témoigne de la détermination de l'armée rwandaise.

Le problème des renforts dont pourra disposer le FPR, en provenance des troupes ougandaises en cours de démobilisation, et de l'approvisionnement des deux parties en munitions, revêtira une importance cruciale.

Le rapport de forces qui s'établira devra ensuite se traduire en termes politiques. A cet égard, chaque partie a ses problèmes. Pour les autorités rwandaises, il s'agit de trouver un dirigeant qui puisse se poser en successeur du Président HABYARIMANA et en fédérateur des hutus. Il ne semble pas à l'heure actuelle se dégager des rangs du MRND (parti présidentiel), dont les principaux responsables sont plutôt réputés pour leur longue fidélité à l'ancien Président que pour leurs capacités de meneurs d'hommes. Peut-être le MDR, héritier de 1959, du Parmehutu et de la première République, dont les bastions sont au sud du pays, recèle-t-il un tel homme en son sein, mais celui-ci devra alors se faire accepter par l'armée (majoritairement issue du nord).

Du côté du FPR, le problème essentiel est celui de la transformation politique d'une éventuelle victoire militaire. Le FPR, seul, réduit, à sa dimension tutsi (malgré la présence de quelques responsables hutu), peut difficilement espérer tenir le pays. Il doit donc, comme il l'avait prévu initialement dans le cadre de la mise en œuvre des accords d'Arusha, trouver des alliés. Il est confronté pour ce faire à une triple difficulté : sa propre rigidité intellectuelle, qui le conduit à écarter tout accord avec le MRND alors qu'il admettait lui-même encore récemment que le parti présidentiel représente une véritable force politique dans le pays ; la mort de la plupart des responsables d'opposition qui auraient pu jouer un rôle de force d'appoint tout en ayant une réelle implantation dans le pays ; la réticence probable de personnalités rwandaises à l'idée de s'allier à un parti qui est perçu comme l'expression des seuls tutsis.

Dans ce contexte, les efforts de notre pays devraient porter sur les points suivants :

–le maintien d'une certaine présence internationale au Rwanda. La MINUAR reste utile, parce qu'elle peut permettre aux belligérants de se rencontrer en terrain neutre au moment où ils seront prêts à rouvrir des discussions et parce qu'elle sera le garant international d'un éventuel accord. La disparition de la MINUAR ne nous permettrait sans doute plus d'obtenir du Conseil de sécurité, le moment venu, une nouvelle résolution la ressuscitant.

De même, la MONUOR (mission d'observateurs à la frontière ougando-rwandaise) devrait être maintenue et même renforcée, pour être en mesure d'exercer effectivement son mandat. Non seulement elle n'est rattachée à la MINUAR que de façon administrative (à la demande expresse de l'Ouganda), mais son personnel, déployé du seul côté ougandais, ne court aucun risque.

Le risque d'être surpris par la communauté internationale en flagrant délit d'assistance au FPR est de nature à jouer un rôle modérateur sur le Président MUSEVENI.

La clef du problème rwandais est en effet pour une part entre les mains ougandaises. Le soutien du FPR en hommes (démobilisés), en matériel et en munitions dépend essentiellement de Kampala. Nous avons les moyens de peser sur les décisions ougandaises, en soulignant le risque pour l'Ouganda d'une pérennisation de l'instabilité au Rwanda (très probable dans l'hypothèse d'une victoire militaire du FPR), en replaçant cette question dans le cadre de notre dialogue politique global avec l'Ouganda et en usant aussi des arguments financiers, bilatéraux (don du Trésor) et multilatéraux (Banque Mondiale).

–la communauté internationale devrait continuer d'être mobilisée en faveur d'une solution aux problèmes rwandais. En particulier, les appels au cessez-le-feu pourraient être plus pressants. C'est le FPR qui refuse un cessez-le-feu, comme l'avait fait l'UNITA en Angola. L'argument selon lequel il ne cessera les combats que lorsque les exactions et les massacres s'interrompront renverse la chaîne des causalités. S'il est exact qu'à l'annonce de la mort du Président les exactions ont tout de suite commencé et donné un fondement à l'intervention armée du FPR, aujourd'hui la situation est plutôt inverse : les Hutus, tant qu'ils auront le sentiment que le FPR essaie de prendre le pouvoir, réagiront par des massacres ethniques. Seul un arrêt des combats pourrait permettre une reprise progressive de la situation en mains.

6

Conseil restreint du 15 juin 1994 qui décide de l'Opération Turquoise

CONSEIL RESTREINT

Mercredi 15 juin 1994

SITUATION AU RWANDA

Participaient à ce conseil restreint,
présidé par le Président de la République :

M. BALLADUR	Premier ministre
M. LÉOTARD	Ministre d'État, ministre de la Défense
M. JUPPÉ	Ministre des Affaires étrangères
M. ROUSSIN	Ministre de la Coopération

PRÉSIDENCE DE LA RÉPUBLIQUE

M. VÉDRINE	Secrétaire général
Général QUESNOT	Chef de l'état-major particulier
M. PIN	Chargé de Mission

CABINET DU PREMIER MINISTRE

M. BAZIRE	Directeur du cabinet
Général COURTHIEU	Chef du cabinet militaire

SECRÉTARIAT GÉNÉRAL DE LA DÉFENSE NATIONALE

Général LERCHE	Secrétaire général

MINISTÈRE DES AFFAIRES ÉTRANGÈRES

M. DUFOURCQ	Secrétaire général

MINISTÈRE DE LA DÉFENSE

Amiral LANXADE	Chef d'état-major des armées
Général MERCIER	Chef du cabinet militaire

SECRÉTARIAT GÉNÉRAL DU GOUVERNEMENT

M. DENOIX DE SAINT MARC	Secrétaire général

SECRÉTARIAT

Colonel BENTEGEAT	État-major particulier

RWANDA

PRÉSIDENT DE LA RÉPUBLIQUE

Nous commencerons par le Rwanda car la situation exige que nous prenions d'urgence des mesures.

MINISTRE DE LA COOPÉRATION

La situation ne s'améliore pas. Les massacres se poursuivent côté Hutu et côté Tutsi. L'opinion publique internationale et l'opinion française sont horrifiées devant ce spectacle d'enfants massacrés, d'orphelinats envahis.

J'ai discuté de la situation avec des partenaires africains proches de nous et ils nous suivront volontiers si nous faisons quelque chose. Le Sénégal et le Congo ont répondu favorablement à l'O.N.U. Le président Bongo ne l'a pas exclu devant le Premier ministre.

Nous poursuivons notre aide humanitaire au Burundi où la situation nous préoccupe et en Tanzanie. Nous sommes impuissants au Rwanda car le F.P.R. contrôle l'aéroport de Kigali.

J'ai eu le Général Dallaire au téléphone. Il est très préoccupé car il n'a plus les moyens de protéger les orphelinats, la MINUAR étant sous le feu des combattants.

MINISTRE DE LA DÉFENSE

Je voudrais faire simplement deux remarques techniques. Nous ne pourrions faire quelque chose qu'avec l'accord des deux parties et un soutien international. Or, je vois mal comment nous pourrions obtenir l'accord du F.P.R. et le soutien international.

Nous ne pourrions intervenir qu'en zone Hutu. Nous serions condamnés par le F.P.R. et victimes de manœuvres médiatiques. Je suis donc très réticent. Mais si nous devions y aller quand même, il faudrait des moyens lourds.

Il y a une alternative, le Burundi, où nous pourrions mettre a priori quelques moyens qui nous permettraient éventuellement de faire quelque chose de plus important.

MINISTRE DES AFFAIRES ÉTRANGÈRES

Je voudrais signaler qu'il y a eu à Tunis une déclaration de cessez-le-feu. Le F.P.R. a pris des engagements qu'on jugera sur place. La mise en place de la MINUAR a pris un retard inacceptable. Je l'ai dit à M. Boutros-Ghali. Alors, que faire ?

–Accélérer notre contribution à l'équipement des contingents africains – Sénégal, éventuellement Gabon. Le premier crédit de 20 millions de francs permettra d'équiper 200 hommes. Mais il y a 800 Sénégalais.

–Utiliser les 18 000 hommes de l'ONUSOM qui ne sont pas très occupés. Boutros-Ghali est intéressé. Il va vérifier s'il peut en décider lui-même ou si une nouvelle résolution est nécessaire. Mais il faut faire vite – 2 000 à 3 000 hommes pourraient mettre fin aux combats.

–Faut-il aller plus loin et envisager une intervention pour exfiltrer les populations ?

Nous étudions une opération pacifique avec les O.N.G. pour évacuer 200 à 300 enfants dans les 48 heures.

Au-delà, il faut envisager une intervention plus musclée si la MINUAR tarde à se déployer. J'y suis favorable sans en nier la difficulté.

J'ai, par contre, des réticences à l'égard d'une intervention au Burundi. Si nous arrivons en force, l'équilibre délicat entre Hutus et Tusis peut voler en éclats.

PREMIER MINISTRE

Nous ne pouvons plus, quels que soient les risques, rester inactifs. Pour des raisons morales et non pas médiatiques.

Je ne méconnais pas les difficultés. Je pense que si d'autres puissances sont prêtes à étudier avec nous une intervention humanitaire, il n'y a pas d'inconvénients.

D'ailleurs il y a tellement de chances pour que les autres refusent qu'il n'y a pas grand risque à le demander.

À l'occasion du prochain incident, le ministre des Affaires Étrangères pourrait en parler ouvertement à nos partenaires. Je pense aux Américains, aux Européens et pas seulement aux Africains.

Mais il faut faire quelque chose. Dans des cas aussi affreux, il faut savoir prendre des risques.

PRÉSIDENT DE LA RÉPUBLIQUE

J'approuve cette façon de voir. Mais nous pourrions limiter nos objectifs. J'ai reçu des organisations humanitaires et, hier soir, Médecins sans Frontières. J'en tire la conclusion que notre effort pourrait être limité à la protection de certains sites, des hôpitaux ou des écoles, sans entrer dans une opération militaire d'ensemble qui serait difficile car il n'y a pas de front continu.

À Kigali même, il y aurait 2 ou 3 sites et il faudrait examiner cas par cas d'autres villes.

Certes, il faut faire venir de Somalie tout ce que l'on peut.

Mais nous n'aurions pas besoin de déploiement de forces très conséquent. Car il ne semble pas que les deux camps soient agressifs vis-à-vis des Européens ; ce n'est pas leur préoccupation principale. Ils ne sont pas prêts à nous affronter en bataille rangée. Quelques centaines d'hommes concentrés sur quelques sites devraient suffire.

Si vous mettez autour d'un point une compagnie résolue, il n'y aura pas d'assaut. Il faut une protection ciblée, pas une campagne d'ensemble, ni une intervention générale et indistincte.

La difficulté est de déterminer comment débarquer et de quelle façon y arriver. C'est à étudier.

En ce qui concerne les camps de Tanzanie, Médecins sans Frontières m'a dit que les dirigeants hutus qui avaient organisé les massacres contrôlaient les camps, gonflaient les chiffres de réfugiés. C'est un lieu privilégié pour recevoir des aides et organiser des trafics.

Je souhaite qu'on enquête dans les 8 jours qui viennent. Nous ne devons pas être dupes. Ces camps sont-ils quadrillés et ces opérations préparées de longue date ?

MINISTRE DES AFFAIRES ÉTRANGÈRES

MSF m'a dit la même chose, ils veulent lutter contre les trafics, faire comprendre aux chefs qu'ils ne sont pas des interlocuteurs valables et que les responsables de massacres seront punis.

MINISTRE DE LA DÉFENSE

Monsieur le Président de la République, dois-je comprendre que cette opération est une décision ou qu'il s'agit seulement d'en étudier la possibilité ?

PRÉSIDENT DE LA RÉPUBLIQUE

C'est une décision dont je prends la responsabilité.

CHEF D'ÉTAT-MAJOR DES ARMÉES

En ce qui concerne les points d'entrée, l'aéroport de Kigali nous ferait pendre des risques considérables. Il y a donc deux possibilités : Bujumbura et Goma. Il faudra choisir. De toutes façons, il est vraisemblable que tôt ou tard nous devrons aller au Burundi ;

PRÉSIDENT DE LA RÉPUBLIQUE

À terme, le Burundi est inévitable. Nous en avons parlé.

MINISTRE DE LA DÉFENSE

Le problème est qu'ensuite, il faudra partir.

PRÉSIDENT DE LA RÉPUBLIQUE

Mais les Rwandais ne sont pas disposés à faire la guerre contre nous.

MINISTRE DE LA COOPÉRATION

Il faudra prendre des contacts avec l'Ouganda.

PRÉSIDENT DE LA RÉPUBLIQUE

Museveni sera raisonnable.

MINISTRE DES AFFAIRES ÉTRANGÈRES

Il y a deux hypothèses d'action. Soit nous gardons les sites, soit nous faisons une opération d'aller et retour avec les enfants.

PRÉSIDENT DE LA RÉPUBLIQUE

Elles sont complémentaires. De plus, si on ramène les enfants, où les mettre ? Au Zaïre, en Tanzanie, au Burundi ? Ils seront aussi exposés.

MINISTRE DE LA COOPÉRATION

En ce qui concerne les camps, nous sommes plus efficaces au Burundi où nous travaillons avec les ONG. Nous allons être plus vigilants en Tanzanie.

PRÉSIDENT DE LA RÉPUBLIQUE

Ce que j'approuve, c'est une intervention rapide et ciblée mais pas une action généralisée. Vous êtes maître des méthodes, Amiral.

PREMIER MINISTRE

Mais avec qui irons-nous ? Il n'est pas question d'y aller seuls.

PRÉSIDENT DE LA RÉPUBLIQUE

Nous avons les Africains. Et puis, les Hutus sont favorables à la France et les Tutsis aux Belges.

CHEF D'ÉTAT-MAJOR DES ARMÉES

Les Italiens, peut-être. Les Belges, s'ils ne sont pas du côté des Hutus.

MINISTRE DE LA COOPÉRATION

Je vais faire un tour de piste des États africains.

PRÉSIDENT DE LA RÉPUBLIQUE

Si les autres sont défaillants, on doit y aller seuls avec les Africains. On prend le risque d'une efficacité moindre mais notre action a un caractère urgent et limité.

C'est l'honneur de la France qui est en cause.

7

Note à François Mitterrand du 16 juin 1994 sur la mise en œuvre de la décision prise en conseil restreint

PRÉSIDENCE
DE LA
RÉPUBLIQUE

Paris, le 16 juin 1994

Le Conseiller à la Présidence

NOTE

à l'attention de
Monsieur le Président de la République

S/C de Monsieur le Secrétaire Général

Objet : Intervention au Rwanda.

À la suite de la décision prise en Conseil restreint le 15 juin, une réunion interministérielle s'est tenue ce matin au Quai d'Orsay pour étudier les aspects diplomatiques et militaires d'une intervention au Rwanda.

1. Sur le plan diplomatique

a) La mission

Le ministère des Affaires étrangères a présenté cette intervention comme **une action à vocation humanitaire** qui doit s'inscrire **dans l'esprit du mandat de la MINUAR** : assurer la sécurité et la protection des personnes menacées. Il ne s'agit pas de mettre en place une force d'interposition.

L'opération doit être limitée dans le temps (**moins de deux mois**) jusqu'à ce que la MINUAR soit suffisamment opérationnelle.

b) Avec qui ?

Le Premier ministre met comme **condition** à cette opération **la participation à nos côtés d'au moins un pays européen**, afin de ne pas être accusé par le Front patriotique rwandais (F.P.R.), qui verrait une nouvelle fois la victoire militaire lui échapper, de voler au secours du gouvernement et des responsables des massacres.

Pour l'instant nos partenaires européens adoptent une attitude réservée. L'Allemagne est « hors jeu » pour des raisons constitutionnelles, la Belgique est réticente, la Grande-Bretagne est sceptique. L'Espagne pourrait se tenir à nos côtés si cette action obtenait le label UEO. **L'Italie serait plus allante et prête à nous accorder un soutien logistique**.

Les Américains pour leur part n'apprécient guère d'avoir appris nos projets par la presse et souhaitent que notre action soit « légitimée » par l'ONU.

Mais c'est également le souhait du gouvernement français qui veut agir sous couverture des Nations Unies **et qui recherche aussi une étiquette UEO**.

Des pays africains francophones (**Sénégal**) et anglophones (**Ghana** – le Président Rawlings pourrait accepter de participer à cette opération) seront également sollicités.

c) Comment ?
L'aéroport de Kigali étant fermé, l'opération ne peut intervenir qu'à partir des pays voisins, qui seront interrogés (Zaïre, et Burundi de préférence et aussi à toutes fins utiles, OUGANDA et TANZANIE) (cf. la carte montrée en Conseil restreint par l'amiral LONYADE).

2. Sur le plan militaire

L'opération militaire pourrait être déclenchée **en milieu de semaine prochaine** quand toutes les conditions politiques seront réunies (le Quai d'Orsay conditionne notre action au non respect du cessez-le-feu et à la poursuite des massacres).

Le détachement engagé comprendrait environ 2 000 hommes dont 300 Africains sans compter les éléments européens qui éventuellement accepteraient de se joindre à nous.

Il serait mis en place à partir du Zaïre (Goma, Bukavu), et du Burundi si les autorités de ce pays donnent leur accord.

Le déploiement se ferait ensuite par la route à partir de la zone tenue par les forces gouvernementales, le premier site à protéger pouvant être Cyangugu près de la frontière zaïroise où une communauté tutsie est menacée par les milices hutues.

L'opération suppose que des moyens soient mis en place rapidement en République centrafricaine.

3. Vous trouverez ci-joints les télégrammes diplomatiques qui, en application des décisions du conseil restreint, adressent des instructions à notre ambassadeur aux Nations Unies, et par ailleurs demandent la réunion du conseil de l'UEO.

4. Enfin votre accord est sollicité pour la mise en place rapide de moyens de renforcement à Bangui.

Général QUESNOT — Bruno DELAYE

8

Lettre ouverte de Janvier Afrika au Conseil de sécurité – Où il dit notamment avoir été exfiltré de la prison de Kigali par le FPR le 28 février 1994 –

Nairobi, le 24 novembre 1994

À Son Excellence, Monsieur l'Ambassadeur de France à Nairobi.

Excellence, Monsieur l'Ambassadeur,

Nous avons adressé une lettre ouverte au Conseil de sécurité de l'ONU, et nous avons pensé qu'elle peut vous intéresser ; raison pour laquelle nous vous envoyons un exemplaire.

Nous vous prions d'agréer nos sentiments les plus respectueux.

Vincent NDIKUMANA *Janvier AFRIKA*

Lettre ouverte au Conseil de sécurité de l'Organisation des Nations Unies (ONU), sur la situation qui prévaut au Rwanda.

Nous sommes deux journalistes rwandais, répondant aux noms de Janvier AFRIKA du journal UMURAVA Magazine et Vincent NDIKUMANA du journal ISIBO.

Nous avons suivi différemment la guerre d'avril 1994 :

– Janvier AFRIKA était en prison parce qu'il avait dénoncé les assassinats politiques préparés par le pouvoir du président Habyalimana. Avec la complicité du F.P.R., il a pu s'échapper de la prison le 28/02/94. Sous la protection du F.P.R., il a pu quitter le Rwanda. Après la victoire du F.P.R., il a regagné le pays sous les bons auspices des autorités de Kigali. Avant de quitter encore le Rwanda, le 29/10/1994, il était logé dans la famille de la tante du Général Kagame Paul, chez le nommé Ruterandongozi Alexandre.

– Vincent NDIKUMANA a vécu tout le drame de cette guerre. Il n'a pas quitté le pays. Il vivait à Kigali, avant de se réfugier dans la zone humanitaire sûre, de l'Opération Turquoise. Depuis le mois d'août de cette année (1994), il a regagné Kigali. Il a quitté le pays depuis le 29/10/1994.

Nous deux, nous avons eu l'occasion d'aller dans plusieurs régions du pays, pour voir ce qui s'y passe. Nous avons terminé notre tournée par la visite à la prison centrale de Kigali. Cela n'a pas été facile, parce qu'il était interdit de prendre des photos, ni d'écrire les noms des personnes. Nous vous en serons reconnaissants de comprendre l'imprécision de certains cas.

Suite aux malheureux événements qui ont suivi l'assassinat du Président Juvénal Habyalimana, et qui ont plongé le pays dans une situation chaotique depuis lors, nous voulons attirer votre attention sur la situation qui prévaut dans le pays actuellement, du moins jusqu'au 29 octobre 1994, date à laquelle nous avons quitté le Rwanda.

1. L'enlèvement et la disparition des personnes

Depuis la reprise de la guerre au mois d'avril 1994, de fréquentes disparitions de personnes ont eu lieu dans la zone contrôlée par le F.P.R. et même des massacres en masse – qui ont été inhibés par ceux des Interahamue – qui se commettaient au grand jour.

Ainsi par exemple, dans le camp des déplacés de Buyamba, nous avons pu connaître 28 cas de disparition des hommes (surtout intellectuels), dont MBABAJENDE Charles; (secrétaire exécutif de la LIPRODHOR) Dr SINIGENGA Prudence et autres (la liste nous a été retirée par les militaire sud F.P.R.).

L'enlèvement est devenu monnaie courante dans tout le pays. Une sorte de terreur règne partout, plus particulièrement parmi la population Hutu. Les propriétaires des maisons occupées par force (par les militaires et leurs parentés), sont devenus « Interahamue », raison suffisante pour les faire disparaître.

Citons quelques cas de disparition dans la ville de Kigali (octobre 1994) :

1. BIZINDORI Marie-Claire
2. KALIMUNDA Gérard
3. KAREMERA Athanase
4. MUSHONGANONO Marie Goretti
5. SEFARANGA Dominique
6. SEBUKAYIRE Jean-Baptiste
7. IYAMUREMYE Pierre Claver
8. NGIRUMPATSE Abdu Nuru

9. UZAGULIJORO
10. La famille de MUHATURUKUNDO Norbert (6 personnes)
11. NZAMWITA Manassé
12. KWIZERA
13. La famille de NIYITEGEKA Pierre (8 personnes)
14. MUKAMUYOMBO Alodie
15. La veuve de NKUNDABAGENZI
16. NSEKANABO François
17. RUKERATABARO Daïd
18. RUDASINGWA
19. BENIMANA Ladislas et ses deux enfants : UWANTEGE Rosine et BENIMANA Jean-Claude
20. RUGIRA Narcisse
21. BAGULIJORO Léodomir
22. KAYIBANDA Jean-Marie Vianny
23. HABYALIMANA Emmanuel
24. KAYUMBA Viannсy
25. HITAYEZU Gérard
26. SEMANA Jeff
27. MUNYANEZA Appollinaire
28. RUHORAHOZA
29. Madame GATARAMA Alphonse
30. MUREKEZI
31. MUKAMANA Yvonne
32. Dominique MAKERI (journaliste)

Toutes ces personnes ont été enlevées pendant la nuit par des militaires, pour un prétendu interrogatoire. Leurs familles ont cherché partout (Brigades et prison), mais la réponse a été la même pour tous : « ils n'ont jamais vu ces personnes ».

Ailleurs dans le pays, c'est la même histoire.

À Nyanza par exemple (Butare), à part les massacres des familles entières, des dispositions y sont fréquentes. Tous les hommes (ou presque), qui sont rentrés des camps des déplacés ont disparu. On parle d'un lieutenant du F.P.R. qui fait payer des malheureux Hutu, le massacre des Tutsi de Nyanza.

Quand nous négociions l'audience auprès du Lieutenant Colonel KARAKE, chef des services de renseignements militaires à Kigali, nous avons trouvé par hasard, une petite liste avec ces commentaires :

1. HAVUGIMANA Aloys : il fut susbstitut à NYANZA. Mais paraît qu'il a essayé de sauver pas mal de personnes en vain.

2. MUKESHIMANA Léonard : très dangereux. Il a voulu comploter contre Vérant, l'accusant d'être partisan du F.P.R.

3. MPIGA Édouard : n'est pas connu en politique, mais facilement corruptible.

4. NTIGIRINGIRWA Gaëtan : inconnu. Position intérieure Interahamue. Personne ne sait ce qu'il a fait pendant la guerre.

5. NZABONIMANA Thacien : inconuu.

6. FLORIBERT : inconnu. Position intérieure Interahamue. Personne ne sait ce qu'il a fait pendant la guerre.

Toutes ces personnes sont connues à Nyanza. Les dernières nouvelles que nous avions, étaient que, sauf la première, les autres ne se faisaient plus voir.

2. Les Assassinats

Sans trop s'attarder sur la destination des personnes enlevées qui reste toujours mystérieuse, on se demanderait d'où venaient les cadavres qui se balançaient, dans ces jours, dans le lac MUHAZI ; surtout du côté des Communes Gikomero et Bicumbi.

• Que le nommé Faustin RUTABAGIRWA, habitant de la commune Gikomero (Kigali) explique ou dise l'autorité qui lui a donné le droit de faire mourir qui il veut et quand il veut, aidé par les militaires; sans qu'aucune autorité intervienne. Et pourquoi ce ne sont que les familles Hutu qui sont visées.

• Il faudrait que le F.P.R. s'explique à propos des massacres commis aux mois de juillet-août 1994 dans les communes RUSATIRA, RUHASHYA et MARABA (préfecture BUTARE), jusqu'à brûler à vif des personnes.

(exemple : deux personnes brûlées en feuilles de bananiers sèches à KIRIUA, commune Ruhashya (Butare), le 17/08/94).

• Comment le F.P.R. expliquerait-il qu'après l'arrivée de ses soldats dans l'ancienne zone humanitaire sûre, les massacres ont repris, visant surtout les familles Hutu. (Trois familles à Gikongoro, totalisant 22 personnes).

• Que le F.P.R. donne des nouvelles des personnes enlevées dans la commune KINYAMAKARA (Gikongoro), par ses militaires, guidés par le nommé NZEYMANA, natif de la même commune. En date du 21/10/1994, on en dénombrait plus d'une quarantaine.

• Que le F.P.R. s'explique sur les assassinats perpétrés contre les Burundais Hutu, qui se sont réfugiés au Rwanda durant les événements qui ont ensanglanté ce pays.

• Que le F.P.R. donne les traces d'une vingtaine de personnes libérées de la prison centrale de Kigali le 14/10/1994, récupérées directement par deux camionnettes militaires, qui ont disparu dès lors.

• Que les autorités de la prison centrale de Kigali expliquent d'où viennent les cadavres amenés par des militaires chaque soir, et enterrés le lendemain. Ce sont les prisonniers qui font le travail des fossoyeurs.

• Que la lumière se fasse sur l'assassinat de deux écoliers à Kubusunzu (le 17/10/1994) en plein jour, à côté d'une barrière de militaires. Les corps ont été retrouvés dans les latrines de l'école.

• Que les autorités militaires du F.P.R. qui sont à Nyanza (Butare) expliquent ce que sont devenues les personnes suivantes :

1. MUKURARINJA Jean : juge au tribunal de Première Instance de Nyabisindu.

2. NYILINKWAYA Gervais : juge président du Tribunal de Canton Nyabisindu;

3. JÉRÉMISE : Premier substitut du Parquet de la République à Nyabisindu.

4. L'ancien directeur de la prison de Nyabisindu.

Elles ont été arrêtées le 20/08/1994 alors qu'elles étaient accompagnées par la MINUAR. Elles regagnaient leurs services sous l'invitation du ministre de la justice. Dès lors, leurs familles n'ont aucune nouvelle de leur part.

Ce sont ces quelques cas, très peu nombreux d'ailleurs par rapport à d'autres qui restent inconnus ou incertains. Nous n'avons pas pu faire des contacts libres avec la population. Tout est guidé et contrôlé par les militaires. Ainsi, par exemple, en commune Gikoro (Kigali), ils nous ont empêché de photographier 16 personnes qui venaient d'être tuées et les corps entassés tout près du bureau communal. Quant à la question de savoir qui les a tuées, seul un regard de mépris nous a répondu.

3. Les emprisonnements

Tous les Hutu sont supposés avoir participé aux massacres. C'est ce qu'affirme d'ailleurs, sans honte, le directeur du journal « Le Flambeau » (pro-F.P.R.) dans son numéro 19 du 15/10/1994, à la page 15.

Tous les hommes intellectuels qui rentrent des camps des déplacés, sont mis en prison, s'ils ne disparaissent pas.

À la prison centrale de Kigali, il y a même deux religieuses accusées d'avoir organisé les massacres ou participé à ceux-ci. Elles croient qu'elles sont victimes de leur ethnie (Hutu).

Dans la même prison, il y a plus d'une vingtaine d'enfants âgés entre

3 et 13 ans, détenus dans des conditions inhumaines. Ils sont accusés d'avoir participé aux massacres des Tutsi.

Une vraie honte pour la justice rwandaise, un pays qui se croit respectueux des droits de l'homme.

4. Du Tribunal International

S'il faut juger les coupables des massacres (ou double génocide : F.P.R.-Interahamue), que le tribunal international se dévoile les yeux, pour voir que toutes les fosses communes ne sont pas nécessairement attribuables aux massacres des Interahamue. À ce sujet, on se poserait beaucoup de questions. Entre autres :

• Qu'est devenue la population des préfectures Byumba et Kibungo, qui n'a pas pu s'enfuir ?

• Qui a tué les quatre évêques, les 16 prêtres, 21 religieuses et des religieux qui étaient à Kabgayi ?

Pourtant, on dit que l'auteur de ces massacres a été récompensé d'être le 1er conseiller de l'Ambassade du Rwanda à Nairobi, sous un faux nom de Major Jacques NZIZA.

Nous voulons lancer un appel à la communauté internationale, pour qu'elle fasse tout ce qui est possible pour arrêter les massacres qui se font en douceur au Rwanda.

• Que la communauté internationale cesse de mettre la pression sur les réfugiés, les obligeant de rentrer, alors qu'elle ne se préoccupe pas du sort qui leur est réservé.

• Que les Nations Unies cherchent un moyen de créer une zone démilitarisée, où les civils pourraient se sentir en sécurité, aussi longtemps que l'armée ne leur inspire pas confiance.

• Que la communauté internationale fasse comprendre à l'État du F.P.E., que le partage du pouvoir dans l'esprit des accords de paix d'Arusha, reste un seul moyen d'éviter un autre bain de sang au Rwanda.

• La rentrée des réfugiés ne peut s'effectuer que sur la base de sécurité tant militaire que politique.

• Nous dénonçons la politique de création de Tutsilands par une forte concentration des Tutsi dans certaines zones du pays.

• Nous dénonçons les assassinats qui se préparent contre les hauts fonctionnaires Hutu.

• Nous condamnons l'ethnisme qui commence à s'installer dans les écoles.

• Nous condamnons les persécutions et emprisonnements que subissent les hommes de la presse privée qui n'est pas pro-F.P.R.

• Nous condamnons le totalitarisme du F.P.R. et un nouveau népotisme tutsi appelé démocratie.

• Nous condamnons la suppression des activités politiques, par les hommes forts du F.P.R.

• Nous condamnons tout extrémisme d'où qu'il vienne.

Nous remercions les autorités et les personnes indépendantes qui ont aidé à entrer en contact avec les détenus, et à sillonner plusieurs régions du pays.

Nos remerciements s'adressent également aux REPORTERS SANS FRONTIÈRES et CLADHO. Leur aide nous a été efficacement utile, sans qu'ils participent réellement à notre projet.

Vincent NDIKUMANA Janvier AFRIKA

NAIROBI, LE 14/11/1994

Copie pour information à :
– Le Gouvernement Rwandais
– Africa watch
– Amnsty International
– CLADHO
– MINUAR
– UNHCR
– CICR

Le FPR appelle à voter pour les leaders du parti libéral qui le soutient depuis 1990

Serge RWIGHEMERA
Tél.: 02/6483631

Jean-Baptiste NDAHUMBA
Tél.: 02/5388973

Bruxelles,le 8 mai 1995

Madame,
Monsieur,

Comme nous le savons tous,il y a encore au Rwanda beaucoup de souffrance,beaucoup de tristesse et de désolation.Dans ce pays meurtri,il y a toujours des victimes du génocide qui n'ont pas encore reçu de sépulture.Il y a des veuves et des orphelins. Aujourd'hui,c'est l'un d'entre nous qui est touché.Demain ce pourrait être un de nos enfants.

Nous ne pouvons plus laisser faire.Nous devons réagir. Comment? Par exemple,en concentrant nos efforts pour les élections du 21 mai 1995.En désavouant les hommes politiques qui exigent encore du gouvernement actuel de Kigali de travailler avec les bourreaux et de leur pardonner,alors qu'il faut aider ce gouvernement à reconstruire le pays,à juger les coupables,à secourir les orphelins.

Pour ceux d'entre nous qui peuvent voter ,utilisons notre voix en faveur d'hommes politiques et d'un parti- le P.R.L. -qui nous soutiennent dans notre combat depuis 1990.Nous pensons en particulier à Messieurs GOL et DESTEXHE (premier et troisième candidats au Sénat sur la liste PRL-FDF n°7)(*) ainsi qu'à Monsieur SIMONET (troisième candidat à la chambre des Représentants dans l'arrondissement de Bruxelles sur la liste PRL-FDF n°7).

A ceux qui ne peuvent pas voter,nous demandons de sensibiliser leurs amis et connaissances à cette cause.

S. RWIGHEMERA J.-B. NDAHUMBA

10

Le rapport étouffé par le TPIR – Où Paul Kagame est désigné, dès 1997, comme l'auteur de l'attentat

CONFIDENTIAL

INVESTIGATIONS SECTION / OIOS
<u>Paragraph 17 Report</u>
(This documents is protected by the provisions of ST/SGB/273 of 7 September 1994)

Date of Report : 1 August 1997
Date Information Obtained : Between 6 April 1996 & 1 May 1997
Source of Information (i.e. Name or C.I. index) : Michael Hourigan

CAVEATS (i.e. for IS Chief's eyes only, or for USG/OIOS's eyes only) : To be discussed only by Frank Montill & Barbara Dixon

RELIABILITY of information source : (Indicate which level applies :
À : Completely reliable ; B : Usually reliable ; C : Sometimes reliable, but not yet established ; or D : Unknown)
Reliability Rating is :

CREDIBILITY of Information : (Indicate which level applics :
1 : True, corroborated ; 2 : Possibly true, but untested ; 3. Doubtful credibility ; or 4 : Cannot be verified)
Credibility Rating is : 2

LOCATION : (refer to the UN System structure/PTAR logging list) : OIOS

TEXT of information : Hourigan worked with the ICTF as the Team Leader of the National Team which was investigating Colonel Theoneste Bagosora and other principal offenders of the 1994 Genocide in Rwanda. These investigations involved high level contact with the UN OPK and a number of foreign govt's and their intelligence services in particular Belgium, France, Canada & the US. Despite public statements of support for the ICTR, to date almost all of these countries and their foreign intelligence services have completely failed to cooperate with the National Team and any other section of the ICTR.

National Team investigations have revealed a number of critical factors.

[...]

(iv). Of course the Genocide occurred on the evening of the 6 April 1994 with the shooting down of the Presidential jet returning from Arusha. President Habyrimana, the President of Bunrundi and other leading officials were killed. It was first thought that extremists inside his family circle were involved. Now our investigations have found 3 sources in the current Tutsi regime who say that they were part of an elite covert strike team knouws as the “Network” and with the assistance of a foreign government shot down the Presidential aircraft. They advise that Major General paul Kagame was the overall operations commander and they provided accurate descriptions of the operation together with names, ranks and roles of each soldier involved. They also advised that they can produce hard copy documents of the operation. This information fitted in with claims by the hut extremists that the RPF killed their President. Two of the sources wanted to cooperate with investigations if their safety could guaranteed. Their information and request was raised with Judge Arbour and, altough she was at first very positive, she later advised that this issue was not within the ICTR mandate and would not be investigated.

[...]

11

Éléments de l'enquête du juge Bruguière sur l'origine des missiles qui ont abattu le Falcon 50 du président Habyarimana

Des premiers éléments de l'enquête, il apparaissait que cet attentat pouvait être l'œuvre du Front patriotique rwandais (F.P.R.), qui disposait de missiles sol-air de fabrication soviétique.

En effet, il était établi de façon certaine que les Forces armées rwandaises (F.A.R.), loyalistes, ne disposaient, dans leur arsenal, d'aucun missile anti-aérien.

En revanche, le F.P.R., soutenu politiquement et militairement par l'Ouganda, et dont le chef, Paul KAGAME, était issu de l'armée ougandaise, avait pu se procurer de telles armes.

Ainsi, le 18 mai 1991, des militaires des F.A.R. récupéraient sur une unité du F.P.R., lors d'un accrochage dans le nord-est du Rwanda, un missile qui n'avait pas été tiré.

Cette arme était remise par le F.A.R. à l'attaché militaire français en poste à KIGALI.

Il s'agissait d'un missile neuf, de type SAM 16, dont les références étaient les suivantes :
a) sur le tube :
9 H 322-0-01 04-87 9 M 313-1 04924 C LOD COMP,
b) à l'avant du refroidisseur :
962 36 10 2565 P 350 KG FC MZ 10-87 1 304 K,
c) sur la plaquette – support de mise de feu :
709 868,
le tout à l'encre indélébile.

La récupération de ce missile confirmait les renseignements que l'Armée française avait recueilli sur la présence de telles armes en possession du F.P.R.

Par ailleurs, plusieurs sources dignes de foi avaient fait état de l'existence de caisses contenant de tels missiles, entreposées sur le toit d'un bâtiment public situé non loin de l'aéroport de KIGALI, où était stationnée, au cours de l'année 1994, une unité du F.P.R., à la suite des Accords d'ARUSHA (Tanzanie) d'août 1993.

Or, le 25 avril 1994, des paysans rwandais des environs de KIGALI découvraient, abandonnés dans des buissons à proximité de l'axe d'approche de l'aéroport, deux tubes lance-missiles dépourvus de leurs projectiles, qu'ils remettaient à un détachement des F.A.R.

Le jour même, un lieutenant ingénieur du camp militaire proche de l'aéroport rédigeait un rapport décrivant les caractéristiques de ces deux tubes et relevait leurs références.

Une copie de ce rapport devait être remis ultérieurement, avec les photographies des deux tubes lance-missiles, au chef de la Mission militaire française de coopération avec le Rwanda par un conseiller du chef d'État-Major de l'Armée rwandaise.

Il s'agissait de lance-missiles type SAM 16 fabriqués en juillet 1987, dont les références étaient les suivantes :

a) premier lanceur :

9 H 322-1-01 04-87 9 M 313-1 04835 C LOD COMP / 9 M 5192 3555 406,

b) deuxième lanceur :

9 H 322-1-01 04-87 9 M 313-1 04814 C LOD COMP / 9 M 5192 5945 107,

le tout à l'encre indélébile.

Ces deux missiles SAM 16 pouvaient être du même type que ceux utilisés à l'époque par l'Armée ougandaise, voire provenir de ses stocks.

Certains des numéros de ces missiles antiaériens étaient en effet très proches des deux tubes lance-missiles récupérés au Rwanda après l'attentat du 6 avril 1994, comme le révélaient une étude comparative de leurs références avec celles des missiles sol-air en dotation dans l'armée ougandaise.

Pour sa défense antiaérienne, les forces armées de l'Ouganda ne disposaient à l'époque, dans leur arsenal, que de missiles sol-air de fabrication soviétique, de types SAM 7, SAM 16 et STRELLA.

Leurs références, tant pour les missiles eux-mêmes que pour les lanceurs, étaient connues et correspondaient à des séries pouvant inclure les matériels récupérés dans les conditions décrites ci-dessus.

*

La commission rogatoire internationale délivrée le 19 juin 2000 par Jean-Louis BRUGUIÈRE aux autorités judiciaires russes avait donc pour but de faire la lumière sur l'origine exacte et les caractéristiques techniques des deux tubes lance-missiles récupérés à proximité de l'aéroport de KIGALI après l'attentat, ainsi que sur leur processus de commercialisation.

De même en était-il pour le missile SAM 16 découvert au Rwanda, en mai 1991, aux mains des forces du F.P.R.

Enfin, la mission devait permettre d'éclairer le dossier sur l'origine précise des missiles en dotation dans l'armée ougandaise, manifestement pourvoyeuse d'unités spéciales du F.P.R.

Le Juge BRUGUIÈRE devait assister à l'exécution de la mission définie dans sa commission rogatoire internationale du 19 au 21 juin 2002.

Le Parquet militaire de la Fédération russe (Juridiction de MOSCOU), représenté par Monsieur Alexandre VOLEVODZ, n'éclairait pas le magistrat mandant sur le troisième point, les recherches entreprises sur la base des références communiquées n'ayant pas permis de retrouver la trace des missiles mentionnés.

Par contre, les deux tubes lance-missiles récupérés sur le site de l'attentat étaient bien des lanceurs fabriqués en ex-Union soviétique en 1987, les numéros communiqués se rapportant à l'unité de fabrication des missiles et aux références du lot.

Ces deux missiles et leurs tubes lanceurs faisaient partie d'une commande de quarante missiles SAM 16 livrés à l'Ouganda dans le cadre d'un marché interétatique.

S'agissant du missile SAM 16 découvert en mai 1991, il s'agissait bien d'un missile faisant partie du lot précité, livré par l'ex-Union soviétique à l'Ouganda.

Ainsi, les informations communiquées par le Parquet militaire de MOSCOU apportaient la confirmation que les deux missiles utilisés au cours de l'attentat du 6 avril 1994 étaient bien de fabrication soviétique et révélaient qu'ils faisaient partie d'un lot de quarante missiles identiques, fabriqués en 1987 et vendus par l'ex-Union soviétique à l'Ouganda, dans le cadre d'un marché d'État, au même titre que le missile récupéré en mai 1991.

Table des matières

PARTIE III

Le temps des imposteurs

Opération Turquoise (juin-août 1994) :
la France, seule, tente d'arrêter les massacres
– Le réseau pro-FPR en France et en Belgique
– La propagande du régime de Paul Kagame
– L'armée française se retrouve sur le banc des accusés...

Impression réalisée sur CAMERON par
BRODARD ET TAUPIN
La Flèche

pour le compte des Éditions Fayard
en novembre 2005

Imprimé en France
Dépôt légal : novembre 2005
N° d'édition : 64664 – N° d'impression : 32724
ISBN : 2-84205-929-8
49-42-1829-8/01